中国煤系矿产资源评价丛书

中国煤中金属元素矿产资源

Metal Element Mineral Resources in the Coal of China

中国煤炭地质总局　宁树正 等　著

科　学　出　版　社

北　京

内 容 简 介

本书以煤田地质与地球化学理论为指导，对中国煤中金属元素矿产资源进行了系统研究：阐述了煤中金属元素矿产资源的概念；论述了煤中金属元素研究方法；评估了煤中金属元素(铝、锗、镓、锂、稀土元素)含量背景；分析了煤中金属元素时空分布特征；梳理了煤中金属元素富集异常点分布，对煤中金属元素矿产资源典型矿床和潜在矿点(床)进行调查与分析；建立了煤中金属元素矿产资源成矿区带划分方案，从整体上深化了对中国煤中金属元素矿产资源的认识。

本书内容丰富，资料翔实，集中体现了中国煤中金属元素矿产资源领域的最新成果，提升了我国煤中金属元素研究水平，为我国煤中金属元素矿产资源勘查评价奠定了理论基础。本书可供地质科技工作者、地质类高等院校师生参考、使用。

审图号：GS(2019)1590 号

图书在版编目(CIP)数据

中国煤中金属元素矿产资源=Metal Element Mineral Resources in the Coal of China/宁树正等著. —北京：科学出版社，2019.4

(中国煤系矿产资源评价丛书)

ISBN 978-7-03-060682-2

Ⅰ.①中… Ⅱ.①宁… Ⅲ.①金属矿-矿产资源-研究-中国 Ⅳ.①F426.1

中国版本图书馆 CIP 数据核字(2019)第 039327 号

责任编辑：吴凡洁 冯晓利/责任校对：王萌萌
责任印制：师艳茹/封面设计：蓝正设计

科学出版社 出版
北京东黄城根北街 16 号
邮政编码：100717
http://www.sciencep.com
三河市春园印刷有限公司 印刷
科学出版社发行 各地新华书店经销
*
2019 年 4 月第 一 版 开本：787×1092 1/16
2019 年 4 月第一次印刷 印张：19 1/4
字数：437 000
定价：268.00 元
(如有印装质量问题，我社负责调换)

"中国煤系矿产资源评价丛书"编写领导小组

组　　长：孙升林

副 组 长：吴国强　张家强

成　　员：宁树正　曹代勇　刘志逊　杨文光

　　　　　郑柏平　程爱国　吴军虎　张谷春

本书编委会

主　　编：宁树正

编　　委：宁树正　吴国强　邓小利　李聪聪

　　　　　秦国红　朱士飞　朱华雄　曹代勇

　　　　　张建强　乔军伟　陈　磊　袁同兴

　　　　　秦云虎　黄少青　章　伟　祁文强

　　　　　赵鲁阳　霍　婷　闻明忠　张　静

煤炭资源是我国的基础能源,目前煤炭行业正处于产业缓冲期,开展煤系矿产资源综合勘查与评价成为煤炭地质行业发展新方向。近年来,煤矿产地质勘查和研究不断在煤层中发现具有工业应用价值的锗(Ge)、镓(Ga)、锂(Li)、稀土元素(REE)等新兴战略性矿产资源,煤中金属元素成为我国"三稀"(稀有金属、稀土金属、稀散金属)矿产资源的重要来源。由于受常规以煤为主的煤炭地质勘查因素的制约,忽视了对煤中新兴战略性矿产资源的勘查评价与合理开发,造成了巨大的资源浪费。如何提高煤中金属矿产资源的综合勘查与开发利用,实现资源节约、集约和循环利用是目前煤炭地质工作急需解决的关键问题。本书基于该背景,总结"中国煤中金属元素矿产资源"专题项目成果出版。

"中国煤中金属元素矿产资源"专题属于"煤系矿产资源综合调查与评价"计划项目成果之一,计划项目实施单位为中国煤炭地质总局,项目实施时间为2014~2017年,具体研究内容划入六个工作项目:华北石炭二叠系煤中铝等共伴生矿产资源调查选区及综合利用示范、东北赋煤区煤系锂锗镓等共伴生矿产资源调查选区、鄂尔多斯盆地煤系矿产资源赋存规律与资源评价、青藏高原煤系矿产资源综合调查、华南赋煤区煤系矿产资源调查评价,以及西北赋煤区煤系矿产资源综合调查。中国煤中金属元素矿产资源专题的目的任务为:对全国煤中金属元素矿产资源调查进行综合调查评价,揭示煤中金属元素矿产的赋存特征,研究煤中金属元素矿产资源成矿规律,新发现一批优质的煤中金属元素矿产资源富集区,划分出重要的成矿区带和远景工作区,为我国煤系矿产资源的综合勘查和综合开发提供科学依据。

本书基于对"中国煤中金属元素矿产资源研究"专题研究成果的高度凝练而成。充分利用60多年来煤炭地质勘查资料4037份,并补充采样3870件,经归纳总结、综合分析和提升,将煤中金属元素概念上升至煤中金属元素矿产资源概念,从而整体上把握对中国煤中金属元素矿产资源的认识,揭示煤中金属元素分布与赋存规律,更好地服务于煤中金属元素矿产资源的勘查评价与合理开发。本书成果可以视为21世纪以来中国煤中金属元素矿产资源研究的阶段性总结,其研究进展主要体现在以下方面。

1. 提出煤中金属元素矿产资源概念，总结煤中金属元素研究方法

从富集程度、经济性角度出发，分煤中金属元素、煤中金属元素矿产资源和煤(基)型金属矿床三个层次，提出煤中金属矿产资源概念；从样品采集、测试方法和综合研究等方面，梳理总结了煤中金属元素研究方法。

2. 分析我国煤中金属元素时空分布特征

本书广泛收集和综合分析煤中金属元素测试数据，估算了我国煤中金属元素含量背景值，研究分析了我国煤中金属元素(铝、锗、镓、锂、稀土元素)的时空分布特征，以及主要成煤时代煤中金属元素富集成因。

3. 初步摸清我国煤中金属元素矿产资源家底

利用煤中金属元素综合评价参考指标作为标准，初步摸清了我国煤中铝、锗、镓、锂、REE 金属元素矿化点的分布。对我国典型煤中金属元素矿床：临沧和乌兰图嘎煤-锗矿床、准格尔煤-镓矿床、平朔煤-镓-锂矿床开展调查研究，并对具有进一步研究价值的四个煤中金属元素矿产资源重点调查区(内蒙古伊敏煤田五牧场矿区煤-锗调查区、山西晋城矿区煤-锂调查区、新疆准东煤田大井矿区煤-镓调查区和广西扶绥煤田煤-锂调查区)煤中的金属元素矿产资源富集分布特征进行研究,探讨了煤中金属元素赋存状态以及成因机制。

4. 初步估算具有成矿前景矿区的煤中金属元素矿产资源量

本书预测了伊敏煤田五牧场矿区煤中锗和准东煤田大井矿区煤中镓金属矿产资源量：五牧场矿区达到最低边界品位的锗资源量估算结果为 6903.07t，达到最低工业品位的锗资源总量为 135.38t；准东煤田大井矿区煤中镓的预计总储量为 68.81 万 t，其中贫矿储量为 3.59 万 t，富矿储量为 38.43 万 t，极富矿储量为 26.79 万 t。

5. 划分我国煤中金属元素成矿区带

结合大地构造、岩浆热液、沉积环境等控制因素，划分了八个煤中金属元素矿产资源成矿区带，圈定了十个地质工作远景区，分析地质工作远景区地质特征、煤中金属元素矿产资源分布，探讨成矿区带煤中金属元素矿产资源富集成因，为成矿区带煤中金属元素找矿提供地质理论依据。

本书由宁树正担任主编，各章节的撰写分工如下：前言由宁树正、吴国强、袁同兴撰写；第一章由宁树正、赵鲁阳、邓小利撰写；第二章由朱士飞、秦云虎、闻明忠、张静撰写；第三章由黄少青、邓小利、秦国红撰写；第四章由宁树正、秦国红、张建强、黄少青撰写；第五章由邓小利、陈磊、黄少青、祁文强、李聪聪、章伟撰写；第六章由李聪聪、曹代勇、邓小利、朱华雄、章伟、乔军伟、黄少青、祁文强撰写；第七章由吴国强、陈磊、祁文强、邓小利、朱士飞、霍婷撰写，全书由宁树正统稿。

本书是在"煤系矿产资源综合调查与评价"计划项目工作基础上完成的，是参加煤系矿产资源综合调查与评价全体技术人员共同研究的成果，并且该专题成果获得 2017年度中国地质学会"十大地质科技进展"。本书研究得到中国地质科学院、中国煤炭工业协会、国土资源部矿产资源储量评审中心、中国地质调查局发展研究中心、中国地质调查局油气资源调查中心、中国煤炭地质总局及各项目承担单位领导和技术人员的支持，对研究工作的顺利开展起到至关重要的促进作用。

感谢中国地质调查局发展研究中心谭永杰教授级高工，国土资源部矿产资源储量评审中心杨强研究员，中国地质学会郝梓国研究员，中国科学院大学侯泉林教授，中国矿业大学秦勇教授，河北工程大学孙玉壮教授，中国矿业大学(北京)代世峰教授、赵峰华教授，中国地质大学(北京)唐书恒教授、黄文辉教授，中国科学技术大学刘桂建教授等专家学者在专题研究、评审验收过程中给予的指导和帮助。

本书参考了大量的煤炭地质勘查成果报告资料，同时引用了煤微量元素地球化学方面许多学者的论著数据和中国煤炭地质总局历年完成的煤系矿产资源相关项目成果，在此向这些作者和煤系矿产综合调查与评价项目全体技术人员表示感谢！

借本书出版之际，作者感谢曾给予支持和帮助的所有单位和个人！

由于作者水平有限，书中难免存在不妥之处，敬请读者提出宝贵意见，以便修改完善。

作　者

2018 年 11 月

目录

第一章

绪　论

第一节　煤中金属元素及其矿产资源的概念

煤中金属元素种类众多，地壳中有质量分数统计的元素共 88 种(黎彤，1992)，现有的测试技术已经从煤和从煤中解吸出来的气体样品中检测到 86 种元素，其中金属元素(含过渡元素)有锂、铍、钠、镁、钙、铝、镓、锗、锡、铟等共 65 种(图 1-1)(代世峰，2002；唐修义，2004；丁睿，2009；李霄等，2014)。

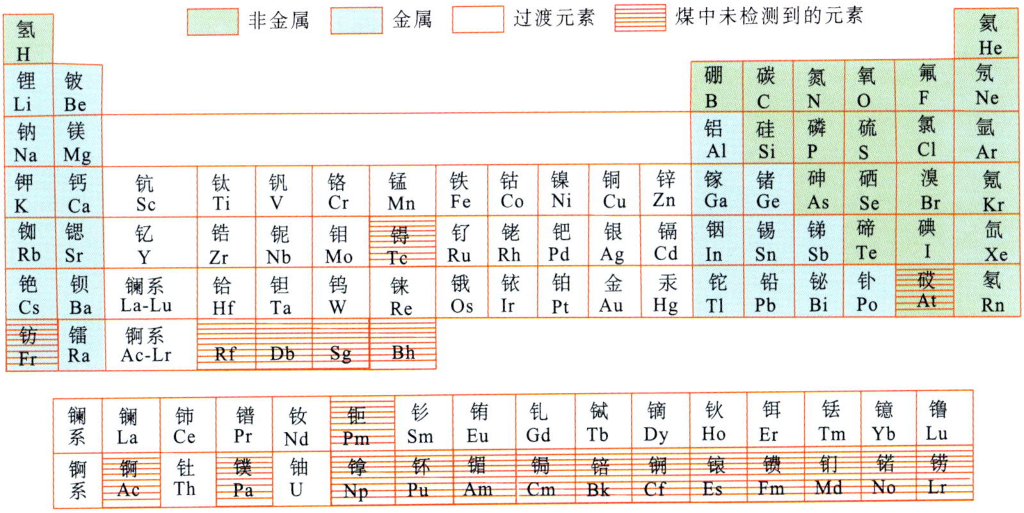

图 1-1　煤中金属元素种类(据唐修义和黄文辉，2002，有修改)

《矿产资源综合勘查评价规范》将(共)伴生矿产分为矿石矿产、矿物矿产和元素矿产三类，而且将(共)伴生元素矿产定义为含量低、呈分散状态存在、可以附带回收的(共)伴生有用组分。在开展中国地质调查局地质调查计划项目"煤系矿产资源综合调查与评价"和国家矿产资源储量标准体系建设项目"含煤岩系矿产综合勘查评价研究"的过程中，笔者对煤中金属元素的研究现状进行了系统梳理，并从富集程度、经济性角度出发，对煤中金属元素分三个层次进行了量化定义：①对于含量低、呈分散状赋存在煤中且未达到综合评价参考指标的金属元素，称为煤中金属元素；②在特定的地质作用下，对于赋存在煤中的达到综合评价参考指标，并在当前技术经济条件下可以从煤层、夹矸或煤层的围岩中开采利用的金属元素，称为煤中金属元素矿产资源(即伴生矿产)；③在特定的地质作用下，对于赋存在煤中达到边界品位或工业品位，并在当前技术经济条件下可以从煤层、夹矸或煤层的围岩中开采利用的金属元素，称为煤基(型)金属矿床(即共生矿产)。通过近年来的工程实践与研究发现，常见的易形成煤中金属元素矿产资源或煤基(型)金属矿床的元素有镓、锗、锂、稀土元素(REE)、钒、铝、铌、锡等，基于目前掌握的资料，本书对上述前四种有经济价值或潜在经济价值的国家战略性矿产和煤中铝元素矿产资源进行重点研究。

第二节 国内外研究历史与现状

一、国外研究现状

国外对煤中金属元素矿产资源的研究起步较早，始于 20 世纪二三十年代。1927 年，Ramage 在研究英国 Nowich 煤气工厂烟尘时，在利用发射光谱研究煤的过程中，在煤中发现了锂元素。1930 年，Goldschmidt 首先发现煤中含有锗。同年，Goldschmidt 研究了德国西部烟煤及其加工产物中的镓，认为按照镓的地球化学性质及其氧化物和硫化合物的挥发性，煤中镓应当在煤尘中富集。Goldschmidt 和 Petes(1933)从英国达勒姆矿区的烟煤煤灰中检测到锗含量高达 1.1%，这使得从煤灰中提炼锗成为可能。

20 世纪 50 年代以来，国外众多学者研究发现，世界上工业用锗 50%以上来自煤，其余来自其他矿产(如铅锌矿床)。英国、美国、澳大利亚、日本、苏联等各国对煤中锗的调查研究尤为重视，在苏联的 Angren 河谷(乌兹别克斯坦)首次发现了锗富集的煤矿床，随后在俄罗斯很多地方都发现了比 Angren 矿床中锗含量或全锗资源更高的类似矿床。苏联检测到世界上煤中锗的含量最高值为 6000μg/g(Seredin and Finkelman，2008)。另外，自 20 世纪 50 年代波兰 Grzymek 教授以高铝煤灰为主要原料从中提取氧化铝并利用其残渣生产水泥以来，随后许多学者对粉煤灰提铝技术做了大量研究。

20 世纪 60 年代至今，苏联/俄罗斯都把富锗煤当作锗的主要来源，从而进行了大量的研究工作。60 年代到 80 年代，在 Novikovsk 矿床共开采了 850t 的锗，仅 1987 年该矿床生产出的锗产品就高达 60t（Höll et al.，2007）。

20 世纪 70 年代以来，国外有众多学者对煤中的富铝矿物进行了研究。Ward（2002）认为在个别煤中可以存在痕量的勃姆石，但高含量的勃姆石在煤中是非同寻常的。Tatsuo（1998）在日本北海道的石狩湾煤田古近纪煤的低温灰化产物中发现了含量很少的勃姆石。

20 世纪 80 年代，越来越多的学者关注煤中微量元素的含量分布特征。1980 年，在美国地球化学委员会组织编写的《与环境质量与健康有关的煤中微量元素地球化学》一书中就列出了煤中锂含量的世界平均值为 15.6μg/g。自然界中绝大多数煤中锂的含量很低并且分布极不均匀，多数煤中锂的含量均值小于 20μg/g，美国煤中锂的算术均值为 16μg/g，澳大利亚出口煤中锂的算术均值为 12μg/g，苏联煤中锂的算术平均值仅为 6μg/g。Valkovic（1983）计算了世界煤中稀土元素含量平均值。Finkelman（1993）梳理了美国煤中的稀土元素含量。Birke 和 White（1991）对加拿大悉尼盆地煤中的稀土元素含量进行了测定。Seredin 和 Finkelman（2008）对世界各地"多金属煤"进行了详细描述，主要是煤中富集高浓度的稀有金属（锗、镓、稀土等）。Ketris 和 Yudorich（2009）统计的世界煤中镓的平均含量为 5.8μg/g，在煤燃烧后产生的飞灰中，镓的含量可达到 100～500μg/g。

21 世纪初，Seredin 和 Finkelman（2008）对全球的富锗煤矿床进行了综述。近年来，随着全球能源需求的转变，使得对煤系矿产资源的研究变得尤为重要，也引起了越来越多学者的关注。Wang 等（2014）对煤中的稀土元素的地球化学特征及分馏特征进行研究。Gallegos 等（2015）、Klus 等（2016）分别研究了利用双脉冲激光诱导击穿光谱分析砂岩型铀矿矿石中铀的多元方法，以及美国怀俄明砂岩型铀矿床利用持续的 U（IV）和 U（VI）在原位恢复（ISR）开采中的应用。Kumar 和 Kumar（2016）对煤系矿产资源的演化及保存条件进行了研究。Betz 等（2015）在 *Energy Economics* 发表了关于采矿、经济发展及能源矿产的研究，对现今煤炭以及（共）伴生矿产开采形式进行了研究，并对其今后的发展前景进行了思考。另外，也有众多学者对煤系矿产资源的特征进行了研究（Ahmed and McKinney，2005；Camargo et al.，2014；Vedachalam et al.，2015；Becker et al.，2016）。

二、国内研究现状

我国对煤中金属元素矿产资源的分布与赋存特征研究相对较晚。从 20 世纪 60 年代开始，我国才开始逐步关注煤中的金属元素矿产资源，并对部分煤中金属元素矿产资源的分布与赋存等进行了相关研究。21 世纪以来，越来越多的学者、研究单位开始重视煤中的金属元素矿产资源，并先后开展了一系列研究，除了资源分布，对赋存机理的研究也日趋增多，并取得一系列的成果。

随着国家对锗资源的重视，也有很多学者对煤中锗进行了深入研究。汪本善（1963）在研究我国煤中锗的成矿条件时提出，含煤锗一般堆积在大地构造稳定地块与活动带之间的过渡地区，煤系沉积时构造活动状况也会影响煤中锗的聚集，异地生成的煤一般比原地生成的煤含锗高。张淑苓等（1984）研究云南帮卖盆地煤中锗的存在形式时认为主要有三种存在形式：①与有机质呈紧密的化学结合，常以腐殖酸锗络合物及锗有机化合物；②呈吸附状态，部分有机质、黏土矿物及褐铁矿吸附锗；③极少部分呈类质同象形式存在。戚华文（2002）对临沧超大型锗矿床热水沉积成因进行研究时指出矿床的成因。研究结果表明，临沧锗矿床第二含煤段（N_1b^4）的无矿煤形成于正常沉积的泥炭沼泽相环境，第一含煤段含矿煤（N_1b^2）形成于快速沉降的泥炭沼泽环境，含矿煤遭受了热水作用的影响；N_1b^2 中的层状硅质岩和薄层含炭硅质灰岩属热水沉积成因；煤中锗来自于基底的二云母花岗岩，形成锗矿化的 N_1b^2 煤层可见丰富的电热水溶液带入的层状硅质岩和含炭硅质灰岩。黄文辉和赵继尧（2002）在研究内蒙古胜利煤田煤-锗矿床元素地球化学性质时指出，锗元素的富集与碱性元素的相对富集呈正相关，轻稀土元素（LREE）、重稀土元素（HREE）分异度较大，轻稀土元素较为富集，随锗含量的递增，轻稀土元素由富集逐渐减弱，重稀土元素逐渐出现较弱富集；锗含量与稀土元素、轻稀土元素负相关，锗含量与灰分指数呈负相关关系。成煤沼泽中比较平静停滞的水文条件有利于溶液中的锗被有机质充分吸附。煤-锗矿床的稀土元素地球化学特征具有继承性，稀土主要来自物源区的无机物质，胜利煤田西南部盆缘的岩石富含锗，可能就是煤-锗矿床中锗的原始来源。锗源母岩区锗的供给和锗进入成煤沼泽后的水文地质条件对锗在泥炭中的富集具有控制作用。

对于我国煤中镓的赋存机理，众多学者对其进行了探讨。代世峰等（2006a，2006b）在研究内蒙古准格尔超大型镓矿床时对主采 6 号煤层的矿物学和地球化学进行了研究。结果表明，镓在全层煤样中的含量均值和在主采分层（亦是镓富集的分层）中的含量远超出煤中镓的工业品位。煤的高温（550℃）灰化产物中镓亦显著富集。煤中超常富集的勃姆石是镓的主要载体。刘新花等（2009）在研究古交邢家社勘探区煤中镓的分布及其地质影响因素时指出，研究区煤中镓的加权平均质量分数比全球平均值要高 0.5～3 倍；煤层层位降低，镓含量呈明显的递减趋势。同时，煤中镓含量与灰分产率、灰分组成、硫含量及煤层厚度也有明显的相关关系。这些特征表明，区内煤中镓的矿物载体主要为黏土矿物，水动力较强和还原性较弱的泥炭沼泽条件可能有利于镓在煤中富集，且成煤期地壳的稳定程度也可通过一定方式影响到煤中镓的富集。黄婷等（2013）在研究保德杨家湾勘查区煤中镓时指出，煤中镓含量与灰分、灰成分氧化铝含量正相关，与灰成分氧化钙、氧化硫、氧化铁含量负相关，表明煤中镓的主要载体是黏土矿物和铝的氢氧化物，而黄铁矿、磷灰石等原生矿物中贫镓，镓的主要来源是北部阴山的中酸性火成岩。还原性较弱、水体动荡的沼泽环境利于煤中镓富集。

李华等（2014）在研究山西平朔矿区 4 号煤中锂、镓资源成矿地质特征时，发现区内 4 号煤锂的平均含量远大于中国煤中锂含量的平均值。4 号煤中锂、镓富集可能是与矿区位于不畅通的海湾地带，海水作用较小有关，同时物源供给丰富，后期适宜的古气候条件，风化、剥蚀、搬运、溶蚀、淋滤等作用使黏土中钙、硫等流失，铝、硅、锂、镓等富集。刘帮军和林明月（2015）在研究山西平朔矿区 9 号煤中锂的富集机理及物源时，通过逐级化学提取表明，锂的富集主要与高岭石、勃姆石、绿泥石族矿物及无定形黏土状矿物等无机物有关，只有约 5.5%的锂具有有机亲和力，在含锂煤层中，锂可能被黏土矿物吸附。据古地理资料推断，9 号煤中锂的最初来源可能是阴山古陆，盆地北部本溪组中的铝土矿是锂的直接来源。

Dai 等(2012a)报道了中国煤中微量元素的含量。Tang 等(2013)研究了原煤及粉煤灰中微量元素的分布特征。代世锋等(2014)以煤-锗、煤-镓、煤-铀、煤-铌、煤-稀土元素等煤型稀有金属矿床为例，论述了煤金属矿床的地质成因、赋存状态和利用评价方法。随着对煤中金属元素研究的愈加深入，也有很多学者对煤中金属元素的赋存状态、富集机理、迁移过程中的副产物等进行了研究。此外，随着内蒙古准格尔超大型镓矿床、云南临沧和内蒙古乌兰图嘎煤-锗矿床、平朔矿区煤伴生超大型锂镓矿床的报道与研究，越来越多的学者发现，煤是一种具有还原障和吸附障性能的有机岩和矿产，在特定的地质条件下，可以成为煤中金属元素共存富集的载体，并达到可利用的程度和规模。

2008 年，中国煤炭地质总局、中国矿业大学对"首批煤炭国家规划矿区煤中镓的成矿前景"进行了研究，对分布于山西、陕西、内蒙古三省(区)19 个首批煤炭国家规划矿区煤中镓进行了资源调查，预测了煤中镓的资源状况及其分布规律，初步讨论了煤中镓矿床的规模和成矿前景。

2010~2013 年，中国煤炭地质总局开展了"中国煤系共伴生矿产资源评价"，分析了主要矿种在时间上和空间上的分布特征。2014 年，中国地质调查局地质调查项目和国家自然科学基金开展了"煤系伴生的锂镓等'三稀'金属元素富集机理及综合开发利用"研究，揭示了宁武煤田超大型煤矿中伴生的锂-镓矿和准格尔煤田超大型煤矿中伴生的锂矿床的分布规律，创建了成矿模式。

第三节 煤中金属元素矿产的研究意义

21 世纪以来，面对不断攀升的矿产资源需求和生态环境的压力，世界各国一方面积极寻求降低能耗、减少排放的途径；另一方面加大矿产资源综合勘查开发力度，优化矿产资源生产和消费，促进生态社会发展。习近平总书记在十九大报告中也明确指出："必须坚持节约优先、保护优先、自然恢复为主的方针，形成节约资源和保护环境的空间格局、产业结构、生产方式，还自然以宁静、和谐、美丽。"人类生态文明已经进入节约集约利用资源、保护生态环境为核心的新阶段，大资源观从保障资源供给向促进资源节约、提高综合利用转变，推进多种资源的综合勘查，促进能源资源利用减量化。国际能源合作"一带一路"最新构想的重要内容，也要求加大煤炭、油气、金属矿产等传统能源资源勘探开发合作，促进"一带一路"沿线国家煤炭产业绿色综合发展。

煤炭是我国最主要的一次性能源，且未来若干年内，煤炭作为主导能源的地位不会改变。近几年由于资源需求对煤炭研究程度的转变，发现煤炭是一种特殊的具有吸附障和还原障性能的矿产，在特殊的地质条件下，可以富集如锂、镓、锗、铀、稀土、金、银、铌、铯等金属元素，并达到可利用的程度和规模，并且目前发现的煤中锗、镓等矿产资源已在其总资源量中占有重要的比例，综合开发利用富集金属元素的煤炭资源具有巨大的潜在经济价值和战略意义。

一、满足煤炭资源绿色开发和资源综合利用的要求

2014 年以来，《关于促进煤炭安全绿色开发和清洁高效利用的意见》《工业领域煤炭清洁高效利用行动计划》《煤炭清洁高效利用行动计划(2015—2020 年)》相继出台。2016 年 3 月 16 日，科学技术部发布了《关于发布国家重点研发计划高性能计算等重点专项 2016 年度项目申报指南的通知》，公布了 10 个重点专项 2016 年度项目申报指南，"煤炭清洁高效利用和新型节能技术"位列其中。

《全国矿产资源规划(2016—2020 年)》规定"强化对钨锡、铜、铅锌、铝、煤等矿产中共伴生稀散金属资源的综合评价与开发利用，实现有用组分梯级回收"，"加强焦煤肥煤等稀缺和特殊煤种、晶质石墨、稀有稀散金属等战略性新兴产业矿产的保护，明确资源开发利用效率准入条件，确保优质优用"，"在资源分布集中地区，探索优势资源勘查、保护与合理利用新模式。对当前无法合理利用的矿产和尾矿资源，严格限制开发，避免资源破坏和浪费"。国家发展和改革委员会(以下简称国家发改委)会同有关部门制定的《循环发展引领行动》(发改环资[2017]751 号)强调"开展金属矿产综合开发利用试点示范"，要求"继续推进煤矿、高岭土、铝矾土、磷矿等共伴生非金属矿产资源综合利用"。

煤炭是我国最重要的基础能源和原料，在我国一次能源结构中，煤炭将长期作为主要能源。将煤炭开发好、利用好是从实际出发、尊重我国能源禀赋特点的最现实选择，尤其更要重视煤中金属元素勘查开发利用：一是要明确开发和利用的空间布局和时序，明确勘查、保护和储备的范围；二是要依规划科学调控开采总量和矿业权投放总量；三是在资源管理和开发程序上，对高有益元素煤实行保护性开采，要求矿权所有人充分考虑高有益元素富集成矿的事实，在煤炭使用消耗时，能够实现共同开发煤及煤中有益元素的综合利用，制定符合保护性开发要求的针对性措施；四是要考虑高有害元素煤炭在开发、加工、利用过程中会释放出大量的有害物质，对环境造成程度不等的污染，从而破坏了人们赖以生存的环境条件。上述问题得以妥善解决的前提是必须从源头上考虑特殊高元素煤资源的综合勘查、综合利用。

二、缓解锗、镓、锂等战略性矿产的供需矛盾

煤炭不仅具有能源属性，同时还是一种复杂特殊的多孔还原性介质，具有很强的吸附功能，使煤炭成为锗、镓、锂等稀有元素的载体，并在有利的成矿条件下富集成矿。例如，目前已经发现并已经开发利用的内蒙古乌兰图嘎、云南临沧煤-锗矿床、准格尔黑岱沟煤-镓矿床。

西方发达国家将锗、镓、铀、锂、稀土等新兴战略性矿产资源视为 21 世纪的战略物

资，已经加以资源保护和战略储备。国外政府机构、发达矿业大国、国际学术组织和科研机构相继出台了一系列针对"三稀"矿产资源的战略规划和研发计划。例如，2009 年德国发布了《新兴技术对资源的需求》，预测和制定了到 2030 年未来新兴产业对稀散金属资源需求和应对策略；2012 年，美国地质调查局发布了《能源和矿产资源科学战略（2013—2023)》(USGS，2012)，报告重视对新兴能源和高技术型矿产的需求，把锗、镓、锂、铼、稀土等新兴产业所需的矿种作为研究重点，加强对这些矿种的资源分布、成矿条件、地质演变和矿床类型等方面的研究。

随着世界工业的发展、国防的加强和战略物资储备的增加，导致战略性金属矿产供需形势紧张。我国战略性矿产资源储量在世界上占有较大比例，目前我国是世界上战略性金属矿产资源的供应大国，也是战略性金属资源的消费大国，为应对国际战略性矿产资源供需形势，通过"十三五"国家科技创新规划明确提出了"研究稀有金属、稀土元素及稀散元素构成的矿产资源保护性开发技术"，将战略性矿产资源的研究和利用上升到国家战略层面。因此，如何加快战略性矿产资源找矿突破、增强战略性金属作为战略性矿产资源的保障能力，已成为国内外关注的焦点。

随着新兴产业与清洁能源的发展，我国对锗、镓、锂和稀土等金属的需求很大，现有产量远不能满足发展的需要。煤中赋存锂、镓和稀土等矿产资源潜力巨大，然而，长期以来，我国对煤中伴生战略性金属的富集规律和开发利用并未得到应有的重视，导致富含战略性元素的煤炭在我国正以每年数亿吨的速度被当作燃料消耗，煤中这些宝贵的可利用元素多被废弃。已经发现并开发利用的煤中元素富集成矿仅有屈指可数的几处：乌兰图嘎煤-锗矿床、云南临沧煤-锗矿床、准格尔黑岱沟煤-镓-稀土矿床、山西平朔矿区煤-锂-镓矿床(点)和柴北缘赋煤带中铷-铯异常富集区。

因此，如何加快这些特殊元素高富集的煤炭资源找矿突破，掌握煤中金属元素资源量，评价煤中金属元素成矿潜力，也是对战略性矿产资源的有益补充，所以开展煤中金属元素资源调查迫在眉睫。

三、煤中锗、镓、锂等元素矿产综合开发利用前景广阔

近年来，煤中(共)伴生多种矿产之间的成因联系已越来越引起学者的重视，成为新的研究热点。煤中铝和镓矿床的发现及实验工厂的实施，让煤中有益金属元素的提炼、传统或替代能源选择的向前迈出了重要一步。煤型金属矿产资源找矿进展及其开发利用，使煤型金属元素在其矿产资源类型中所占分量越来越重。历史上，煤和金属生产工业基本没有联系，但是曾经有两个重要的成功实例，它们促进了这两个工业和经济的发展。第一个成功的实例是从煤中提取铀，成为美国和苏联在第二次世界大战后核工业发展和建立的基础；第二个成功的实例是从煤中提取锗。现今，从煤中提取的锗是世界上锗工业的主要来源，世界上锗消耗量的一半以上来自煤。

我国煤中发现了大量具有经济价值的伴生金属元素，有些已经达到矿床规模并且已经开发利用。1974 年，内蒙古乌兰图嘎发现煤层中共生有较高品位的锗矿产，并

于后续多次勘探中获得锗资源/储量 1690.31t。在云南临沧帮卖、腊东、沧源芒回、潞西四个矿区内，根据煤田勘探估算锗储量共计 2177t，其中帮卖的大寨和中寨储量约1620t。2010 年，我国内蒙古准格尔发现了一个世界上独特的与煤伴生的超大型镓矿床，据估算该矿床镓的保有储量为 85.7 万 t，这一发现造成金属镓的全球储量巨变，中国镓资源/储量上升至世界总量的 95%以上。2013 年，中国煤炭地质总局特种技术勘探中心"山西平朔地区煤中锂镓资源调查评价"项目取得重大成果，首次在平朔煤炭生产基地发现伴生超大型锂矿，估算平朔矿区煤中锂的资源量为 107.25 万 t，镓资源量为 16.52 万 t。

另外，我国对煤中锗、镓、稀土等的工业提取已进入一个新的发展阶段，部分地区已形成一定的产能。2015 年，六盘水市国内首条可以综合提取铝、硅、铁、钛、镁等有价元素的煤矸石资源化利用生产线实现投料生产，目前可年处理煤矸石 5000t。经过一期项目近两年的试运行，验证了工艺流程均能按实验标准运行，铝收率可达 92%、铁收率可达 97%。2004～2017 年，神华准能集团有限责任公司创建了粉煤灰中有价元素盐酸法协同溶出、分离纯化及高值化利用工艺技术体系，攻克了盐酸浸出分离纯化、适应工艺的材料和设备、环保重大技术难题，在世界首次研发出了粉煤灰中有价元素高值化利用的"一步酸溶法"工艺技术，主导建成了世界首个粉煤灰盐酸浸出法每年生产 4000t氧化铝及配套镓工业化中试装置，正在筹建工业化示范项目。

正在建设的煤炭绿色开采及伴生资源综合利用示范基地，目前还未进入全面达产阶段，一旦粉煤灰中提取锂、镓、稀土达到产业化程度，国家相关的产业政策会有一定的变化，将会有力地推动这一行业的发展，这就要求我们开展相应的重点调查区煤中锂、镓等金属资源验证调查工作，查明煤中富集锂、锗、镓等元素成矿的可能性，进一步摸清高元素煤矿产资源/储量"家底"，为我国煤中(共)伴生矿产资源产业的发展提供支撑。

四、煤中金属元素矿产资源调查满足矿产资源保护开发的要求

煤炭作为我国基础能源的地位较长时间不可能改变，加大能源结构调整，控制煤炭消费总量是我国能源发展战略的必然选择，但从我国能源资源赋存特点来看，在今后较长时期内，煤炭仍是我国主体能源。

近年来的煤炭地质勘查和研究中，不断在煤层中发现具有工业应用价值的锗、镓、锂、稀土等新兴战略性矿产资源，但是由于受常规以煤为主的煤炭地质勘查因素的制约，忽视了对煤中锂、镓等金属元素富集成矿的勘查，导致相关矿产资源的勘查评价与合理开发没有得到重视，造成了资源的巨大浪费。造成煤中金属矿产资源浪费的原因一方面是对富含锂、锗、镓等金属元素的煤炭资源开发利用工作没有形成具体规划；另一方面是针对类似特殊高元素煤的资源勘查工作没有实质性开展。随着工业的发展，锂、锗、镓等矿产资源的经济价值越来越高、战略意义越来越大。如何加强煤中金属元素矿产资源的综合勘查与开发利用，实现资源节约和循环利用是目前煤炭资源勘查工作急需解决

的问题。

　　加强特殊高元素煤基础地质调查，实现煤炭清洁高效利用，一方面促进了资源节约、集约型社会的创建，保护了自然资源和生态环境，促进了系统完整的生态文明制度体系的建设；另一方面，煤中战略金属的开发必将保障国家战略资源的安全供给，促进煤和煤中金属元素矿产资源协同勘探，打破以往纵向条块模式，勘探成果多用共享，极大地节约了成本。

第二章

煤中金属元素矿产研究方法

在特定的地质条件下，煤中金属元素可富集并达到可利用的程度和规模。基于此，通过收集及系统分析全国煤炭资源及煤中金属元素矿产地质资料，辅以野外地质调查，结合有针对性的采样测试分析及钻探验证工作，在研究煤中金属元素成矿的沉积环境、成因性质、物质成分、物质结构、系统分类、赋存规律等特点的基础上，研究高锗(镓、铝、锂)煤矿床成矿作用在同一煤盆地中的时间演化规律、空间分布规律及其相互关系，丰富我国的煤田地质基础理论。

第一节 样品采集与评价

样品采集工作是煤中金属元素研究中获取第一手实际资料最重要的一步，是研究的基础，故一定要认真、踏实地做好。采样工作先要做好样点布局，然后再具体实施采样。

一、样品采集

1. 采样目的

对煤中金属元素富集异常分布或可能分布煤矿或勘查区进行现场调查和采样，进行剖面踏勘，绘制剖面路线图，了解矿区岩层、煤层相互关系，进行岩心观察、拍照，采集煤岩样品。对研究区煤、夹矸及煤层顶底板等样品进行采集，测试煤中微量元素含量，与已有的数据资料综合分析对比，筛选煤中金属元素铝、镓、锗、锂、稀土等数据异常点，最后多学科综合分析研究煤中金属元素赋存状态、富集分布特征和成矿机理。

采样过程中，在确保样品质量的前提下，尽量保证样品重量，以利于对样品进行多批次、复合性测试，以利于多种测试手段对比，也为综合分析类似样品的特性提供有利条件，为整个区域煤质、锂、镓等金属元素含量及赋存规律方面的研究奠定基础。

2. 采样布置

充分考虑赋煤区煤中金属元素分布情况，在资料分析出现富集异常点的地区，根据条件选择钻孔、井下和地表进行采样。在每个不同的工作区域，针对不同的地质特征，制定出详细的采样工作计划(包括样品的平面分布、采样层段、数量、采样顺序、采样控制目的等)，而后再进行系统的样品采集。如华北赋煤区样品种类分为四类，即岩矿样、煤层煤样、发电厂炉前煤样和粉煤灰样，其中粉煤灰包括底灰、飞灰、灰场堆积样等。

3. 采样原则和要求

1)采集样品具有充分的代表性

根据研究内容，采集岩样、煤层、顶底板及夹矸等，包括产于各含煤地层单元的代表性岩石、矿床中不同类型矿石及相关矿物标本，以便统一认识、统一名称。采集标本时要尽量采集新鲜的岩石、矿石，并做好野外地质观察、描述工作。

2)采集标本的规格

以能反映实际情况和满足切制光、薄片及手标本观察的需要为原则，一般为 3cm×6cm×9cm。对矿物晶体及化石标本，视具体情况而定。

3)样品的登记、包装和送样要求

采集到岩矿标本应在原始记录中注明采样位置和编号，填写标签和进行登记，并在标本上刷漆标明其编号。

标本与标签一起包装，应注意不使标签损坏。对于特殊岩矿标本或易磨损的标本，应妥善包装。对易脱水、易潮解或易氧化的某些特殊标本应密封包装。装箱时箱内应放入标本清单，箱外须写明标本编号及采样地点。

需切制光、薄片进行岩矿鉴定样品，应认真填写送样单，注明鉴定要求，一般需留手标本，以便核对鉴定成果。对某些岩石、矿石样品，需要磨制定向、定位光薄片者，应在标本上圈定明显标志，并在采样说明书(送样单)中加以说明。

4. 具体样品采样方法

1)煤心煤样采样要求

(1)煤心煤样是从勘探钻孔中采取的，它是研究勘探区内煤质特征及其变化规律的重要基础煤样之一。煤心提出孔口后，要按上下顺序依次放入洁净的岩心箱内，断口互相衔接，清除泥皮等杂物，去掉磨烧部分，煤心不得受污染。记录煤层厚度和煤心长度，计算长度采取率，描述宏观煤岩类型及煤心状况。对煤心进行称量(以 kg 为单位，取小数点后两位)，计算质量采取率。

(2)煤心煤样一般按独立煤层采取全层样。当煤质有显著差异且分层厚度大于 0.5m 时，应采取分层煤样。结构复杂煤层采样时，应按夹矸和煤分层单独采取。

(3)厚度大于 0.01m 至等于煤层最低可采厚度的夹矸应单独采样。大于煤层最低可采厚度的夹矸，属非炭质泥岩的，一般不采样；属炭质泥岩或松软岩的，需单独采样。厚度小于或等于0.01m的夹矸，应与相连煤分层合并采样，不得剔除。煤层中的多层薄煤层夹矸，可单独采样，也可按相同岩性合并采样。

(4)当煤层伪顶、伪底为炭质泥岩时，应分别采取全层样。属非炭质泥岩时，层厚大于0.1m时采取0.1m，小于0.1m时全部采样。

(5)煤心煤样需按不同煤层分别取样，不缩分，当煤层厚度较大时应分段采样，分段厚度一般不大于3.0m，急倾斜煤层段距可适当放宽。

(6)把煤心从钻孔取出到采样结束，褐煤不超过8h，烟煤不超过24h，无烟煤不超过48h。煤心煤样的质量至少应为1.50kg，如需进行特殊项目的实验，可根据实验要求决定采样数量。

(7)煤心为完整柱状时，应选出10mm以上的夹石；煤心为碎块或粉状时，应选出全部可见夹石。所选出的夹石，应按岩性分别送验，测定水分、灰分、挥发分、硫分和比重，煤矸石还应增测发热量。

(8)煤心煤样必须保证清洁，不污染，不磨烧或混有外来杂质。煤心采取率过低，或污染、磨烧变质严重时，均不得采取煤心煤样。

(9)煤心煤样一般要求采样后即密封包装(用密闭和体积适宜的防锈筒，以胶布缠口蜡封或焊封)。

2)煤层煤样采样要求及方法

(1)煤层煤样是在矿井或露天采场中由一个煤层的剥离面上按一定规则采取的煤样，是进行多项目实验的重要样品之一。它一般在生产矿井、小窑及勘探巷道中煤质有代表性的地段采取，按分层煤样从顶到底(样长2～3m)按顺序采取。煤层厚度要接近或大于最低可采厚度。

(2)分层煤样从煤和夹石的每一自然分层分别采取。当夹石层厚度大于0.30m时，作为自然分层采取。

(3)煤层煤样应在地质构造正常、煤厚、煤层结构有代表性的地点采取。采样时，要对采样点的煤层结构、煤的物理性质、宏观煤岩类型和顶底板岩性及附近的构造特征等进行详细描述。

(4)采样前先仔细清理煤层剥离面，除掉受氧化和被岩粉污染的部分。一般用0.25m×0.15m的规格刻槽采取。分层样须从上而下顺序编号，防止各分层样互相掺杂或顺序错乱。刻槽前，先在底板上铺好油布，以便刻下的煤样全部落在油布上，分层煤样要先划分出各分层，量出分层厚度及总厚度，再从上至下刻取，一个样刻完后，装入样袋并将油布清理干净、填好标签，接着刻下一个样。

(5)煤层煤样采样后要求立即密封包装。

(6)煤层煤样一般不缩分，全部送验。

3)煤岩煤样采样要求

(1)采样点除特殊需要外，一般应避开断裂带、风化带、岩浆岩侵入体和煤层突变地点。煤岩煤样可以在氧化带内采取，但做反射率和显微硬度测定的样品，必须在氧化带以下采取。

(2)采样时，要对采样点煤层的物理性质和附近的煤层、构造、顶底板进行详细描述。

(3)混合煤岩样可利用煤心煤样或煤层煤样缩制，一般不专门采取。

(4)柱状煤岩样在巷道里采样时，先清理煤壁使之平整，从顶板到底板画两条间隔10cm左右的垂线，挖掉两条垂线外侧的煤，深5～10cm，使之成为具有三个自由面的煤柱体，套上三面木箱，将煤柱体打下，钉好木箱，标明上下方向和编号。煤层厚度大时可分段采取。煤样中可包括厚度小于10cm的夹石。大于10cm的夹石应进行描述，必要时单独采取标本。

(5)块状煤样在巷道中采取时，煤块的规格一般应大于10cm×5cm×5cm，各块均应注明上下方向并依次编号。在经过详细的宏观鉴定后，也可分段采取不连续块状煤样，块数根据煤岩类型和制片需要确定。

(6)煤岩样一般采用木箱包装，包装时须保持原有的层位次序，不得颠倒混乱。

4)风化、氧化带煤样采样要求

(1)风化煤的宏观物理性质与正常煤有显著差别，一般不需专门采样。

(2)当氧化带与正常煤之间有一个过渡带，其煤质与正常煤有轻微的差别，但不影响炼焦等工业利用时，估算储量可以过渡带上界为准，取样则以过渡带下界为准。

(3)氧化带煤样可以利用浅部钻孔的煤心煤样，也可以在坑道采取。在钻孔中采取氧化带煤样的采样方法与煤心煤样相同。在坑道内采取氧化带煤样，可参照煤层煤样的采取方法，选一段固定的层位采取。

(4)氧化带煤样必须及时送验，以免造成人为氧化。

5)粉煤灰样采集

粉煤灰属于大宗产物，要对其进行全面了解就必须测定其物理和化学性质，为了测定它们的性质，首先要从全部被测物料中取出一定数量的样品，再对样品进行制样，最后进行分析得出结论。

样品的采样与制样是分析测定物料的物理、化学性质的第一步。大量的粉煤灰物料非常不规则，特征也有差别，干排灰与湿排灰的差别更大。因此，采集样品的数量应精确地调整。样品数量的多少将主要影响物料的总体特性、颗粒尺寸及物料的均匀性。

采样点对试样的代表性影响很大，能产生系统误差。采样误差与排灰的状态有关。干法排灰是固体松散物料，灰本身即是多种颗粒的机械混合体，密度、粒度等各异，所以在排出、运输、贮存等过程中，上、下、内、外会产生分层或偏析现象，从而在组成上的差异会增大。湿法排灰一般较均匀，但也存在不同部位组成的差异。若在采样时，取样点位置只设在容器池子的上层或底层，或散状堆积物的堆顶或堆脚，都可能造成取样误差加大和最终的分析结果偏差。因而，要获得有代表性的样品，除了确定采样数、采样量外，还要正确地确定取样点。

在确定采样点时，应该尽量避免在料堆、贮灰场采样，应该在物料流中采样。采集样品必须在生产正常时进行，以均匀的速度截取整个物流或水流的横断面。矿浆试样应尽量选择在垂直管道采集。如果物料量太大，不能采到全部物料，要分左、中、右几个点采样。当必须在料堆或贮灰场采样时，采样点的分布一定要均匀。

采样点应根据取样目的、要求，采用对角线形、梅花形式，合理确定，保证试样的代表性。采集后的灰样在运输、存放时要避免破碎、损失、混入杂物。要存放在不受日光照射和不受风雨影响的地点。

6)其他特殊测试样品采集要求

(1)矿石光片样。用于测定不透明矿物的种类及含量，观察不透明矿物的矿相，了解矿物的形成条件及生成顺序。样品采手标本大小即可，光片大小一般 2cm×3cm，厚0.5cm，表面要抛光。

(2)光谱分析样。了解煤层、夹矸及其顶底板中有益、有害元素的种类和大致含量，为确定化学分析项目提供依据。为了减少送样的盲目性，节约样品分析费用，野外工作中在采化学样前，宜先进行光谱分析。样品可在煤层、夹矸及其顶底板中采集，送样重量一般为 200~300g，也可利用有代表性地段的基本分析副样来确定组合分析或化学全分析项目，使用分析副样重量 100g 左右。

(3)化学全分析样。按照分析项目不同和方法上的差异，又分为基本分析、组合分析、化学全析、物相分析。主要目的是了解有益、有害元素或组分的种类和含量(表 2-1)，确定矿体与夹石、围岩的界线。地表和坑道工程中取样，一般用刻槽法、刻线法、拣块法、剥层法、全巷法和岩心钻探采样。勘查阶段不同、取样对象不同，方法也有所不同。

表 2-1 煤岩样品化学全分析样分析项目参考表

煤中元素		基本分析项目	组合分析项目
稀有金属	铍	BeO	Nb_2O_5、Ta_2O_5、Li_2O、WO_3、Sn、Pb、Zn
	铌-钽	Nb_2O_5、TaO_5	BeO、Sn、ZrO_2、HfO_2、ThO_2 及稀土
	锆	ZrO_2、Nb_2O_5、Ta_2O_5、HfO_2	Ta_2O_5、Nb_2O_5、BeO、CaF_2、Li_2O、WO_3、Sn、Pb、Zn
	锂-铯-铷	Li_2O、Cs_2O、Rb_2O	
	锶	SrO	
稀有元素		铈族元素(LREE)包括 La、Ce、Pr、Nd、Pm(人造元素)Sm、Eu 七种	铈族元素(LREE)包括 La、Ce、Pr、Nd、Pm(人造元素)Sm、Eu 七种
		钇族元素(HREE)包括 Y、Gd、Tb、Dy、Ho、Er、Tu、Yb、Lu 九种	钇族元素(HREE)包括 Y、Gd、Tb、Dy、Ho、Er、Tu、Yb、Lu 九种
分散元素		Ge、Ga、In、Tf、Re、Cd、Sc、Se、Te 等主要赋存于别的矿物中，独立矿物比较少见，一般不形成单独开采矿床，在评价其他矿床时，应对分散元素进行综合评价	Ge、Ga、In、Tf、Re、Cd、Sc、Se、Te 等主要赋存于别的矿物中，独立矿物比较少见，一般不形成单独开采矿床，在评价其他矿床时，应对分散元素进行综合评价
放射性铀、钍		U、ThO_2	Cu、P_2O_5、S、V_2O_5、Ta_2O_5、Nb_2O_3

采样的具体长度，取决于矿体厚度大小、矿石类型变化情况和矿化均匀程度，以及工业指标所规定的最低可采厚度和夹石剔除厚度。矿体厚度不大，或矿石类型变化复杂、矿化分布不均匀的矿床，或需要依据化学分析结果圈定矿与围岩界线时，采样长度不宜过大，一般不大于可采厚度或夹石剔除厚度。矿体与夹石、围岩界线不清楚时，则需连续采取样品，确定界线；当矿体与围岩界线较清楚时，矿体顶、底板围岩要各采一个样品，样品长度 0.5～1m。某些矿种工业利用中允许的有害杂质要求严时，虽然夹石较薄，也必须分别采样。物相分析样品，单独采样重量不低于 2kg，在分析副样时按照测试单位要求的重量送样。

二、采样工作评价

在采样、制样和测试三个阶段中，通常的观点是注重样品的测试过程，而对样品的采集和制样过程缺乏应有的重视。即使在分析阶段使用高精密的仪器，也不可能消除在采样与制样阶段产生的误差。与分析阶段产生的误差相比，采样与制样阶段产生的误差占整体误差的绝大部分。因此，如何保证试样的代表性就成了采样的首要问题。

煤炭采样是煤质分析中最基础的环节，是获得可靠检测结果的前提，从统计角度看，煤质分析的总误差有 80%来源于采样。采取有代表性的煤样在煤质分析中具有十分重要的意义，对分析结果的准确性起决定作用。由于无论采样和制样方法如何精细，在分析用的样品里含有的矿物、有机组分或水分的少许差别就有可能造成微量元素分析结果的较大差异。因此，为查明研究煤(煤层、煤矿、矿区、煤田、含煤盆地或者煤灰)的微量元素含量，根据对煤田地质的了解合理布置采样点，采集一定数量的样品，综合分析样品测试结果，才能揭示在调研范围内元素的总体分布特征，以及是否存在某元素的异常富集带(区)，否则分析结果没有代表性。

除了实验室条件外，测试人的经验和技巧也至关重要，可避免样品采集和制备时可能产生的污染。在煤炭人工采样整个过程中，采样除了要遵循基本的采样原则及国家标准、行业标准所规定的方法外，还应考虑主观因素和客观因素的影响，主要包括采样人员的素质、采样的子样数目、与标称最大粒度相应的试样质量、采样点的正确定位、适当的采样工具及煤的变异性等因素。这些因素直接影响采样方法的选择和采集样品的代表性。详细记录采样和制样的方法、所用的工具与材料特性、装样容器等，供分析资料时参考。除了原样要留下一份作备用样品外，经过混合处理、研磨、缩分之后的样品也要留备用样品，以备复检。

人工采样不仅误差较大，还往往存在人工采样无法解决的问题。例如，采样程序不尽相同，完全依靠采样人员对标准的理解和把握程度；井下采样时采样工具不能利用，采样方法存在一定局限性；实际采样过程中遇到特殊情况，工作面无法按计划采样；堆煤采样具有较低的代表性等。

第二节　测试分析方法

一、测试分析项目

为全面了解煤中微量元素，必须先查清煤中的所有无机组分，包括三方面内容(唐修义，2004)，即：①分析煤中或煤灰中元素的含量；②鉴定煤中的矿物；③探测煤中元素的赋存状态。

测试主要包括样品的制备、显微煤岩观测、有机实验、气相色谱法(GC)和气相色谱-质谱法(GC-MS)分析、扫描电子显微镜研究、电感耦合等离子体质谱(ICP-MS)测试、常量元素测试、微量元素测试、有益元素提取实验等。在煤系中常见(共)伴生的金属矿产以稀有、分散及放射性元素(以微量元素出现)较常见。本次测试工作主要测定全煤样和全煤灰样中金属元素铝(Al)、锗(Ge)、镓(Ga)、锂(Li)和稀土元素[包括镧系元素和钇(REY，或 REE+Y)]的浓度。

二、采用方法

(一)煤的化学成分分析方法

煤中常量元素分析应用的方法包括重量法、容量法、光度法、原子吸收光谱法、元素分析法、极谱法、X 射线荧光光谱法、电感耦合等离子体发射光谱法。煤中微量、痕量元素分析应用的方法有仪器中子活化法、原子吸收光谱法、原子发射光谱法、质谱法、极谱法、X 射线荧光光谱法、电感耦合等离子体发射光谱法、裂变径迹法、光度法、气相色谱法、离子色谱法。下面介绍几种主要的元素浓度测定方法。

1. 比色法/分光光度法

比色法(colorimetry)，或者又称为分光光度法(spectrophotometry)是早期测试煤和煤灰中元素的方法。虽然当前这种方法在多数情况下已被现代仪器分析方法取代，但迄今为止，分光光度法仍然是许多测试的标准方法之一。该方法的原理是先用化学方法将煤或煤灰中的元素转变为在溶液中具有一定颜色的络合物，之后测定这种带颜色络合物的吸光度，据此计算出该元素在煤或煤灰中的含量。该方法的优点是设备简单、设备及分析成本低，因此目前还在使用。使用该方法要取得好的实验结果，必须确保样品中被测试的元素全部转化到溶液中去，同时要避免其他化学物质的干扰，需要实验员有丰富分析经验和技巧。

2. 仪器中子活化分析技术

自 20 世纪 60 年代仪器中子活化分析技术(INAA)用于煤中元素的分析以来，目前已经成为煤物质成分重要的分析方法之一。仪器中子活化分析技术就是用低能量的中子(慢中子)照射煤样,煤中的元素稳定同位素捕获中子形成放射性同位素,该放射性同位素发射出 γ 射线,根据 γ 射线的能量及半衰期可以鉴别元素的种类,γ 射线的强度可以用来检测该元素的含量。

3. X 射线荧光与同步辐射 X 射线荧光分析技术

X 射线荧光(XRF)是早期分析煤中常量元素含量的重要方法。X 射线荧光分析的基本原理是样品在 X 射线照射(Cr 或 W 靶)下,样品中的元素发生从基态到激发态的电子跃迁,之后,这些处于高能态的价电子发生从高能态到低能态的跃迁,并产生能量较低的 X 射线荧光,不同的元素产生的荧光的波长(能量)不同,因此,可以根据波谱测量仪(wavelength-dispersive X-ray fluorescence,WDXRF)或能量测量仪(energy- dispersive X-ray fluorescence,EDXRF)测定元素的含量,可以测定煤或煤灰中 23 种元素。许多学者给出了用 X 射线荧光测定煤中元素的程序(Kuhn et al.,1975;Prather et al.,1977;Willis,1988;Evans et al.,1990;Johnson and Fleming,2010)。XRF 方法的优点:它是一个通用的普通的实验设备,设备造价低,使用广泛;使用 EDXRF 模式测试速度快,可以进行 50 多个样品的全自动操作测试;使用 WDXRF 测试精密度高;样品制备简单,通常是粉末样品;其测量的范围从 10^{-6} 到 1。它的主要缺点是对微量元素的灵敏度比较低,因此,常用于常量元素的测定;对于精确测定,需要对基体进行校正;荧光发生的深度入射与 X 射线的强度有关,发生荧光的样品厚度通常为 5~200μm。

4. 电感耦合等离子体质谱

质谱技术(MS)就是采用一定的激发源激发样品产生离子,并通过具有高分辨率的质量分析器探测离子,从而定性或定量地获得物质组成的数据。根据离子激发方法和离子分析方法的不同,可以分为不同的质谱仪,如火花源质谱仪(spark-source mass spectrometry,SSMS)、热发射质谱仪(thermal emission mass spectrometry,TEMS)、辉光放电质谱仪(glow discharge mass spectrometry,GDMS)、二次离子质谱仪(secondary ion mass spectrometry,SIMS)、飞行时间质谱仪(time of flight mass spectrometry,TOFMS)等。

早期用于煤或煤灰中元素分析的质谱技术主要有火花源质谱(Sharkey et al.,1975;Carter and Hayes,1978)、热发射质谱(Carter and Roe,1975;Carter and Hayes,1978)、辉光放电质谱(Luo and Huneke,1992)。需要指出的是,为了能够准确测定煤或煤灰中的微量元素,在运用上述质谱技术时,引入了同位素稀释技术(isotope dilution),因此,产生了同位素稀释火花源质谱(IDSSMS)、同位素稀释热发射质谱(IDTEMS)等质谱技术。同位素稀释技术就是把一种已知数量和同位素比值的富集了的同位素和样品混合,通过比较原样和混合样品的质谱响应来获得被测元素的含量。与单纯的火花源质谱仪和热发射质谱仪相比,同位素稀释热发射质谱和同位素稀释火花源质谱具有很高的灵敏度和精密度。Carter 和 Roe(1975)、Carter 和 Hayes(1978)曾运用同位素稀释质谱技术测定了煤和煤灰中的微量元素。同位素稀释质谱技术要求被测元素存在两个以上天然或长寿命同位素，这使其应用受到了限制。

近年来，电感耦合等离子体质谱仪器是发展最快也是最成熟的元素分析质谱仪器。电感耦合等离子体质谱技术使用具有高温和稳定特点的电感耦合等离子体(ICP)作为离子的激发源，被电感耦合等离子体激发出的离子大多为 2～20eV 的单电荷阳离子，而阴离子、多电荷离子及分子离子非常少，因此，比较适合于质谱分析。Bettinelli 和 Baroni(1995)详细论述了煤和煤灰中元素的电感耦合等离子体质谱测试方法。电感耦合等离子体质谱的优点十分明显，它能够测定甚至包括碳在内的 67 种元素，元素测试的选择性高，灵敏度高，检测限低，大多数元素的检测限可达 10^{-12}，能实现多元素同时检测，测试速度快，采用预先配制好的标准溶液比较容易进行校正。它的缺点主要是仪器比较昂贵，分析物信号对等离子体喷射流的变化比较敏感，也对等离子体的射频能量敏感，在测试时，特别需要保证上述参数的稳定性，仪器在开机 1～2h 后会发生热漂移，要注意对仪器开机时间的掌控。另外，电感耦合等离子体质谱方法只能分析液态样品，固体样品需要溶样，对于煤样，溶样前要进行高温灰化，这将导致部分挥发性元素的损失。目前，可采取两种方法处理此问题：一是采用微波消解技术直接将煤样消解为溶液(Fadda et al.，1995)；二是将激光烧蚀技术(laser ablation，LA)与电感耦合等离子体质谱技术结合起来(Lichte and Skogerboe，1973；Rodushkin et al.，2000)。激光烧蚀-电感耦合等离子体质谱技术就是将煤样磨成细粉末，使其在激光器 Q 开关模式下被激光烧蚀激发，煤粉被烧蚀为极细的颗粒，这些极细的颗粒随后被氩气带入等离子体中被离子化，之后被 MS 检测。

5. 原子吸收光谱

原子吸收光谱(AAS)也是早期用于测定煤中元素含量的方法之一，它的原理是将样品中元素原子化，处于激发态的不同种类的气态原子将对白光产生不同的吸收，通过分光光度计可以定量测定这种吸收，并通过与标准样品比较而定量地得到被测物质的成分。根据原子被激发的不同方式，目前原子吸收光谱可以分为以下几种模式或方法，即火焰原子吸收光谱(flame atomic absorption spectrometry，FAAS)、石墨炉原子吸收光谱(graphite-furnace atomic absorption spectrometry，GFAAS)、氢化物发生原子吸收光谱(hydride atomic absorption spectrometry，HGAAS)及冷原子吸收光谱(cold-vapor atomic absorption spectrometry，CVAAS)。

火焰原子吸收光谱是最简单的原子吸收方法，它采用空气和乙炔气体的混合气的燃烧火焰作为原子化手段。石墨炉原子吸收光谱采用更高温度的石墨炉电热方法实现样品的原子化，它是灵敏度最高的原子吸收方法。氢化物发生原子吸收光谱是采用氢硼化钠($NaBH_4$)将样品溶液中的元素还原为氢化物，然后再将氢化物在火焰中原子化，氢化物发生原子吸收光谱方法比较适合于 As、Bi、Pb、Sb、Sn 和 Te 等容易形成氢化物的元素。冷原子吸收光谱是为了专门分析 Hg 的一种方法，也是目前分析 Hg 的最好方法。这种方法首先将煤灰化并氧化酸解成二价 Hg 的溶液(也可以不经灰化而直接氧化消解为溶液)，然后用氯化亚锡将二价 Hg 还原为金属 Hg，并与 Ag 或 Au 形成银汞齐和金汞齐，最后 Hg 在冷原子吸收池里从汞齐里释放出来并被测定。

原子吸收光谱的主要优点是仪器比较成熟，设备成本和分析成本较低，操作简单；能分析大多数常量元素和微量元素，石墨炉原子吸收方法对某些元素的检测限可达万亿分之一；原子吸收光谱方法比较灵活，经过适当的改进就可以满足某些元素的测试要求。它的主要缺点是要求分析溶液态或液态物质，因此固体样品的前处理显得比较烦琐。此外，它不能够多元素同时检测，需要逐个测定，因此测试速度受到一定限制，比较适合于批量样品的检测。当然，原子吸收光谱也是很好的研究性仪器。

6. 原子荧光光谱

原子荧光光谱(atomic fluorescence spectroscopy，AFS)的仪器结构和原理与原子吸收相似，不同的是它通过检测原子所释放出的荧光而获得元素的浓度，因此，AFS 的灵敏度高，检测限低，它可以测定 As、Sb、Bi、Hg、Pb、Se、Sn、Zn 和 Cd 九种元素。我国生产的 AF-620 型原子荧光光谱仪对 Hg 的检出限为不大于 $0.005\mu g/L$，对 Cd 的检出限为不大于 $0.008\mu g/L$，对 As、Se、Sb、Bi、Pb 和 Te 的检测限为不大于 $0.06\mu g/L$，对 Ge 和 Sn 的检出限不大于 $0.5\mu g/L$，对 Zn 的检测限不大于 $5.0\mu g/L$。仪器的精密度 RSD≤1.5%。

上述各种分析方法在全煤样的元素丰度测试中都发挥着重要的作用，但任何一种方法都不是万能的。每种方法对某些元素的分析具有独特的优势，而对另外一些元素的分析的精密度、准确度及检测限相对比较差，甚至不能够检测。

(二)煤中的矿物鉴定与煤中元素的赋存状态分析方法

查明元素的赋存状态对探讨煤中元素的来源及其在成煤作用全过程中的地球化学行为至关重要。微量元素在煤中的赋存状态有三种：赋存在矿物里、被有机质束缚、溶于孔隙水里。其中第一种是最主要的赋存方式，煤中大部分微量元素在各种矿物里以类质同象、吸附或混入方式赋存，属于矿物的杂质成分；煤中以某微量元素为主要成分的独立矿物很少(唐修义，2004)。

为探知微量元素在煤里的赋存状态，国内外研究者一直进行着不懈的努力，研究煤中微量元素赋存状态的方法可分为直接方法和间接方法。直接方法主要是指各种显微探针方法(电子、离子和 X 射线探针)和谱学方法(如 X 射线吸收精细结构谱方法)。有的学者将煤中主要矿物剥离，并在光学显微镜下对样品进行各种矿物和显微组分的准确定量，然后进行样品的微量元素分析，这样所得的主要矿物微量元素组成，特别是当矿物纯度达 90%～100% 时，也不失为一种较好的直接方法(张军营等，1999)。间接方法包括数理统计方法、浮沉实验方法和化学方法(如逐级化学提取实验方法)。间接方法只能在一定程度上反映元素的共生组合、相关关系，提供了煤中微量元素赋存状态的一些线索，但这毕竟是一种间接的推论，要确认这些结果，有时还需用直接方法进行深入细致的研究。下面简单介绍几种主要的测试方法(唐修义，2004；任德贻等，2006)。

1. 电子微探针

用电子束轰击样品，产生不同特征的 X 射线，据此了解测点的元素。电子微探针(EMPA)是矿物学家常用的方法，早在 20 世纪 70 年代被应用于研究煤(Finkelman，1993)。电子微探针探测区直径为 1μm，要求被测元素含量大于 0.01wt%[①]。值得注意的是，这种方法测定的元素含量一般只限定在半定量的范畴里，而且只是表示该探测点的情况，最好不要与其他方法直接对比。在实际研究中，由于煤的有机组分高，容易在测试中对仪器产生污染，一般不对煤中的有机组分进行直接测试，而更多地用来对煤中所含矿物颗粒的成分鉴定。

2. 扫描电镜＋X 射线能谱或波谱分析

X 射线能谱分析(EDX) 是以测量特征 X 射线的光量子能量为基础，X 射线波谱分析(WDX) 是以测量特征 X 射线的波长为基础。扫描电镜-X 射线能谱分析(SEM-EDX)目前用于分析煤中元素较普遍，尤其适用于煤中一些颗粒较大的矿物，如黄铁矿、黄铜矿等。由于 X 射线波谱分析每次只能测一种元素，用于分析煤中元素不十分普遍。X 射线能谱分析要求元素含量大于 0.1wt%，X 射线波谱分析要求元素含量大于 0.01wt%，一般 X 射线能谱分析和 X 射线波谱分析可检测原子序数为 11～92(钠到铀)的元素含量。根据扫描电镜能谱分析所得的矿物元素组成，有时也有助于判断煤中矿物的成因。

3. 离子探针质谱分析和二次离子质谱分析

离子探针质谱分析(IMMA)是将二次离子溅射和质谱分析相结合，主要用于年代测定。Finkelman(1993)用半定量离子探针质谱分析弗里波特煤中微细矿物颗粒中微量元素。离子探针质谱分析具有较高的相对灵敏度，分析元素范围广，能分析元素周期表中 H 到 U 的所有元素，但目前还不能进行定量分析。

二次离子质谱分析(SIMS)是利用具有几千电子伏特能量并经过聚焦的一次电子束，在样品上稳定地进行轰击，收集从被轰击表面微区溅射出来的二次离子进行质谱分析。Wiesejr 等(1990)用二次离子质谱分析俄亥俄州煤中微量元素，得出煤中黄铁矿中富集 Mn、Co、Ni、Cu、As 和 Pb，而在煤的有机组分中未检出 Ti、Zn、Ga、Ge、Se、Mn、Ag、Cd、Sb、Hg 和 U 等元素，可能是由于元素含量低于检测限，也可能是被有机分子离子掩盖。二次离子质谱在矿物学和地球化学研究方面有很大的潜力，具有有机和无机分析兼容的特点。二次离子质谱分析精度可达百万分之几，非常灵敏，可进行几微米的微区分析。

---

① wt%表示质量分数。

4. 激光诱导探针质谱分析

激光诱导探针质谱分析(LAMMA)是利用高能量的激光束(3μm 以下)轰击样品，产生高温等离子体(原子、离子和分子碎片离子)，然后利用飞行时间质谱对样品的各种离子进行质量分离和检测。激光诱导探针质谱分析元素的相对含量精度与仪器中子活化分析不相上下，分析效果较好。Lyons 等(1987)用它对煤中几种主要矿物伊利石、高岭石、绿泥石和黄铁矿及有机组分(镜质体、丝质体和树脂体)中微量元素进行分析。结果表明，煤中伊利石中 K 和 Fe 含量较高，高岭石中 Ti 含量较高，绿泥石中 Mg 和 Al 含量较高。K/Fe 的比值高低可用来判别伊利石含量的多少，Mg/Fe 比值高低则可判别绿泥石的相对含量多少。镜质体和丝质体中 Li、Mg、Na、Al、Si、K、Ca、Ti、Sr、Ba、Cl 和 F 含量较高，而树脂体中却含量甚微。并求出 13 种元素与有机质的亲和率。激光具有高亮度、能量集中及单色性好和方向性强的特点，使仪器的灵敏度和分辨率大大提高。半定量结果优于常规的二次离子质谱分析结果。

5. 数理统计分析

数理统计分析是根据煤灰分的产率、硫含量等与煤中微量元素含量的关系来判别元素的赋存状态。常用的数理统计分析包括相关分析、聚类分析、因子分析和多元判别分析等。上述分析方法是从大量数据信息中提取变量间相关性的数学方法，可以更好揭示各种微量元素含量之间，以及与各常量元素(特别是各种形态的硫)含量，或者与灰分产率、矿物含量、有机煤岩组分、煤级等参数之间的相关性。但是数理统计分析结果不直接提供元素赋存状态的信息，需要依据元素地球化学理论和采样区地质条件研究数理统计结果，方能合理推测元素在煤中的赋存状态。

6. 浮沉实验

浮沉实验本是评价煤的可选性的方法，很早之前就被用于研究煤中微量元素的赋存状态。运用浮沉实验研究煤中微量元素赋存状态需要选择合适的煤样粒度和浮沉介质密度级。样品粒度越细，可以使煤有机质中更多的微细矿物颗粒得以释放，但样品过细又会造成浮沉的困难，一般选择 0.2mm 的粒度较为合适。浮沉介质应该选择有机试剂以避免对无机元素含量测定的影响，浮沉介质的密度范围一般为 1.28~2.8g/cm^3，密度液的分级要充分考虑煤中矿物的种类。例如，石膏主要分布于 2.2~2.4g/cm^3，烧石膏主要分布于 2.4~2.6g/cm^3，黏土矿物中蒙皂石的密度为 2.00~2.7g/cm^3、高岭石为 2.60~2.63g/cm^3、伊利石为 2.60~2.90g/cm^3、绿泥石为 2.60~3.30g/cm^3，斜长石为 2.56~2.76g/cm^3；石英为 2.7g/cm^3，方解石为 2.6~2.9g/cm^3，硬石膏为 2.98g/cm^3，黄钾铁矾为 2.91~3.26g/cm^3，电气石为 3.03~3.25g/cm^3，菱铁矿为 3.71~4.0g/cm^3，金红石为 4.2g/cm^3，黄铁矿为 5.0g/cm^3，烟煤和无烟煤有机质的真密度(以氦为介质测定)主要分布于 1.28~1.57g/cm^3。

需要指出的是，运用浮沉实验结果推断煤中微量元素赋存状态时，应十分重视各个密度级组分的矿物学研究，特别要进行微区矿物学分析。

7. 逐级化学提取

逐级化学提取属于化学方法，即选择适当的化学试剂及条件将固体煤样中的金属元素选择性地提取到特定的溶液中，然后测定溶液中该金属元素的丰度，从而确定其在样品中的赋存状态，使赋存状态的研究定量化。选择不同的化学试剂及条件采用分级提取的办法，将固体样品中的微量元素，特别是金属元素选择性地提取到待定溶液中，以确定其在样品中的赋存状态。逐级化学提取实验方法成为继浮沉实验之后间接研究煤中元素赋存状态的又一重要方法，同时逐级化学提取实验结果对研究煤中金属元素的释放能力也有重要意义。

任德贻等(2006)总结煤中微量元素赋存状态分类与逐级化学提取方法中各级的对应关系，并对煤中微量元素的赋存状态进行了详细的分类，具体为五种对应关系(表2-2)：①水溶态和可交换态，包括与有机质吸附(包括与有机质以离子交换态结合的外部络合物)及与无机质吸附的元素；②碳酸盐及铁锰氧化物态，包括碳酸盐、铁锰氧化物态及单硫化物态的元素；③腐殖质结合态，指与腐殖酸以共价键结合形成内部络合物的元素，以及与黄腐酸以共价键结合形成内部络合物的元素；④硅酸盐等矿物晶格或单矿物态，指进入硅酸盐等独立矿物晶格、类质同象替代矿物晶格、独立矿物中的包裹体(固态、液态和气态)、煤大分子结构间的超微矿物包裹体；⑤其他有机态，指进入煤大分子结构中的元素(内部络合物)及煤大分子间的碳酸盐类和硫化物类超微矿物包裹体。

表 2-2　综合的逐级化学提取实验方法(任德贻等，2006)

步骤	赋存状态	实验条件
1	水溶态	去离子水
2	可交换态	1mol/L NH_4Ac(pH＝7)，或者 1mol/L CH_3COONa，或者 1mol/L $MgCl_2$
3	碳酸盐态	0.137mol/L HCl(0.5%HCl)
4	铁锰氧化物态 单硫化物态	3～4.3mol/L HCl(10.42%～14.67%HCl)
5	双硫化物态(黄铁矿)	2mol/L HNO_3(11.83%)
6	腐殖酸态 黄腐酸态	用 10mL 1%NaOH(内含 0.1mol $Na_4P_2O_7$)提取，之后用 1∶1 HCl 调至 pH=1～2，酸溶者为黄腐酸，酸不溶者为腐殖酸
7	硅酸盐等矿物晶格或单矿物态	在微波炉中用浓 HCl 和 HF，或者 40%HF 和浓 HCl(10∶1)消解，或者用 HF 和 $HClO_4$ 直接进行化学消解
8	其他有机态	在微波炉中用浓硝酸消解，或者低温灰化后对灰样品用 0.2mol/L HNO_3 和浓 H_2O_2 直接进行化学消解

(三)测试方法比较

煤中微量元素含量的测定采用的分析方法,依据任德贻等(2006)学者总结的煤中有害或潜在有害 22 种元素的测试方法(表 2-3～表 2-6)。

表 2-3 煤中部分微量元素测定方法的国家或行业标准(任德贻等,2006)

元素	方法名称	测定方法简述	标准
As	砷钼蓝分光光度法	用盐酸溶解煤样与艾氏剂混合灼烧物,并用还原剂使五价砷还原为三价砷,加入锌粒产生氢气并与砷形成氢化砷,之后,被碘溶液吸收并氧化成砷酸,加入钼酸铵-硫酸肼溶液使之生成砷钼蓝,并用分光光度法测定	GB/T 3058—2008
	氢化物-原子吸收光谱法	用盐酸溶解煤样与艾氏剂混合灼烧物,用碘化钾将五价砷还原为三价,再用硼氢化钠将三价砷还原为氢化砷,以氩气为载气将其导入石英管原子化器,用原子吸收法测定	
Se	氢化物-原子吸收光谱法	用盐酸溶解煤样与艾氏剂混合灼烧物,加热使六价硒还原为四价,再用硼氢化钠将四价硒还原为氢化硒,以氩气为载气将其导入石英管原子化器,用原子吸收法测定	GB/T 16415—2008
Hg	冷原子吸收光谱法	以五氧化二钒为催化剂,用硝酸-硫酸分解煤样,使煤中汞转化为二价汞离子,再将汞离子还原为汞原子蒸气,用测汞仪器或原子吸收光谱法测定	GB/T 16659—2008
Cr、Cd、Pb	原子吸收光谱法	将煤样灰化,用氢氟酸-高氯酸消解煤灰,在硝酸介质中加入硫酸钠,消除镁等共生元素对铬的干扰,用空气-乙炔火焰原子吸收光度法分别测定 Cr(357.9nm)、Cd(228.8nm)和 Pb(217.0nm)	GB/T 16658—2007
U	分光光度法	用混合铵盐熔融煤灰,再用含硝酸盐的稀硝酸浸取。浸取液通过磷酸三丁酯色层柱,使干扰元素分离,用洗脱液洗下柱上吸附的铀。在弱碱性溶液(pH=8)中,铀与 2-(5-溴-2 吡啶偶氮)-5-二乙胺基苯酚(Br-PADAP)形成有色的二元络合物,用分光光度计测定	MT/T 384—2007
F	高温燃烧水解-氟离子选择电极法	煤样在氧气和水蒸气混合气流中燃烧,煤中氟全部转化为挥发性氟化物(SiF₄ 及 HF)并定量地溶解于水中。以氟离子选择电极为指示电极,饱和甘汞电极为参比电极,用标准加入法测定样品溶液中氟离子的浓度,并计算煤中氟含量	GB/T 4633—2014
Cl	高温燃烧水解-电化学测定法	煤样在氧气和水蒸气混合气流中燃烧和水解,煤中氯全部转化为氯化物并定量溶于水。以银为指示电极,银-氯为参比电极,用标准硝酸银电位法直接滴定冷凝液中氯离子并计算其浓度	GB/T 3558—2014
Ga	比色法(分光光度法)	将煤样灰化,用硫酸、盐酸、氢氟酸混合消解并制成 6mol/L 盐酸溶液;或者将煤灰用碱熔融,盐酸酸化,蒸干使硅脱水并制成 6mol/L 盐酸溶液。之后,将三氯化钛溶液加入上述溶液,使铁(Ⅲ)、铊(Ⅲ)和锑(Ⅴ)等还原成低价以除去干扰。再加入罗丹明 B 溶液,使其与氯镓酸生成带色络合物,用苯-乙醚萃取,然后比色测定	GB/T 8208—2007
Ge	比色法(分光光度法)	将煤样灰化,用硝酸、磷酸、氢氟酸混合消解,并制成 6mol/L 盐酸溶液进行蒸馏,使锗以四氯化锗的形态逸出,并用水吸收而与干扰离子分离。在盐酸浓度 1.2mol/L 左右下用苯芴酮显色并进行比色测定	GB/T 8207—2007
V	分光光度法	用碱熔融法熔解煤灰,沸水浸取。在浸取液中加掩蔽剂以除去干扰元素。在磷酸介质,五价钒与 2-(5-溴-2 吡啶偶氮)-5-二乙胺基苯酚(Br-PADAP)和过氧化氢形成有色的三元络合物,用分光光度计测定	GB/T 19926—2003

表 2-4 元素测定方法检测限比较（据任德贻等，2006）

元素	INAA/10^{-9}	ICP-MS/10^{-9}	ICP-AES/10^{-9}	GFAAS/10^{-9}	FAAS/10^{-9}	HGAAS/10^{-9}	AFS/μg	XRF/μg
K	$10^3\sim10^4$			0.001	1			50
Na	$0.1\sim1$	3			0.2			50
Ca	$10\sim100$	100		0.02	5		$10^{-3}\sim2$	50
Mg	$10\sim100$	0.2	0.15	2×10^{-5}	0.1		$10^{-4}\sim2$	50
Si				0.02	20		$0.5\sim2$	50
Al	$0.1\sim1$	0.3	23	2×10^{-4}	20		$0.1\sim4$	50
Ti	$10\sim100$	0.2		0.5	40			50
Fe	$10^3\sim10^4$	0.5	6.2	0.003	5		$0.01\sim25$	50
P								50
REE	$10^{-4}\sim10$	$10^{-4}\sim10^{-3}$	$3\sim120$					$0.5\sim1$
U	$0.1\sim1$	0.04	220		30000			
Th	$1\sim10$	0.1						
As	0.05^*	0.04^*	20^*	0.02	20^*	0.01^*	0.06^*	50
Sb	$0.1\sim1$	0.1	40			40	$0.04\sim2$	
Se	$10\sim100$	1		0.1	10^{**}	0.6	$0.04\sim50$	
Hg		0.1	25	0.1	250		$0.002\sim5$	
Mo	$1\sim10$	0.1		Pref	20		0.2	
Cd		0.1	2.5	10^{-4}	2		$10^{-4}\sim10$	
Tl		0.1		0.02	30		$0.005\sim5$	
Cu	$0.1\sim1$	0.2	5.4	0.003	1		$0.01\sim2$	50
Pb		0.1	42	0.0002	10	40	$0.02\sim20$	50
Ni	$10\sim100$	0.3			2		$0.005\sim5$	50
Zn	$10\sim100$	0.2	1.8	5×10^{-5}	1		$10^{-6}\sim0.6$	50
Co	$0.1\sim1$	0.1	6	0.005	10		$0.01\sim2$	50
Cr	$10\sim100$	0.1	6.1	0.01	3			50
V	$0.01\sim0.1$	0.2		0.2	40			>50
Mn	$10^{-3}\sim10^{-2}$	0.06	1.4	2×10^{-4}	2		$0.006\sim5$	50
Be		0.1		0.02	2		$0.5\sim50$	
Ba	$0.1\sim1$	0.1	1.3	5×10^{-4}	8			50
Sr	$1\sim10$	0.1	0.42	0.05	2			>50
B		3		0.05	1500			
Br	$0.1\sim1$	50						
Bi	$10\sim100$	0.1		0.02	25	40	$0.005\sim10$	
Ga	$0.1\sim10$	0.1		0.2	50		$0.02\sim5$	>50
Ge	$1\sim10$	0.1		0.3	200		$0.5\sim20$	>50
Te	$10\sim100$	0.1		0.05	50	40	$0.05\sim20$	
Sn	$10\sim100$	0.4		0.01	10	40	$0.1\sim60$	

续表

元素	INAA/10^{-9}	ICP-MS/10^{-9}	ICP-AES/10^{-9}	GFAAS/10^{-9}	FAAS/10^{-9}	HGAAS/10^{-9}	AFS/μg	XRF/μg
Sc	1~10			20				>50
Nb	1~10	0.1			1000			
Ta	1~10	0.1						
Zr	10~100	0.1			1000			
Hf	0.01~0.1	0.1						
W	0.1~1	0.1						
Cs	1~10	0.1						
Rb	10~100	0.2	37500	0.01	2			>50

注：F 和 Cl 采用为离子选择电极方法测定；ICP-AES 表示诱导耦合等离子体原子发射光谱；pref 表示优先选择的方法。
*据 Merian 等(2004)，有修改。
**据涂光炽等(2004)，有修改。

表 2-5　煤中元素测定方法比较(据任德贻等，2006)

元素	INAA			ICP		AAS				AFS	XRF	ISE	IC
	SINAA	FINAA	RNAA	ICP-MS	ICP-AES	GFAAS	FAAS	HGAAS	CVAAS				
K	++	++	++	++	++		++				++	+	+
Na	++	++	++	++	++		++				++	+	+
Ca	+	+	+	++	++		++				++	+	+
Mg	+	+	+	++	++		++				++	+	+
Si		+		++	++		++				++		
Al	+	+	+	++	++		++				++		
Ti	+	+		++	++		++				++		
Fe	++	+	+	++	++		++				++	+	
P				+	++						++		
REE	++	++	++	++	+						+		+
U	++	++	++	++									
Th	++	++	++	+	++								
As	++	++	++	++	+			++		++	++		
Sb	++	++	++	++				++		++			
Se	++	++	++	+	+			++		++			
Hg			++	+					++	+			
Mo				+	+	++							
Cd			++	++		++				+			
Tl				+		++							
Cu	+	+	+				++						
Pb				++	++	++		++		+	++		
Ni	++	++	++	+	++		++				++		
Zn	++	++	++	+	++		++			++	++		
Co	++	++	++	+	++		++				++		

续表

元素	INAA			ICP		AAS				AFS	XRF	ISE	IC
	SINAA	FINAA	RNAA	ICP-MS	ICP-AES	GFAAS	FAAS	HGAAS	CVAAS				
Cr	++	++	++	+	++		++				++		
V	+	+	+	+	+		++						
Mn	+	+	+	+	++		++				++		
Be				+	++		++						
Ba	++	++	++	++	++		++				++		
Sr	+	+	+	+	+								
B					++								
F												++	++
Cl	+	+	+									++	++
Br	+	+	+									++	++
Bi				+				++		+			
Ga	+	+	+	++	++								
Ge	+	+	+	++	++								
Te				+				++					
Sn				++	++			++		+			
Sc	++	++	++	++	+								
Nb	++	++	++	++	+								
Ta	++	++	++	++									
Zr	++	++	++	++	+								
Hf	++	++	++	++	+								
W	++	++	++	++	+								
Cs	++	++	++	++	+								
Rb	++	++	++	++	+								

注：++为优先选择的方法，+为可选择的方法。SINAA 表示慢中子活化分析技术；FINAA 表示高能量中子(快中子)活化分析技术；RNAA 表示放射化学中子活化分析技术；ISE 表示离子选择电极；IC 表示离子色谱。

表 2-6 煤中潜在有害 22 种元素主要测试方法选择的优先顺序
(优先顺序从左到右排列)(任德贻等，2006)

元素	方法排序	元素	方法排序
As	INAA、ICP-MS、HGAAS、XRF	Cr	INAA、ICP-AES、FAAS、XRF、ICP-MS
Pb	ICP-MS、ICP-AES、GFAAS、XRF	Hg	CVAAS、RNAA、AFS
Cd	GFAAS、ICP-MS、RNAA、AFS	Se	INAA、HGAAS、AFS、ICP-MS、ICP-AES
Mn	ICP-AES、FAAS、XRF	Ni	INAA、ICP-AES、FAAS、XRF、ICP-MS
Cu	FAAS、ICP-AES、ICP-MS、INAA	Sb	INAA、ICP-MS、HGAAS、AFS、ICP-AES
Co	INAA、ICP-AES、FAAS、XRF、ICP-MS	Mo	INAA、ICP-AES、FAAS、XRF、ICP-MS
F	ISE、IC	Cl	ISE、IC、INAA
Be	ICP-AES、FAAS、ICP-MS	Ba	INAA、ICP-MS、ICP-AES、FAAS、XRF
V	FAAS、ICP-AES、INAA、ICP-MS、XRF	Tl	GFAAS、ICP-MS
Th	INAA、ICP-MS 、ICP-AES	U	INAA、ICP-MS
Zn	FAAS、ICP-AES、AFS、INAA、XRF	Ag	ICP-MS、GFAAS

综合考虑，本书全煤样和全煤灰样中金属元素铝(Al)、锗(Ge)、镓(Ga)、锂(Li)和稀土元素[包括镧系元素和钇(REY，REE+Y)]含量测定具体做法如下。

1. 煤中铝的测定

主要测试方法有滴定法[《煤灰成分分析方法》(GB/T 1574—2007)]、X射线荧光光谱(XRF)和电感耦合等离子体原子发射光谱(ICP-AES)。

根据实验室具体情况，本次研究选定实验室对煤灰成分的分析经验丰富，工作效率较高，且结果可靠。因此选择容量法测定煤灰中铝，依据《煤灰成分分析方法》(GB/T 1574—2007)，方法提要：在pH=1.8～2.0的条件下，以磺基水杨酸为指示剂，用乙二胺四乙酸(EDTA)标准溶液滴定。然后加入过量的EDTA，使之与铝络合，在pH=5.9的条件下，以二甲酚橙为指示剂，以锌盐回滴剩余的EDTA，再加入氟盐置换出与铝络合的EDTA，然后再用乙酸锌标准溶液滴定。

依据《煤的工业分析方法》(GB/T 212—2008)对煤中灰分进行测定，依据《煤灰成分分析方法》(GB/T 1574—2007)进行实验，原理是煤中含铝矿物质经燃烧后生成的三氧化二铝，由煤灰中三氧化二铝的含量结合工业分析结果换算出原煤中铝的含量。

2. 煤中锂、镓和稀土元素的测定

采用比色法、分光光度法、电感耦合等离子体质谱法。

1)国标方法

采用比色法、分光光度法等化学方法，缺点是手续繁杂，分析速度缓慢，不能适应大批量、快速的分析要求。分析结果受分析人员及各种试剂等因素影响较大，检出限较高，准确度和精密度满足不了低含量样品的测试要求。

2)电感耦合等离子体质谱法

方法精密度好，检出限低，一次测定元素种类多，可以实现大量、快速煤样中镓、锂、稀土元素的测定。

电感耦合等离子体质谱法前处理方法比较：前期已经做过多次实验分析对比，分别采用碱溶、复合酸溶、四酸溶样、微波消解等多种方法对比。

(1)采用碱溶时，引入的大量钠离子造成基体和盐分较高，干扰较大，测试微量元素含量较低的样品，准确度较差，碱溶测试锂和镓测试效果较差。

(2)复合酸溶法，参考《岩石矿物分析》(《岩石矿物分析》编委会，2011)第四版第三分册中"61.3.3.9 复合酸溶-电感耦合等离子体质谱法测定15种稀土元素"。方法提要：试样用氢氟酸、硝酸、硫酸分解并赶尽硫酸，用王水溶解，(3+97)HNO_3(即浓度为97%的硝酸)稀释后，在等离子体质谱仪上测定。此方法利用硫酸的高沸点破坏稀土氟化物，避免了常规四酸溶样稀土元素偏低的问题，但方法中加入硫酸消解样品，硫酸密度大，较黏稠，质谱测定时，样品不易形成气溶胶状态，等离子体不稳定，测试效果较差。该方法适合元素测试含量较高的稀土矿石。

(3)采用微波消解时，单次消解样品数量最多40个，消解后再用聚四氟乙烯容器赶酸，增加了实验过程，不适用于大量样品的测试。

(4)因煤中稀土元素含量较低，本节样品测试量较大，检测项目较多，不适宜采用其他样品处理方法，故采用四酸溶样，质谱测定，不仅能满足大量样品的测试要求，而且煤中微量元素含量低，可满足准确度测试要求。另一方面采用四酸溶样还可以同时处理锂、镓等检测项目，可实现一次消解样品108个，质谱同时测定多种元素，效率较高，节约成本。

电感耦合等离子体质谱测定方法提要：依据《煤的工业分析方法》（GB/T 212—2008）对煤中灰分进行测定，根据灰分的结果，称取一定量的煤样于灰皿中，低温放置于马弗炉中灰化，试样转置于聚四氟乙烯坩埚中，用几滴水润湿，加入 HCl 和 HNO_3，盖上坩埚盖后，置于控温电热板上，加热，取下坩埚盖，加入 HF 及 $HClO_4$，盖上坩埚盖，加热，取下坩埚盖，升温，待 $HClO_4$ 烟冒尽，取下冷却。加入 HCl 溶解盐类，移至塑料比色管中，用水稀释至刻度，摇匀用电感耦合等离子体质谱测定。所以利用电感耦合等离子体质谱可以同时测锂、镓、稀土等元素。

3. 煤中锗的测定

方法有蒸馏分离-苯芴酮比色法［《煤中锗的测定方法》（GB/T 8207—2007)]、原子荧光法、电感耦合等离子体质谱法。

1）比色法

将煤样灰化后用硝酸、磷酸、氢氟酸混合酸分解，然后制成6mol/L 盐酸溶液，进行蒸馏，使锗以四氯化锗形态逸出，并用水吸收与干扰离子分离。在盐酸浓度1.2mol/L 左右下用苯芴酮显色，并进行比色测定。其缺点是操作烦琐，消耗人力物力，周期比较长，影响测值因素多，易导致测定结果不准确，当测试低含量的锗样品时，检出限不能满足要求。

2）电感耦合等离子体质谱法

该方法测定锗的缺点是共存离子干扰严重。该方法测试样品时，采用氢氧化钠碱处理样品，引入大量的钠离子，造成盐分和基体较高，形成等离子体不稳定，对于处理后的样品，需用离子交换树脂去除钠离子的干扰，造成实验过程烦琐，不适用大量样品的测试。

3）原子荧光法

该测量方法的精密度和准确性较好，利用原子荧光氢化物法锗能与待测元素充分预富集，进样效率近乎 100%，锗元素能够与可能引起干扰的样品基体分离，消除了部分干扰，可以避免蒸馏和萃取分离锗的过程，减少了实验流程，连续氢化物发生装置易于实现自动化。

比较后，本节采用原子荧光光度法测试煤中锗，其检出限、精密度均能很好地满足实验要求。

原子荧光法测定煤中锗方法提要如下：将分析煤样灰化后，用硝酸、氢氟酸、磷酸分解后，用磷酸提取，控制待测液酸度 5%～10%，设置合适的仪器测试条件，用硼氢化钾作为还原剂，用锗的空心阴极灯作为发射光源，待测元素锗与硼氢化钾反应，生成氢化锗气体，利用原子荧光光度计直接测定煤炭中锗的含量。

煤中常量元素(Al)含量的测定可以用《煤灰成分分析方法》(GB/T 1574—2007)，该方法是目前煤灰中常量元素测试通用的方法，也是商品煤分析仲裁的方法依据。煤中常量元素含量也可以用 X 射线荧光光谱，如 P、Na、Mg、Al、Si、K、Ca、Fe 等元素的测定，采用该方法时，煤灰样品需用四硼酸锂混合样品于铂金坩埚内，放置于高温溶样仪内溶样，使各待测元素形成离子状态，利用 X 射线荧光光谱测定。其他大部分微量金属元素和稀土元素都可以用电感耦合等离子体质谱测定。

综合分析，针对本节内容，选择《煤灰成分分析方法》(GB/T 1574—2007)测定煤灰中 Al 含量，选择电感耦合等离子体质谱测定 Ga、Li、REY 含量；选择原子荧光光谱法测定 Ge 含量。

4. 稀土元素的主要分析法

测稀土分量用仪器中子活化法、稳定同位素稀释法、放射化学中子活化法、电感耦合等离子体发射光谱法、火花源质谱法、X 射线荧光光谱法、原子吸收光谱法、电子探针。测稀土总量用容量法、重量法、色比法。

第三节 数据统计分析方法

一、煤中金属元素含量背景值

煤中金属元素富集区由于受到相同地质背景条件、富集地质因素和沉积环境的影响，其含量背景值基本一致，不同程度地出现富集现象。煤中金属元素含量的背景值是研究煤中伴生金属元素富集地球化学特征的基础，对煤中微量元素含量水平的准确估算，对煤地质学研究有重要意义(Dai et al.，2012a)。煤中金属元素的背景值是一个动态的数据，随着煤田地质勘查和煤炭资源的开发利用，各种数据的逐步积累，数据内容的逐渐丰富，代表性也越强。

以往评价煤中金属元素的含量，基本都是统计所有能收集到的数据的算术平均值，而我国煤炭资源分布不均衡，煤质变化大，且一些煤质差、有害元素含量高的矿区样品采集往往较多，采样地理分布不均衡，易造成对全国评价的偏差。为解决这一问题，任德贻等(2006)系统地提出了储量权重的思路：将各聚煤期的元素算术均值与该聚煤期煤炭储量占全国各时代总储量的比例相乘，求得元素含量的该时代的分值，累计各聚煤期元素含量分值，获得该元素在全国煤中的算术均值。Dai 等(2012a)据这一思想，在系统收集已有的数据的基础上并结合自己的最新的研究成果，给出了中国煤中常量元素和微量元素含量的背景值。其中 Al_2O_3 含量为 5.98%，锂的含量为 31.8μg/g，镓的含量为 6.55μg/g，锗的含量为 2.78μg/g，总 REE($\sum$La–Lu+Y)的含量为 136μg/g（表 2-7）。

表 2-7　中国煤、美国煤及世界煤中元素含量

| 元素 | 中国煤 | | | | | | | | 美国煤 | 世界煤 |
| | 白向飞 (2003) | | 唐修义 (2004) | | 任德贻等 (2006) | | Dai 等 (2012a) | | 均值 | 含量 |
	含量	样品数量	含量	样品数量	含量	样品数量	含量	样品数量		
Al_2O_3/%	nd	nd	nd	nd	nd	nd	5.98	1322	2.8	nd
SiO_2/%	nd	nd	nd	nd	nd	nd	8.47	1322	5.8	nd
CaO/%	nd	nd	nd	nd	nd	nd	1.23	1322	0.64	nd
K_2O/%	nd	nd	nd	nd	nd	nd	0.19	1322	0.22	nd
TiO_2/%	nd	nd	0.063	905	nd	nd	0.33	1322	0.13	0.133
Fe_2O_3/%	nd	nd	nd	nd	nd	nd	4.85	1322	1.9	nd
MgO/%	nd	nd	nd	nd	nd	nd	0.22	1322	0.18	nd
Na_2O/%	nd	nd	nd	nd	nd	nd	0.16	1322	0.11	nd
MnO/%	nd	nd	0.006	1187	0.016	1269	0.015	1322	0.006	0.011
P_2O_5/%	0.049	1123	0.047	1770	nd	nd	0.092	1322	0.098	0.053
Li/(μg/g)	nd	nd	19	395	nd	nd	31.8	1274	16	12
Be/(μg/g)	1.75	1123	1.9	1195	2.13	1198	2.11	1249	2.2	1.6
B/(μg/g)	nd	nd	65	927	nd	nd	53	1048	49	52
F/(μg/g)	157	1123	186	1069	131.3	729	130	1964	98	88
Cl/(μg/g)	218	1123	260	311	264	721	255	812	614	180
Sc/(μg/g)	4.4	1123	4	1339	nd	nd	4.38	1919	4.2	3.9
V/(μg/g)	51.18	1123	25	1257	35.05	1266	35.1	1324	22	25
Cr/(μg/g)	16.94	1123	16	1614	15.35	1592	15.4	1615	15	16
Co/(μg/g)	10.62	1123	7	1572	7.05	1488	7.08	1523	6.1	5.1
Ni/(μg/g)	14.44	1123	15	1424	13.71	1335	13.7	1392	14	13
Cu/(μg/g)	17.87	1123	13	1319	18.35	1296	17.5	1362	16	16
Zn/(μg/g)	nd	nd	38	1529	42.18	1394	41.4	1458	53	23
Ga/(μg/g)	6.84	1123	9	3407	6.52	2334	6.55	2451	5.7	5.8
Ge/(μg/g)	2.43	1123	4	3289	2.97	3195	2.78	3265	5.7	2.2
As/(μg/g)	4.09	1123	5	3193	3.8	3386	3.79	3386	24	8.3
Se/(μg/g)	2.82	1123	2	1460	2.47	1536	2.47	1537	2.8	1.3
Rb/(μg/g)	nd	nd	8	612	nd	nd	9.25	1212	21	14
Sr/(μg/g)	195	1123	149	693	nd	nd	140	2075	130	110

续表

| 元素 | 中国煤 | | | | | | | | 美国煤 | 世界煤 |
| | 白向飞(2003) | | 唐修义(2004) | | 任德贻等(2006) | | Dai 等(2012a) | | 均值 | 含量 |
	含量	样品数量	含量	样品数量	含量	样品数量	含量	样品数量		
Y/(μg/g)	9.07	1123	9	884	nd	nd	18.2	888	8.5	8.4
Zr/(μg/g)	112	1123	67	526	nd	nd	89.5	1335	27	36
Nb/(μg/g)	nd	nd	12	138	nd	nd	9.44	1025	2.9	3.7
Mo/(μg/g)	2.7	1123	4	405	nd	nd	3.08	789	3.3	2.2
Cd/(μg/g)	0.81	1123	0.3	1307	0.24	1317	0.25	1384	0.47	0.22
In/(μg/g)	0.74	1123	nd	nd	nd	nd	0.047	85	0.3	0.031
Sn/(μg/g)	nd	nd	2	178	nd	nd	2.11	848	1.3	1.1
Sb/(μg/g)	0.74	1123	1.3	652	0.83	537	0.84	596	1.2	0.92
Cs/(μg/g)	1.51	1123	2	512	nd	nd	1.13	1208	1.1	1
Ba/(μg/g)	270	1123	160	851	nd	nd	159	1205	170	150
La/(μg/g)	nd	nd	18	110	nd	nd	22.5	392	12	11
Ce/(μg/g)	nd	nd	35	110	nd	nd	46.7	392	21	23
Pr/(μg/g)	nd	nd	3.8	110	nd	nd	6.42	392	2.4	3.5
Nd/(μg/g)	nd	nd	15	110	nd	nd	22.3	392	9.5	12
Sm/(μg/g)	nd	nd	3	110	nd	nd	4.07	392	1.7	2
Eu/(μg/g)	nd	nd	0.65	110	nd	nd	0.84	392	0.4	0.47
Gd/(μg/g)	nd	nd	3.4	110	nd	nd	4.65	392	1.8	2.7
Tb/(μg/g)	nd	nd	0.52	110	nd	nd	0.62	392	0.3	0.32
Dy/(μg/g)	nd	nd	3.1	110	nd	nd	3.74	392	1.9	2.1
Ho/(μg/g)	nd	nd	0.73	110	nd	nd	0.96	392	0.35	0.54
Er/(μg/g)	nd	nd	2.1	110	nd	nd	1.79	392	1	0.93
Tm/(μg/g)	nd	nd	0.34	110	nd	nd	0.64	392	0.15	0.31
Yb/(μg/g)	1.76	1123	2	110	nd	nd	2.08	392	0.95	1
Lu/(μg/g)	nd	nd	0.32	110	nd	nd	0.38	392	0.14	0.2
Hf/(μg/g)	nd	nd	3	570	nd	nd	3.71	1377	0.73	1.2
Ta/(μg/g)	0.4	1123	0.8	566	nd	nd	0.62	1394	0.22	0.28
W/(μg/g)	1.05	1123	1.8	552	nd	nd	1.08	1071	1	1.1
Hg/(μg/g)	0.154	1123	0.1	1458	0.19	1413	0.163	1666	0.17	0.1
Tl/(μg/g)	nd	nd	0.4	809	0.48	1018	0.47	1092	1.2	0.63
Pb/(μg/g)	16.64	1123	14	1369	15.55	1387	15.1	1446	11	7.8
Bi/(μg/g)	nd	nd	0.9	135	nd	nd	0.79	856	<1.0	0.97
Th/(μg/g)	5.88	1123	6	658	5.81	1011	5.84	1052	3.2	3.3
U/(μg/g)	2.33	1123	3	1383	2.41	1317	2.43	1383	2.1	2.4

注：nd 表示未检测。

二、煤中金属元素富集系数

元素分布的不均一性是一切地质体的特性。任何情况下，均可以在个别地段观察到在平均含量背景上元素的异常含量。平均含量(克拉克值)加上其变化幅度代表元素存在的分散形式，异常含量代表元素存在的集中形式。煤中元素的分散和集中形式，可以从两方面说明：①元素在煤层中的浓度；②元素在煤层中的储量。不同的学者对煤中元素含量异常的判断指标有不同的认识，且随着分析测试水平的发展这一指标也逐渐地变化。Goldschmidt(1954)认为，煤中微量元素的含量和沉积岩及地壳中该元素的丰度有可比性，提出煤中元素的分散和富集程度用富集系数($EF=C_{煤}/C_{地壳}$，其中 $C_{煤}$ 表示煤中元素含量，$C_{地壳}$ 表示地壳中该元素含量)表示。Gluskoter(1977)认为，EF>0.67 表示该元素在煤中富集，EF<0.67 表示该元素在煤中分散。Filippidis 等则将 EF=2 和 EF=0.5 分别作为煤中微量元素富集和分散的界限。Valkovic(1983)提出煤中微量元素富集系数的另一种计算方法，即把煤中微量元素的含量用钪元素先进行标准化处理，再与地壳中该元素钪标准化后的数据进行对比，并把富集系数(concentration coefficient，CC)大于 5 作为元素富集的界限。任德贻等(1999a)在研究沈北煤田煤中微量元素时，采用煤中微量元素的含量与世界煤中该元素含量的比值(R)来作为该元素含量水平的标准：$R>4$ 视为高含量水平，$R<1/4$ 视为低含量水平，其余为正常水平。代世峰(2002)提出，煤中微量元素含量水平的指标,富集系数 CC 是煤中微量元素含量/世界煤中微量元素含量,并分为六级(表 2-8)。

表 2-8 煤中元素含量水平分级指标

亏损	正常范围	轻度富集	富集	高度富集	异常高度富集
CC<0.5	0.5≤CC≤2	2<CC≤5	5<CC≤10	10<CC≤100	CC>100

三、煤中金属元素综合评价指标

聚煤作用使一些本来在地壳中分散的金属元素在煤中相对富集成矿，其富集程度一旦达到或超过边界品位，就具备了工业开发利用的潜力。煤中金属元素工业品位的评价标准，取决于开发提炼技术的发展及社会的需求。利用技术水平的提高和社会对元素利用价值认识的深化，必将使其品位阈值(边界品位)对含量的要求不断降低，即煤中有工业利用价值元素的种类将不断增多，作为矿产资源的潜力会不断增大。

本节根据煤中金属元素市场供需现状和提取工艺进展，参照《矿产工业要求参考手册》(全国矿产储量委员会办公室,1987)中元素的工业品位和边界品位,根据相关规定(如国标、行标中的矿产分级指标)、行业专家推荐值(已被多数人认可，并习惯使用)，以及部分典型矿区的指标类比方法，参考国内外学者有关研究成果，结合现阶段开发技术水平、经济政策和市场要求，综合考虑确定本节煤中金属元素(Al_2O_3、Ge、Ga、Li、REE)的综合评价的指标(表 2-9)。

表 2-9　煤中金属元素综合评价品位指标

名称	边界品位	最低工业品位	资料来源	综合评价参考指标
铝		大于50%(灰中)　层厚大于5m	《中国煤系矿产资源评价》(朱华雄, 2012)	35%
锗	20μg/g		《煤中锗含量分级》(MT/T 967—2005)	20μg/g
	30μg/g	100μg/g	《关于内蒙古自治区锡林郭勒盟乌兰图嘎煤矿Ⅱ采区锗矿详查工业指标的批复》(国土资储发(1998)6号)	
镓	30μg/g	50μg/g	《矿产资源工业要求手册》(2014年修订本)(《矿产资源工业要求手册》编委会, 2014)	30μg/g
锂	花岗伟晶岩类矿床0.4%~0.6%, 碱性长石花岗岩类矿床0.5%~0.7%	花岗伟晶岩类矿床0.8%~1.1%, 碱性长石花岗岩类矿床0.9%~1.2%	《稀有金属矿产地质勘查规范》(DZ/T 0203—2002)	80μg/g
	综合回收工业指标(Li_2O): 花岗伟晶岩类矿床0.2%, 碱性长石花岗岩类矿床0.3%			
	80μg/g(煤中锂)	120μg/g(煤中锂)	孙玉壮(2014)	
稀土	原生矿: ω(REO)=0.5%~1.0%, 离子吸附型矿: 重稀土ω(REO)=0.03%~0.05%, 轻稀土ω(REO)=0.05%~0.1%	原生矿: ω(REO)=1.5%~2.0%, 离子吸附型矿: 重稀土ω(REO)=0.06%~0.1%, 轻稀土ω(REO)=0.08%~0.15%	《稀土矿产地质勘查规范》(DZ/T 0204—2002)	REE≥300μg/g
		REE≥300μg/g	孙玉壮(2014)	

注：ω(REO)表示稀土元素氧化物(REO)的平均品位。

1. 煤中铝

本书对煤中金属元素进行评价实质是对煤炭资源综合开发利用的评价，所以以原煤为基准确定煤中金属元素综合评价参考指标，由于 Al_2O_3 的测试是对煤灰进行测试，所以 Al_2O_3 综合评价参考指标以煤灰为基准。

煤灰中 Al_2O_3 含量决定了煤中伴生矿产的经济价值和开发效益。有人主张我国高铝粉煤灰以 Al_2O_3 含量不小于 30%作为界线，也有人主张以粉煤灰中 Al_2O_3 含量 40%作为界线，不同学者给出的划分标准有所差异。

考虑到煤中铝综合利用的特殊性，而且我国华北地区 C—P 高铝粉煤灰中 Al_2O_3 含量大多在 30%以上。同时参考了《铝土矿、冶镁菱镁矿地质勘查规范》(DZ/T 0202—2002)的附录 H：铝土矿床一般工业指标表中，沉积矿床 Al_2O_3 含量不小于 40%为边界品位、Al_2O_3 不小于 50%为块段最低工业品位；同时现阶段华北地区煤中铝工业提取，多采用

煤灰中 Al_2O_3 不小于 40%综合利用指标值。大唐国际发电股份有限公司再生资源公司也以 Al_2O_3 含量不小于 40% 作为粉煤灰中评价边界品位。

综合上述因素，考虑到铝作为煤中(共)伴生矿产综合开发利用，降低了勘探成本，建议推荐评价参考指标低于边界品位，以 Al_2O_3 含量 35%作为粉煤灰综合评价参考指标。

2. 煤中锗

2005 年,《煤中锗含量分级》(MT/T 967—2005)中将煤中含锗 20μg/g 作为高锗煤的分级指标。原国家储量委员会曾以文件形式确定锗的工业品位为 60μg/g。《矿产资源工业要求手册》中一般工业要求: 不同类型的煤含锗为 0.001%～0.1%。2005 年内蒙古乌兰图嘎锗矿地质勘查中采用了 100μg/g 作为锗的工业品位。

孙玉壮等(2014)、代世峰等(2014)制定原煤中伴生微量元素的综合回收利用指标时要考虑原煤中的灰分,制定综合指标时要考虑煤层的厚度。因为当煤炭作为动力用煤燃烧后,伴生的金属元素残留于煤灰中,并且相对于原煤而言,其在煤灰中的含量增大。

根据上述一般技术要求,本节以 20μg/g 作为锗的综合评价参考指标。

3. 煤中镓

秦勇等(2009)提出,原煤中镓的边界品位为 30μg/g,煤灰的边界品位为 110μg/g;原煤的工业品位为 50μg/g,煤灰的工业品位为 150μg/g。《矿产资源工业要求手册(2014年修订本)》(《矿产资源工业要求手册》编委会,2014)提出了伴生矿产的工业指标,煤中镓含量为 0.3%～0.5%作为矿石品位(表 2-10)。

表 2-10　伴生矿产的一般工业指标

矿产	镓矿石品位/%	备注
铝土矿矿石	0.01～0.002	煤的灰分中常含有 0.01～0.1%的镓, 在煤气厂的灰尘中,镓含量达到 0.3%～
闪锌矿矿石	0.01～0.02	
煤矿	0.003～0.005	0.5%

代世峰(2002)研究认为煤中镓工业品位为 50μg/g(灰中),孙玉壮等(2014)研究认为煤中镓的工业品位为 30μg/g。我国煤中镓平均值为 6.52μg/g,世界烟煤中镓的平均值为 5.88μg/g,只有对煤中超常富集的元素,才有开发利用的经济价值。粉煤灰是原煤经燃烧后的产物,微量元素在原煤燃烧后大部分残留在粉煤灰中。煤中灰分的含量直接影响粉煤灰中金属元素的含量。在制定原煤中伴生微量元素的综合回收利用指标时,要考虑原煤中的灰分。李文华和翟炯(1992)指出,中国煤灰分的均值为 17%左右,据此假设原煤灰分含量为 17%,推算原煤中微量元素的综合利用指标。当煤灰中镓的含量为 50μg/g,同时煤中氧化铝的含量大于 50μg/g,且煤层厚度大于 5m 的情况下,可以考虑镓和氧化

铝的共同开发(代世峰等，2014)。

参照《矿产资源工业要求手册(2014 年修订本)》(《矿产资源工业要求手册》委员会，2014)中各类元素的工业品位和边界品位，参考国外学者有关研究成果，通过从粉煤灰反推至原煤，以及根据国家各项技术经济政策和市场要求，综合考虑以上因素，推荐原煤中镓综合评价参考指标为 $30\mu g/g$。

4. 煤中锂

由于目前世界上还没有煤中伴生锂矿的工业品位标准，本次评价通过国内外锂资源勘查开发研究资料，采用类比法提出煤中锂矿资源评价指标。以《稀有金属矿产地质勘查规范》(DZ/T 0203—2002)中伟晶岩伴生锂综合回收工业性指标是 Li_2O 的质量分数不小于 0.2% 作为参考标准，计算 Li 的质量分数如下：

由于 Li 的原子量为 7，Li_2O 的分子量为 30，所以 Li 的边界质量分数计算为

$$M = \frac{m(Li)}{m(Li_2O)} \times 0.2\% = \frac{14}{30} \times 0.2\% \approx 0.09\%$$

即煤燃烧后灰分中锂的评价边界品位为 $900\mu g/g$，根据测试结果，去掉煤层夹矿后，精煤中的灰分含量平均按 9% 左右计算，折算后原煤中锂的边界品位为

$$M_c = M \times 10\% = 900\mu g/g \times 9\% \approx 80\mu g/g$$

可取 $80\mu g/g$ 作为评价边界品位。

参照 Li_2O 含量不小于 0.2% 的含量指标，折算出原煤中锂的含量达到 $80\mu g/g$ 即为煤中伴生锂矿的边界品位。

孙玉壮等(2014)考虑到盐湖中锂的巨大含量和其价格远低于锗和镓的现状，参考俄罗斯学者 Ketris 和 Yudorich(2009)研究成果，建议煤中锂回收利用的指标 $100\mu g/g$，原煤中锂可考虑回收利用的指标应为 $120\mu g/g$，边界品位是 $80\mu g/g$。

综合上述分析，取 $80\mu g/g$ 为煤中伴生锂矿的边界品位，$120\mu g/g$ 为煤中伴生锂矿的工业品位。

5. 煤中稀土

稀土元素在自然界中分布比较广泛，常能形成一些重要的工业矿床。稀土元素常共生在一起，分离困难，可按稀土元素总量计算储量。

2015 年《稀土矿产地质勘查规范》(DZ/T 0204—2002)附录Ⅰ中规定：据我国已有稀土矿详查，勘探矿区所采用的工业指标，结合矿石选矿、开发利用情况，提出稀土矿产矿床工业指标，以及共、伴生矿产指标的制订原则和一般工业指标、实例，供地质普查、详查和勘探初期参考(表 2-11)。

依据《矿产资源工业要求手册(2014 年修订本)》(《矿产资源工业要求手册》编委会，2014)中风化壳离子吸附型稀土矿，边界品位：TR_2O_3 重稀土 0.05%，轻稀土 0.07%，

工业品位：TR_2O_3 重稀土 0.08%，轻稀土 0.1%。尽管煤中稀土元素含量偏低，难以直接利用，但煤灰中 REE 可以相当富集，并可望得以综合利用（Bouška and Pešek，1999）。Valkovic（1983）计算的世界煤的稀土元素（REE）含量为 62.1μg/g，任德贻等（1999b）提供的中国煤中 REE 的数值是 105.57μg/g。

表 2-11　稀土矿床一般工业指标

工业指标	矿床类型		
	原生矿	离子吸附型矿	
		重稀土	轻稀土
边界品位 ω(REO)/%	0.5～1.0	0.03～0.05	0.05～0.1
最低工业品位 ω(REO)/%	1.5～2.0	0.06～0.1	0.08～0.15
最低可采厚度/m	1～2	1～2	1～2
夹石剔除厚度/m	2～4	2～4	2～4

参考俄罗斯学者 Ketris 和 Yudorich（2009）的研究成果，建议煤中稀土回收利用的最低工业指标为 300μg/g，考虑到从粉煤灰中提取，降低了成本，并且几种元素综合提取时，其品位要求更低。孙玉壮等（2014）建议我国原煤中稀土回收利用的指标应为300μg/g。

代世峰等（2014）认为，稀土元素包括镧系元素和钇。煤中稀土元素的评价，不仅要考虑稀土元素的含量总和，而且还要考虑单个稀土元素含量在总稀土元素中所占的比例。从地球化学角度来看，煤中稀土元素可以分为轻稀土元素（LREE：La、Ce、Pr、Nd、Pm 和 Sm）、中稀土元素（MREE：Eu、Gd、Tb、Dy 和 Y）和重稀土元素（HREE：Ho、Er、Tm、Yb 和 Lu），相应的，煤中稀土元素的富集有三种类型，即轻稀土元素富集型（La_N/Lu_N＞1）、中稀土元素富集型（La_N/Sm_N＜1 并且 Gd_N/Lu_N＞1）和重稀土元素富集型（La_N/Lu_N＜1）。煤型稀土矿床一般以某个富集类型为主，个别煤层也同时属于两种富集类型。从稀土元素经济利用价值的角度来看，煤中稀土元素可以分为紧要的（包括 Nd、Eu、Tb、Dy、Y 和 Er）、不紧要的（包括 La、Pr、Sm 和 Gd）和过多的（包括 Ce、Ho、Tm、Yb 和 Lu）三组。除了稀土元素的总含量因素以外，对煤型稀土矿床的评价，还需用前景系数来表示，即总稀土元素中的紧要元素和总稀土元素中的过多元素的比值。根据前景系数，可以将煤中稀土元素划分为三组：没有开发前景的、具有开发前景的和非常具有开发前景的。当总稀土元素（$\sum$La–Lu）的氧化物在煤灰中含量大于 800～900μg/g，或者钇的氧化物在煤灰中含量大于 300μg/g，并且根据前景系数的评价"具有开发前景"或"非常具有开发前景"时，就可以考虑煤中稀土元素的开发利用。煤中稀土元素的富集成矿主要在俄罗斯、美国和中国有发现，在保加利亚和加拿大也有富集稀土元素煤层的报道。

综合《矿产资源工业要求手册(2014 年修订本)》(《矿产资源工业要求手册》编委会，2014)、《稀土矿产地质勘查规范》(DZ/T 0204—2002)和中外学者的研究成果，充分考虑煤中稀土元素的研发水平和提取技术，本书推荐用 $REY_2O_3 \geqslant 300\mu g/g$ 作为综合评价参考指标。

第四节　综合研究方法

一、煤中金属元素赋存规律

煤中金属元素赋存规律研究以全国煤炭勘查与生产资料和科研成果中测试数据为基础，分析研究我国主要成煤时代煤中铝(Al)、锗(Ge)、镓(Ga)、锂(Li)、稀土(REE)元素含量变化规律。煤中金属元素富集和成矿研究，是煤地球化学和矿床地球化学重要内容之一，开展煤中金属元素赋存规律研究，不仅具有重要的地质基础理论意义，而且对于煤中金属元素找矿工作的进一步开展具有重要的指导意义。多种元素的分析数据，经过数据处理，编制不同的成果图件，可以预测矿产资源和地质体。

统计收集资料中煤中金属元素含量测试数据，要求按矿区、煤矿分成煤时代和元素种类整理数据。根据测试及收集的数据，筛选出异常值，做各矿区煤中镓、锗、锂的平面等值线分布图，划分出异常区。对各矿区的钻孔实测数据进行各煤层、顶底板及煤层夹矸数据整理和统计，根据统计结果绘制研究区含煤地层中金属元素含量垂向分布图。

二、煤中金属元素富集异常

梳理收集煤炭勘查、生产地质报告和科研成果资料中我国煤中金属元素含量测试数据，以本次研究确定的煤中金属元素综合评价参考指标作为标准，筛选我国煤中氧化铝(Al_2O_3)、锗、镓、锂、稀土的金属元素含量超过综合评价参考指标的矿化点，在已知矿化点的分布矿区煤层采样测试煤中金属元素含量，验证煤中金属元素的富集异常。结合收集资料煤中金属元素富集异常信息和对应富集异常采样验证数据，研究分析煤中氧化铝(Al_2O_3)、锗、镓、锂、稀土富集异常的时空分布特征。对已有煤中金属元素矿床开发利用现状开展调查。

三、煤中金属元素矿产资源量估算

煤中金属元素资源量估算标准主要在于三个方面：一是矿石质量(品位)；二是矿产数量(资源量)；三是可提取程度。从质量来看，煤灰中氧化铝(Al_2O_3)含量超过了35%，达到煤中铝开发的边界工业品位，而在某些勘探区某几层煤中存在镓、锗、锂、稀土等金属元素的地球化学异常，某些煤层的煤通过初步选矿或提取(如通过燃烧脱除煤中有机质)可使镓、锗、锂、稀土得到相当程度的富集，具有一定的成矿前景。

1. 煤中金属元素的工业指标

矿产资源工业指标依据的是原矿(煤)分析测试资料,是圈定矿体、估算矿产资源量、评价矿床潜在工业价值的标准和依据。本书评价参照《矿产资源工业要求手册(2014 年修订本)》(《矿产资源工业要求手册》编委会,2014)中的一般标准确定。

矿床工业指标的主要内容包括边界品位、最低工业品位、最低可采厚度、夹石剔除厚度、米百分值。边界品位是圈定矿体时区分矿石和废石的最小单元,单样最低品位。最低工业品位是圈定矿体时单工程(或样品段)中同一矿体应达到的平均品位,目的在于保证矿床品位能达到工业开发的最低平均品位要求,采用地质统计学方法计算。最低可采厚度是由开采方式和方法所确定的矿体应达到的最小真厚度。夹石剔除厚度是允许圈入矿体中的夹石的最大真厚度。米百分值是指最低工业品位和最低可采厚度的乘积。当矿体厚度小于最小可采厚度但品位高时,可用该值衡量是否应当被圈为矿体。

本次研究未进行专项勘查工作,虽然研究区相关煤中金属元素含量的实测煤样数量较多,但采样测试仅作为煤炭资源勘探的附属工作进行,不完全符合稀散金属矿床专项勘探的要求,故主要采用由勘探区煤层算术平均含量确定的边界品位、最低工业品位及最低可采厚度三项指标,来圈定稀散金属元素的地球化学异常(表 2-12)。

表 2-12 煤中主要稀散金属矿产一般工业要求

参数	Al$_2$O$_3$	Ge	Ga	Li
边界品位	35%	20μg/g	30μg/g	80μg/g
最低工业品位	40%	100μg/g	50μg/g	120μg/g
最低可采厚度	与煤矿开采最低开采厚度一致			

注:Al$_2$O$_3$为煤灰中的量,其余为煤中的量。

2. 矿产资源量估算原则

本次评价中的煤中金属元素矿产资源量估算遵循以下主要原则。

(1)对煤中金属元素矿产进行概略研究,即通过地球化学异常或少量见矿工程资料,确定具有矿产资源潜力的地区,初步估算矿产资源量。所涉及的某些参数是通过分析对比而假设的,属于潜在矿产资源,其经济意义尚不确定,可作为区域远景宏观决策的依据,是经过预查后预测的矿产资源量,总体上仅相当于《固体矿产资源/储量分类》(GB/T 17766—1999)中内蕴经济的预测资源量。

(2)煤中金属元素矿产资源量估算采用含量-体积法,涉及含煤面积、煤层厚度、煤层视密度及煤中金属元素的边界品位、最低工业品位等计算参数。前三个参数之积是煤炭资源量/储量,可直接套用相关规划区煤炭资源评价成果,然后将高于或等于某煤中金属元素规定品位所对应的煤炭资源量/储量与该金属元素平均含量的乘积,作为煤中该稀散金属矿产的资源量,单位为万吨。

(3)资源量计算的最小估算单元为规划区/勘探区范围内的单一可采煤层,同一勘探区同一可采煤层中必须拥有三件以上(含三件)煤样的有效实测数据方能作为计算依据。在评价区范围内,煤层可采厚度为 0.70m,本次评价采用这一标准作为确定矿层最小可采厚度的基本依据。

(4)在资源量估算基础上,参考国土资源部 2000 年 4 月颁布的《矿产资源储量规模划分标准》,原则上以勘探区为单元,对煤中金属元素矿产的资源规模进行划分。

3. 煤中金属元素矿产资源量估算方法

1)煤中铝资源量估算

以勘探区范围内单一可采煤层为最小测算单元,估算煤中铝的预测资源量。

(1)估算边界条件。参加煤中铝预测资源量估算的煤层应该全部满足以下两个边界条件:①煤层厚度跟煤矿开采最小开采厚度一致;②煤灰中 Al_2O_3 平均含量不小于40%。在此基础上,按表 2-13 的标准对煤中 Al_2O_3 预测资源量类型进行划分。

表 2-13　煤中 Al_2O_3 预测资源量类型划分

参数	类型		
	贫矿预测资源	富矿预测资源	极富矿预测资源
煤灰铝含量/%	30~35	35~40	>40

(2)估算方法。

以煤炭资源量和原煤中 Al_2O_3 平均含量为依据,采用下式估算煤中 Al_2O_3 预测资源量:

$$R_{Al_2O_3} = RAl_2O_3 \times R_c$$

式中,$R_{Al_2O_3}$ 为煤中 Al_2O_3 资源量,万 t;RAl_2O_3 为原煤 Al_2O_3 平均含量;R_c 为煤炭资源量/储量,万 t。

RAl_2O_3 由下式计算得到:

$$RAl_2O_3 = A_{Al_2O_3} \times A_d$$

式中,$A_{Al_2O_3}$ 为煤灰中 Al_2O_3 含量;A_d 为灰分产率。

2)煤中镓资源量估算

(1)资源类型。鉴于镓在煤中主要以无机态赋存的实际情况及扩展前景视野的评价需求,本节进一步将预测资源量划分为贫矿预测资源量、富矿预测资源量和极富矿预测资源量三种类型(表 2-14)。

表 2-14　煤中镓预测资源量类型划分

参数	类型		
	贫矿预测资源	富矿预测资源	极富矿预测资源
原煤镓含量/(μg/g)	(15, 30]	(30, 50]	>50
煤灰镓含量/(μg/g)	(110, 270]	(270, 500]	>500

在参考单一煤层原煤镓平均含量的基础上，以煤灰镓平均含量为标准来进一步划分预测资源量类型。如果原煤/煤灰镓平均含量范围出现矛盾，以煤灰镓平均含量为准。例如，只要某一煤层煤灰中镓平均含量为 270～500μg/g，尽管原煤镓平均含量小于30μg/g(但要大于 15μg/g)，则该煤层镓的预测资源类型就属于富矿预测资源量；反之，如果原煤镓平均含量大于30μg/g,但煤灰镓平均含量不大于270μg/g(但要大于110μg/g)，则该煤层镓预测资源类型就只能划归贫矿预测资源量。

为推算煤灰中镓含量评价标准，假设：①煤中镓全部赋存于矿物质中；②煤经过燃烧处理，煤灰和烟尘全部能够回收，则煤灰(精矿)中镓含量换算如下：

$$A_{Ga} = 100 \times \frac{M_{Ga}}{A_d}$$

式中，A_{Ga} 为煤灰中镓含量，μg/g；M_{Ga} 为原煤中镓含量，μg/g；A_d 为原煤灰分产率，%。

根据上述统计关系，考虑四舍五入取整，进一步得到评价区原矿(煤)/精矿(灰)中镓品位的对比标准，即：①边界品位，原煤边界品位为30μg/g，煤灰边界品位为270μg/g；②最低工业品位，原煤最低工业品位为50μg/g，煤灰最低工业品位为500μg/g。

(2)煤中镓资源量估算边界条件。

参加煤中镓预测资源量估算的煤层应该全部满足以下三个边界条件：①煤层厚度跟煤矿开采最小开采厚度一致；②原煤镓平均含量不小于15μg/g；③煤灰镓平均含量不小于 110μg/g。

(3)估算方法。

以煤炭资源量和原煤镓平均含量为依据，估算煤中镓预测资源量如下：

$$R_{Ga} = M_{Ga} \times R_c \times 10^{-6}$$

式中，R_{Ga} 为煤中镓资源量，万 t；M_{Ga} 为原煤镓平均含量，μg/g；R_c 为煤炭资源量/储量，万 t。

3)煤中锗资源量估算

(1)估算边界条件。

本次评价参照《矿产资源工业要求手册(2014 年修订本)》(《矿产资源工业要求手册》编季会，2014)中的一般标准及乌兰图嘎锗矿床储量计算方法，确定本次评价锗矿床的一般要求为：①边界品位，锗含量不小于 20μg/g；②最低工业品位，锗含量不小于100μg/g；③锗煤(包括含锗的高灰煤和炭质泥岩)最低可采厚度跟煤矿开采最小开采厚度一致，厚度小于最小可采厚度而品位较富者，可采用米·百分值计算(≥0.010m%)。

(2)估算方法。

以煤炭资源量和原煤锗平均含量为依据，估算煤中锗预测资源量如下：

$$R_{Ge} = M_{Ge} \times R_c \times 10^{-6}$$

式中，R_{Ge} 为煤中锗资源量，万 t；M_{Ge} 为原煤锗平均含量，μg/g；R_c 为煤炭资源量/储量，万 t。

煤中锂、稀土元素参考上述方法估算资源量。

第三章

煤中金属元素概述

国内外学者对煤中金属元素进行了广泛的研究。早在 20 世纪 80 年代，就有学者对煤中金属（微量）元素的丰度、成因、利用等进行了探讨（Valkovic，1983）。随后，Finkelman（1993）、Ketris 和 Yudovich（2009）、Dai 等（2012a）分别报道了美国煤、世界煤和中国煤中微量元素的含量（Finkelman，1993），Tang 等（2013）和 Rajabzadeh 等（2016）也研究了原煤及粉煤灰中微量元素的分布特征。随着对煤中金属元素研究的深入，也有很多学者对煤中金属元素的赋存状态、富集机理、迁移过程中的副产物等进行了研究（张复新和王立社，2009）。现将煤中主要的金属元素铝、镓、锗、锂及稀土元素分别进行叙述。

第一节　煤　中　铝

一、铝的研究背景

铝为银白色轻金属，有延展性。商品常制成棒状、片状、箔状、粉状、带状和丝状。在潮湿空气中能形成一层防止金属腐蚀的氧化膜。铝粉在空气中加热能猛烈燃烧，并发出炫目的白色火焰。铝易溶于稀硫酸、硝酸、盐酸、氢氧化钠和氢氧化钾溶液，难溶于水。相对密度 2.70g/cm³，熔点 660℃，沸点 2327℃。铝是地壳中分布最广，储量较多的元素之一，约占地壳的总质量的 8.2%，仅次于氧和硅，比铁、镁和钛的总含量还多。铝应用极为广泛，航空、建筑、汽车三大重要工业的发展，要求材料特性具有铝及其合金的独特性质，这就大大有利于这种新金属铝的生产和应用。

煤中铝主要以黏土矿物形式赋存在煤中，粉煤灰中含铝物相主要以无定型氧化铝形式存在，其中氧化铝在煤灰中质量分数可达 15%～40%，最高可达 50% 左右，是代替铝土矿成为制备氧化铝（Al_2O_3）的一种很好的资源，是一个巨大的铝资源宝库。通过对我国 35 处粉煤灰样品调查统计，Al_2O_3 的平均含量为 27.1%。国外粉煤灰中 Al_2O_3 的含量也基本类似，美国伊利诺伊州粉煤灰中 Al_2O_3 的算术平均值为 20%，含量范围为 17%~23%。美国粉煤灰中 Al_2O_3 的算术平均值为 23%，含量范围为 3%~39%；澳大利亚粉煤灰中 Al_2O_3 的算术平均值是 24%，含量范围是 15%~28%；英国粉煤灰中 Al_2O_3 的算术平均值为 27%，含量范围为 24%~34%；日本粉煤灰中 Al_2O_3 平均含量为 25.86%；德国粉煤灰中 Al_2O_3 平均含量为 24.93%；波兰粉煤灰中 Al_2O_3 的平均含量较高，达 32.39%（张磊，2009）。

国内各时代成煤期煤层中的 Al_2O_3 含量大多为 5%~10%。由于北方大量含铝碎屑物源的供给，形成了煤中高含量的铝土物质，一般原煤中的 Al_2O_3 含量大多为 15%，远高于其他地区普通煤。由于其原煤中的富铝形态，使得煤炭燃烧后粉煤灰中 Al_2O_3 二次富集，形成了一种可供综合开发利用的高铝粉煤灰。目前研究成果表明，内蒙古、山西等地石炭系—二叠系（C—P）煤层中的矿物组成以高岭石、勃姆石为主。神华内蒙古国华准格尔有限公司发电厂炉前煤样（黑岱沟 6 号煤下分层），低温灰化（170℃）后进行 XRD 分析，煤中矿物单调，高岭石含量为 71%、勃姆石为 21%、石英为 2%，还有少量的方解石、石膏等。煤中丰富的高岭石、勃姆石为粉煤灰中高 Al_2O_3 含量提供了重要的物质来源。提取发电厂粉煤灰测试分析：其高铝、低硅特征明显，Al_2O_3 含量高达 52.72%，SiO_2 含量为 35.04%，Al_2O_3/SiO_2 质量比为 1.5，是常规粉煤灰的 3 倍。

煤中铝资源分为共生的沉积型铝土矿，即华北 G 层铝土矿和高铝煤。沉积型铝土矿分布于含煤岩系的中下部，常与耐火黏土、硫铁矿等共生。沉积型铝土矿以山西、河南、广西、贵州四省储量巨大，四省合计约占全国储量的 90%。

煤中铝是近年来在我国内蒙古中西部、山西省北部发现的新型的再生资源。这一区域大致为阴山山脉以南的华北 C—P 含煤区，主要包含了华北的鄂尔多斯盆地、山西省、河北省等地区，这些地区同时也是我国煤炭资源最丰富的地区，煤中（共）伴生矿产资源十分丰富。最新研究成果表明，该区域的煤系共伴矿产与阴山物源区有着密切的成因关系，其中 C—P 的高铝煤、高镓煤，集中分布在阴山山脉的南部地区，已富集成矿。我国对煤中（共）伴生矿床的开发和煤中微量元素的提取，如煤中氧化铝、锗、镓等的工业提取已进入一个新的发展阶段，尤其在山西、内蒙古等省区的部分地区已形成一定的产能，国家在这些地区已设立了煤炭综合利用的示范区，从煤灰中提取氧化铝、镓、锂等金属矿产，已取得了相应的经济、社会效益。

二、中国煤灰中铝的总体分布

由于本节研究煤中铝的目的是调查可作为资源利用的煤中铝的分布，目前煤中铝的利用手段是从高铝煤灰中提取；能产生高铝煤灰的煤可分为两种：①由高铝煤燃烧产生；②由原煤本身铝含量不高，但是特低灰分（>5%）的煤燃烧产生。因此直接采用煤中铝的含量去评价作为资源利用的煤中铝，必然造成部分资源的遗漏，所以本节以煤灰中 Al_2O_3 含量作为统计对象，研究煤中铝的分布、富集情况。

目前还没有学者较全面地研究中国煤灰中铝含量的分布情况。本节根据 2572 个全国主要煤田(矿区)的煤灰样品数据,求得中国煤灰中 Al_2O_3 含量的平均值为 20.76%,含量的分布范围为 2.11%~52.67%(表 3-1)。

表 3-1 中国煤灰中 Al_2O_3 含量时代分布

时代	样品数	煤中 Al_2O_3 含量范围/%	煤灰中 Al_2O_3 算术平均值/%	在全国储量中占的比例
C—P	552	7.01~52.67	33.92	0.381
P_3	911	2.11~42.50	17.44	0.075
J_{1-2}	542	2.66~34.13	18.85	0.396
J_3—K_1	532	3.65~46.58	16.41	0.121
E—N	35	18.88~33.12	25.09	0.023
全国	2572	2.11~52.67	20.76	1.000

三、煤(灰)中铝的赋存状态及富集控制因素

煤中的主要矿物为石英、高岭石、黄铁矿、方解石。大量研究表明,富含铝的煤中含有大量的黏土矿物和勃姆石等富铝矿物,以及其他少量矿物(石松林,2014),高岭石中 Al_2O_3 含量在 39%以上。平朔矿区煤中铝的氢氧化物矿物是平朔二叠纪煤中有代表性的矿物类型,在其他地区煤中比较少见,是煤灰中 Al_2O_3 的重要来源,且与方解石、黄铁矿等矿物密切共生(白向飞和王越,2013)。炉前煤中含铝物相主要以高岭石形式存在,粉煤灰中含铝物相主要以无定型氧化铝形式存在,同时还有少量的硅线石和莫来石(郭小红等,2015)。

从矿物结构看,粉煤灰中的铝以晶态和非晶态两种方式赋存。含铝晶体主要是铝-硅-氧多面体的结构。有学者认为,粉煤灰中多面体的结构主要以铝-氧多面体和硅-氧多面体为主,其中铝-氧多面体主要以四面体和八面体形式存在,而硅-氧四面体主要以聚合态形式存在。

我国很多煤中的高铝富集主要属于沉积成因,我国北方 C—P 高铝煤由于含煤盆地基底的本溪组风化壳铝土矿的三水铝石胶体溶液被短距离带入泥炭沼泽中,在泥炭聚集阶段和成岩作用早期经过压实脱水凝聚而形成(代世峰等,2014)。

第二节 煤 中 镓

一、镓的研究背景

金属镓是银白色稀有金属,密度 5.904g/cm³,熔点 29.78℃,沸点 2403℃。镓在工业中的应用主要包括制造半导体氮化镓、砷化镓、磷化镓、锗半导体掺杂元;纯镓及低熔合金可作核反应的热交换介质;高温温度计的填充料;有机反应中作二酯化的催化剂。

镓被称为"电子工业的粮食",其广泛应用和昂贵价格形成鲜明对比,多年来,煤中镓的研究基本处于停滞状态。

镓的工业应用还很原始,尽管它独特的性能可能会应用于很多方面。液态镓的宽温度范围及其很低的蒸汽压使它可以用于高温温度计和高温压力计。镓化合物,尤其是砷化镓在电子工业已经引起了越来越多的注意。根据美国地质调查局的资料,世界镓的工业储量为 100 万 t。当前世界上 90%以上的原生镓都是在生产氧化铝过程中提取的,是对矿产资源的综合利用,通过提取金属镓增加了矿产资源的附加值,提高氧化铝的品质降低了废弃物赤泥的污染,因此非常符合当前低碳经济以最小的自然资源代价获取最大利用价值的原则。一方面,镓在其他金属矿床中的含量极低,经过一定富集后也只能达到每吨几百克,因而镓的提取非常困难;另一方面,由于伴生关系,镓的产量很难由于镓价格上涨而被大幅拉动。因此,原生镓的年产量极少,全球年产量不足 300t,是原生铟产量的一半。如果这种状况不能得到改善,未来 20~30 年这些金属镓将会出现严重短缺现象。

地壳中镓丰度的变化范围为 15~18μg/g,算术平均值为 16.7μg/g(黎彤,1992),沉积岩(黏土岩和页岩)中镓丰度的平均值为 30μg/g,我国华北地台泥质岩中镓丰度的平均值为 20μg/g。相比之下,镓在煤中的平均丰度略低于其在其他岩石里的丰度。

我国多数煤中镓的含量小于 30μg/g,平均值小于 10μg/g,只有少数煤中镓的含量超过其最低可采品位 30μg/g。我国煤样中曾检测到镓的含量高达 100μg/g 和 198μg/g 的样品,辽宁抚顺西露天矿煤中镓的含量高达 263μg/g,太原西山煤田中的镓最高可达 44.18μg/g,山东藤县煤田及相邻煤田 663 个样品中镓含量一般范围是 6.58~37.75μg/g(最高 170μg/g),宁夏磁瓦堡顶部分层内镓含量高达 103.76μg/g(平均 77.76μg/g),并在宁夏汝其沟、铜川仓村矿有达到工业品位的点,河南登封煤田太原组一号每层中镓最高为 641μg/g(平均 86μg/g),内蒙古准格尔煤田 6 号每层全层煤样中镓含量的平均值是 44.8μg/g。

与我国类似,国外多数地区煤中镓的含量不超过 10μg/g:唐修义(2004)统计我国煤中镓含量均值为 9μg/g;任德贻等(2006)统计的全国煤中镓含量为 6.52μg/g;Dai 等(2012a)统计全国煤中镓含量平均值为 6.55μg/g。美国、澳大利亚、苏联煤中镓含量的平均值分别是 5.7μg/g、5μg/g 和 10μg/g。Swaine(1990)认为世界多数煤中镓的含量为 1~20μg/g,平均为 5μg/g。PECH(1980)认为世界煤中镓的平均含量为 7μg/g。Bouška 和 Pešek(1999)根据世界 4558 个褐煤样品统计,褐煤中镓平均含量算术平均值为 5.44μg/g,最大值为 56μg/g。

二、我国煤中镓的总体分布

本节根据全国主要矿区、煤田 5947 个煤中镓含量数据,计算不同聚煤期中国煤中镓含量平均值为 7.74μg/g,含量范围为 0~170μg/g(表 3-2)。在各聚煤期中,石炭纪—二叠纪煤中镓含量最高,达到 12.9μg/g;晚二叠世煤中镓含量达到了 12.51μg/g;古近纪—新近纪煤中镓含量平均值也达到了 11.5μg/g;晚三叠世煤中镓含量平均值为 7.91μg/g;

早—中侏罗平均值为 4.63μg/g；晚侏罗世—早白垩世煤中镓含量平均值为 4.51μg/g。相同聚煤时代，煤中镓含量在不同区域也有较大差异，以早—中侏罗世煤中镓最为明显：青海省早—中侏罗世煤中镓平均含量为 13.20μg/g，其他地区同成煤时代煤中镓仅为 2.40μg/g。

表 3-2 中国煤中镓含量时代分布

时代	样品数	煤中镓含量范围/(μg/g)	煤中镓含量算术平均值/(μg/g)	在全国储量中占的比例
C—P	1351	0～170	12.9	0.381
P_3	845	0～105.0	12.51	0.075
T_3	200	0～70	7.91	0.004
J_{1-2}	1621	0.1～66.2	4.63	0.396
J_3—K_1	1884	0～23.90	4.51	0.121
E—N	46	0.84～22.7	11.5	0.023
全国	5947	0～170.0	7.74	1.000

三、煤中镓的赋存状态

关于镓元素在煤中的赋存状态，前人已做过大量研究。镓通常共生于高铝煤中，煤层顶、底板及夹矸中镓的含量也较高。一方面，煤中镓既有可能与无机质结合，主要与黏土矿物结合，矿物中的部分铝被镓以类质同象取代，也可能赋存在硫化物矿物里；另一方面，煤里的镓也可能与有机质结合，主要赋存在凝胶化组分里。总之，煤中镓的赋存状态具有多元化特征，煤中镓的富集主要分为无机赋存的风化壳型和有机、无机同时赋存的同沉积型，煤中镓的各种赋存状态都有可能存在，但因煤层的具体情况不同而赋存方式有所不同。准格尔黑岱沟煤-镓矿床中镓主要存在于勃姆石中，部分存在于高岭石中(代世峰等，2006b)。与黑岱沟煤中镓的载体不同，官板乌素煤矿煤中镓的主要载体为磷锶铝石(Dai et al.，2012c)。

镓在地球化学性质上亲石(氧)性并与铝关系密切,镓与铝具有相似的地球化学性质。在煤形成的表生条件下，风化解离出的镓会随铝一同转移到含铝氧化物组分中，使镓避免流失而沉积于黏土层与泥质层中，沉积成岩期镓会从含铝矿物中脱水结晶，以类质同象替代铝而赋存于高岭石、勃姆铝石等矿物之中。

第三节 煤 中 锗

一、锗的研究背景

锗，粉末状呈暗蓝色，结晶状为银白色脆金属，就其导电的本领而言，优于一般非金属，劣于一般金属，这在物理学上称为半导体，对固体物理和固体电子学的发展有重要作用。锗的密度为 5.32g/cm³，划归稀散金属。锗具有良好的半导体性质，如电子迁移率、空穴迁移率等。锗的发展仍具有很大的潜力。

对于煤而言，锗是被研究最多且开发利用最好的微量元素。世界上富集在煤中的锗矿床并不鲜见，但是多数煤中锗含量较低。地壳中的锗丰度变化范围为 1.4～2.0μg/g，算术平均值为 1.6μg/g，几何平均值是 1.58μg/g（黎彤，1992）。沉积岩（黏土岩和页岩）的锗平均丰度为 2.0μg/g，我国华北地台泥质岩锗平均丰度是 1.8μg/g。相比之下，地球上多数煤层中的锗丰度大于地壳和黏土岩中锗的丰度，这与锗的亲有机质的化学性质有关。

我国多数煤中锗含量为 0.5～10μg/g（平均值低于 5μg/g），但是就目前资料来看，全国有少数煤田或者矿区的煤中锗元素可以达到边界品位（20μg/g）以上。例如，云南的临沧盆地、内蒙古胜利煤田乌兰图嘎矿区赋存有大型褐煤-锗矿床。前人在内蒙古的二连盆地群、乌尼特煤田也发现锗含量高于 10μg/g 的矿点，其中某些与胜利煤田具有相同或相似地质特点的含煤盆地可能存在富锗煤。

国外多数地区煤中锗含量的算术平均值高于我国煤中锗含量的平均值，但是一般不超过 10μg/g：唐修义（2004）、任德贻等（2006）、Dai 等（2012a）统计的我国煤中锗含量平均值分别为 4μg/g、2.97μg/g 和 2.78μg/g；美国、英国、澳大利亚、苏联煤中锗含量的平均值分别是 5.7μg/g、2.9μg/g、4.4μg/g、1.5μg/g。Swaine（1990）认为，世界多数煤中锗的含量为 0.5～50μg/g，平均值为 6μg/g。PECH（1980）认为，世界煤中锗的含量平均值是 5μg/g。Bouška 和 Pešek（1999）发现，世界 3587 个褐煤样中锗含量平均值是 2.55μg/g，最大值是 220μg/g。某些国家煤中锗的最大值超过其最低可采品位，美国、苏联分别检测到煤中锗含量最高达到 780μg/g 和 6000μg/g，中国云南临沧帮卖煤矿和胜利煤田乌兰图嘎矿区分别检测到的锗含量异常高值分别为 3000μg/g 和 4000μg/g。

二、我国煤中锗总体的分布

本节研究根据全国各个聚煤时代主要煤田、矿区 12821 个煤中锗含量数据，计算我国各个聚煤期煤中锗含量平均值为 2.80μg/g，含量范围为 0～3000μg/g（表3-3）。各聚煤期煤中锗的平均值除晚三叠世平均含量仅为 0.61μg/g 外，其他主要聚煤期煤中锗含量平均值均为 2.0～3.0μg/g，其中煤中锗含量平均值最大的为晚侏罗世—早白垩世的煤，平均含量为 2.96μg/g，石炭纪—二叠纪煤中锗含量平均值为 2.84μg/g，古近纪—新近纪煤中锗平均值为 2.53μg/g，晚二叠世煤中锗含量为 2.33μg/g，早—中侏罗世煤中锗含量平均值为 2.08μg/g。各矿区、煤田的统计平均值（除去统计样品数较少的矿区、煤田）也基本都分布在全国煤中锗含量附近。

表 3-3 中国煤中锗含量时代分布

时代	样品数	煤中锗含量范围/(μg/g)	煤中锗含量算术平均值/(μg/g)	在全国储量中占的比例
C—P	388	0～80.0	2.84	0.381
P₃	874	0～38.0	2.33	0.075
T₃	11	0.2～0.93	0.61	0.004
J₁₋₂	1570	0.1～30.0	2.08	0.396
J₃—K₁	9934	0～670	2.96	0.121
E—N	44	0.3～3000	2.53	0.023
全国	12821	0～3000	2.80	1.000

三、煤中锗的赋存状态及富集控制因素

很多学者都对锗的赋存状态进行了研究，一般认为煤中锗主要是以有机配合物的形式存在。锗的赋存状态取决于地球化学环境，一般来说锗富集于硫化物和硫酸盐、铁氧化物和氢氧化物及某些煤中(胡瑞忠等，2000)，锗在煤层中一般以硫化物、氧化物或有机吸附形式存在，同时也有少量以硅酸岩矿物形式赋存(武文等，2002)。

锗除了一般赋存在铅锌的硫化物矿床外，煤矿日益成为锗资源的重要来源之一(朱雪莉，2009)。总体来说，锗表现为矿物亲和性，锗主要存在于硅酸盐矿物中(王钧漪等，2010)。另外，煤中的锗主要与煤中有机质相联系，并以锗腐殖酸盐形式存在于煤中，且这是锗在煤中存在的主要形式；锗被有机质吸附的程度很小。此外，还有少部分锗与煤中矿物有关，这部分锗以锗酸盐或硅锗酸盐形式存在于煤的矿物中(翟润田，1963)。除了锗主要呈锗腐殖酸盐形式存在于煤中，后生淋滤作用也是造成锗接触富集的因素之一(李春阳，1991)。

综合我国学者对锗在煤中的赋存状态的见解，煤中锗的分布具有三个特点：①样品锗的含量与其灰分产率呈明显的负相关关系；②在密度小的样品里更富含锗；③腐殖组(镜质组)组分里锗明显富集(杜刚等，2008)。

在本节研究中笔者发现，煤中锗的分布不同于铝、镓等其他依靠碎屑岩带入煤中的元素，分布具有区域性及含量连续渐变的特性。与之不同的是煤中锗的富集主要表现为点状(或表现为在很小的区域内富集)。前人研究以及本节调查研究均表明，煤中锗异常点(区域)主要分布在晚侏罗世—早白垩世及古近纪—新近纪的煤中，目前我国发现的主要的煤-锗(共)伴生矿床亦分布在这两个聚煤期的煤中。结合前人研究和本节调查结果表明，煤中锗富集的主要控制因素之一为热液，碎屑岩带入并不能引起煤中锗的富集。

第四节 煤 中 锂

一、锂的研究背景

锂，银白色的金属，是最轻的金属，密度为 0.534g/cm³，熔点为 180.54℃，沸点为 1317℃。可与大量无机试剂和有机试剂发生反应，与水的反应非常剧烈。在 500℃ 左右容易与氢发生反应，是唯一能生成稳定的足以熔融而不分解的氢化物的碱金属。

锂早期的主要工业用途是以硬脂酸锂的形式用作润滑剂的增稠剂，锂基润滑脂兼有高抗水性、耐高温和良好的低温性能。如果在汽车的一些零件上加一次锂润滑剂，就足以用到汽车报废为止。锂电池是 20 世纪三四十年代才研制开发的优质能源，它具有开路电压高、比能量高、工作温度范围宽、放电平衡、自放电子等优点，已被广泛应用于各种领域，是很有发展前景的动力电池。用锂电池发电来开动汽车，行车费只有普通汽油发动机车的 1/3。由锂制取氚，用来发动原子电池组，中间不需要充电，可连续工作 20 年。目前，要解决汽车的用油危机和排气污染，重要途径之一就是发展像锂电池这样的新型电池。

早期煤中微量锂元素的研究主要集中于其丰度值的统计研究。1927 年，Ramage 在煤中首次发现了锂元素。1980 年，美国地球化学委员会的《与环境质量与健康有关的煤中微量元素地球化学》一书中首先列出了煤中锂质量分数的世界平均值为 15.6μg/g。此后，一些国外研究者陆续统计了煤中锂的含量，Ketris 和 Yudorich(2009)给出最新的煤和煤灰中锂的世界算术平均值(煤克拉克值)分别为 12μg/g 和 66μg/g。根据已有数据，世界煤中锂的质量分数多数为 10~50μg/g，与其地壳克拉克值相当，中国、南非和朝鲜煤中锂的含量较高。有学者根据 2806 个煤样估计，中国煤中锂的平均含量为 28.94μg/g。唐修义(2004)、Dai 等(2012a) 统计的我国煤中锂含量均值分别为 19μg/g 与 31.8μg/g。最近几年，在中国的很多煤样中均发现了锂的高富集。有学者首次关注到了中国煤中锂的异常富集，在内蒙古准格尔煤田官板乌素矿中发现锂的含量已经达到经济品位，并首次提出煤伴生锂矿的概念，并计算出该矿 Li_2O 的总储量达 5.2 万 t。

二、我国煤中锂的总体分布

根据全国各个聚煤时代主要煤田、矿区 963 个样品煤中锂含量数据，统计得到表 3-4。可以看出中国煤中锂各聚煤期煤中锂平均含量为 35.00μg/g，含量范围 0.45~355.0μg/g。其中华南晚二叠世各主要煤田、矿区煤中锂平均含量最高，达到了 62.59μg/g，含量范围 9.00~355μg/g；华北石炭纪—二叠纪各主要煤田、矿区煤中锂含量也达到了 50.68μg/g，含量范围为 1.04~300.04μg/g；早—中侏罗世各主要煤田、矿区的煤中锂平均含量远小于本节统计的煤中锂全国平均值，仅为 12.18μg/g，含量范围为 2.20~56.10μg/g；晚侏罗世—早白垩世各主要煤田、矿区煤中锂含量均值也较小，仅为 14.06μg/g，含量范围为 0.45~127.7μg/g。可以看出，从分布的聚煤时代来看，中国煤中锂主要分布、富集在石炭纪—二叠纪、晚二叠世煤中。

表 3-4　中国煤中锂含量时代分布

时代	样品数	煤中锂含量范围/(μg/g)	煤中锂含量算术平均值/(μg/g)	在全国储量中占的比例
C—P	368	1.04～300.04	50.68	0.381
P_3	139	9.00～355	62.59	0.075
J_{1-2}	36	2.20～56.10	12.18	0.396
J_3—K_1	420	0.45～127.7	14.06	0.121
全国	963	0.45～355.0	35.00	0.973

三、煤中锂的赋存状态

目前国内对煤中锂的研究程度较低，锂一般赋存于无机质中，常见锂赋存于锂绿泥石、鲕绿泥石中。

Finkelman(1981)根据锂的地球化学特征，推测煤中黏土矿物是锂的主要载体，部分锂也可赋存于云母、电气石中。衣姝和王金喜(2014)通过对安家岭煤矿 9 号煤层中锂的研究认为，安家岭地区煤中锂富集与无机物质有密切联系，特别是硅酸盐，而和有机物质密切程度较低。锂的这种矿物结构导致对煤中锂的提取技术也存在很大困难，这方面的工作有待今后进一步加强。2012 年，中国煤炭地质总局特种技术勘探中心通过对山西平朔地区锂镓资源调查研究发现，煤中锂的富集主要是无机成因，吸附含锂的主要矿物是绿泥石、硅锂钠石、高岭石等。

刘帮军等(2014)通过对宁武煤田平朔矿区 9 号煤中锂的富集机理的研究发现，煤中锂与无机物具有明显相关关系，其与煤中硅和铝的相关性分别为 0.802 和 0.828，说明煤中锂对硅铝酸盐具有亲和性，同时也是煤中锂高的区域一般都位于煤中铝高的区域内的原因之一。本节研究综合各方面的资料及实测数据发现，凡煤中锂含量达到 80μg/g 的成矿区域，其煤层煤灰中 Al_2O_3 含量也基本超过 35%，煤中锂成矿的前提是必然存在高铝煤的分布区。

赵存良(2015)为了研究准格尔煤田煤中锂的赋存状态、富集机理，对准格尔煤采用六步逐级化学提取来确定煤中锂的赋存状态。逐级化学提取实验表明，准格尔煤中锂主要存在于无机矿物中，锂在有机质含量很少。在官板乌素、黑岱沟、哈尔乌素煤中硅酸盐结合态的锂分别达到 254μg/g、126μg/g 和 203μg/g，说明煤中锂主要存在硅酸盐矿物中，与之相比有机结合态的分别仅有 8.83μg/g、12.83μg/g 和 14.6μg/g。同时，他还进一步指出，准格尔煤田煤中锂主要存在于高岭石中，还有一部分锂赋存于绿泥石矿物中，而与煤中勃姆石的关系并不是很密切。

第五节　煤　中　稀　土

一、稀土的研究背景

稀土(rare earth)有"工业维生素"的美称。现如今已成为极其重要的战略资源。稀土元素氧化物是指元素周期表中原子序数为 57~71 的 15 种镧系元素氧化物，以及与镧系元素化学性质相似的钪(Sc)和钇(Y)共 17 种元素的氧化物。稀土元素在石油、化工、冶金、纺织、陶瓷、玻璃、永磁材料等领域都得到了广泛的应用，随着科技的进步和应用技术的不断突破，稀土氧化物的价值将越来越大(沈明联和杨瑞东，2016)。

稀土元素有特殊的地球化学性能，如化学性质稳定、均一化程度高、不易受变质作用干扰，一经"记录"在含煤岩系中，容易被保存下来，是研究煤地质成因的地球化学指示剂。稀土元素在自然界分布广泛，虽然煤中稀土元素含量不高，但在煤灰中稀土元素可以富集，并可得到综合利用。因此，对煤中稀土元素的研究已成为煤地质学、环境科学及材料科学的重要内容。国外研究煤中稀土元素起步较早，一些学者在实验基础上得出了可靠的数据，如 Swain(1990)报道了世界多数煤中稀土元素含量的大致范围。世界煤中稀土元素总量的平均值为 46.3μg/g，美国煤中稀土元素总量的平均值为 62.1μg/g，加拿大悉尼盆地煤中稀土元素总量的平均值为 30μg/g。国内开展煤中稀土元素研究始于 20 世纪 90 年代，近年来取得了一些重要的研究成果。Dai 等(2012a)统计的我国煤中稀土元素含量平均值 136μg/g。赵志根(2002)对中国 110 个煤样中稀土元素的含量分布进行了分析与总结，由于煤中稀土元素的赋存受多方面因素影响，稀土元素在煤中的含量分布范围相当宽，中间值段 80%样品的分析数据可较为客观地反映中国多数煤中稀土元素的丰度。研究者还发现，在镧(La)、铈(Ce)、钕(Nd)、钐(Sm)、铕(Eu)、铽(Tb)、镱(Yb)、镥(Lu)八种稀土元素中，除铽外其余七个元素在煤中的平均值含量明显高于世界煤。华南二叠纪煤中稀土元素总量的平均值最大，其次是华北石炭纪、二叠纪煤，中新生代煤含量最少。淮北煤田二叠纪煤中稀土元素明显富集，稀土元素总量平均值为 141.2μg/g，高于世界及中国其他地区的煤。华南地区晚二叠世的煤中，不同煤层的稀土元素含量平均值变化较大，为 32~456.1μg/g。虽然不同地区、不同数量煤样的分析结果丰富了煤中稀土元素丰度的数据，但就样品数量和代表性而言，研究中国煤中稀土元素的丰度仍具有很大的局限性(刘文中等，2007；沈明联和杨瑞东，2016)。

二、我国煤中稀土的总体分布

本节根据全国各个聚煤时代主要煤田、矿区 1032 个煤中 REE 含量数据统计得到表 3-5，可以看出，中国各聚煤时代主要煤田、矿区煤中稀土总量平均含量为 105.75μg/g，含量范围为 5.56~648μg/g。各聚煤期煤中 REE 总和评价含量从大到小分别为：P_2—T_3 煤中 REE 总量平均值为 120.11μg/g，含量范围为 29~648μg/g；C—P 煤中 REE 总量平均值为 111.4μg/g，含量范围为 18.97~302.77μg/g；J_3—K_1 煤中 REE 总量平均值为

108.87μg/g，含量范围为6.9～379.9μg/g；J_{1-2}煤中REE总量平均值最小，为64.86μg/g，含量范围为5.56～406.1μg/g。

表3-5　中国煤中稀土含量时代分布

时代	样品数	煤中稀土含量范围/(μg/g)	煤中稀土含量算术平均值/(μg/g)	在全国储量中占的比例
C—P	463	18.97～302.77	111.4	0.381
P_2—T_3	44	29～648	120.11	0.075
				0.004
J_{1-2}	111	5.56～406.1	64.86	0.396
J_3—K_1	414	6.9～379.9	108.87	0.121
全国	1032	5.56～648	105.75	0.977

三、煤中稀土来源与赋存状态

近年来，国内外陆续报道了有关煤中 REE 来源和赋存形式的研究成果(康健，2015)。保加利亚 Pirin 煤中 REE 主要与硅酸盐矿物相结合，煤中 REE 的含量随灰分的增高而增加，与灰分及灰分的主要成分(硅、铝、铁、钠)具有较好的正相关关系，而与低灰分中的典型组分钙缺少相关性，煤和岩石夹层的 REE 标准化分布模式相似，与典型的陆源灰分的微量元素(钛、铅、铬、钍、钽、铯)也具有好的正相关性。加拿大 Nova Scotia 盆地煤中 REE 主要赋存于黏土矿物中：煤中 REE 总量和 HREE 含量随煤中元素铝含量的增高而增加；REE 含量与灰分高度正相关，而与元素硫含量无关；元素镧、钕、镨含量与铝和钾含量有显著正相关关系。目前比较一致的认识是(刘文中等，2007)，REE 在煤中主要与硅酸盐矿物结合，其来源主要是陆源碎屑或溶液，但也有一些研究者发现，低灰分的煤相对富集 HREE，认为这是溶解状态的 REE 与有机物质分解产物(主要是腐殖酸)相互作用的结果。溶解状态的 REE 具有各种来源：一部分是由于陆源物质进入泥炭沼泽时 pH 降低，REE 被解吸，REE 的解吸能力从元素镧向镥增加，从而导致溶液中 HREE 的聚积；另一部分 REE 是由流入泥炭沼泽的地下水和河水供给。相对而言，HREE 具有较强的迁移能力，因此，溶液中 HREE 相对富集，有机质结合 REE 离子的机理可能是吸附在凝聚的腐殖酸和富里酸上，以及形成金属有机化合物。上述因素的综合作用，引起在低灰煤中相对富集 HREE。Eskenazy(1987)对不同煤岩组分 REE 的研究表明，除源区控制因素以外，另一个控制 REE 的主要因素是携带这些元素的溶液注入沼泽中，煤岩组分与溶液状态的 REE 在泥炭沼泽中发生相互作用；同灰分的丝炭样品比全煤样品富含 REE，可能是因为丝炭的物理吸附量较大引起的。Birk 和 White(1991)也认为，低灰分的煤含有较多的 HREE，这些元素以有机质结合或吸附在自生黏土矿物中，它们大部分由溶解状态的携带 REE 的物质演化而来。Seredin(2012)在俄罗斯一些煤田中发现了富含 REE 的煤与普通煤的差别，不仅在于有较高的 REE 含量(质量分数变化为0.03%～0.1%)，而且这些元素的赋存方式也不同。这些煤中起主导作用的是有机赋存方式，被黏土矿物吸附的和被细粒自生矿物所含的 REE 只具有次要意义，表明这些元素以溶解状态进入聚煤盆地。目前关于煤中 REE 与有机质结合的赋存方式尚有争议，也是值得研究的问题之一。Seredin(2012)在研究了俄罗斯远东矿床含 REE 煤时发现，正常煤中 REE 主要聚集在碎屑矿物(独居石和磷铱矿)中，或含 REE 杂质的矿物(磷灰石和锆石)中，以及吸附 REE 的黏土矿物颗粒中。本节数据证明，REE 与灰分产率之间呈正相关关系，表明碎屑矿物是煤中 REE 的主要载体。在高硫煤中，粗粒的碎屑矿物含量很少，黏土矿物的吸附作用及有机质的吸附作用可能为主要形式。在离物源区较近的地区，黏土矿物以外的含 REE 碎屑矿物可能是 REE 的主要载体。由于在搬运过程中，含 REE 碎屑矿物不稳定，REE 会不断分解流失出来，继而转移到黏土矿物表面，并随之继续向沉积盆地搬运。在泥炭沼泽中，介质属酸性环境，有机质在凝胶化过程中，具有很强的吸附能力，部分 REE 会从黏土矿物表面转移到有机质中，成为含 REE 的有机物。

国内一些学者认为(黄文辉等，1999)，随着灰分的增高，REE 的丰度增加，其分布模式也越接近页岩，低灰分的煤相对富集 HREE，其有机质可与 REE 形成络合物，有机质是 REE 最强的吸附剂之一。平庄煤田煤中的 REE 主要以独立矿物形式存在，其次才是参与有机质结合和以非主要元素形式存在于无机矿物中。由于黏土矿物是煤中的主要无机组分，REE 在黏土矿物中含量高，因而黏土矿物中 REE 占无机赋存的大部分，石英、黄铁矿等矿物在煤的无机组分中所占比例较小，这些矿物中 REE 含量低。REE 的有机吸附单以无机赋存的方式难以达到煤中 REE 的平均丰度，就不排除煤中有机质在聚集 REE 上所起的作用。由此可见，REE 主要来自陆源碎屑物质，但随着搬运、沉积等作用的差异和盆地性质及泥炭沼泽类型的不同，最终在煤层里的赋存方式和承载介质也不同。在靠近物源区的低硫高灰煤中，REE 主要赋存于碎屑矿物中及黏土矿物中，REE 总量也较高；而在离物源区较远的煤田高硫煤中，REE 主要赋存于粒度小于 2μm 的黏土矿物和凝胶化有机物中，REE 总量则要低得多。

煤中 REE 的另一个来源是火山灰和岩浆侵入体。在石炭纪—二叠纪成煤时期，华北地区有多次的岩浆活动和火山活动，受岩浆直接影响的煤中 REE 的总量和分布模式与正常煤相比有明显不同，如受到岩浆岩侵入的影响而成为天然焦的煤，同时因混入侵入岩碎屑而使 REE 达到最大值(497μg/g)，离此不远处的只受岩浆活动热影响的低灰天然焦 REE 含量则表现为最低值(22.77μg/g)。

第四章

中国煤中金属元素时空分布

　　煤中金属元素的时空分布具有明显的差异，且我国不同赋煤区不同成煤时代煤中金属元素的分布赋存特征，总是受控于一种或多种影响因素（Dai et al.，2003）。查明我国主要成煤时代煤中金属元素的分布特征，对指导煤系矿产资源综合勘查与资源合理开发利用具有重要指导意义。

　　本书基于资料收集和实际样品测试数据统计的各地区煤中金属元素含量，按照"赋煤区-主要成煤时代"的思路，以华北赋煤区石炭系—二叠系、侏罗系、东北赋煤区白垩系、西北赋煤区侏罗系、华南赋煤区二叠系为研究对象，分析煤中金属元素的分布特征，并探讨其成因控制因素。

第一节　华北赋煤区石炭系—二叠系、侏罗系

　　华北赋煤区位于华北陆块区的主体部位，区内广泛发育石炭纪—二叠纪煤系，其次为鄂尔多斯盆地的晚三叠世煤系、北部和西部的早—中侏罗世煤系和东部沿海的古近纪煤系。根据目前掌握的资料，主要对华北赋煤区石炭纪—二叠纪和侏罗纪两套煤系中的金属元素分布特征进行研究。

一、煤中金属元素分布特征

1. 煤中铝

　　华北赋煤区石炭纪—二叠纪与侏罗纪煤灰中 Al_2O_3 含量分布差别较大，且前者含量较后者含量略高（表 4-1、表 4-2）。其中石炭纪—二叠纪煤灰中 Al_2O_3 含量范围为 7.01%～52.67%，平均值为 32.11%，而侏罗纪煤灰中 Al_2O_3 含量范围为 2.66%～34.13%，平均值为 18.85%。无论是石炭纪—二叠纪还是侏罗纪，华北赋煤区煤灰中 Al_2O_3 含量均大于 Dai 等（2012a）统计的我国煤灰中 Al_2O_3 含量平均值 5.98%。

表 4-1 华北赋煤区石炭纪—二叠纪煤灰中 Al_2O_3 含量

省区	矿区/煤田	成煤时代	煤类	样品数	煤灰中 Al_2O_3 含量范围/%	煤灰中 Al_2O_3 算术平均值/%	资料来源
内蒙古	准格尔矿区	C—P	CY	128		38	报告收集
	大青山煤田	C—P	QM	43	25.5～44.74	42.26	测试
	桌子山煤田	C—P	QM	22	15.52～38.06	30.53	报告收集
山西省	宁武煤田	C—P	PM	32	17.08～52.67	37	实测
	河东煤田	C—P	PM	48	19.91～43.12	35.8	实测
	西山煤田	C—P	PM	9	37.79～42.17	39.55	实测
	霍西煤田	C—P	PM	29	21.73～43.27	33.19	实测
	沁水煤田	C—P	PM	42	24.86～36.24	31.24	实测
河北省	邢台矿区	P_1s	QM	6	18.38～34.02	27.61	实测
	峰峰矿区	P_1s	JM	10	32.08～39.54	35.66	实测
河南省	鹤壁矿区	P_1s	QM	20	7.01～28.55	20.4	实测
	郑州矿区	P_1s	PM	20	7.41～32.78	21.55	实测
	平顶山矿区	P_2x	QM	17	25.84～30.0	27.73	实测
	焦作矿区	P_1s	QM	10	23.16～38.93	32.77	实测
山东省	济宁煤田	C—P	QM	14	13.59～38.85	26.58	实测
	巨野矿区	P_1s	QM	11	14.35～38.44	29.43	实测
	枣腾矿区	P_1s	QM	6	25.68～33.35	28.87	实测
	肥城煤田	C—P	QM	4	30.16～41.76	36.31	实测
	淄博煤田	C—P	QM	17	19.86～39.73	35.66	实测
汇总				488	7.01～52.67	32.11	

表 4-2 华北赋煤区早—中侏罗世煤灰中 Al_2O_3 含量

省区	矿区/煤田	成煤时代	煤类	样品数	煤灰中 Al_2O_3 含量范围/%	煤灰中 Al_2O_3 算术平均值/%	资料来源
内蒙古	桌子山煤田	J_{1-2}	BN	322	2.66～23.47	12.51	报告收集
	东胜煤田	J_{1-2}	BN	220	4.74～34.13	16.39	报告收集
陕西省	黄陵矿区	J_{1-2}	CY			22.89	吕俊娥和赵元媛（2015）
	焦坪矿区	J_{1-2}	CY			22.41	吕俊娥和赵元媛（2015）
	旬耀矿区	J_{1-2}	CY			20.07	吕俊娥和赵元媛（2015）
	彬长矿区	J_{1-2}	CY			17.38	吕俊娥和赵元媛（2015）
	永陇矿区	J_{1-2}	CY			20.31	吕俊娥和赵元媛（2015）
汇总				542	2.66～34.13	18.85	

华北赋煤区石炭纪—二叠纪煤灰中 Al_2O_3 含量在我国内蒙古自治区及山西省较高，含量平均值分别为 36.93% 和 35.36%；其次为河北省和山东省，平均值分别为 31.63% 和 31.37%；河南省煤灰中 Al_2O_3 含量最低，含量平均值仅为 25.61%(图 4-1)。

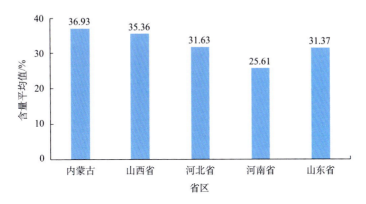

图 4-1　华北赋煤区石炭纪—二叠纪煤灰中 Al_2O_3 含量平均值分布图

华北赋煤区侏罗纪煤灰中 Al_2O_3 在我国陕西省黄陇侏罗纪煤田含量较高，范围为 17.38%~22.89%，平均值为 20.61%；内蒙古桌子山煤田和东胜煤田含量略低，范围为 2.66%~34.13%，平均值为 14.45%(图 4-2)。

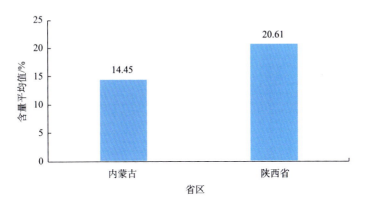

图 4-2　华北赋煤区侏罗纪煤灰中 Al_2O_3 含量平均值分布图

该区石炭纪—二叠纪煤类主要有长焰煤(CY)、气煤(QM)、焦煤(JM)和贫煤(PM)，而侏罗纪煤级相对较低，煤类主要有不黏煤(BN)和长焰煤(CY)。由图 4-3 可知，同一时代，不同煤类煤灰中 Al_2O_3 含量呈现出不同的特征。石炭纪—二叠纪地层中长焰煤煤灰中 Al_2O_3 含量最高，平均值高达 38%；焦煤和贫煤含量次之，含量平均值分别为 35.66% 和 33.06%，气煤含量最低，平均值仅为 30.74%。侏罗纪地层煤灰中 Al_2O_3 含量表现为随煤级的升高而逐渐增加的趋势，在长焰煤中含量平均值为 20.61%，而不黏煤中含量平均值为 14.45%。此外，即使同一煤类不同时代煤灰中 Al_2O_3 含量也不同，如同为长焰煤，石炭纪—二叠纪煤灰中 Al_2O_3 含量平均值为 38%，而侏罗纪煤灰中 Al_2O_3 含量平均值为 20.61%。

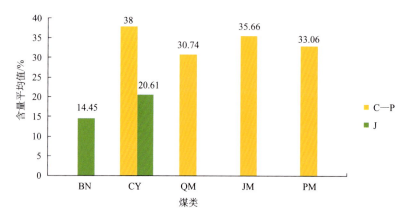

图 4-3　华北赋煤区不同时代不同煤类煤灰中 Al_2O_3 含量平均值分布图

2. 煤中镓

华北赋煤区石炭纪—二叠纪煤中镓含量较侏罗纪煤中镓含量略高（表 4-3、表 4-4）。其中石炭纪—二叠纪煤中镓含量范围为 0~170μg/g，平均值为 9.03μg/g；早—中侏罗世侏罗纪煤中镓含量范围为 0.1~39.98μg/g，平均值为 4.21μg/g。前者较其他学者统计的我国煤中镓含量平均值略高，如 9μg/g（唐修义，2004）、6.52μg/g（任德贻等，2006）、6.55μg/g（Dai et al.，2012a），而后者均小于其他学者之前统计的我国煤中镓含量平均值。

表 4-3　华北赋煤区石炭纪—二叠纪煤中镓含量

省区	矿区/煤田	成煤时代	煤类	样品数	煤中镓含量范围/(μg/g)	煤中镓含量算术平均值/(μg/g)	资料来源
内蒙古	准格尔矿区	C—P	CY	2	19.06~21.0	19.32	代世峰（2002）
	大青山煤田	C—P	QM	58	5.04~35.25	20.11	实测
	桌子山煤田	C—P	QM	44	1.0~31.0	3.1	本书收集
河北省	开滦煤田	C—P	PM	30	3.11~27.44	10.61	代世峰等（2003）
	邢台矿区	C—P	QM	20	5.67~8.78	7.39	实测
	峰峰矿区	C—P	PM	5	0~11.0	8.44	代世峰（2002）
河南省	鹤壁矿区	P_1s	PM	20	1.51~5.06	4.74	实测
	郑州矿区	P_1s	PM	21	4.98~8.12	6.56	实测
	平顶山煤田	C—P	PM	19	1.54~14.91	5.05	黄文辉和赵继尧（2002）

续表

省区	矿区/煤田	成煤时代	煤类	样品数	煤中镓含量范围/(μg/g)	煤中镓含量算术平均值/(μg/g)	资料来源
山东省	登封矿区	C—P	PM	220	2.0~60.0	13.09	杨伟林和朱绍军（1993）
	济宁矿区	C—P	PM	30	4.78~9.81	7.7	刘桂建和杨萍月（1999）
	兖州煤田	C—P	PM	27	4.0~9.8	7.31	刘桂建等（2003）
	巨野矿区	P₁s		11	1.1~9.4	4.4	实测
	淄博矿区	C—P	PM	16	1.5~15.0	4.8	实测
	藤县煤田	C—P	PM	633	6.58~170.0	14.24	李春阳（1991）
	陶枣矿区	C—P	PM	12	1.10~16.10	5	黄文辉和赵继尧（2002）
江苏省	徐州煤田	C—P	PM	2	3.2~5.2	4.2	黄文辉和赵继尧（2002）
安徽省	淮北煤田	C—P	PM	12	4.10~18.6	7.03	黄文辉和赵继尧（2002）
	淮南煤田	C—P	PM	6	6.2~15.5	11.4	黄文辉和赵继尧（2002）
山西省	西山矿区	C—P	PM	1	3.5	3.5	白向飞（2003）
	阳泉矿区	C—P	PM	1	2.4	2.4	葛银堂（1996）
	河东煤田	C—P	QM	9	6.0~22.0	11	实测
	晋城矿区	C—P	PM	7	1.6~15.3	8.47	葛银堂（1996）
	宁武煤田	C—P	PM	21	14~22	17	实测
	沁水煤田	C—P	QM	42	5.0~18.0	12	实测
	潞安煤田	C—P	PM	1	10.74	10.74	白向飞（2003）
宁夏	石嘴山矿区	C—P	PM	7	4.29~16.0	9.95	代世峰（2002）
	石炭井矿区	C—P	PM	12	6.07~40.0	13.16	代世峰（2002）
汇总				1351	0~170	9.03	

表 4-4　华北赋煤区早—中侏罗世煤中镓含量

省区	矿区/煤田	成煤时代	煤类	样品数	煤中镓含量范围/(μg/g)	煤中镓含量算术平均值/(μg/g)	资料来源
内蒙古	桌子山煤田	J₁₋₂	BN	510	0.5~8.05	1.84	本书收集
	东胜煤田	J₁₋₂	BN	736	0.1~21.4	2.62	窦廷焕等（1998）
陕西省	神木矿区	J₁₋₂					
	横山矿区	J₁₋₂	BN	11	1.3~14.17	4.41	李河名（1993）
	彬长矿区	J₁₋₂	BN	2	0.43~8.55	5.78	李河名（1993）
	黄陵矿区	J₁₋₂	BN	8	2.5~39.98	14.58	李河名（1993）

续表

省区	矿区/煤田	成煤时代	煤类	样品数	煤中镓含量范围/(μg/g)	煤中镓含量算术平均值/(μg/g)	资料来源
甘肃省	华亭煤田	J$_{1-2}$	BN	2	0.95~2.45	1.75	李河名(1993)
宁夏	马家滩矿区	J$_{1-2}$	BN	4	0.3~3.5	1.83	李河名(1993)
	磁窑堡矿区	J$_{1-2}$	BN	1	0.4	0.43	李河名(1993)
山西省	大同煤田	J$_{1-2}$	BN	6	0.62~4.8	3.14	白向飞(2003)
河南省	义马煤田	J$_{1-2}$	BN	1	5.75	5.75	白向飞(2003)
汇总				1281	0.1~39.98	4.21	

该区石炭纪—二叠纪煤中镓含量在我国内蒙古自治区及鄂尔多斯盆地宁夏地区较高,含量范围分别为 1.0~35.25μg/g(平均值为 14.18μg/g)和 4.29~40.0μg/g(平均值为 11.56μg/g);其次为山西省、安徽省、河北省及山东省等地,含量平均值分别为9.3μg/g、9.22μg/g、8.81μg/g 和 8.08μg/g;河南省、江苏省等地含量较低,平均值分别为 5.45μg/g 和 4.2μg/g(图 4-4)。

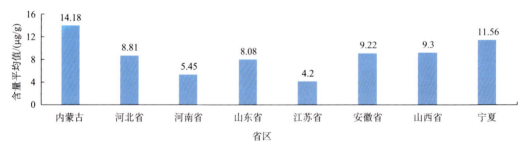

图 4-4　华北赋煤区石炭纪—二叠纪煤中镓含量平均值分布图

华北赋煤区侏罗纪煤中镓含量在我国陕西省含量最高,范围为 0.43~39.98μg/g,平均值为 8.26μg/g;其次为河南省和山西省,含量平均值分别为 5.75μg/g 与 3.14μg/g;鄂尔多斯盆地内蒙古、甘肃省、宁夏等地含量较低,平均值分别为 1.84μg/g、1.75μg/g 与 1.13μg/g(图 4-5)。

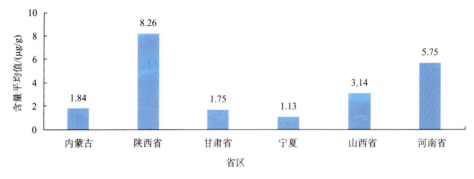

图 4-5　华北赋煤区侏罗纪煤中镓含量平均值分布图

华北赋煤区石炭纪—二叠纪煤类以贫煤(PM)为主，其次为气煤(QM)和长焰煤(CY)，而侏罗纪煤级相对较低，煤类主要为不黏煤(BN)。由图 4-6 可知，石炭纪—二叠纪煤中镓含量表现为随煤级的升高而逐渐降低的趋势；长焰煤煤中镓含量最高，平均值高达 19.32μg/g；气煤中含量次之，平均值为 10.72μg/g；贫煤中镓含量最低，平均值仅为 8.35μg/g。侏罗纪地层不黏煤中镓含量变化范围较大，为 0.1~39.98μg/g，平均值为4.21μg/g(图 4-6)。

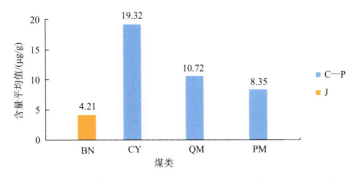

图 4-6　华北赋煤区不同时代不同煤类煤中镓含量平均值分布图

3. 煤中锗

华北赋煤区石炭纪—二叠纪煤中锗含量较早—中侏罗世煤中锗含量略高(表 4-5、表4-6)。其中石炭纪—二叠纪煤中锗含量范围为 0~80.0μg/g，平均值为 5.72μg/g，大于唐修义(2004)、任德贻等(2006)、Dai 等(2012a) 统计的我国煤中锗含量平均值(分别为4μg/g、2.97μg/g 和 2.78μg/g)；侏罗纪煤中锗含量范围为 0.1~22.3μg/g，平均值为 3.69μg/g，较任德贻等(2006)、Dai 等(2012a)统计的我国煤中锗的含量平均值略高，然而略低于唐修义(2004)统计的我国煤中锗的含量平均值。

表 4-5　华北赋煤区石炭纪—二叠纪煤中锗含量

省区	矿区/煤田	成煤时代	煤类	样品数	煤中锗含量范围/(μg/g)	煤中锗含量算术平均值/(μg/g)	资料来源
内蒙古	准格尔矿区	C—P	CY	93		1.5	本书收集
	桌子山煤田	C—P	QM	42	0.2~18	3.2	本书收集
河北省	开滦矿区	C—P	PM	1	2.99	2.99	任德贻等(2006)
山东省	巨野矿区	C—P	PM	2	12.88~13.34	13.11	任德贻等(2006)
	官桥矿区	C—P	PM	2	12.6~16.1	14.35	任德贻等(2006)
	济宁矿区	C—P	PM	30	1.69~9.11	3.14	任德贻等(2006)
	藤县煤田	C—P	PM	36	1.48~80.0	3.63	任德贻等(2006)
	陶枣煤田	C—P	PM	4	1.50~19.5	12.17	任德贻等(2006)

省区	矿区/煤田	成煤时代	煤类	样品数	煤中锗含量范围/(μg/g)	煤中锗含量算术平均值/(μg/g)	资料来源
江苏省	徐州煤田	C—P	PM	2	1.7～2.1	1.9	任德贻等(2006)
安徽省	淮北煤田	C—P	PM	12	1.2～4.3	2.42	任德贻等(2006)
山西省	平朔煤田	C—P	PM	57	0～21.1	4.49	任德贻等(2006)
汇总				388	0～80.0	5.72	

表4-6　华北赋煤区早—中侏罗世煤中锗含量

省区	矿区/煤田	成煤时代	煤类	样品数	煤中锗含量范围/(μg/g)	煤中锗含量算术平均值/(μg/g)	资料来源
内蒙古	桌子山煤田	J_{1-2}	BN	510	0.1～6.4	1.73	本书收集
	东胜煤田	J_{1-2}	BN	212	1.0～21	2.6	本书收集
陕西省	神木煤田	J_{1-2}	BN	733	0.1～22.3	2.07	任德贻等(2006)
	彬长矿区	J_{1-2}	BN	2	0.43～2.94	5.54	李河名(1993)
	黄陵矿区	J_{1-2}	BN	8	0～4.7	2.08	李河名(1993)
甘肃省	华亭煤田	J_{1-2}	BN	3	0.37～4.43	2.03	李河名(1993)
山西省	大同煤田	J_{1-2}	BN	4	0.16～6.31	5.53	李河名(1993)
河南省	义马煤田	J_{1-2}	BN	1	8	8	李河名(1993)
汇总				1570	0.1～22.3	3.69	

该区石炭纪—二叠纪煤中锗含量在我国山东省地区较高，含量范围为 1.48～80.0μg/g，平均值为 9.28μg/g；其次为山西省、河北省、安徽省及内蒙古等地，含量平均值分别为 4.49μg/g、2.99μg/g、2.42μg/g 和 2.35μg/g；江苏省含量最低，平均值仅为 1.9μg/g(图4-7)。

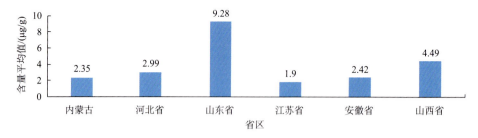

图4-7　华北赋煤区石炭纪—二叠纪煤中锗含量平均值分布图

华北赋煤区侏罗纪煤中镓含量在我国河南省含量最高，含量均值高达 8μg/g；其次为山西省，含量均值为 5.53μg/g；陕西省、内蒙古、甘肃省含量较低，平均值分别为 3.23μg/g、2.17μg/g 和 2.03μg/g(图4-8)。

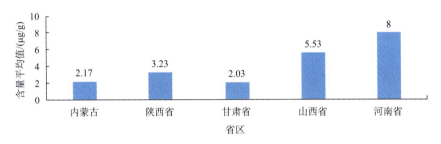

图 4-8 华北赋煤区侏罗纪煤中锗含量平均值分布图

华北赋煤区石炭纪—二叠纪煤类以贫煤(PM)为主，其次为气煤(QM)和长焰煤
(CY)，而侏罗纪煤级相对较低，煤类主要为不黏煤(BN)。由图 4-9 可知，与煤中镓元
素相反，石炭纪—二叠纪煤中锗含量表现为随煤级的升高而逐渐增加的趋势，贫煤中锗
含量最高，平均值高达 6.47μg/g；气煤中锗含量次之，平均值为 3.2μg/g；长焰煤中含量
最低，平均值仅为 1.5μg/g。侏罗纪地层不黏煤中锗含量变化范围较大，为 0.1～22.3μg/g，
平均值为 3.69μg/g。

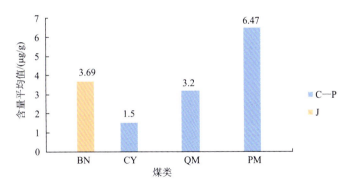

图 4-9 华北赋煤区不同时代不同煤类煤中锗含量平均值分布图

4. 煤中锂

华北赋煤区石炭纪—二叠纪煤中锂含量较侏罗纪煤中锂含量略高(表 4-7、表 4-8)。
其中石炭纪—二叠纪煤中锂含量范围为 1.04～300.04μg/g，平均值为 50.68μg/g，大于唐
修义(2004)、Dai 等(2012a) 统计的我国煤中锂含量平均值(分别为 19μg/g 与 31.8μg/g)，
也高于 Ketris 和 Yudorich(2009) 统计的世界煤中锂含量平均值 12μg/g。侏罗纪煤中锂
含量范围为 2.20～56.10 μg/g，平均值为 12.18μg/g，较唐修义(2004)和 Dai 等(2012a)统
计的我国煤中锂含量平均值略小，然而略高于 Ketris 和 Yudorich (2009) 统计的世界煤
中锂含量平均值。

表 4-7　华北赋煤区石炭纪—二叠纪煤中锂含量

省区	矿区/煤田	成煤时代	煤类	样品数	煤中锂含量范围/(μg/g)	煤中锂含量算术平均值/(μg/g)	资料来源
内蒙古	桌子山煤田	C—P	PM	34	8.75~203.0	83.22	实测
	准格尔煤田	C—P	CY	92	1.13~300.04	74.3	实测
	大青山煤田	C—P	QM	58	1.04~192.6	55.56	实测
山西省	宁武煤田	C—P	QM	12	26.4~95.3	63.8	实测
	河东煤田	C—P	JM	10	6.2~71.2	22.7	实测
	西山煤田	C₃	JM	9	42.8~59.7	49.5	实测
	沁水煤田	C—P	QM	42	18.5~60.9	40.1	实测
河北省	邢台矿区	C—P	QM	11	19.7~41	26.8	实测
	峰峰矿区	P₁s	QM	15	27.3~77.2	45.6	实测
河南省	鹤壁矿区	P₁s	QM	20	15.8~39.5	28.7	实测
	平顶山矿区	P₂x	JM	17	15.0~47.5	26.3	实测
山东省	济宁煤田	P₁s	QM	5	5.0~50.0	17	实测
	肥城煤田	P₁s	QM	17		16.7	曾荣树和庄新国(2000)
	淄博煤田	C—P	JM	17	2.4~28.9	10	实测
安徽省	淮北煤田	P₁s	QM-WY	7	6.5~16.5	10.7	曾荣树和庄新国(2000)
江苏省	徐州煤田	P₁s	QM	2	10.9~17.8	14.35	曾荣树和庄新国(2000)
汇总				368	1.04~300.04	50.68	

表 4-8　华北赋煤区早—中侏罗世煤中锂含量

省区	矿区/煤田	成煤时代	煤类	样品数	煤中锂含量范围/(μg/g)	煤中锂含量算术平均值/(μg/g)	资料来源
山西省	大同煤田	J₁	PM	8	4.01~26.7	6.22	庄新国等(1999)
陕西省	黄陵矿区	J₁₋₂	CY	12	2.74~39.07	9.23	赵存良(2015)
宁夏	宁东煤田	J₁₋₂	QM	16	2.20~56.10	17.37	赵存良(2015)
汇总				36	2.20~56.10	12.18	

华北赋煤区石炭纪—二叠纪煤中锂元素在我国内蒙古含量最高，含量范围为 1.04～300.04μg/g，平均值为 71.03μg/g；其次为山西省、河北省及河南省等地，含量均值分别为 44.03μg/g、36.2μg/g 和 27.5μg/g；山东省、江苏省和安徽省含量较低，平均值分别为 14.57μg/g、14.35μg/g 和 10.7μg/g(图 4-10)。

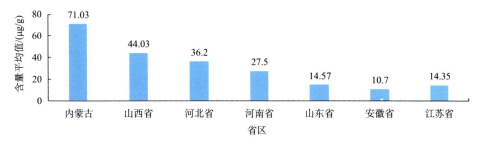

图 4-10　华北赋煤区石炭纪—二叠纪煤中锂含量平均值分布图

华北赋煤区侏罗纪煤中锂含量在鄂尔多斯盆地宁夏地区宁东煤田含量最高，含量范围为 2.20～56.10μg/g，平均值为 17.37μg/g；其次为陕西省黄陵矿区，含量范围为 2.74～39.07μg/g，平均值为 9.23μg/g；山西省大同煤田含量最低，含量范围为 4.01～26.7μg/g，平均值为 6.22μg/g（图 4-11）。

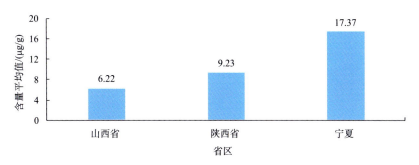

图 4-11　华北赋煤区侏罗纪煤中锂含量平均值分布图

由图 4-12 可知，不同时代的煤中锂元素随煤类的变化表现出不同的特征。石炭纪—二叠纪煤中锂元素在贫煤和长焰煤中含量最高，平均值分别为 83.22μg/g 和 74.3μg/g；气煤中含量次之，平均值为 34.29μg/g；焦煤中含量最低，平均值为 27.13μg/g。侏罗纪煤中锂元素在气煤中含量最高，平均值高达 17.37μg/g；长焰煤中含量次之，平均值为 9.23μg/g；贫煤中含量最低，平均值仅为 6.22μg/g。

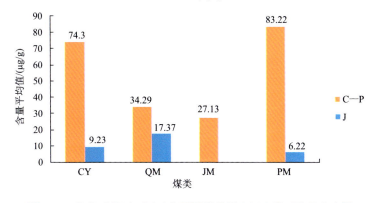

图 4-12　华北赋煤区不同时代不同煤类煤中锂含量平均值分布图

5. 煤中 REE

华北赋煤区石炭纪—二叠纪煤中 REE 含量较侏罗纪煤中 REE 含量略高(表 4-9、表 4-10)。其中石炭纪—二叠纪煤中 REE 含量范围为 18.97～302.77μg/g,平均值为 111.4μg/g,

表 4-9 华北赋煤区石炭纪—二叠纪煤中 REE 含量

省区	矿区/煤田	成煤时代	煤类	样品数	煤中 REE 含量范围/(μg/g)	煤中 REE 含量算术平均值/(μg/g)	资料来源
安徽省	淮南煤田	C—P	QM	371	86～143	112	吴盾等(2013)
	淮北煤田	C—P	QM	34	56.0～216.8	141.2	郑刘根等(2006)
山西省	沁水煤田	C—P	PM	47	18.97～302.77	80.3	刘贝等(2015)
内蒙古	乌达矿区	C—P	JM	3	48.99～150.16	86	代世峰等(2003)
	石炭井 8 煤	C_3	QM	1	197.66	197.66	秦国红(2016)
	石炭井 5 煤	P_1	QM	1	56.47	56.47	秦国红(2016)
	石嘴山 3 煤	P_1	QM	1	195.1	195.1	秦国红(2016)
	沙巴台 5 煤	P_1	QM	1	288.89	288.89	秦国红(2016)
	红石湾 5 煤	P_1	QM	1	160.57	160.57	秦国红(2016)
	长城三矿 9 煤	C_3	QM	1	33.85	33.85	秦国红(2016)
	长城一矿 9 煤	C_3	QM	1	20.89	20.89	秦国红(2016)
	长城一矿 3 煤	P_1	QM	1	244.19	244.19	秦国红(2016)
汇总				463	18.97～302.77	111.4	

表 4-10 华北赋煤区早—中侏罗世煤中 REE 含量

自治区	矿区/煤田	成煤时代	煤类	样品数	煤中 REE 含量范围/(μg/g)	煤中 REE 含量算术平均值/(μg/g)	资料来源
内蒙古	红柳矿	J_{1-2}	BN	1	21.08	21.08	秦国红(2016)
	麦垛山矿	J_{1-2}	BN	1	5.56	5.56	秦国红(2016)
	石槽村矿	J_{1-2}	BN	1	19.27	19.27	秦国红(2016)
	枣泉矿	J_{1-2}	BN	1	21.81	21.81	秦国红(2016)
	羊场湾矿	J_{1-2}	BN	1	101.35	101.35	秦国红(2016)
	灵新矿	J_{1-2}	BN	1	58.53	58.53	秦国红(2016)
	白芨沟矿	J_{1-2}	BN	1	9.94	9.94	秦国红(2016)
	汝箕沟矿	J_{1-2}	BN	1	10.91	10.91	秦国红(2016)
	砚峡乡矿	J_{1-2}	BN	1	106.23	106.23	秦国红(2016)
	西华镇矿	J_{1-2}	BN	1	103.13	103.13	秦国红(2016)
	万胜二矿	J_{1-2}	BN	1	199.13	199.13	秦国红(2016)
	金凤井田	J_{1-2}	BN	1	12.47	12.47	秦国红(2016)
	双马井田	J_{1-2}	BN	1	31.79	31.79	秦国红(2016)
	大石头煤矿	J_{1-2}	BN	1	32.18	32.18	秦国红(2016)
汇总				111	5.56～199.13	52.38	

略低于 Dai 等(2012a)统计的我国煤中 REE 含量平均值 136μg/g，然而高于 Ketris 和 Yudorich(2009)统计的世界煤中 REE 含量平均值 68.6μg/g。侏罗纪煤中 REE 含量范围为 5.56～199.13μg/g，平均值为 52.38μg/g，与我国煤中 REE 含量平均值和世界煤中 REE 含量平均值相比均较低。

该区石炭纪—二叠纪煤中 REE 在我国内蒙古含量最高，含量范围为 20.89～288.89μg/g，平均值为 142.62μg/g；安徽省含量次之，含量范围为 56.0～216.8μg/g，平均值为 126.6μg/g；山西省沁水煤田含量平均值最低，仅为 80.3μg/g，含量范围变化较大，从 18.97μg/g 到 302.77μg/g 不等(图 4-13)。

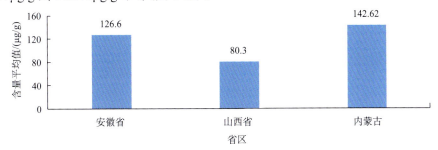

图 4-13　华北赋煤区石炭纪—二叠纪煤中 REE 含量平均值分布图

根据目前已有资料，华北赋煤区鄂尔多斯盆地宁夏、甘肃地区 REE 含量总体上呈现出由北向南增高的趋势(图 4-14)(秦国红等，2016)，在万胜二矿含量最高，平均值高达 223.56μg/g；在麦垛山矿含量最低，仅为 5.56μg/g。

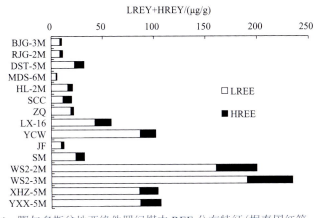

图 4-14　鄂尔多斯盆地西缘侏罗纪煤中 REE 分布特征(据秦国红等，2016)

HL-红柳煤矿；MDS-麦垛山煤矿；SCC-石槽村煤矿；ZQ-枣泉煤矿；YCW-羊场湾煤矿；LX-灵新煤矿；BJG-白芨沟煤矿；RJG-汝箕沟煤矿；YXX-硯峡乡煤矿；XHZ-西华镇煤矿；WS2-万胜二矿；JF-金凤井田；SM-双马井田；DST-大石头煤矿

由图 4-15 可知，与该区煤中镓元素相似，石炭纪—二叠纪煤中 REE 含量随着煤级的增加而表现出逐渐减少的趋势。在气煤中含量最高，平均值高达 145.08μg/g；焦煤中含量次之，平均值为 86μg/g；贫煤中含量最低，平均值仅为 80.3μg/g。侏罗纪不黏煤中 REE 含量较低，平均值仅为 52.38μg/g。

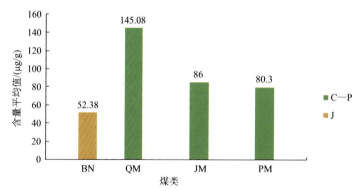

图 4-15　华北赋煤区不同时代不同煤类煤中 REE 含量平均值分布图

二、煤中金属元素分布主要控制因素

华北赋煤构造区经历了中奥陶世—早石炭世的长期隆起之后沉降，形成统一的克拉通拗陷，位于华北赋煤区北部的阴山造山带和南部的秦岭-大别山造山带为该区含煤盆地煤中金属元素提供了丰富的物质来源。晚古生代，区内发育了一套海陆交互相沉积，早—中侏罗世华北陆块的古地形东高西低，接受了早—中侏罗世陆相含煤岩系沉积，不同的沉积环境也是控制该区煤中金属元素分布的重要因素之一。此外，由于华北赋煤区被构造活动带环绕，该区煤中金属元素的分布在一定程度上也受控于火山灰和地下水活动等。

1. 物源

分布在含煤盆地周边的沉积物源的性质是控制华北赋煤区煤中金属元素背景值的最主要因素，主要物源区是盆地北部阴山古陆太古代和古元古代变质岩和中元古界—奥陶系沉积岩（Dai et al.，2012a）。Dai 等（2008）发现哈尔乌素煤中 REE 主要有两个来源：本溪组风化铝土壳和通过后期成岩过程中地下水从夹矸中淋滤。王文峰等（2011）研究发现，内蒙古准格尔煤田煤中镓的富集受物源区母岩性质、沉积环境、有机质、构造、岩浆热液诸多地质因素的控制，其中物源区镓含量起主导作用。康健（2015）发现乌海聚煤盆地的沉积源区为其西北的阿拉善古陆，主要由前寒武系的变质岩组成，而不是为华北聚煤盆地大部分石炭纪—二叠纪煤提供陆源碎屑物质的阴山古陆。秦国红等（2015）研究了鄂尔多斯盆地西缘煤中微量元素共生组合特征及 REE 特征，推测石炭系—二叠系的物源为研究区西北部的阿拉善地块和北部的阴山古陆，南部的秦-祁造山带为侏罗系煤中 REE 提供了主要的物质来源。Sun 等（2016）认为，阴山古陆过铝质花岗岩和钾长花岗岩及本溪组风化铝土壳是准格尔煤田铝和 REE 的主要来源。此外，区域地质背景也是控制高铝煤中铝和 REE 富集的主要因素。由于盆地沉积速率和碎屑岩中物质组成变化都受控于中亚造山带的构造变动，所以中亚造山带可能也是该区铝和 REE 的主要物源。

2. 沉积环境

沉积环境是控制华北赋煤区煤中微量元素分布赋存的另一个主要因素。该区石炭纪—二叠纪煤中金属元素含量较侏罗纪煤中含量普遍偏高，可能是由不同的沉积环境所导致，石炭纪—二叠纪是海陆交互相，由于海水中硼、钼、钒等微量元素高于淡水，海洋浮游生物能富集一些微量元素，提供较丰富的物质来源，更主要的是海水改变了泥炭沼泽的 pH、Eh 和 H_2S 含量，产生特定的地球化学障，因而较侏罗纪陆相环境更有利于微量元素富集(秦国红等，2016)。此外，不同沉积环境形成的煤 REE 总量有较大的差别：受海水影响的高硫煤煤中 REE 总量要低于形成于陆相环境的低硫煤。例如，上海庙矿区长城一矿太原组 9 号煤层形成于陆表海影响的沼泽环境，煤层中发育有大小不一的钙质黄铁矿结核，煤中硫分远大于其他形成于陆相环境的煤层；长城一矿太原组 3 号煤层形成于陆相环境，低硫煤中 REE 总量为 244.19μg/g，比形成于陆表海影响的沼泽环境的 9 号煤层 REE 总量高约 10 倍之多(表 4-9)。

3. 火山灰

王宏伟和刘焕杰(1989)在准格尔煤田的山西组与太原组中发现多层火山碎屑岩，说明含煤地层与深部岩体是有物质联系的。煤中大量的钻孔数据显示煤中镓与挥发分正相关关系显著，均说明镓可能随着地气由地下深部向地表迁移，此外，同一煤层处于浅部的风化煤中的镓的含量要明显高于深部煤，可能就是由于镓的气相迁移才被腐殖酸吸附而富集的。Wang 等(2011)指出，渭北煤田中高温石英、锆石的存在，表明在晚二叠世煤沉积时有长英质火山灰的输入，并且这些火山灰物质对该区煤中锂、铍、镓、锆、铌、钼、锡、钨、铀的富集具有重要影响。Shen 等(2017)研究了鄂尔多斯盆地东部上古生界含煤岩系中放射性元素(铀、钍)的分布规律，并指出含煤岩系中高含量的铀、钍主要与邻近富含这些元素的火山岩体和同沉积火山灰有关。

4. 地下水活动

煤中微量元素的分布赋存与地下水性质、水位和煤层的相对关系有关，也和煤层围岩、上覆、下伏地层性质有关(任德贻等，2006)。官板乌素、哈尔乌素和黑岱沟煤中 REE 都略高于夹矸中 REE 含量，这可能是由于在夹矸形成过程中地下水的淋滤作用造成的(代世峰等，2006a，2006b)。

第二节　东北赋煤区白垩系

东北赋煤区的大地构造区划属于天山-兴蒙造山系的东段，南部叠加于华北陆块区的北缘。区内以早白垩世内陆含煤岩系为主，中国唯一的晚中生代近海型煤系发育在东部的三江-穆棱河地区，沿北北东向展布的小型断陷盆地中发育古近纪煤系。根据目前掌握的资料，主要对东北赋煤区白垩纪煤中金属元素特征进行了研究。

一、煤中金属元素分布特征

1. 煤中铝

东北赋煤区白垩系煤灰中 Al_2O_3 含量范围为 3.65%～46.58%，平均值为 16.41%（表 4-11），大于我国煤灰中 Al_2O_3 含量平均值 5.98%（Dai et al.，2012a）。其中黑龙江省地区煤灰中 Al_2O_3 含量最高，平均含量高达 28.3%；辽宁省和内蒙古次之，煤灰中 Al_2O_3 平均含量分别为 19.02% 和 16.22%；吉林省煤灰中 Al_2O_3 含量最低；平均值仅为 15.32%（图 4-16）。

表 4-11 东北赋煤区白垩系煤灰中 Al_2O_3 含量

省区	矿区/煤田	成煤时代	煤类	样品数	煤灰中 Al_2O_3 含量范围/%	煤灰中 Al_2O_3 算术平均值/%	资料来源
内蒙古	赛汉塔拉矿区	K_1	HM	23	5.54～25.31	14.82	收集
	白音乌拉矿区	K_1	HM	318	3.65～21.69	12.57	收集
	查干诺尔矿区	K_1	CY	63	4.96～23.11	13.19	收集
	胜利煤田	K_1	HM	27	6.85～26	18.05	收集
	额合宝力格矿区	K_1	HM-CY	350	5.17～46.58	16.3	收集
	巴彦宝力格矿区	K_1	HM	400	5.33～27.82	16.5	收集
	五间房矿区	K_1	HM-QM	38	13.61～28.9	21.2	收集
	巴彦胡硕矿区	K_1	HM	77	10.12～27.66	20.1	收集
	准哈诺尔矿区	K_1	HM	135	12.6～26.28	19.3	收集
	乌尼特矿区	K_1	HM	42	14.6～24.37	19.8	收集
	白音华矿区	K_1	HM	602	1.67～35.3	18.11	收集
	高力罕矿区	K_1	CY	121	13.67～24.53	18.17	收集
	霍林河矿区	K_1	HM	28	10.84～20.83	16.35	收集
	贺斯格乌拉矿区	K_1	HM	372	5.58～24.11	14.69	收集
	扎赉诺尔矿区	K_1	HM-CY	130	3.87～26.08	17.02	收集
	胡列也吐矿区	K_1	HM-CY	400	7.64～19.44	12.69	收集
	宝日希勒矿区	K_1	HM	11	9.21～15.27	12.01	收集
	大雁矿区	K_1	HM-CY	53	8.77～25.16	15.96	收集
	伊敏矿区	K_1	HM	5	19.57～13.15	17.21	收集
	五九矿区	K_1	CY	9	11.05～16.53	13.19	收集
	陈旗煤田	K_1	HM	55	3.9～16.06	11.84	收集
	平庄煤田	K_1	HM	22	10.08～21.72	17.66	收集
黑龙江省	勃利煤田	K_1	PM	118	17.95～39.8	28.3	收集
辽宁省	阜新煤田	K_1	HM	18	16.84～19.04	18	实测
	铁法煤田	K_1	HM	34	14.8～23.23	20.03	实测
吉林省	羊草沟煤田	K_1	HM	15	10.29～18.97	15.32	实测
汇总				3466	3.65～46.58	16.41	

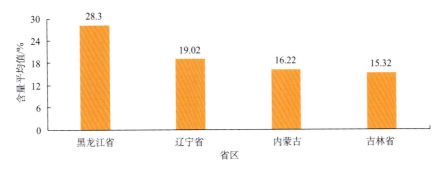

图 4-16　东北各省白垩系煤灰中 Al_2O_3 含量平均值分布图

该区煤类主要有褐煤(HM)、长焰煤(CY)和贫煤(PM)。由图 4-17 发现，不同煤类煤灰中 Al_2O_3 含量平均值表现出不同的特征，该区贫煤煤灰中 Al_2O_3 含量最高，平均值高达 28.30%；褐煤次之，为 16.61%；长焰煤最低，仅为 14.85%。

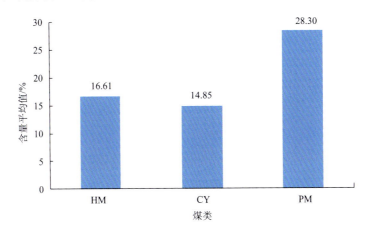

图 4-17　东北赋煤区白垩系不同煤类煤灰中 Al_2O_3 含量平均值分布图

2. 煤中镓

东北赋煤区白垩系煤中镓含量范围为 0～23.90μg/g，平均值为 4.51μg/g(表 4-12)，较前人统计的我国煤中镓含量均值略小，如 9μg/g(唐修义，2004)、6.52μg/g(任德贻等，2006)、6.55μg/g(Dai et al.，2012a)。其中辽宁省煤中镓含量最高，平均含量高达 7.83μg/g；黑龙江省和吉林省次之，煤中镓平均含量分别为 7.36μg/g 和 6.40μg/g；内蒙古煤中镓含量最低，为 5.32μg/g(图 4-18)。

表 4-12　东北赋煤区白垩系煤中镓含量

省区	矿区/煤田	成煤时代	煤类	样品数	煤中镓含量范围/(μg/g)	煤中镓含量算术平均值/(μg/g)	资料来源
内蒙古	赛汉塔拉矿区	K_1	HM	51	2.5～14.6	3.55	本书收集
	白音乌拉矿区	K_1	HM	416	0～19.0	2.04	本书收集

续表

省区	矿区/煤田	成煤时代	煤类	样品数	煤中镓含量范围/(μg/g)	煤中镓含量算术平均值/(μg/g)	资料来源
内蒙古	胜利煤田	K_1	HM	8	2.0~8.6	4.1	本书收集
	额合宝力格矿区	K_1	HM-CY	480	0.22~22.2	5.79	本书收集
	五间房矿区	K_1	HM-QM	32	2.3~23.9	9.3	本书收集
	巴其北矿区	K_1	HM-CY	125	0~23.5	7.9	本书收集
	高力罕矿区	K_1	CY	192	0.7~6.5	2.7	本书收集
	扎赉诺尔矿区	K_1	HM-CY	58	0~16	6.25	本书收集
	大雁矿区	K_1	HM-CY	53	2~13.3	3.18	本书收集
	陈旗煤田	K_1	HM	114	0~11	1	本书收集
	元宝山煤田	K_1	HM	13	0~21	9	本书收集
	平庄煤田	K_1	HM	27	0~19	9	本书收集
黑龙江省	鸡西煤田	K_1	QM-WY	4	5.0~14.0	9.21	本书收集
	勃利煤田	K_1	PM	264	0~14.0	5.5	本书收集
辽宁省	阜新煤田	K_1	HM	16	2.8~13.7	7.4	实测
	铁法煤田	K_1	HM	23	3.2~16.6	8.26	实测
吉林省	羊草沟煤田	K_1	HM	8	3.6~12.2	6.4	实测
汇总				1884	0~23.90	4.51	

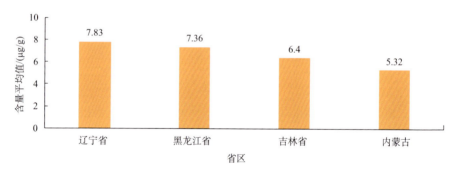

图 4-18　东北赋煤区白垩系煤中镓含量平均值分布图

东北赋煤区白垩系不同煤类煤中镓含量与煤灰中 Al_2O_3 含量表现出不同的特征。由图 4-19 发现，该区褐煤和贫煤中镓含量相差较少，含量分别为 5.64μg/g 和 5.5μg/g；长焰煤最低，镓含量平均值仅为 2.7μg/g。

3. 煤中锗

东北赋煤区白垩系煤中锗含量变化幅度较大，范围为 0~670μg/g，平均值为 2.96μg/g（表 4-13），较唐修义（2004）和任德贻等（2006）统计的我国煤中锗含量平均值略小（分别为 4 μg/g 与 2.97μg/g），而略高于 Dai 等（2012a）统计的我国煤中锗的含量平均值（2.78μg/g）。其中，内蒙古地区煤中锗含量最高，平均含量高达 5.87μg/g；黑龙江省和吉

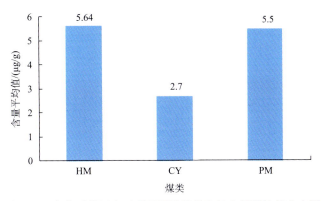

图 4-19　东北赋煤区白垩系不同煤类煤中镓含量平均值分布图

林省次之，煤中锗平均含量分别为 $4.25\mu g/g$ 和 $3.3\mu g/g$；辽宁省地区煤中锗含量最低，为 $2.46\mu g/g$（图 4-20）。

表 4-13　东北赋煤区白垩系煤中锗含量

省区	矿区/煤田	成煤时代	煤类	样品数	煤中锗含量范围/（μg/g）	煤中锗含量算术平均值/（μg/g）	资料来源
内蒙古	赛汉塔拉矿区	K_1	HM	51	0.23～4.6	1.3	本书收集
	白音乌拉矿区	K_1	HM	416	0～13.7	2.12	本书收集
	查干诺尔矿区	K_1	CY	60	0～45	3	本书收集
	胜利煤田(不包括乌兰图嘎)	K_1	HM	2408	0～70	2.63	本书收集
	乌兰图嘎	K_1	HM	930	0～670	66.3	本书收集
	额合宝力格矿区	K_1	HM-CY	477	0～33	2.12	本书收集
	巴彦宝力格矿区	K_1	HM	423	0～20	2	本书收集
	五间房矿区	K_1	HM-QM	38	0.2～28.6	1	本书收集
	巴彦胡硕矿区	K_1	HM	46	0～122	5.11	本书收集
	准哈诺尔矿区	K_1	HM	112	0～163	2.63	本书收集
	乌尼特矿区	K_1	HM	74	0～37	4.89	本书收集
	巴其北矿区	K_1	HM-CY	125	0～49	2.55	本书收集
	白音华矿区	K_1	HM	623	0.76～21	2.49	本书收集
	高力罕矿区	K_1	CY	192	0～6	2.77	本书收集
	霍林河矿区	K_1	HM	27	0～29.8	4.05	本书收集
	贺斯格乌拉矿区	K_1	HM	482	0.3～56.7	2.82	本书收集
	扎赉诺尔矿区	K_1	HM-CY	610	0～62	3.37	本书收集
	胡列也吐矿区	K_1	HM-CY	422	0～26	4.42	本书收集
	宝日希勒矿区	K_1	HM	22	0～4	2.13	本书收集
	大雁矿区	K_1	HM-CY	200	0～44	1.3	本书收集
	伊敏矿区(不包括五牧场)	K_1	HM	2175	0～126	3.3	本书收集

续表

省区	矿区/煤田	成煤时代	煤类	样品数	煤中锗含量范围/(μg/g)	煤中锗含量算术平均值/(μg/g)	资料来源
内蒙古	五牧场	K_1	HM-PM	1187	0～400	19.68	本书收集
	五九矿区	K_1	CY	435	0～65	3.79	本书收集
	陈旗煤田	K_1	HM	114	0～12	3	本书收集
	元宝山煤田	K_1	HM	13	0～9.3	1.9	本书收集
	平庄煤田	K_1	HM	27	0.4～6.6	1.9	本书收集
黑龙江省	鸡西煤田	K_1	QM-WY	4	1.0～5.0	2.74	本书收集
	勃利煤田	K_1	PM	291	0～19.1	5.76	本书收集
辽宁省	阜新煤田	K_1	HM	18	0.65～4.47	1.98	实测
	铁法煤田	K_1	HM	34	0.58～7.9	2.94	实测
吉林省	羊草沟煤田	K_1	HM	15	0.3～13.1	3.3	实测
汇总				12051	0～670	2.96	

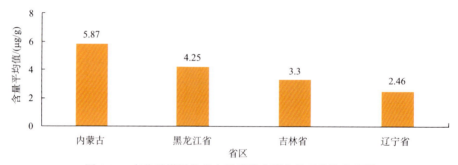

图 4-20　东北赋煤区各省白垩系煤中锗含量平均值分布图

需要注意的是，通过对东北赋煤区大量勘探资料的统计发现，从大范围来看，各煤田(矿区)煤中锗平均值基本分布在 Dai 等(2012b)统计的中国煤锗元素含量平均值 2.78μg/g±2μg/g 范围内，甚至在锗元素异常富集成矿的乌兰图嘎、五牧场所在的胜利煤田、伊敏煤田煤中锗含量均值分别为 2.63μg/g 与 3.3μg/g，并没有看到背景值的升高。胜利煤田所属的井田(煤矿)除面积仅有 6.54km² 的乌兰图嘎煤-锗矿外，煤中锗含量与背景值并无多大区别；伊敏煤田除五牧场井田(面积 43.63km²)及特莫呼珠煤矿外，并没有出现煤中锗连片的富集区。

东北赋煤区白垩系不同煤类煤中锗含量与煤中镓含量表现出相似的特征。由图 4-21 发现，总体上该区褐煤和贫煤中锗含量较高，相差较少，含量平均值分别为 6.15μg/g 与 5.76μg/g；长焰煤中锗含量最低，平均值仅为 3.19μg/g。

4. 煤中锂

截至目前，关于东北赋煤区白垩系煤中锂含量研究程度较低。本节实测结果表明，内蒙古地区煤中锂含量范围为 0.45～127.7μg/g，平均值为 14.06μg/g(表 4-14)，较唐修义(2004)和 Dai 等(2012a)统计的我国煤中锂含量平均值略小(分别为 19μg/g 与 31.8μg/g)，而略高于 Ketris 和 Yudorich(2009)统计的世界煤中锂含量平均值 12μg/g。

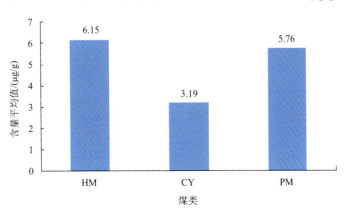

图4-21　东北赋煤区白垩系不同煤类煤中锗含量平均值分布图

表4-14　东北赋煤区白垩系煤中锂含量

自治区	矿区/煤田	成煤时代	煤类	样品数	煤中锂含量范围/(μg/g)	煤中锂含量算术平均值/(μg/g)	资料来源
内蒙古	白音乌拉矿区	K_1	HM	7	4.02~38.96	11.1	实测
	胜利煤田	K_1	HM	57	1.31~127.7	21.56	实测
	西乌旗矿	K_1	HM	6	6.96~49.69	32.81	实测
	五间房矿区	K_1	HM	3	10.97~35.52	19.95	实测
	乌尼特矿区	K_1	HM	18	4.33~29.53	10.98	实测
	阿木古楞矿	K_1	HM	20	3.51~71.61	24.6	实测
	乌拉盖煤矿	K_1	HM	27	0.45~30.36	4.5	实测
	霍林河煤田	K_1	HM	65	1.4~69.7	15.45	实测
	白音华矿区	K_1	HM	73	0.7~77.33	17.14	实测
	玛尼特矿	K_1	HM	9	12.09~22.23	16.3	实测
	伊敏煤田	K_1	HM	8	1.35~17.06	6.44	实测
	大雁煤田	K_1	HM	3	7.68~12.33	9.7	实测
	扎泥河矿	K_1	HM	11	1.38~20.14	4.8	实测
	免渡河矿	K_1	HM	16	2.03~32.16	12.2	实测
	五九矿区	K_1	HM	19	1.26~35.31	11.42	实测
	拉布达林矿区	K_1	HM	8	3.67~10.07	6.35	实测
	扎赉诺尔矿区	K_1	HM	25	1.38~27.36	8.05	实测
	宝日希勒矿区	K_1	HM	45	0.91~36.57	7.43	实测
汇总				420	0.45~127.7	14.06	

图4-22 中，内蒙古胜利煤田煤中锂含量最高，含量范围为 1.31~127.7μg/g，平均值为 21.56μg/g；霍林河煤田和大雁煤田含量次之，含量范围分别为 1.4~69.7μg/g(平均值为 15.45 μg/g) 和 7.68~12.33μg/g(平均值为 9.7μg/g)；伊敏煤田煤中锂含量最低，范围为

$1.35\sim17.06$ μg/g，平均值为 6.44 μg/g。

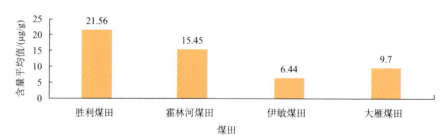

图 4-22　东北赋煤区白垩系煤中锂含量平均值分布图

5. 煤中 REE

东北赋煤区白垩系煤中 REE 含量研究程度也较低。本节实测结果表明，内蒙古煤中 REE 含量范围为 $6.9\sim379.9$μg/g，平均值为 108.87μg/g（表 4-15），略低于 Dai 等（2012a）统计的我国煤中 REE 含量平均值 136μg/g，而高于 Ketris 和 Yudorich（2009）统计的世界煤中 REE 含量均值 68.6μg/g。

表 4-15　东北赋煤区白垩系煤中 REE 含量

自治区	矿区/煤田	成煤时代	煤类	样品数	煤中 REE 含量范围/(μg/g)	煤中 REE 含量算术平均值/(μg/g)	资料来源
	白音乌拉矿区	K_1	HM	7	$16.7\sim161.3$	45.5	实测
	胜利煤田	K_1	HM	57	$10.9\sim379.9$	83.2	实测
	西乌旗矿	K_1	HM	6	$18.4\sim161.6$	93.6	实测
	五间房矿区	K_1	HM	3	$49.8\sim105.8$	72.6	实测
	乌尼特矿区	K_1	HM	15	$11.8\sim277.3$	52.9	实测
	阿木古楞矿	K_1	HM	20	$112.3\sim305.2$	202.6	实测
	乌拉盖煤矿	K_1	HM	27	$8.7\sim163.3$	56.1	实测
	霍林河煤田	K_1	HM	65	$6.9\sim363.1$	93.5	实测
内蒙古	白音华矿区	K_1	HM	73	$12.1\sim386.1$	108.3	实测
	玛尼特矿	K_1	HM	9	$25.8\sim186.3$	115.7	实测
	伊敏煤田	K_1	HM	8	$25.8\sim66.1$	41.8	实测
	大雁煤田	K_1	HM	3	$65.2\sim97.8$	81.7	实测
	扎泥河矿	K_1	HM	11	$17.6\sim182.3$	67.8	实测
	免渡河矿	K_1	HM	16	$95.6\sim331.8$	179.1	实测
	五九矿区	K_1	HM	19	$18.9\sim369.2$	148.1	实测
	拉布达林矿区	K_1	HM	8	$26.1\sim120.9$	70.7	实测
	扎赉诺尔矿区	K_1	HM	22	$16.7\sim248.1$	92.3	实测
	宝日希勒矿区	K_1	HM	45	$22.4\sim1416.2$	183.3	实测
汇总				414	$6.9\sim379.9$	108.87	

内蒙古霍林河煤田煤中 REE 含量最高，含量范围为 6.9～363.1μg/g，平均值为 93.5μg/g；胜利煤田和大雁煤田 REE 含量次之，含量范围分别为 10.9～379.9μg/g（平均值为 83.2μg/g）和 65.2～97.8μg/g（平均值为 81.7μg/g）；伊敏煤田煤中 REE 含量最低，范围为 25.8～66.1μg/g，平均值为 41.8μg/g（图 4-23）。

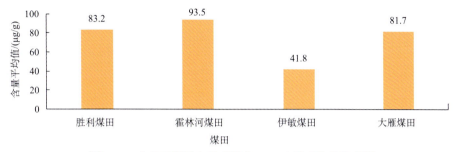

图 4-23　东北赋煤区白垩系煤中 REE 含量平均值分布图

二、煤中金属元素分布的主要控制成因

东北赋煤区主要表现为由前中生代的小地块与多期的褶皱带拼贴而成的"镶嵌"构造的特点，在后期晚中生代的区域伸展作用下，形成的聚煤盆地分带性明显（中国煤炭地质总局，2016）。区内海西期、燕山期岩浆岩侵入活动发育，盆地的形成与火山活动有着密切的关系，多数盆地的含煤地层覆盖在火山岩之上或被火山岩控制，因而东北赋煤区煤中金属元素的分布除受岩浆活动、热液流体控制外，还具有近源特征。

1. 岩浆活动

由于东北赋煤区海西期、燕山期岩浆岩侵入活动频繁，岩浆活动成为控制东北赋煤区白垩纪煤中金属元素分布赋存的最主要因素。区内大多数盆地的煤系地层底部存在岩浆岩侵入体，该侵入体是引起煤变质的直接热源，它不仅提供了褐煤向烟煤转化的热动力，还影响着煤中金属元素的分布赋存。一方面，当岩浆侵入煤层、热接触煤层时，岩浆带来的高温、挥发性气体和压力使煤发生接触变质作用。受接触变质影响的煤往往灰分增高、挥发分降低、黏结性消失，微量元素组成也会发生变化（任德贻等，2006）。另一方面，岩浆活动中时常有岩浆期和岩浆期后的热液流体以对流的方式沿煤层孔隙与裂隙活动，高温热液长距离定向移动，导致大面积范围内地温增高，特别是该区含煤地层富含地下水，被加热了的地下水也参加了这一活动，构成混合热液系统，沟通深部热源，把热能向上传递，使区内地温急剧增高，致使部分微量元素发生活化迁移及再分配。

2. 热液流体

热液流体也是控制东北赋煤区煤中金属元素分布赋存的另一主要因素。内蒙古伊敏盆地是褐煤盆地，但在五牧场地区部分褐煤变质为烟煤，前人研究次火山活动导致发生煤的热变质作用时，发现煤中的锗因热液活动产生迁移，造成锗含量自下而上的分带性（王婷灏等，2016）。该区褐煤中锗丰度背景值为 4～10μg/g。热变质作用形成的烟煤中锗的平均值降为 2～5μg/g。这是因为煤中锗在热变质过程中溶于热液，向上迁移到上部煤层，以致上部煤层中锗的丰度增高。再往上到近地表处，又由于地下水的淋滤作用，使煤中锗向下运移，使得近地表的煤中锗丰度降低。

3. 物源

由于东北赋煤区多数盆地的含煤地层覆盖在火山岩之上或被火山岩所控制，因而近源分布是该区煤中金属元素分布的一大特征。此外，受后期晚中生代的区域伸展作用影响，该区形成的聚煤盆地分带性明显，造成了不同区域煤中金属元素的来源也不同。胜利乌兰图嘎煤中锗可能来自于煤矿外围及基底的海西期花岗岩、闪长岩或晚侏罗世的花岗岩；五牧场的锗源可能是岩浆岩发育的伊敏煤田西北部巴彦山隆起、西南部的锡林贝尔隆起及东南部大兴安岭隆起带。此外，据麻涛等（2015）研究发现，海拉尔盆地煤中镓、锗含量与煤灰中 SiO_2 及 Al_2O_3 呈显著正相关，而与 Fe_2O_3 呈显著负相关，海拉尔盆地煤中镓、锗含量主要受陆源碎屑物的影响，主要载体为黏土矿物。

第三节　西北赋煤区侏罗系

西北赋煤构造区东以贺兰山、六盘山为界，南以昆仑山、秦岭为界，跨越天山-兴蒙造山系、塔里木陆块区、秦祁昆造山系等不同的一级大地构造单元，区内主要含煤岩系时代为早—中侏罗世。根据目前掌握的资料，对西北赋煤区侏罗系煤中金属元素特征进行了研究。

一、煤中金属元素分布特征

1. 煤中镓

西北赋煤区侏罗系煤中镓含量范围为 0.64～66.2μg/g，平均值为 9.03μg/g（表 4-16），接近或大于前人统计的我国煤中镓含量平均值，如 9μg/g（唐修义，2004）、6.52μg/g（任德贻等，2006）、6.55μg/g（Dai et al.，2012a）。其中青海省煤中镓元素含量远大于新疆地区煤中镓元素最高，前者含量范围为 0.64～66.2μg/g，平均值为 12.73μg/g；后者含量范围为 0.42～6.27μg/g，平均值为 2.87μg/g（图 4-24）。

表 4-16　西北赋煤区早—中侏罗世煤中镓含量

省区	矿区/煤田	成煤时代	煤类	样品数	煤中镓含量范围/(μg/g)	煤中镓含量算术平均值/(μg/g)	资料来源
新疆	六道湾矿区	J$_{1-2}$	CY	3	3.09~6.27	3.56	杨建业(1999)
	米泉矿区	J$_{1-2}$	CY	1	4.63	4.63	任德贻等(2006)
	大浦沟矿区	J$_{1-2}$	CY	1	0.42	0.42	任德贻等(2006)
青海省	外力哈达矿区	J$_2$	BN	134	0.9~66.2	14.16	报告及测试
	海塔尔矿区	J$_2$	BN	42	1.22~21.13	5.25	报告及测试
	热水矿区	J$_2$	BN	62	2.25~32.6	10.74	报告及测试
	木里煤田	J$_2$	CY	62	0.64~55.8	17.3	实测
	鱼卡煤田	J$_2$	CY	35	0.83~34.7	16.2	实测
汇总				340	0.64~66.2	9.03	

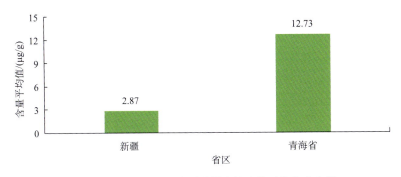

图 4-24　西北各省区侏罗系煤中镓含量平均值分布图

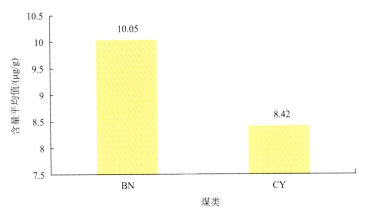

图 4-25　西北侏罗系不同煤类煤中镓含量平均值分布图

　　西北赋煤区侏罗系不同煤类煤中镓含量表现出不同的特征。由图 4-25 可知，该区不黏煤中镓元素含量范围为 0.9~66.2μg/g，平均值为 10.05μg/g；长焰煤中镓元素含量相对较低，含量范围为 0.64~55.8μg/g，平均值为 8.42μg/g。

2. 煤中锗

西北赋煤区侏罗系煤中锗含量范围为 0.31～30.0μg/g，平均值为 3μg/g（表 4-17），较任德贻等（2006）、Dai 等（2012a）统计的我国煤中锗的含量平均值略高（分别为 2.97μg/g 与 2.78μg/g），而略低于唐修义（2004）统计的我国煤中锗的含量平均值 4μg/g。其中青海省木里煤田煤中锗元素含量较鱼卡煤田锗元素略低，前者含量范围为 0.24～8.68μg/g，平均值为 1.49μg/g；后者含量范围为 0.31～30.0μg/g，平均值为 4.51μg/g（图 4-26）。

表 4-17　西北赋煤区早—中侏罗世煤中锗含量

省	矿区/煤田	成煤时代	煤类	样品数	煤中锗含量范围/(μg/g)	煤中锗含量算术平均值/(μg/g)	资料来源
青海省	木里煤田	J₂	RN	62	0.24～8.68	1.49	实测
	鱼卡煤田	J₂	CY	35	0.31～30.0	4.51	实测
汇总				97	0.31～30.0	3	

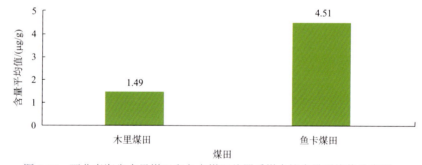

图 4-26　西北青海省木里煤田和鱼卡煤田侏罗系煤中锗含量平均值分布图

西北赋煤区侏罗系不同煤类煤中锗元素含量表现出不同的特征。由图 4-27 可知，该区长焰煤煤中锗元素含量平均值略大于不黏煤煤中锗元素含量平均值，其中长焰煤煤中锗元素含量范围为 0.31～30.0μg/g，平均值为 4.51μg/g；弱黏煤煤中锗元素含量范围为 0.24～8.68μg/g，平均值为 1.49μg/g。

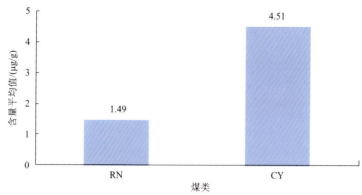

图 4-27　西北赋煤区侏罗系不同煤类煤中锗含量平均值分布图

二、煤中金属元素分布主要控制因素

西北赋煤区主要受特提斯地球动力学体系与古亚洲地球动力学体系的影响，早—中侏罗世成煤盆地形成于造山期后伸展的地球动力学背景下，主要为泛湖盆体系中的湖沼环境，湖盆周边发育成煤沼泽，含煤地层及煤层沉积稳定，聚煤盆地周围的山体为西北赋煤区煤中金属元素提供了丰富的物质来源。此外，泥炭聚积过程中富金属热液流体和适宜的沉积环境也对该区煤中金属元素的分布有重要影响。

1. 物源

西北赋煤区煤中金属元素的主要来源是聚煤盆地周围的山体，物源区母岩类型多样，总体上为中性或中酸性岩，主要有中元古代钾长花岗岩、黑云母花岗岩，还有火山岩和火山喷出岩、沉积岩和变质岩，主要的重矿物有紫苏辉石、普通辉石、透辉石、普通角闪石、黑云母、赤铁矿、褐铁矿、黄铁矿、锆石、金红石、磷灰石等。其中木里煤田的物源可能来自东北部的北祁连托莱山地区。托莱山南部地区出露下元古界，整体呈北东-南西向展布，原岩以砂岩、粉砂岩和泥岩为主，并含有较多的中性火山岩和少量的中酸性火山岩（王随中和党宽太，2004）。Chen 等（2010）和 Wen 等（2006）发现该区侏罗系的沉积物源区可能来自晚三叠世地层，主要由粉砂岩、泥岩和薄煤层等组成。Dai 等（2015）进一步通过 Al_2O_3/TiO_2 研究发现，木里煤田中侏罗世含煤地层沉积物源区的岩性以长英质或中间质为特征。

新疆的准东煤田煤中沉积碎屑主要来自煤田南北方向的博格达山和克拉美丽山。克拉美丽深大断裂带东北侧的黄羊山为花岗岩岩体，总体上由中粒黑云母碱长花岗岩、中粒角闪石碱长花岗岩、中粒钠铁闪石碱长花岗岩、中细粒钠铁闪石碱长花岗岩、细粒黑云母碱长花岗岩和细粒混合花岗岩组成，岩体中镓元素富集，含量为 20～30μg/g（杨高学等，2010）。博格达山的火山岩组合为玄武岩-玄武安山岩-安山岩-英安岩-流纹岩组合，岩石地球化学特征显示火山岩属于钙碱性岩石系列，富铝高钛（赵同阳等，2014）。

2. 热液流体

在泥炭聚积时期，富含金属元素的热液渗入，也是影响该区煤中金属元素分布的因素之一。Dai 等（2015）通过矿物学特征研究发现，木里煤田磷化物矿物并不是来自火山灰输入，而是来自于泥炭聚积过程中富含钙和铝溶液的渗入，以及有机质中磷元素的释放。

3. 沉积环境

不同的聚煤沉积环境，往往有相应的泥炭沼泽和成煤植物群落，这些都对煤中微量元素的富集产生影响。新疆准噶尔盆地广泛发育早—中侏罗世含煤建造，其南缘分布着乌鲁木齐煤田。根据杨建业（1999）对乌鲁木齐煤田六道湾矿西山窑组主采煤层 B_{1+2} 和

B_{15} 等煤层以及石西钻孔中西山窑组煤层的孢粉分析、煤岩鉴定和煤的地球化学研究发现，不同的聚煤环境对煤中微量元素的分布有明显的影响。此外，青海木里煤田因其适宜的沉积环境，如低 pH、低水位和氧化条件等，造成了该区氟、磷、锶和钡等元素含量相对其他地区而言较高(Dai et al.，2015)。

第四节　华南赋煤区二叠系

华南赋煤构造区包括秦岭—大别山以南，龙门山至红河深断裂以东的广大地区。中—晚二叠世煤系全区发育，其次为晚三叠世煤系，新近纪煤系则局限于西南部滇东一带。根据目前掌握的资料，主要对华南赋煤区二叠系煤中金属元素特征进行了研究。

一、煤中金属元素分布特征

1. 煤中铝

华南赋煤区晚二叠世煤灰中 Al_2O_3 含量范围为 2.11%～42.50 %，平均值为 17.44%（表 4-18），远大于我国煤灰中 Al_2O_3 含量平均值 5.98%(Dai et al.，2012a)。其中广西煤灰中 Al_2O_3 含量最高，平均含量高达 31.11%；江西省、贵州省、湖南省和湖北省含量次之，煤灰中 Al_2O_3 平均含量分别为 24.48%、24.33%、24.1% 和 23.61%；福建省、重庆市、四川省和云南省等地煤灰中 Al_2O_3 含量较低，分别为 16.776%、16.37%、15.44% 和 15.194%（图 4-28）。

表 4-18　华南赋煤区晚二叠世煤灰中 Al_2O_3 含量

省市区	矿区/煤田	成煤时代	煤类	样品数	煤灰中 Al_2O_3 含量范围/%	煤灰中 Al_2O_3 算术平均值/%	资料来源
湖南省	湖南郴耒煤田	P_3	WY	8	14.56～30.11	22.31	收集
	湖南湘永矿区	P_3	WY	65	12.11～35.03	25.92	收集
	兰村矿区	P_3	WY	1	12.11	12.11	收集
	湖南渣渡矿区	P_3	WY	26	24.37～40.33	36.06	收集
湖北省	龙潭坪	P_3	WY	6	15.03～35.65	24.33	收集
	塘口河勘查区	P_3	PM-WY	7	13.53～33.87	22.89	收集
福建省	龙岩片区	P_3	WY	16	13.37～31.59	20.33	收集
	瓦窑坪片区	P_3	WY	6	11.57～28.25	18.8	收集
	天湖山片区	P_3	WY	5	14.18～26.90	18.95	收集
	大田苏桥片区	P_3	WY	7	10.68～16.49	12.66	收集
	上京片区	P_3	WY	6	8.71～18.18	13.14	收集
江西省	新田矿区	P_3	WY	14	21.02～32.22	24.48	收集

续表

省市区	矿区/煤田	成煤时代	煤类	样品数	煤灰中 Al_2O_3 含量范围/%	煤灰中 Al_2O_3 算术平均值/%	资料来源
四川省	华蓥山矿区	P_3	PM-WY	18	7.66～29.98	19.97	收集
	芙蓉矿区	P_3	PM-WY	7	5.66～22.31	12.75	收集
	古叙矿区	P_3	PM-WY	23	6.87～33.21	19.81	收集
	筠连矿区	P_3	PM-WY	291	2.11～22.67	9.23	收集
重庆市	松藻矿区	P_3	PM-WY	17	8.68～11.58	9.74	实测
	南桐矿区	P_3	PM-WY	55	4.03～19.27	16.89	实测
	南武矿区	P_3	PM-WY	31	4.47～35.92	22.49	实测
云南省	彝良远景区	P_3	PM-WY	13	8.56～37.89	18.48	实测
	洛旺勘查区	P_3	PM-WY	23	6.04～21.3	14.67	实测
	庙坝勘查区	P_3	PM-WY	46	3.7～16.31	10.66	实测
	镇雄矿区	P_3	PM-WY	52	5.17～34.50	17.07	实测
	恩洪矿区	P_3	PM-WY	16	6.87～36.55	15.09	收集
贵州省	盘县矿区	P_3	QM-JM	3	18.81～35.39	23.69	收集
	六盘水矿区(中营)	P_3	QM-JM	76	4.00～42.50	30.7	收集
	六枝-水城	P_3	QM-JM	45	19.92～25.31	22.82	收集
	贵州矿区	P_3	QM-JM	3	19.89～29.14	23.83	收集
	织纳矿区(织金)	P_3	QM-JM	12	16.31～26.29	20.6	收集
广西	扶绥矿区	P_3	PM-PS	13	21.28～37.84	31.11	实测
汇总				911	2.11～42.50	17.44	

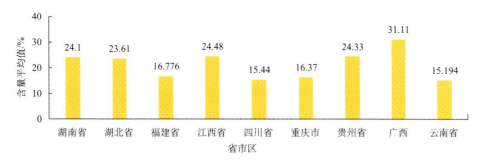

图 4-28 华南赋煤区二叠系煤灰中 Al_2O_3 含量平均值分布图

由图 4-29 发现,该区气煤-焦煤煤灰中 Al_2O_3 含量最高,平均值高达 24.33%;无烟煤中含量次之,平均值为 20.83%;贫煤-无烟煤中含量最低,仅为 16.13%。

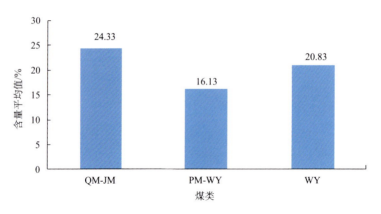

图 4-29　华南赋煤区二叠系不同煤类煤灰中 Al_2O_3 含量平均值分布图

2. 煤中镓

华南赋煤区二叠系煤中镓含量范围为 0～105.0μg/g，平均值为 12.51μg/g（表 4-19），大于前人统计的我国煤中镓含量平均值，如 9μg/g（唐修义，2004）、6.52μg/g（任德贻等，2006）、6.55μg/g（Dai et al.，2012a）。其中四川省、广西、重庆市煤中镓元素含量较高，含量平均值分别高达 32.75 μg/g、32.55 μg/g 和 31.85 μg/g；贵州省煤中镓元素含量次之，平均值为 28.83μg/g；福建省、江西省、湖北省、广东省、云南省和湖南省含量较低，含量平均值分别为 16.7μg/g、15.57μg/g、11.7μg/g、11.5μg/g、9.13μg/g 和 7μg/g（图 4-30）。

表 4-19　华南赋煤区二叠系煤中镓含量

省市区	矿区/煤田	成煤时代	煤类	样品数	煤中镓含量范围/(μg/g)	煤中镓含量算术平均值/(μg/g)	资料来源
湖南省	郴耒煤田	P_3	WY	131	1.0～30	8.6	收集
	湘永矿区	P_3	WY	23	0～19.0	8.83	收集
	渣渡矿区	P_3	WY	26	3.0～25.0	3.57	收集
湖北省	龙潭坪	P_3	WY	6	0～22	11.33	收集
	塘口河勘查区	P_3	PM-WY	15	0～26	12.07	收集
福建省	吕凤矿区	P_3	WY	16	0～27	14.6	收集
	御屏矿区	P_3	WY	7	0～26	18.8	收集
江西省	新田矿区	P_3	WY	14	5～31.0	15.57	收集
四川省	绵安矿区	P_3	PM-WY	2	20～58	37.16	收集
	雅荣矿区	P_3	PM-WY	4	32.50～40	33.58	收集
	荣威矿区	P_3	PM-WY	5	15～53	38.41	收集
	健乐矿区	P_3	PM-WY	4	8～66	31.26	收集
	芙蓉矿区	P_3	PM-WY	16	0～450.0	>30	收集
	长寿矿区	P_3	PM-WY	11	11～71.50	32.4	收集
	华蓥山矿区	P_3	PM-WY	3	21～63	22.75	收集

续表

省市区	矿区/煤田	成煤时代	煤类	样品数	煤中镓含量范围/(μg/g)	煤中镓含量算术平均值/(μg/g)	资料来源
四川省	方斗山矿区	P₃	PM-WY	2	10～106	38.35	收集
	宣汉矿区	P₃	PM-WY	2	30～51	39.43	收集
	古叙矿区	P₃	PM-WY		3～64	32.1	收集
	筠连矿区	P₃	PM-WY	6	0～49	22.1	收集
重庆市	松藻矿区	P₃	PM-WY	4	16～106	30.8	实测
	南桐矿区	P₃	PM-WY	3	11.00～91.00	36.89	实测
	南武矿区	P₃	PM-WY	12	8.82～66.42	27.86	实测
云南省	彝良远景区	P₃	PM-WY	72	3.0～29	6.8	实测
	洛旺勘查区	P₃	PM-WY	66	4.0～23	9.5	实测
	庙坝勘查区	P₃	PM-WY	46	3.0～16	9.3	实测
	镇雄矿区	P₃	PM-WY	120	4.0～18	8.5	实测
	大坪矿区	P₃	PM-WY	31	0～20.4	6.47	收集
	恩洪矿区	P₃	PM-WY	2	0～50	14.2	收集
贵州省	盘县矿区(土城)	P₃	QM-JM	3	5.00～105.0	37.3	收集
	六盘水矿区(中营)	P₃	QM-JM	76	4.00～72.50	30.7	收集
	六枝-水城	P₃	QM-JM	96	2.00～18.00	6	收集
	贵州矿区(松山)	P₃	QM-JM	3	9.0～97.00	41.3	收集
	织纳矿区(织金)	P₃	QM-JM	不详	0～220	>30	收集
广西	扶绥矿区	P₃	PM-PS	6	24.50～43.30	32.55	实测
广东省	梅西矿区	P₂	QM	12	0～30	11.5	收集
汇总				845	0～105.0	12.51	

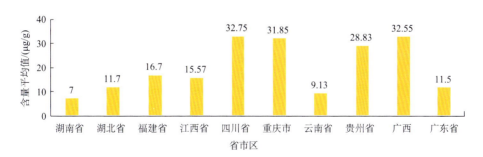

图4-30 华南各省区二叠系煤中镓含量平均值分布图

由图4-31可知,华南赋煤区二叠系煤中镓含量随着煤级的增加而呈逐渐减少趋势。该区气煤-焦煤中镓元素含量最高,平均值高达28.83μg/g;贫煤-无烟煤中镓元素含量次之,含量平均值为24.5μg/g;该区镓元素在无烟煤中含量最低,平均值仅为11.61μg/g。

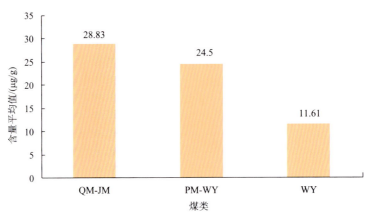

图 4-31　华南赋煤区二叠系不同煤类煤中镓含量平均值分布图

3. 煤中锗

华南赋煤区晚二叠世煤中锗含量范围为 0～38.0μg/g，平均值为 2.33μg/g（表 4-20），小于唐修义（2004）、任德贻等（2006）、Dai 等（2012a）统计的我国煤中锗含量平均值（分别为 4μg/g、2.97μg/g 和 2.78μg/g）。其中四川省、浙江省、贵州省煤中锗元素含量较高，含量平均值分别高达 10.32μg/g、6.6μg/g 和 6.56μg/g；重庆市、云南省煤中锗元素含量次之，平均值分别为 3.38μg/g 和 3.11μg/g；江西省、湖南省、湖北省、广西、福建省等地含量较低，含量平均值分别为 1.36 μg/g、1.33 μg/g、1.17 μg/g、1.13 μg/g 和 0.91 μg/g（图 4-32）。

表 4-20　华南赋煤区晚二叠世煤中锗含量

省市区	矿区/煤田	成煤时代	煤类	样品数	煤中锗含量范围/(μg/g)	煤中锗含量算术平均值/(μg/g)	资料来源
湖南省	郴耒煤田	P_3	WY	131	0～2	0.31	收集
	湘永矿区	P_3	WY	23	0～12.0	1.78	收集
	渣渡矿区	P_3	WY	62	0～2.0	1.28	收集
	清溪冲矿区	P_3	WY	28	0～23.1	1.93	收集
湖北省	龙潭坪	P_3	WY	6	0～7.3	1.26	收集
	塘口河勘查区	P_3	PM-WY	15	0～5.6	1.07	收集
福建省	吕凤矿区	P_3	WY	12	0～6.7	0.93	收集
	御屏矿区	P_3	WY	9	0～4.3	0.88	收集
江西省	新田矿区	P_3	WY	14	1.0～3.0	1.36	收集
云南省	彝良远景区	P_3	PM-WY	36	0～2.0	0.58	收集
	洛旺勘查区	P_3	PM-WY	23	1.0～5	0.9	收集
	庙坝勘查区	P_3	PM-WY	47	1.0～3	1.5	收集
	宝山矿区	P_3	PM-WY	16	0～23	3.5	收集

续表

省市区	矿区/煤田	成煤时代	煤类	样品数	煤中锗含量范围/(μg/g)	煤中锗含量算术平均值/(μg/g)	资料来源
云南省	老厂矿区	P_3	PM-WY	22	0~20	12	收集
	罗木矿区	P_3	PM-WY	90	5.0~22	1.9	收集
	镇雄矿区	P_3	PM-WY	44	1.0~7	2.41	收集
	大坪矿区	P_3	PM-WY	31	0~7.16	2.08	收集
四川省	犍乐矿区	P_3	PM-WY	11	10.5~15	12.75	收集
	雅荣矿区	P_3	PM-WY	10	2.0~38	11	收集
	彭灌矿区	P_3	PM-WY	7	4.3~22	9.7	收集
	宣汉矿区	P_3	PM-WY	4	3.8~12.8	8.6	收集
	华蓥山矿区	P_3	PM-WY	11	0~14.4	6.5	收集
	筠连矿区	P_3	PM-WY	79	0~5.0	2.1	收集
	古叙矿区	P_3	PM-WY	3	1~50	21.6	收集
重庆市	南武矿区	P_3	PM-WY	24	1.57~12.7	5.4	实测
	南桐矿区	P_3	PM-WY	12	2.19~6.38	3.47	实测
	松藻矿区	P_3	PM-WY	26	0.44~3.2	1.28	实测
贵州省	归宗矿区	P_3	QM-WY	3	3.0~20	9.25	收集
	玉屏矿区	P_3	QM-WY	4	10.0~15	12.6	收集
	桐梓矿区	P_3	QM-WY	11	4.0~16	8	收集
	水城矿区	P_3	QM-WY	32	0.47~4.75	1.27	收集
	六盘水矿区	P_3	QM-WY	不详	0.4~3.4	1.7	收集
浙江省	煤山矿区	P_3	WY	不详	0~21	6.6	收集
广西	扶绥煤田	P_3	WY	28	0.9~1.8	1.13	实测
汇总				874	0~38.0	2.33	

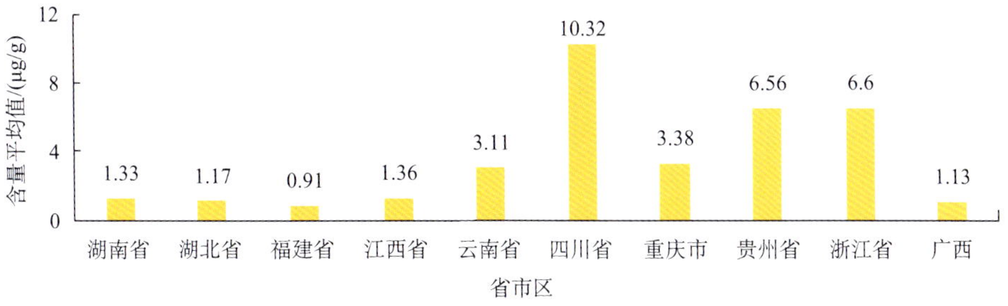

图 4-32 华南赋煤区二叠系煤中锗含量平均值分布图

由图 4-33 可知，同该区煤中镓元素相似，华南赋煤区二叠系煤中锗含量随着煤级的增加而呈现出逐渐减少的趋势。该区气煤-无烟煤中锗元素含量最高，平均值高达 6.56μg/g；贫煤-无烟煤中锗元素含量次之，含量平均值为 5.7μg/g；该区锗元素在无烟煤中含量最低，平均值仅为 1.75μg/g。

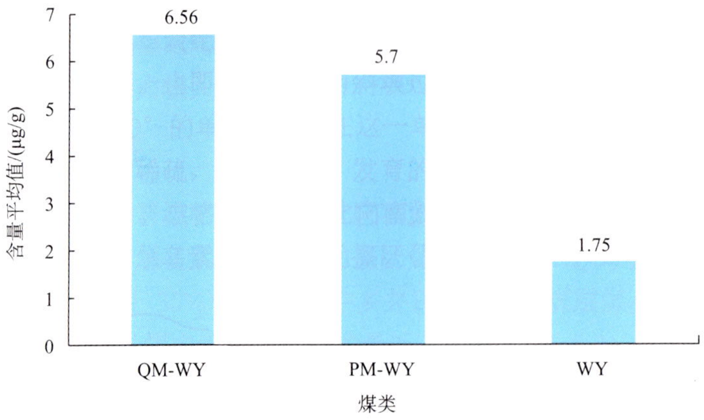

图 4-33　华南赋煤区二叠系不同煤类煤中锗含量平均值分布图

4. 煤中锂

华南赋煤区晚二叠世煤中锂含量范围为 9～355μg/g，平均值为 62.59μg/g（表 4-21），大于唐修义（2004）、Dai 等（2012a）统计的我国煤中锂含量平均值（分别为 19μg/g 与 31.8μg/g），也高于 Ketris 和 Yudorich（2009）统计的世界煤中锂含量平均值 12μg/g。其中广西扶绥煤田煤中锂元素含量最高，含量平均值高达 188.21μg/g；江西省和重庆市煤中锂元素含量次之，平均值分别为 92.2μg/g 和 88.22μg/g；贵州省含量最低，含量平均值仅为 21.78μg/g（图 4-34）。

表 4-21　华南赋煤区晚二叠世煤中锂含量

省市区	矿区/煤田	成煤时代	煤类	样品数	煤中锂含量范围/(μg/g)	煤中锂含量算术平均值/(μg/g)	资料来源
江西省	乐平矿区	P_3	QM-FM	13		92.2	庄新国等（2001）
贵州省	水城矿区	P_3	QM-WY	3	12.8～36.48	21.95	曾荣树（1998）
	六枝矿区	P_3	QM-FM	45	9～105	28	倪建宇（1998）
	六盘水矿区	P_3	QM-WY	32		15.4	倪建宇（1998）
重庆市	南武矿区	P_3	PM-WY	31	16.90～257.16	95.74	实测
	松藻矿区	P_3	PM-WY	1	80.7	80.7	实测
广西	扶绥煤田	P_3	WY	14	131～355	188.21	实测
汇总				139	9～355	62.59	

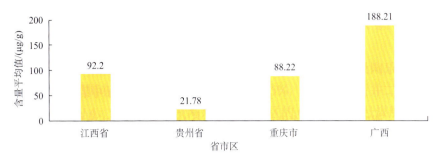

图 4-34　华南各省市区二叠系煤中锂含量平均值分布图

由图 4-35 可知，该区无烟煤中锂元素含量最高，平均值高达 188.21μg/g；贫煤-无烟煤中锂元素含量次之，含量平均值为 88.22μg/g；该区锂元素在气煤-肥煤和气煤-无烟煤中含量最低，平均值分别为 60.1μg/g 和 18.68μg/g。

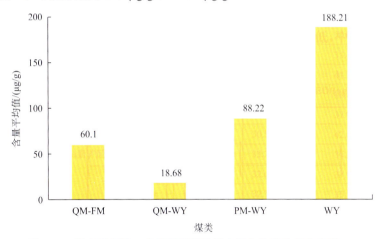

图 4-35　华南赋煤区二叠系不同煤类煤中锂含量平均值分布图

5. 煤中 REE

华南赋煤区晚二叠世—晚三叠世煤中 REE 含量范围为 29～648μg/g，平均值为 120.11μg/g（表 4-22），略低于 Dai 等（2012a）统计的我国煤中 REE 含量平均值 136μg/g，

表 4-22　华南赋煤区晚二叠世—晚三叠世煤中 REE 含量

省市	矿区/煤田	成煤时代	煤类	样品数	煤中 REE 含量范围/(μg/g)	煤中 REE 含量算术平均值/(μg/g)	资料来源
湖北省	黄石矿区	P$_3$	BN-WY	7	29～405	136	杜美霞和庄新国(2006)
重庆市	重庆矿区	P$_3$—T$_3$	BN-WY	8	40～648	201	杜美霞和庄新国(2006)
江西省	乐平矿区	P$_3$—T$_3$	BN-WY	7	58～85	75	杜美霞和庄新国(2006)
贵州省	六盘水矿区	P$_3$	BN-WY	22	35～457	100	杜美霞和庄新国(2006)
汇总				44	29～648	120.11	

而高于 Ketris 和 Yudorich(2009)统计的世界煤中 REE 含量平均值 68.6μg/g。其中重庆市矿区煤中 REE 含量最高，含量范围为 40～648μg/g，平均值高达 201μg/g；湖北省黄石矿区和贵州省六盘水矿区煤中 REE 含量次之，平均值分别为 136μg/g 和 100μg/g；江西省乐平矿区含量最低，含量范围为 58～85μg/g，平均值仅为 75μg/g(图 4-36)。

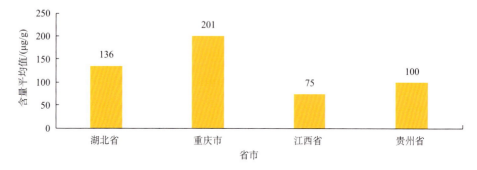

图 4-36　华南赋煤区晚二叠世—晚三叠世煤中 REE 含量平均值分布图

二、煤中金属元素分布的主要控制因素

华南赋煤构造区处于特提斯构造域与环太平洋构造域的交汇部位，跨扬子陆块区和华南造山带，位于盆地周缘的康滇古陆、云开古陆等为该区煤中金属元素提供了丰富的物质来源。华南岩石圈经历了多期、多幕式的生长，煤系变形较复杂，时空差异显著。就整个华南赋煤区而言，构造变形强度和岩浆活动强度均有由板内向板缘递增的趋势，当煤经受岩浆热液变质作用，有机质结构发生变化，与有机质结合的挥发性元素可能逸散，同时大断裂-热液流体中携带的金属元素也为含煤沉积提供了丰富的物质来源。此外，由于藻类的影响，该区碳酸盐岩台地的潮坪环境中硼、钒、铬等元素含量较高。总结现有资料，控制华南赋煤区煤中金属元素分布赋存的主要地质因素有物源、岩浆活动、大断裂-热液流体和沉积环境等。

1. 物源

物源供给是控制该区煤中金属元素分布赋存的最主要因素之一，主要的物源区来自周边的华夏古陆、康滇古陆、云开古陆等，在此基础上，上扬子区孤峰期玄武岩喷发给这一区域的含煤沉积提供了丰富的金属及其他元素。该区不同盆地煤中金属元素的物质来源也不同。扶绥煤田的沉积物源区为云开隆起（Feng et al.，1994），晚二叠世早期出露的岩性非常复杂，包括沉积岩、侵入岩体和变质岩，而贵州西部、云南东部、四川南部和重庆的大部分地区，晚二叠世煤田煤中金属元素的沉积物源区均为康滇古陆(Zhang，1993；China Coal Geology Bureau，1996；Dai et al.，2012a)，来自康滇古陆的峨眉山玄武岩中氧化物含量中 SiO_2 占 47.75%、Al_2O_3 占 13.57%、Fe_2O_3 占 5.61%、TiO_2 占 3.44%、且具有富含锗、镓、铀、钍、钒、氟等微量元素的特征。陈柯婷(2017)研究发现，我国西南地区 δEu 的范围为 0.25～0.78，

δEu<1 可以看出该区主要受花岗岩的物源供应的影响。

2. 岩浆活动

华南赋煤区岩浆活动十分频繁，分布广泛，其中峨眉山地幔柱的广泛活动对煤中元素分布赋存的影响较大。华南赋煤区煤系中以晚二叠世含煤地层中的金属元素最丰富，主要有扬子赋煤构造亚区的上二叠统含煤地层，以长兴-龙潭组、吴家坪组及宣威组为主，该套含煤地层是中—晚二叠世之交的东吴运动造成的峨眉山玄武岩喷发之后形成的，上二叠统含煤地层沉积过程中保留了由峨眉山玄武岩喷发引发的一系列事件层，亦是良好的煤系稀有金属元素的容矿层位，峨眉山玄武岩为该套煤系中金属元素富集营造了良好的地球化学环境；其次为桂南赋煤带上二叠统合山组含煤地层，来自云开古陆的火山岩对合山组煤中金属元素的富集也起到了重要作用。根据现有资料，煤中微量元素的分布受控于火山灰作用影响的报道以我国西南地区居多，区内主要有铁镁质、硅质和碱性的黏土岩夹矸(tonstein)，其中铁镁质 tonstein 富集钪、钒、铬、钴、镍等元素；硅质 tonstein REE 含量相对较低，但是 HREE 和 LREE 分馏程度较大；碱性 tonstein 中铌、钽、锆、铪、REE、镓等元素含量较高(Zhou et al.，2000；Dai et al.，2011)。

3. 大断裂-热液流体

此类型(指煤中金属元素富集主要地质因素为断裂-热液流体)一般在大断裂附近的聚煤盆地中较为典型，煤中金属元素的分布与断裂带运移的热液、地下水、挥发物质有关(任德贻等，2006)。云南临沧煤中锗来自于基底的二云母花岗岩，主要由形成矿化煤层中的层状硅质岩和含炭硅质灰岩的热水溶液带入。胡瑞忠等(1996，2000)强调热液作用是帮卖盆地特大型锗矿床形成的重要条件，在第一含煤段沉积时，盆地基底的同生断裂中存在富硅热水溶液活动，该溶液更易于溶解和携带来自二云母花岗岩风化释放出来的锗。热水溶液将锗携入成煤沼泽，由于锗的亲有机性质使大量锗被有机质束缚，同时又沉积下了热水成因的硅质岩。

4. 沉积环境

云南东部和四川南部晚二叠世宣威组沉积在陆相环境，而贵州西部和重庆西南部龙潭组的沉积环境为海陆过渡相，重庆东南部、贵州中东部和云南东南部吴家坪组的沉积环境为海相，正是因为形成于不同的沉积环境，在一定程度上造成了这些地区煤中金属元素含量分布的差异(图 4-28、图 4-30、图 4-32、图 4-34、图 4-36)。此外，形成于受限制碳酸盐岩台地的潮坪环境的煤中易高度富集硼、钒、铬、镍、钼、铀等元素，例如，广西合山煤田和云南省燕山煤田等。这是因为在成煤过程中，藻类大量生长，并且 Eh 较低，形成于强还原环境，藻类对这些元素的富集具有重要的影响作用(Dai et al.，2012a)。陈柯婷(2017)也发现云南临沧赫托煤中铈正异常，铈正异常可能与偏还原的山间湖相沉积环境有关。

89

第五章

煤中金属元素异常分布特征

在聚煤作用过程中，金属元素具备丰富物质来源供给，被搬运至泥炭沼泽中，在特定的成煤环境下富集于煤层中，或者在后期地质作用影响下迁移至煤层中富集，使一些本来在地壳中分散的金属元素，在煤中相对富集甚至形成矿床。煤中金属元素含量一旦达到或超过边界品位，就具备了工业开发利用的潜力。截至目前，已经发现了云南临沧和内蒙古乌兰图嘎煤–锗矿床、内蒙古准格尔煤–镓矿床、山西平朔煤–镓–锂矿床等煤中金属元素矿床。以往的调查研究在我国的煤层中发现也了大批煤中锗(Ge)、镓(Ga)、锂(Li)、稀土(REE)等金属元素富集异常点。随着煤中金属元素矿产资源调查工作的开展，更多的煤中金属元素矿产资源将逐渐被发现。

通过系统的资料收集和整理分析、采样测试调查研究我国煤中锗、镓、锂、稀土和华北赋煤区煤中铝等元素富集异常分布特征，分析煤中金属元素区域性富集情况，并进一步对已发现的煤中金属元素矿床和新发现的潜在煤中金属元素矿床开展调查，在查清已有煤中金属元素矿床的同时研究分析潜在煤中金属元素矿床资源现状。

第一节　煤中金属元素富集异常点分布

一、煤中铝富集异常点分布

华北赋煤区煤中铝富集异常点(煤灰中 Al_2O_3 含量不小于 35%)分布范围广泛，煤中铝的富集异常点大面积分布于三个区域：阴山南麓山西省平定县—太原—柳林以北煤田以及内蒙古准格尔煤田，沁水盆地南部晋城—襄汾一带，鄂尔多斯盆地西北缘桌子山-贺兰山煤田。其他区域煤中铝富集异常点小面积分布，如河北邯郸峰峰矿区一带，山东的肥城、莱芜、新汶煤田一带(图 5-1)。

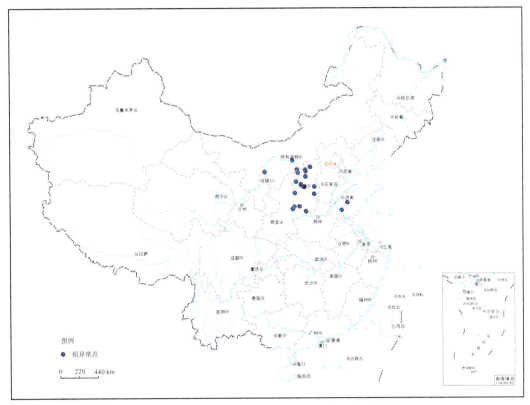

图 5-1 华北赋煤区煤中铝富集异常点分布示意图

(一) 阴山南麓

阴山南麓为华北赋煤区最主要的煤中铝富集异常点分布区,分布范围包括内蒙古准格尔煤田,山西省大同、宁武、西山、霍西煤田和沁水煤田北部(表 5-1)。区域内煤中铝富集异常点分布广泛,分布面积较大、连续而且稳定,煤灰中的 Al_2O_3 含量明显高于其他地区,这一地区靠近北部的阴山物源区,受物源区影响尤甚。该区域煤灰中 Al_2O_3 含量基本达到 35%~40%,同时在这些区域中分布有煤灰中 Al_2O_3 含量不小于 40%的富集异常点,如内蒙古准格尔煤田,山西静乐县双路勘查区和安家岭煤矿、河东煤田沙曲等矿区。

准格尔煤田煤中铝富集异常点主要分布于太原组 6 号煤层,全煤田 6 号煤中铝普遍富集异常,魏家峁勘探区 6 号粉煤灰中 Al_2O_3 平均含量高达 50.72%,太原组 8、9 号煤中铝主要在煤田东部富集异常,如小鱼沟、牛连沟、榆树湾等勘查区。准格尔煤田仅个别煤矿/勘查区山西组 4 号和 5 号煤中铝出现富集异常,如黑岱沟、麻地梁、长滩和孔兑沟 5 号煤,榆树湾和准格尔南部勘查区 4 号和 5 号煤层,黑岱沟 5 号煤粉煤灰中 Al_2O_3 含量最高平均值为 41.78%。

表 5-1 阴山南麓煤中铝富集异常点分布表

煤田	煤矿(井田)	成煤时代	主要煤层	样品数	范围/%	算术平均值/%	资料来源
准格尔煤田	串草圪旦	C_3t	6	18	32.88～47.75	41.83	实测
	罐子沟	C_3t	6	9	40.96～57.43	47.72	实测
	哈尔乌素	C_3t	6	14	14.43～65.58	47.36	实测
		C_3t	6 夹矸	4	29.81～66.10	43.42	实测
	黑岱沟	P_1s	5	3	40.06～43.47	41.78	实测
		C_3t	6	10	35.47～70.93	49.95	实测
		C_3t	6 夹矸	8	3.78～55.45	41.22	实测
	麻地梁	P_1s	5	5	31.20～36.58	35.19	实测
	黄玉川	C_3t	6	20	35.41～39.10	37.68	实测
	金正泰	C_3t	6	7	14.85～45.47	39.08	实测
		C_3t	6 夹矸	4	42.71～45.64	41.11	实测
		C_3t	9	5	40.37～46.02	44.36	实测
	魏家峁	C_3t	6	13	40.88～67.18	50.72	实测
	长滩	P_1s	5上、5	152	7.39～53.40	35.09	资料收集
	牛连沟	C_3t	6、8、9	24	36.77～57.90	45.99	资料收集
	榆树湾	P_1s	4、5	8	38.80～44.85	41.62	资料收集
		C_3t	6、9	11	28.15～43.65	39.18	资料收集
	准格尔南部详查区	P_1s	4、5			39.1	资料收集
		C_3t	6、8、9		35.10～42.19	39.98	资料收集
	塔中井田	C_3t	6、8、9	8	31.79～44.50	39.57	资料收集
	小鱼沟	C_3t	6、8、9	139	28.54～50.44	41.28	资料收集
	孔兑沟	P_1s	5	5	27.95～41.05	36.61	资料收集
		C_3t	6、9	37	23.30～49.30	38.4	资料收集
大同煤田	白洞矿	C_3t		5	35.68～36.98	36.35	实测
	陈家堡	C_3t	5、8	5	31.99～40.16	35.81	资料收集
	东沟联营煤矿	C_3t	5、8	5	31.99～40.16	35.81	资料收集
宁武煤田	安太堡	C_3t	9		28.87～62.95	39.77	资料收集
	西蚕寺勘查区	C_3t	2、3、5、6	13	28.62～47.54	35.85	资料收集
	丰予井田	P_1s	3、4			39.29	资料收集
	麻家梁	P_1s	4			38.87	资料收集
	双路勘查区	C_3t	2、5	8	39.80～52.08	45.54	资料收集
	史家屯勘查区	C_3t	4、9、11	17	32.11～49.19	38.68	资料收集
	安家岭	C_3t	4^{-1}	6	45.98～52.67	49.79	实测
		C_3t	4^{-2}	6	38.82～41.64	40.06	实测
		C_3t	9	9	37.07～42.93	40.76	实测
	北辛窑	C_3t	2	11	31.98～43.55	38.17	资料收集
		C_3t	5	11	27.96～46.16	35.43	资料收集
		C_3t	6	13	28.24～42.45	36.8	资料收集

续表

煤田	煤矿（井田）	成煤时代	主要煤层	样品数	范围/%	算术平均值/%	资料来源
宁武煤田	樊家沟	C_3t	4			36.18	资料收集
		C_3t	7			36.31	资料收集
西山煤田	洪相	P_1s	2、3、4	7	31.96～39.76	36.41	资料收集
	福巨源	C_3t	9	12	37.79～45.32	40.92	实测
河东煤田	白家沟	P_1s	7、8	15	33.19～42.81	38.98	资料收集
		C_3t	11^{-1}、13^{-2}	20	20.70～42.34	36.44	资料收集
	临县三交	P_1s	3、4、5	22	28.48～41.39	36.85	资料收集
	兴县固贤	P_1s	4、8		30.46～41.34	35.8	资料收集
	贺西煤矿	P_1s	$4_\perp$、4	29	20.28～42.20	36.74	资料收集
	乡宁新星	P_1s	3			37.74	资料收集
	临县高家塔	P_1s	5	28	37.79～43.59	40.53	资料收集
	王家岭	P_1s	2	13	32.90～36.40	35.12	实测
	沙曲	C_3t	4、5	25	39.28～43.76	40.15	实测
		C_3t	4夹矸	1		42.56	实测
		C_3t	5夹矸	1		39.68	实测
		C_3t	5底板	1		35.18	实测
霍西煤田	生辉矿	C_3t	10、11	15	29.79～44.30	37.62	实测
沁水煤田	西上庄井	C_3t				35.04	资料收集
	荫营	C_3t	8			36.4	资料收集
	左权南	P_1s	2	1		35.19	资料收集
	和顺县联坪乡	P_1s	3、5	11	29.30～41.56	36.01	资料收集

　　宁武煤田煤中铝富集异常点主要分布于太原组煤层，分布煤层数众多，包括2、3、4、5、6、7、9号煤层，并且富集异常点分布面积广泛，其中安家岭煤矿4^{-1}号煤层粉煤灰中Al_2O_3含量平均值高达49.79%。宁武煤田山西组煤中铝富集异常点仅发现位于丰予井田3、4号煤和麻家梁4号煤，煤灰中Al_2O_3含量平均值分别达39.92%和38.87%。

　　河东煤田煤中铝富集异常点主要分布于山西组煤层，包括2、3、4、5、7、8号煤层，煤灰中Al_2O_3含量均值为35.12%～40.53%。河东煤田太原组煤中Al_2O_3富集异常分布仅见于沙曲煤矿和白家沟煤矿，沙曲煤矿太原组的4、5号煤层及白家沟煤矿太原组的11^{-1}、13^{-2}煤层煤灰中Al_2O_3含量均超过了35%。

　　沁水煤田北部煤中铝富集异常点主要分布于太原组煤层中，其中西山煤田福巨源煤矿太原组9号煤层煤灰中Al_2O_3平均值为40.92%；阳泉市西上庄井太原组煤层煤灰中Al_2O_3含量平均为35.04%。此外，在沁水盆地东北部的和顺县联坪乡煤炭详查区及左权县左权南勘查区山西组煤层煤灰中Al_2O_3平均含量分别为36.01%及35.19%，也达到了煤中铝富集异常的范围。

总体上,该区域太原组和山西组煤层中铝均出现富集异常,太原组煤中铝富集异常点分布比山西组分布范围广泛,更密集。太原组煤层粉煤灰中 Al_2O_3 含量从北向南有逐渐降低的趋势。准格尔煤田 6 号煤层粉煤灰中 Al_2O_3 含量均值超过 35%,全区可采,为该区域煤中铝开发利用潜力较大煤层。

(二)沁水盆地南部

沁水盆地南部区域的晋城矿区、襄汾矿区石炭纪—二叠纪煤层煤灰中 Al_2O_3 含量一般为 30%~40%,大部分煤矿的石炭纪—二叠纪煤层煤灰中 Al_2O_3 含量可以达到煤中铝开发利用的边界品位(大于 35%),其中在中乡井田的山西组煤层煤灰中 Al_2O_3 平均含量可以达到 40.25%,超过了煤中铝开发利用的最低工业品位(表 5-2)。

表 5-2 沁水盆地南部煤中铝富集异常点分布统计表

煤矿/井田勘查区	成煤时代	煤层	样品数	范围/%	算术平均值/%	资料来源
晋城矿区成庄煤矿	P_1s	3	2	32.65~37.47	35.06	资料收集
	C_3t	9、15	8	26.30~42.38	35.73	
晋城矿区胡底煤矿	P_1s	3	8	31.86~39.54	35.96	资料收集
	C_3t	15	4	25.95~36.54	30.69	
晋城矿区北岩煤矿	C_3t	15	5	30.86~39.31	36.45	实测
襄汾县北李井田	P_1s	1、2	5	24.98~35.42	31.26	资料收集
	C_3t	9+10	3	26.18~40.34	35.55	
沁水县里必井田	P_1s	3		32.10~41.47	37.11	资料收集
	C_3t	15		26.58~40.66	33.59	
吉县车成勘查区	P_1s	2	6	31.70~37.68	33.48	资料收集
	C_3t	9+10	6	21.53~42.14	35.02	
沁水县沁南井田	P_1s	2、3上、3		32.52~40.06	37.09	资料收集
中乡井田	P_1s	3		31.69~44.3	40.25	资料收集
	C_3t	15			38.64	

该区太原组和山西组煤层中都有煤中铝富集异常点分布,山西组主要集中分布于 3 号煤层,太原组分布于 9、9+10、15 号煤层。山西组 3 号煤层粉煤灰中 Al_2O_3 含量均值超过 35%,3 号煤层在沁水煤田南部全区可采,煤中铝开发利用潜力较大。

(三)鄂尔多斯盆地西北缘

在桌子山煤田西部、中部各矿区的煤灰中高铝特征不明显,其 Al_2O_3 含量一般为 10%~20%,少量为 20%~30%,与正常煤相一致,但在桌子山煤田东侧的骆驼山、公乌素等煤矿则显示煤中铝的异常富集(表 5-3)。公乌素露天矿和骆驼山煤矿太原组 16 号煤煤灰中 Al_2O_3 含量平均值为 39.01% 和 41.13%。红柳树、白音乌素和库里火沙兔矿区蒙西煤矿山西组和太原组煤层中均存在煤中铝富集现象，山西组包括5、8、9、10号煤层，太原组包括12、13、14、16号煤层。

贺兰山煤田煤中铝富集异常主要分布于石嘴山市的石炭井二矿及陶乐北部勘查区。该区域山西组各煤层煤灰中Al_2O_3的含量均超过了35%，且除了石炭井二矿的3号煤层以外，石炭井二矿的4、5号煤层以及陶乐北部勘查区的62、63、7号煤层煤灰中Al_2O_3的含量均达到了40%，其中陶乐北部勘查区63号煤层煤灰中Al_2O_3含量最高，达到了52.64%。

表5-3 鄂尔多斯盆地西北缘煤中铝富集异常点分布统计表

煤田	煤矿/井田勘查区	成煤时代	煤层	样品数	范围/%	算术平均值/%	资料来源
桌子山煤田	公乌素露天矿	C_3t	16	21	27.40~44.31	39.01	实测
	骆驼山煤矿	C_3t	16	13	37.13~44.37	41.13	实测
	红柳树矿区	P_1s	5	2	34.41~43.45	38.93	资料收集
		P_1s	9	9	7.61~43.45	35.60	
		C_3t	14	5	35.46~44.11	41.18	
		C_3t	16	8	13.25~41.64	36.89	
	白音乌素矿区	P_1s	8	2	31.44~44.41	37.93	资料收集
		P_1s	9	12	30.52~48.52	42.02	
		P_1s	10	5	33.22~38.13	36.25	
		C_3t	16	13	32.67~44.13	37.92	
		C_3t	17	6	32.78~39.44	35.94	
	库里火沙兔矿区蒙西煤矿	P_1s	9^{-1}	5	37.84~40.67	39.50	资料收集
		P_1s	9^{-2}	6	38.40~41.54	39.70	
		P_1s	10	6	29.20~41.25	37.41	
		C_3t	12	5	35.45~40.55	38.01	
		C_3t	13	4	31.89~43.11	37.86	
		C_3t	14^{-1}	3	38.65~41.87	40.54	
		C_3t	14^{-2}	4	31.65~40.90	37.31	
贺兰山煤田	石炭井二矿	P_1s	3	3	34.57~43.25	37.69	资料收集
		P_1s	4	6	33.40~43.13	40.44	
		P_1s	5	7	34.25~42.68	40.52	
	陶乐北部勘查区	P_1s	62			44.99	资料收集
		P_1s	63			52.64	
		P_1s	7			41.18	

(四)华北赋煤区其他区域

河北邯郸峰峰矿区一带,山东的肥城、莱芜、新汶煤田一带有煤中铝富集异常点小面积零散分布。在肥城煤田陶阳煤矿山西组 9 号煤采取的 4 件煤样 Al_2O_3 含量为 30.16%～41.76%,平均含量为 36.31%。莱芜煤田南冶煤矿山西组 2 号煤、4 号煤 9 件煤样 Al_2O_3 含量为 36.02%～39.73%,平均含量 38.47%。河北峰峰矿区万年矿和九龙矿山西组 2 号煤层煤灰中 Al_2O_3 平均含量分别达到了 35.66% 和 35.79%(表 5-4)。

表 5-4 华北赋煤区其他地区煤中铝富集异常点分布统计表

煤田	煤矿/井田勘查区	成煤时代	煤层	样品数	范围/%	算术平均值/%	资料来源
肥城煤田	陶阳煤矿	P_1s	9	4	30.16～41.76	36.31	实测
莱芜煤田	南冶煤矿	P_1s	2	3	36.02～39.33	37.48	实测
		P_1s	4	6	38.35～39.73	39.27	实测
邯邢煤田	万年矿	P_1s	2	10	32.08～39.54	35.66	实测
	九龙矿	P_1s	2	5	27.26～39.68	35.79	实测

二、煤中锗富集异常点分布

我国多数煤中锗含量为 0.5～10.0μg/g,平均为 4μg/g,少数样品中锗超过 20μg/g(黄文辉和赵继尧,2002)。我国将煤中锗矿床的工业边界品位定为 20μg/g,本书将煤中锗含量超过 20μg/g 视为煤中锗富集异常。我国煤中锗富集异常分布成煤时代包括新近纪、早白垩世、侏罗纪、二叠纪和石炭纪。我国煤中锗富集异常点主要分布于以下区域:海拉尔-二连盆地煤田、鄂尔多斯盆地周缘、郯庐大断裂一带及滇西-滇中盆地,其余地区煤中锗富集异常点均为零星分布(图 5-2)。

(一)海拉尔-二连盆地

东北赋煤区海拉尔-二连盆地为我国煤中锗富集异常最主要的分布区域,二连盆地煤中锗富集异常发育于下白垩统煤层,主要分布在胜利煤田、巴其北煤田、五间房煤田,其中胜利煤田的乌兰图嘎矿煤中锗形成矿床(表 5-5)。杜刚等(2003)在胜利煤田 6-1 号煤层检测到煤中锗含量平均值为 244.0μg/g,异常高值达到 820.0μg/g。海拉尔盆地煤中锗富集异常发育于下白垩统大磨拐河组煤层中,主要分布在伊敏煤田五牧场矿区、大雁矿区和五九矿区一带,以伊敏煤田的五牧场矿区最为富集,据收集资料统计五牧场矿区大磨拐河组煤层煤中锗含量平均值为 43.6μg/g,煤中锗含量最大值达到 470μg/g(表 5-5)。

目前,已经对内蒙古乌兰图嘎煤锗矿进行了开发利用,内蒙古二连盆地和海拉尔盆地下白垩统煤层中有较好的煤锗矿成矿前景,白音霍布尔矿区下白垩统 6 号煤层中锗算术平均值达到 65.0μg/g,伊敏煤田五牧场矿区大磨拐河组 10^{-3}、10^{-5}、12、13^{-4+5}、14^{-4}、

14^{-6} 煤锗平均含量都超过 $15\mu g/g$，均具有较好的开发利用潜力。

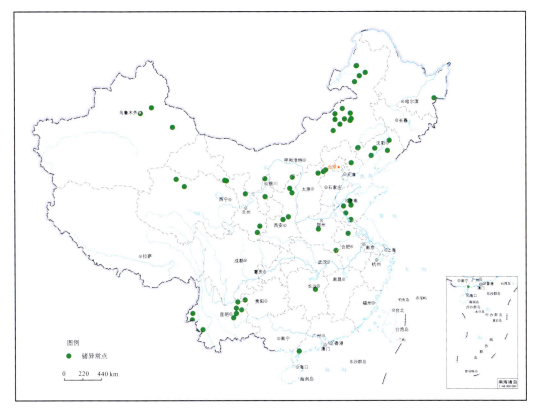

图 5-2　煤中锗富集异常点分布示意图

（二）鄂尔多斯盆地周缘

在鄂尔多斯盆地周缘零星分布煤中锗富集异常点，对甘肃红水煤田进行元素分析发现，存在煤中锗富集异常现象。矿区煤层锗元素含量统计见表 5-6，其中煤中锗平均含量达到工业边界品位的煤层，方家井四个山区有 5 层（20、12、11、10^{-1} 及 8 煤），冰草湾井田有 2 层（13、5 煤），方家井西有 5 层（15^{-5}、12^{-2}、10^{-1}、8^{-2}、1 煤）。煤层中锗平均含量未达到工业边界品位的，锗含量最大值也较高，其中方家井四个山矿区的煤中锗含量最大值大于 $40\mu g/g$，冰草湾井田煤中锗含量最大值略小于 $40\mu g/g$，方家井西的 10^{-1} 和 5 煤锗含量最大值大于 $30\mu g/g$。此外在内蒙古东胜矿区、陕西铜川、神北矿区和宁夏宁南煤田的个别煤矿或井田均发现煤中锗富集异常点，据张金青和宋焕霞（1997）研究发现东胜煤田后石圪节煤矿 2 号煤层中锗含量平均值为 $101.0\mu g/g$，达到工业利用品位。

表 5-5　海拉尔-二连盆地煤中锗富集异常点分布表

盆地	煤田(矿区)/煤矿(井田)	成煤时代	主要煤层	含量范围/(μg/g)	含量平均值/(μg/g)	样品数	资料来源
二连盆地	胜利煤田	K_1	6^{-1}煤	135.0~820.0	244.0	200	杜刚等(2003)
	胜利煤田乌兰图嘎锗矿	K_1	6^{-1}煤	169.0~345.0			黄文辉等(2007)
	白彦花煤田东区	K_1	1$_上$、1、1$_下$煤	0.0~65.7	4.0	18	实测
	白音霍布尔矿区	K_1	6煤	1.6~115.0	65.0	13	实测
	高力罕煤田	K_1	2煤组、5煤	0.0~57.0	3.0	18	实测
	乌尼特煤田	K_1	2、3煤组	0.0~225.0	8.1	13	实测
	巴彦胡硕煤田	K_1	1、2、8、17煤(组)	0.0~118			实测
	巴其北煤田	K_1	6、7、8煤	0.0~497.0	4.6	28	实测
	白音华煤田	K_1	2、3煤	2.0~29.0	18.0	6	实测
	五间房煤田	K_1	2、5煤(组)	0.2~98.3	14.4	12	实测
海拉尔盆地	伊敏煤田五牧场矿区	K_1	大磨拐河组煤	0.0~470.0	43.6	176	收集
	五九矿区	K_1	8、25煤	0~65.0	5.0	69	收集

表 5-6　鄂尔多斯盆地周缘煤中锗富集异常点分布表

省/自治区	煤田(矿区)/煤矿(井田)	成煤时代	主要煤层	含量范围/(μg/g)	含量平均值/(μg/g)	样品数	资料来源
甘肃省	冰草湾煤产地	C	13、14、16	0.3~45.60	10.1	74	实测
	四个山矿区	C	10^{-1}、10^{-2}、11	0.3~737.0	12.1	161	实测
	方家井矿区	C	10^{-1}、5	0.5~53.0	9.7	14	实测
内蒙古	神府-东胜矿区	J		0.1~22.3			张金青和宋焕霞(1997)
	东胜煤田后石圪台矿	J	2		101		
陕西省	铜川矿区的东坡煤矿	C	10	23.0~28.0			收集
	神北矿区的肯铁令井田	J	1^{-2}$_上$、4^{-2}、4^{-3}煤灰	0.0~13.0			收集
	榆横地区	J	9	20.4~28.5			张金青和宋焕霞(1997)
	彬县西部	J	8	30.0~50.0			张金青和宋焕霞(1997)
宁夏	宁南煤田王洼矿区	J	5$_上$、5、8	10.43~22.6			收集

(三)滇西滇中煤盆地

云南省主要的煤中锗矿点主要分布在滇西的临沧地区,属超大型锗矿床,已探明储量 3192t(2007 年),目前居全国第一,其次还有已发现开采锗资源有工业价值的矿区:帮卖矿区(大寨和中寨)、腊东(白塔)矿区、芒回矿区。其中最大的锗矿是位于帮卖的大寨和中寨,储量约 1620t,属超大型锗矿床。另外潞西、澜沧、腾冲、沧源等盆地均发现锗的高度异常。此外云南阿直矿区、宝山矿区、老牛场矿区、罗木矿区均有锗异常点分布,普遍上锗含量为 10~20μg/g,仅有零星的点超过煤中伴生锗的工业品位要求(表 5-7)。

表 5-7 滇西滇中煤盆地煤中锗富集异常点分布表

地区	煤田(矿区)/煤矿(井田)	成煤时代	主要煤层	含量范围/(μg/g)	含量平均值/(μg/g)	样品数	资料来源
滇西	临沧锗矿	N	N12、N13、N14+5、N16	12.0~1470.0	587.3		庄汉平等(1997)
	帮卖矿区	N		约 3000	423.0		黄文辉和赵继尧(2002)、张明燕和徐胜平(2012)
滇中	阿直矿区	P3		0~20			收集
	宝山矿区	P3		0~20	30.0	36	
	老牛场矿区	P3		0~20			
	罗木矿区	P3		5~22	11.0	90	

(四)其他区域

滕县煤田石炭系—二叠系煤层中发现煤中锗富集异常现象,煤中锗含量一般为 1.48~24.12μg/g,有 107 点达到工业品位。在柴里井田 59 号孔 17 号煤中含量最高为 80μg/g。锗的富集异常点多分布在含煤性最好的滕南柴里和蒋庄井田,并能连成片,在滕北分布零散。从垂向剖面来看,煤中锗富集异常点多在底部 17、18 号煤层中富集(李春阳,1991)。滕县煤田煤中锗富集异常发现较早,但是并没有得到应有的重视,目前该区域煤炭资源开发殆尽,煤中锗的富集只具有学术研究价值。

山西大同广灵矿区的罗疃井田和板塔寺井田煤中发现锗的富集,含煤地层为下侏罗统下花园组,板塔寺井田 6 号煤中锗的含量为 31.94μg/g,为板塔寺井田含锗矿体;罗疃 3、4、8 号煤层属锗矿体,煤中锗的含量为 12.2~29.2μg/g。2004 年 6 月,山西煤田地质研究所提交的《大同市广灵矿区煤中锗资源调查报告》,计算两井田中煤中锗资源 51.6 万 t。

新疆准东煤田侏罗系煤层中发现锗的富集,1789 件侏罗系煤层煤样中锗平均含量 17.24μg/g,接近于边界品位,检测到的煤中锗含量最高值达 201.0μg/g。其中大井矿区

B_1、B_2、C 煤中锗平均值达到 121.0μg/g，煤层中锗含量平均值高，具有较大的找矿潜力。其次准南煤田阜康矿区侏罗系 B_1 煤层中，发现锗的富集异常点，锗含量富集最高值达到 167.0μg/g，采集 9 件样品锗含量算术平均值为 87.0μg/g，具有进一步调查研究价值。

此外在辽宁铁法煤田晓南煤矿出现了较明显的锗异常点分布，14 号煤中锗平均含量达 27μg/g。四川盆地周边井田二叠系煤层，湖南省韶山清溪冲矿区上二叠统煤层，浙江省煤山矿区上二叠系统煤层、嵊县新近系煤点和广东省茂名矿区古近系褐煤中都有锗富集异常点发现。其中浙江省嵊县煤点的煤中锗含量最高达到 3000μg/g 以上，另外河北的蔚县矿区，曾报道开展过煤中锗的综合开发利用工作(表 5-8)。

表 5-8　其他区域煤中锗富集异常点分布表

省/自治区	煤田(矿区)/煤矿(井田)	成煤时代	主要煤层	含量范围/(μg/g)	含量平均值/(μg/g)	样品数	资料来源
辽宁省	铁法煤田晓南煤矿	K_1	14		27		收集
山西省	广灵矿区板塔寺井田	J	6	0.0～31.9			朱雪莉(2009)
	广灵矿区罗疃井田	J	3、4、8	12.2～29.2			朱雪莉(2009)
山东省	滕县煤田	C	17、18	1.5～80.0		136	李春阳(1991)
新疆	准东煤田大井矿区	J	B_1、B_2、C	0.0～201.0	121.0	140	实测
	准南煤田阜康矿区	J	B_1	0.0～167.0	87.0	9	实测
四川省	雅荣煤田大溪井田	P	双龙炭	2.0～38.0	24.2	4	收集
	大邑煤田天宫庙井田	P	大荒	0.0～24.0	13.1	7	
	南桐煤田鱼田堡井田	P	K_1	14.6～28.0	24.5	4	
湖南省	清溪冲矿区	P		0～20			收集
浙江省	煤山矿区	P		0～20			
	嵊县煤点	N_1		0～3000			
广东省	茂名矿区	E_2		0～20			

三、煤中镓富集异常点分布

镓作为典型的稀散元素，在煤中的含量很低，我国煤中的镓的含量一般为 2～20μg/g，少数煤田中的镓含量超过 30μg/g(张勇等，2014)。我国将煤中镓的工业品位确定为 30μg/g，本节将煤中镓含量超过 30μg/g 视为煤中镓富集异常。我国煤中镓富集异常分布成煤时代包括早白垩世、侏罗纪、二叠纪和石炭纪。在阴山南麓准格尔煤田和山西省北部石炭系—二叠系煤田，新疆准东煤田侏罗系煤层中镓富集异常点出现成片分布情况，其余地区的不同成煤时代煤层中镓富集异常点零星分布，如四川盆地周边、重庆南武和南桐矿区、贵州西南矿区二叠系煤层、山东滕县煤田、河南登封煤田石炭系煤层、宁夏磁窑堡矿区侏罗系等煤层(图5-3)。

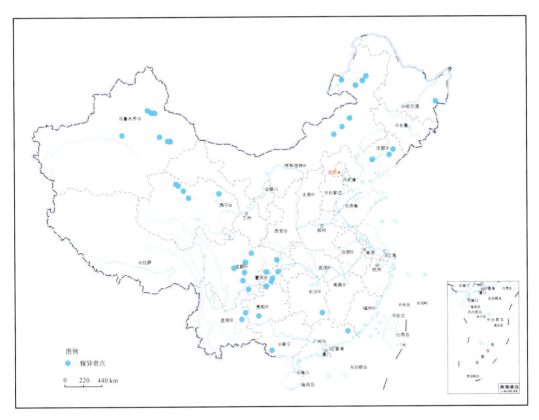

图5-3 中国煤中镓富集异常点分布示意图

(一)阴山南麓

阴山南麓准格尔煤田和山西省北部煤田石炭系—二叠系煤中镓是目前我国对煤中镓研究最多的区域,代世峰和秦勇等多位学者对该区域煤中镓进行研究(表5-9)。

代世峰等(2006a)对内蒙古准格尔煤田主采6号煤层进行了研究。结果表明,镓在全层煤样中的含量平均值为44.83μg/g,初步估算该镓矿床镓的保有储量为6.3万t,预测储量为85.7万t,为超大型镓矿床。2012年"内蒙古准格尔煤田煤中铝、镓伴生矿产赋存规律及开发利用"项目测试数据得出黑岱沟露天矿煤中镓平均含量为37.31μg/g,估算了黑岱沟6号煤层中镓的资源量为4.9057万t。

秦勇等(2008)对全国首批规划矿区煤中镓进行资源调查,发现准格尔煤田东孔兑8、9号煤层,龙王沟6_上煤层和南部勘查区均有富集异常点存在,其中哈尔乌素6号煤、东孔兑3号煤和牛连沟8号煤镓的平均含量均超过最低工业品位(30μg/g)。大同魏家沟勘查区2号煤,平朔朔南规划区10号煤和阳泉坪头勘查区9_上煤中镓的平均含量均超过最低工业品位(30μg/g)。

2014 年"山西平朔地区煤中锂、镓资源调查评价"项目针对山西平朔矿区的石炭系—二叠系山西组、太原组 4、11 号煤进行了较系统的采样，勘测其中的伴生金属微量元素锂、镓等，4 号和 11 号煤中镓平均含量分别为 35.7μg/g 和 40.0μg/g；安太堡矿区 4、9、11 号煤层中的镓的含量均值分别达到 24.80μg/g、29.89μg/g、35.52μg/g，接近或达到煤中伴生镓的边界品位，估计安太堡矿区煤中镓资源量达 42.31 万 t。

此外在河东煤田北部 8、13 号煤，杨家湾勘查区 6、8 号煤和古交邢家社勘探区 02、2、4 号煤中发现存在零星煤中镓富集异常点。

表 5-9　阴山南麓煤中镓富集异常点分布表

省/自治区	煤田(矿区)/煤矿(井田)	成煤时代	煤层	含量范围/(μg/g)	含量平均值/(μg/g)	样品数	资料来源
内蒙古	准格尔煤田	C_2	6	30.1~76.0	44.8	7	代世峰(2006a)
	准格尔煤田黑岱沟矿	C_2			37.3		代世峰(2002)
	准格尔哈尔乌素勘查区	C_2	6	25.0~70.0	39.5	8	秦勇等(2008)
	准格尔东孔兑勘查区	P_1	3		32.5		秦勇等(2008)
	准格尔牛连沟勘查区	C_2	8		36.0		秦勇等(2008)
山西省	平朔矿区	P_1	4	8.27~57.3	35.7	142	刘帮军等(2014)
		C_2	11	15.5~57.6	40.0	175	周建飞等(2014)
	大同魏家沟勘查区	C_2	2	30.6~45.4	38.9	3	秦勇等(2008)
	平朔朔南规划区	C_2	10		31.8		秦勇等(2008)
	阳泉坪头勘查区	C_2	9上	25.8~34.7	30.2	16	秦勇等(2008)
	河东煤田北部	C_2	8、13	0.88~36.0		201	高颖和郭英海(2012)
	河东煤田杨家湾勘查区	C_2	6、8	20.0~35.0		17	黄婷等(2013)
	古交邢家社勘探区	P_1	02、2、4	0.8~40.8	15.9	80	刘新花等(2009)

(二)新疆准东-吐哈煤田

本节通过对煤质资料整理分析，发现新疆准东、吐哈煤田侏罗系煤中镓富集异常现象显著(表5-10)，新疆准东煤田侏罗系煤中镓具有很好的开发利用潜力。

表 5-10　新疆准东-吐哈煤田煤中镓富集异常点分布表

自治区	煤田(矿区)/煤矿(井田)	成煤时代	煤层	含量范围/(μg/g)	含量平均值/(μg/g)	样品数	资料来源
新疆	准东煤田大井矿区	J	B_1、B_2、C_1	0.0～206.0	33.1	1111	收集
	准东煤田五彩湾矿区	J	B_1、B_2、C_1	1.0～70.0	27.0	50	收集
	准东煤田将军庙矿区	J	B_1、B_2、C_1	1.0～253.0	30.5	427	收集
	焉耆煤田塔什店矿区	J	8、9、10、12 号	4.7～47.1	19.8	32	收集
	吐哈煤田大南湖东二井田	J	18 号煤除外的其他煤层	0.0～247.0	35.8	774	收集
	吐哈煤田沙尔湖勘查区	J	A_1、B_1、C_1、D	22.0～94.0	54.0	10	收集
	吐哈煤田西南湖戈壁露天矿	J	6、7、8、9	7.8～60.60	29.1	40	收集

准东煤田中侏罗统煤中镓富集异常分布特征为：煤田整体上镓含量背景值很高，大部分矿区煤层镓含量达到了边界品位，其中在煤田西部和上中部矿区的镓异常富集，含量大于最低工业品位，帐南东勘查区、大井矿区大庆沟南区、大井矿区一井田和大井东南勘查区煤中镓富集异常明显。就整个中侏罗统的煤层来说，煤田全区均有镓元素的富矿区出现，镓的平均含量为 21.74～47.98μg/g，最高可达 253.0μg/g，其中大井矿区和大井东南勘查区侏罗系煤中镓元素平均含量超出了该元素的边界工业品位。

准东煤田镓富集异常存在的煤层包括 B_1、B_2、B_3 和 C_1 号煤层，不同煤层镓元素富集分布区域不同。B_1 和 B_2 号煤层的镓元素富集异常在煤田分布广泛，在大部分矿区均有出现。其中 B_1 煤层中区域分布差异较大，镓元素在煤田的中北部和东南位置异常富集，而有统计数据的西部矿区的平均含量只有 10μg/g；B_2 煤层中区域分布较为均衡，平均含量为 19.01～35.21μg/g；B_3 和 C_1 煤层的镓元素富集异常只分布在煤田中北部的极少矿区。

吐哈煤田沙尔湖矿区北部、大南湖东二井田、西南湖戈壁露天煤矿煤中镓出现富集异常，大南湖东二井田除 18 号煤层外，其他煤层均达到煤中镓元素的边界品位，最高值可达 247μg/g。西南湖戈壁露天煤矿 8、9 号煤层中镓元素含量超过 30μg/g。沙尔湖矿区煤中镓含量一般为 22～90μg/g，各煤组镓平均含量为：A 煤组 47μg/g，B 煤组 56μg/g，C 煤组 46μg/g，D 煤组 90μg/g。

(三)四川盆地周边及滇东黔西

该区域煤中镓主要在四川盆地周边、滇东黔西二叠系煤中镓的富集异常点分布，主要赋存于二叠系煤层中、煤层夹矸或顶底板中(表5-11)。

四川盆地周边煤中(共)伴生矿产资源仅存在镓的富集异常点，区内沿着四川盆地边缘分布有南桐煤田、四川建乐等十余个煤中镓的异常点。从分布位置上来看，具体主要分布在川东褶皱赋煤带，其次包括龙门山逆推断陷赋煤带和川中南部隆起赋煤带内。川东褶皱赋煤带内主要以重庆南桐煤田为主，从北到南依次主要包括宣汉矿区、方斗山矿区、华蓥山矿区、长寿矿区、南武矿区、南桐矿区、松藻矿区，这七个矿区上二叠统煤层中均有镓异常点分布。主要以龙潭组底部 C_{25} 煤层为主，在 C_{25} 上部的其他煤层中也见有镓富集异常点，但均不及 C_{25} 煤层集中。南武矿区内镓异常点较为集中，自北向南依次为白涛煤矿、天宝煤矿、青木煤矿、沙坝煤矿、潼仪煤矿、横春煤矿六个矿点，以天宝煤矿和青木煤矿煤中镓含量最为集中，最高值可达 66.42μg/g，并在水江井田 K_1 煤层中镓异常值最高为 35μg/g，月亮台井田煤层中镓含量为 20～106μg/g，平均值为 48.84μg/g。南桐矿区中煤中镓富集异常点主要分布于鱼田堡井田 K_1 煤层中，煤中镓异常为 11.00～91.00μg/g，平均值为 36.89μg/g。松藻矿区煤中镓异常点主要分布在梨园坝井田、张狮坝井田、石壕井田、观音桥井田、同华井田中，镓异常在龙潭组多层煤中均有发现，其中观音桥井田中镓异常点以 C_{25} 煤层为主，平均值为 30.80μg/g；同华井田中镓异常点出现在 K_2 煤层中，镓含量变化较大，含量范围为 3.5～57μg/g，平均值为 31.60μg/g。梨园坝井田、张狮坝井田、石壕井田中镓异常点以 11、12 号煤层为主，镓含量异常范围为 28～50μg/g，平均含量为 40.85μg/g。其次，根据 Dai 等(2011)化验分析结果，松藻矿区 11 号煤层中镓平均含量为 32μg/g，超过了煤中伴生镓的工业品位。本节采样测试，在南桐煤田多个煤矿点的 C_{25} 煤层底板泥岩中发现镓含量较高，南武矿区 23 个样品的镓含量为 20.46～84.72μg/g，平均值为 53.55μg/g；南桐矿区三个煤矿点七个样品中的镓含量变化范围为 3.15～70.07μg/g，平均值为 38.11μg/g。

滇东-黔西-川南褶皱赋煤带内也主要以上二叠统煤中镓含量为主，主要以云南恩洪矿区一井田、贵州织纳矿区(织金)镓富集异常点等为主，恩洪矿区一井田中镓含量为 30～50μg/g，平均含量为 40μg/g，贵州织纳矿区(织金)富集异常点煤中镓含量最高可达 220μg/g。

表5-11 四川盆地周边及滇东黔西煤中镓元素异常分布表

省市区	矿区名称	成煤时代	含量范围/(μg/g)	含量平均值/(μg/g)	样品数	资料来源	备注
四川省	绵安矿区	P_3	16～59	40	15	收集	
	彭灌矿区	P_3	20～58	37.16	9	收集	
	雅荣矿区	P_3	32.50～40	33.58	4	收集	
	荣威矿区	P_3	15～53	38.41	15	收集	
	健乐矿区	P_3	8～66	31.26	4	收集	
	芙蓉矿区	P_3	0～450.0	>30		收集	

续表

省市区	矿区名称	成煤时代	含量范围/(μg/g)	含量平均值/(μg/g)	样品数	资料来源	备注
重庆市	松藻矿区	P₃	16~106	30.80		收集	
	南桐矿区	P₃	11.00~91.00	36.89	55		
			3.15~70.07	38.11	7		底板泥岩
	南武矿区	P₃	8.82~66.42	27.86	31	实测	
			20.46~84.72	53.55	23	实测	底板泥岩
	长寿矿区	P₃	11~71.50	32.40	11	收集	
	华蓥山矿区	P₃	21~63	42.75	18	收集	
	方斗山矿区	P₃	10~106	38.35	19	收集	
	宣汉矿区	P₃	30~51	39.43	7	收集	
云南省	恩洪矿区	P₃	30~50	40	2	收集	
贵州省	盘县矿区(土城)	P₃	5.00~105.0	37.3	3		
	六盘水矿区(中营)	P₃	4.00~72.50	30.70	76	收集	
	六枝矿区(普朗)	P₃	2.00~48.00	29.30	46	收集	
	贵州矿区(松山)	P₃	9.0~97.00	41.3	3	收集	
	织纳矿区(织金)	P₃	0~220	>30		收集	

(四)其他区域

除以上三个煤中镓富集异常分布区域之外,我国煤中镓富集异常点还零星分布于内蒙古高力罕和巴彦胡硕煤田、辽宁南票煤田、河南登封煤田、山东滕县煤田、陕西渭北澄合详查区、蒲白朱家河勘查区、店头仓村平硐、宁夏磁窑堡矿区和广西扶绥矿区。秦勇等(2008)对全国首批规划矿区煤中镓进行资源调查,发现陕西渭北澄合详查区 11 号煤和 11 下煤、蒲白朱家河勘查区 11 号煤和店头仓村平硐二煤中镓含量平均值都超过边界品位。李河名(1993)分析宁夏磁窑堡矿区延安组煤定分层镓含量平均值为 77.8μg/g,本节通过采样测试辽宁南票煤田 6 煤组、广西扶绥矿区 K₁ 煤层煤中镓含量均值分别达到 26.2μg/g 和 32.6μg/g(表 5-12)。这些煤层中镓都具有较好开发利用潜力,可进一步进行调查研究。

由于受物源供给、沉积环境等富集因素的影响,镓在煤中的富集程度不一。据本节收集测试数据显示,新疆准东煤田和吐哈煤田侏罗系煤层中镓含量达到 240.0μg/g,内蒙古准格尔矿区和山西平朔矿区煤层中镓的含量分别达到 70.0μg/g 和 57.0μg/g。内蒙古准格尔矿区和平朔矿区煤中镓资源已经部署开发利用,新疆准东煤田和吐哈煤田侏罗系煤层中镓含量的异常分布在平面上较广,并且各煤层中镓含量接近或超过 30μg/g,具有较好的开发利用前景。

表 5-12　其他地区煤中镓富集异常点分布统计表

省区	煤田(矿区)/煤矿(井田)	成煤时代	煤层	含量范围/(μg/g)	含量平均值/(μg/g)	样品数	资料来源
内蒙古	高力罕煤田巴音查干矿区	K_1	2-3 煤	2.0～66.0			收集
	巴彦胡硕煤田	K_1	2 煤组	4.0～40.0			收集
辽宁省	南票煤田	P_1	6 煤组	13.6～41.7			收集
河南省	登封煤田	C	一1、四2、五3	4.0～60.0			杨伟林和朱绍军(1993)
山东省	滕县煤田	C_2	3 上、3 下	11.0～170.7			李春阳(1991)
陕西省	渭北澄合详查区	C_2	11 煤				秦勇等(2008)
		C_2	11 下				秦勇等(2008)
	蒲白朱家河勘查区	C_2	11 煤				秦勇等(2008)
	店头仓村平硐	J_2	二煤				张金青贺宋焕霞(1997)
宁夏	磁窑堡矿区	J_2	延安组煤顶分层	约 103.76	77.8		李河名(1993)
广西	扶绥矿区	P_3	K_1	24.5～43.3	32.6	6	收集

四、煤中锂富集异常点分布

我国对煤中锂的研究起步较晚，研究程度相对较低。最近几年，中国煤中的锂元素逐渐受到重视，有学者根据 2806 个煤样估计中国煤中锂的平均含量为 28.94μg/g(Sun et al.，2010)，在中国的很多煤样中发现了锂的高富集(Sun et al.，2010，2012a，2012b)。目前世界上还没有煤中伴生锂矿的工业品位标准，孙玉壮等(2014)提出以 120μg/g 作为煤中伴生锂矿的回收利用指标。本节将煤中锂含量超过 120μg/g 视为煤中锂出现富集异常。关于我国煤中锂富集异常情况，表 5-13 列出以往研究者提出的以及本书最新调查发现的煤中锂含量分析资料。

表 5-13　中国煤中锂富集异常分布表

省市区	煤田(矿区)/煤矿(井田)	成煤时代	煤层	含量范围/(μg/g)	含量平均值/(μg/g)	样品数	资料来源
内蒙古	准格尔矿区	C_2	6	1.1～601.1	114.3	33.0	实测
	准格尔矿区黑岱沟矿	C_2	6	12.0～657.0	143.0		Sun 等(2013)
	准格尔矿区官板乌素矿	C_2	6	80.0～566.0	264.0		Sun 等(2012)
	准格尔矿区哈尔乌素矿	C_2	6	0.06～470.0	116.0		Dai 等(2012c)
	桌子山煤田	C_2	16	38.1～203.1	104.5	34.0	实测
山西省	平朔矿区	P_1	4	19.2～211.3	128.3		李华等(2014)
		C_2	9		152.0	58.0	刘帮军和林明月(2014)
		C_2	11	93.5～505.5	237.5		收集

续表

省市区	煤田(矿区)/煤矿(井田)	成煤时代	煤层	含量范围/(μg/g)	含量平均值/(μg/g)	样品数	资料来源
山西省	平朔矿区安家岭煤矿	P_1	4	42.4~195.6	117.0	7.0	李华等(2014)
		C_2	9	60.4~840.1	229.9	55.0	衣姝和王金喜(2014)
	平朔矿区安太堡矿	P_1	4	65.9~141.2	116.3	7.0	李华等(2014)
		C_2	9		114.0	14.0	刘帮军和林明月(2014)
	平朔矿区井工一矿	P_1	4	86.0~199.4	140.6	6.0	李华等(2014)
		C_2	9		139.0	5.0	刘帮军和林明月(2014)
	平朔矿区井工二矿	P_1	4	82.8~211.3	112.8	6.0	李华等(2014)
		C_2	9		176.0	8.0	刘帮军和林明月(2014)
	平朔矿区井工三矿	C_2	9		96.0	2.0	刘帮军和林明月(2014)
	平朔矿区安家岭矿	C_2	2	55.8~245.6	137.2	9.0	实测
	晋城矿区	C_2	15	183.2~199.2	188.1	14.0	实测
	霍西煤田生辉煤矿	C_2	9、10、11	65.1~153.8	94.0	11.0	实测
河南省	陕渑-济源新安矿	P_1	2	58.6~100.5	83.0	10.0	实测
	焦作古汉山矿	P_1	2	29.7~97.3	48.3	10.0	实测
重庆市	南武矿区	P_3	C_{25}	16.9~257.2	95.7	31.0	实测
	南桐矿区	P_3	C_{25}	102.9~170.8	130.5	3.0	实测
广西	扶绥煤田	P_3	K_1	131.0~355.0	188.2	14.0	实测
	上林万福煤矿	P_3	K_4	16.3~673	240.3	6.0	实测

我国煤中锂异常分布的成煤时代包括二叠纪和石炭纪。内蒙古准格尔矿区石炭系 6 号煤层、山西省平朔矿区石炭系—二叠系 2、4、9、11 号煤层中目前已发现煤中伴生锂矿，在准格尔矿区及黑岱沟等煤矿分析 6 号煤中镓含量平均值均接近或超过 120μg/g，最大值为 657.0μg/g。平朔矿区及安家岭、安太堡等矿井对应煤层中锂含量平均值大部分超过 120μg/g。在山西晋城矿区南部 15 号煤层、重庆南武矿区 C_{25} 煤层及广西扶绥煤田 K_1 煤层和上林万福煤矿 K_4 煤层中发现锂富集异常，煤层中锂富集程度高，平均值分别达到 188.10μg/g、95.70μg/g、188.21μg/g 和 240.3μg/g，具有进一步开展研究工作的价值(图 5-4)。

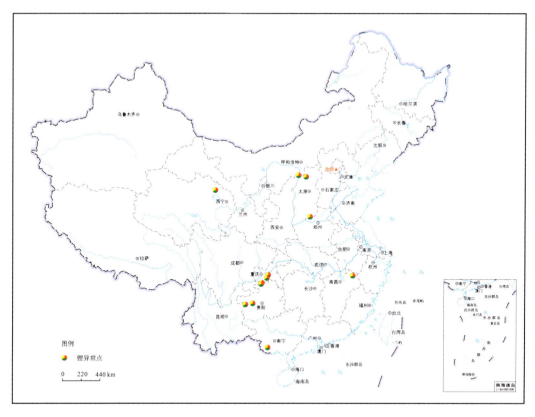

图 5-4　中国煤中锂富集异常点分布图

五、煤中稀土元素富集异常点分布

REE 具有稳定的地球化学性质，其均一化程度高，不易受各种地质作用的干扰，一旦被"记录"在含煤地层中，容易被保存下来，是研究地质成因良好的地球化学指示剂，并且其分配模式可以提供物质来源的信息，煤中 REE 的赋存状态，直接关系到它们在成煤作用过程中淋滤、分离、迁移和富集。邵靖邦和王宇林(1997)认为，煤中 REE 通常以三种形式存在，即以有机质螯合物参与结构、形成独立的无机矿物和以类质同象(或以机械混入物)赋存于其他的无机物中。黄文辉等(2007)研究认为，陆相环境下形成的煤，其REE 主要承载于碎屑颗粒和黏土矿物表面；受海水影响形成的煤，其 REE 主要承载于细粒黏土矿物和凝胶化有机质，且以吸附和包容为主，有机 REE 化合物次之。

煤中 REE 在滇东-黔西-川南褶皱赋煤带和川东褶皱赋煤带内皆有分布，该区煤中 REE 富集于上二叠统宣威组、龙潭组煤层中。川东褶皱赋煤带南桐矿区多个煤矿的 C_{25} 煤层中有 REE 富集，其中天宝煤矿煤中 REE 为 2462.39μg/g；潼仪煤矿 REE 含量为 374.78～1237.65μg/g，平均值为 703.62μg/g；松藻矿区煤中 REE 含量平均达 509.62μg/g。滇东-黔西-川南褶皱赋煤带内煤中 REE 主要在龙潭组、宣威组底部的煤层中较为富集。采样测试结果显示，在滇东北的彝良矿区铜厂沟煤中 REE 高达 4075.54μg/g；徜塘矿区尹家村、石拐子等地煤中 REE 最高为 1534.47µg/g；其次在贵州黔北矿煤中 REE 平均值高达 747.06µg/g（表 5-14）。

表 5-14　煤中稀土异常分布表

省市	矿区名称	成煤时代	含量范围/(µg/g)	含量平均值/(µg/g)	样品数	资料来源	备注
重庆市	南武矿区	P$_3$	171.51～2490.95	641.26	31	实测	
			451.99～1468.16	714.02	23		底板泥岩
	南桐矿区		66.45～1428.50	737.54	7		底板泥岩
	松藻矿区			509.62			
贵州省	黔北矿区	P$_3$	323.90～1591.50	747.06	5	实测	
	凯里鱼洞	P$_1$	388～1380	961	7	吴艳艳等(2010)	
云南省	彝良矿区	P$_3$	4075.54	4075.54	1	实测	泥岩
	徜塘矿区		524.63～1534.67	953.52	7	实测	泥岩

吴艳艳等（2010）对贵州凯里鱼洞煤矿梁山组中下部煤层采样测试发现，七个分层中 REE 总量变化为 388～1380µg/g，远高于中国煤中 ∑REE 平均值 105.57µg/g、世界煤∑REE 平均值 46.3µg/g（Valkovic，1983）和美国煤中 ∑REE 平均值 62.1µg/g（Finkelman，1993），也显著高于北美页岩∑REE 平均值 173.2µg/g（王中刚，1989），表明凯里鱼洞高硫煤中 REE 相当富集。

第二节　煤中金属元素矿床

一、内蒙古乌兰图嘎煤-锗矿

（一）概况

内蒙古胜利煤田以丰富的煤炭资源而闻名，同时拥有价值更高的煤共生锗矿，胜利煤田锗矿床位于内蒙古锡林浩特市西 13km 处胜利煤田乌兰图嘎煤矿及周边地带，面积约 2km^2，是中国目前发现的规模最大、开采技术条件最好的特大型煤共生锗矿床（图 5-5）。

20 世纪内蒙古自治区煤田地质局 151 勘探队于 1974 年提交的《内蒙古阿巴哈纳尔旗胜利找煤区普查找煤报告》中提出该地区 6^{-1} 号煤层中共生有较高品位的锗矿产，为以后的勘查工作指明了方向。内蒙古煤田地质局勘查院于 1998 年在锡林浩特乌兰图嘎煤矿 II 采区发现了一处大型锗矿，经地质勘查计算 6^{-1} 号煤层锗储量约为 1600t。2005 年，内蒙古自治区煤田地质局 153 勘探队对胜利煤田乌兰图嘎锗矿开展详查勘查，提交锗资源储量为 690.83t，潜在矿产资源预测的资源量(334)约 1015.85t。2007 年，内蒙古自治区煤田地质局 153 勘探队在乌兰图嘎矿区褐煤锗矿勘探区进行勘探，对探矿证范围内 6$_{\perp}$、6^{-1} 与煤供生锗矿层进行了资源储量估算，获得锗资源储量 1690.31t，6^{-1} 锗资源储量为 1630.66t。

随着乌兰图嘎煤-锗矿的发现，煤田地质工作者在刊物发表了胜利煤田乌兰图嘎煤-锗矿相关文献。王兰明(1999)和秦胜利(2001)先后介绍了该矿的地质特征及勘探。杜刚等(2004)探讨了 6^{-1} 号煤层中采自不同钻孔的褐煤样品中锗含量的变化规律，以及锗含量与挥发分、灰分产率和硫含量的关系。Zhuang 等(2006)和张琦等(2008)初步研究了该矿 12 件样品的地球化学和矿物学特征。Qi 等(2007)系统研究了该矿含锗煤的微量元素和稀土元素地球化学特征。

(二)地质背景

胜利煤田位于大兴安岭西麓、二连盆地群东端乌尼特断裂拗陷，东西长约 45km，南北宽约 76km，面积 3420km^2。煤田为一宽缓向斜，构造轴线总体为北东—南西向，地层

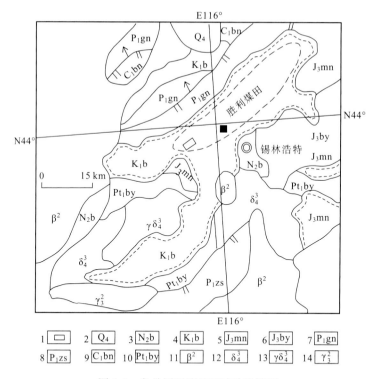

图 5-5　乌兰图嘎锗矿区域地质简图

1-乌兰图嘎锗矿；2-第四系全新统；3-新近系宝格达乌拉组；4-下白垩统巴彦花组；5-上侏罗统尼吐组；6-上侏罗统白音高
老组；7-下二叠统格根放包组；8-下二叠统哲斯组；9-上石炭统本巴图组；10-下元古界宝音图群；11-第四系玄武岩；
12-海西期闪长岩；13-海西期花岗闪长岩；14-燕山早期花岗岩

平缓，起伏不大。胜利煤田外围出露的岩浆岩主要是海西期的闪长岩、花岗闪长岩，晚侏罗世的花岗岩，以及第四纪玄武岩(王兰明，1999)。胜利煤田属早白垩世陆相断陷盆地，盆地形成于中生代晚侏罗世—早白垩世燕山期，盆地基底由志留系—泥盆系和二叠系组成，中生代陆相火山-沉积地层普遍发育，特别是下白垩统巴彦花群出露面积广泛，沉积厚度巨大，而各期火成岩在盆地周围均有分布。

胜利煤田含煤地层主要为下白垩统白彦花群赛汉塔拉组，该段含煤 5 层(组)，其中 6 号煤层全煤田发育，厚度巨大，以单煤层厚 117m 闻名全国。6^{-1} 号煤层全区分布，层位稳定，结构简单，厚度为 0.82～16.66m，平均为 9.88m，含锗品位最高可达 1530μg/g。其煤层结构简单，仅下部有一薄层厚度为 0.15～0.30m 且非稳定分布的炭质泥岩夹矸；煤层由半暗-暗淡型褐煤组成，其宏观煤岩类型多为暗煤，夹亮煤条带，富含丝炭和木质结构植物残体。6^{-1} 号煤层上覆地层以各种粒级砂岩、砾岩为主，泥岩和粉砂岩次之，下伏地层岩性以灰黑色泥岩、粉砂岩为主，夹少量中、粗砂岩薄层。该含煤地层的岩性、岩相具有明显的盆地边缘相沉积特征。矿区西、东两侧各有一条断层，分别为 F$_1$、F$_2$，呈北北西向展布，倾向南东，其倾角分别为 70° 和 75°，两条断层破坏了 6^{-1} 号煤层和锗矿层的连续分布(图 5-6)。

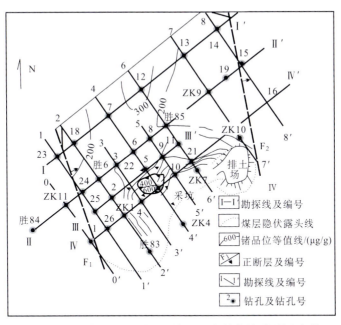

图 5-6 内蒙古乌兰图嘎锗矿工程布置与锗品位等值线(据黄文辉等，2007)

(三)煤-锗矿床分布特征

1. 平面展布

内蒙古乌兰图嘎煤-锗矿床矿层主要载体为 6^{-1} 号煤层，锗、煤同体共生，全层含锗丰富，形成特大沉积型锗矿床。在横向上，矿层连续分布，其层位也比较稳定，随煤层向西北方向略有倾斜，倾角一般为5°左右，为近水平微倾斜矿层。矿层东南厚度薄，小于10m，西北厚度大，大于10m，矿层厚度变化较均匀，规律明显，形态简单[图5-7(a)]。从盆地边缘向盆内方向，煤层由薄变厚，渐变规律明显，但是含锗的品位则由高变低，具有明显的方向渐变性。由图5-7(b)中可见，区内矿层锗含量在南北部较高，东西部含量较低，呈马鞍状分布。大部分地区锗含量在200μg/g以上，而在露采坑一带锗含量均在400μg/g以上，个别钻孔达到700μg/g以上；在东西方向Ⅱ—Ⅱ′线附近锗含量偏低，在200μg/g以下，如胜85、ZK9、ZK10等钻孔。经过整理分析，乌兰图嘎采区锗矿东南约有0.2km²的范围，6⁻¹号煤层锗品位为100~700μg/g，矿体厚度0.80~2.03m；在矿区西北部边界以外面积约0.45km²的范围，6⁻¹号煤层锗品位为169~345μg/g，矿体厚度10~20m不等。

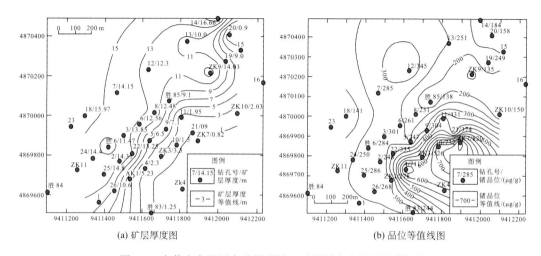

(a) 矿层厚度图　　　　　　　　　　(b) 品位等值线图

图5-7　内蒙古自治区乌兰图嘎锗矿矿层厚度和锗品位等值线

水平方向上，锗矿体的分布主要集中在胜利煤盆西南部，是胜利含煤盆地锗最富集区，其余盆地边缘地带零星有锗异常点。煤层中富集的锗来源于成煤泥炭沼泽周围的原始物质供给区。对胜利煤田外围采集的不同岩体样品进行光谱分析和化学分析，发现西南部燕山中期二长花岗岩锗品位为15.28μg/g，南部和东部中酸性岩浆岩锗品位为2.53~4.96μg/g。而在煤田北部的二叠系和火山喷发岩体及小型硅质岩脉中锗品位很低。黄文辉等(2007)认为，胜利煤田西南部一带为锗的原始物源区，在其附近煤层中含锗品位较高，而其他区域比较低。

2. 纵向变化

岩性上，以6⁻¹号煤层为主要的研究目的层，纵向上对20多个钻孔锗品位变化进行分析，发现多数出现多个聚锗高峰，各层段含锗并不均匀，锗品位相差也悬殊，且规律性不明显。从锗含量纵向变化图中可以看出(图5-8)，锗含量沿煤层纵向上分布不均，可以出现多次聚锗高峰，大多数在煤层底部夹矸下部出现聚锗的高值，个别夹矸锗品位达到工业品位(不小于 100μg/g)，认为锗的富集基本上是与成煤植物泥炭化阶段同步进行。锗在成煤过程中同步沉积进而富集。夹矸对底部煤层起到保护作用，防止了底部煤层富集锗的淋滤和流失，同时使煤层中的炭质泥岩夹矸也富集锗。而整个含锗 6^{-1} 号煤层中，锗在纵向分布上的起伏变化，与成矿沼泽微环境有关，同时随锗源的供给条件的变化而变化，当锗源供给条件充沛时，锗在煤层中的富集便出现高值，如果供给出现不足，能够赋存在煤层中的锗量减少，纵向上就会出现锗品位的凹谷。

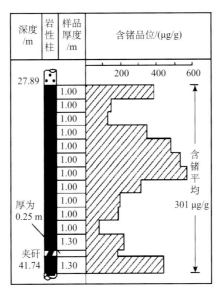

图 5-8 3 号钻孔锗品位变化

(四)矿床资源量估算

1998 年，内蒙古地质矿产勘查院于内蒙古锡林郭勒盟乌兰图嘎煤矿 II 采区发现了一处大型锗矿，II 采区锗矿进行储量计算结果为：锗金属 C+D 级储量为 1600 余 t(Ge 平均品位 244μg/g)。2007 年，内蒙古乌兰图嘎褐煤-锗矿勘探区锗层进行资源量估算，储量计算结果：$6_{上}$、6^{-1} 号煤层与煤供生锗锗资源储量 1690.31t，其中 6^{-1} 号煤层锗资源储量为 1630.66t。

根据黄文辉等(2007)分析，乌兰图嘎褐煤-锗矿采样工业指标方案(边界品位不小于 30μg/g，工业品位不小于 100μg/g)，资源量估算范围以钻孔连线圈定地质块段，采用地质块段法估算锗煤的资源量，计算储量结果为：6^{-1} 号煤层褐煤总储量为 600 万 t，锗金属储量约 1805t(锗平均品位为 244μg/g)。

二、云南临沧煤-锗矿

(一)概况

临沧锗矿床产在滇西临沧县境内以富锗的印支期花岗岩为基底的帮卖陆相含煤碎屑岩盆地中，位于临沧帮卖盆地北翼中北部。帮卖盆地长 9km，宽 3km，面积约 16.4km^2（图 5-9）。锗矿床赋存于帮卖盆地第一含煤段的煤层中，是一个罕见的以锗为主的褐煤型超大型铀锗矿床。云南省地质矿产勘查开发局第三地质大队、核工业中南 209 队、云南省核工业 209 地质大队等做了很多勘探工作(白云生，1983)。

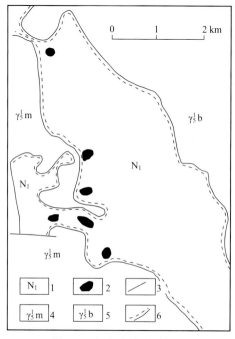

图 5-9　帮卖盆地地质简图

1-新近系盆地地层；2-富锗煤矿段；3-断层；4-黑云母花岗岩；5-二(白)云母花岗岩；6-不整合面

临沧锗矿床自发现以来，为煤中锗研究提供了得天独厚的研究实例，国内已有部分学者对其进行过研究，例如核工业北京地质研究院、中国科学院地球化学研究所、中国科学院广州地球化学研究所多位学者对锗的地球化学、赋存状态、成矿作用及有机质和成煤作用各阶段地质因素对锗的富集等问题进行了系统的研究(张淑苓等，1984；胡瑞忠等，1996，1997；庄汉平等，1997，1998a，1998b；卢家烂等，2000；戚华文等，2002)。研究表明，临沧锗矿的锗源与盆地西缘的二云母花岗岩有关，煤中锗可能主要由与煤层形成近同时的、以热水成因硅质岩为标志的热水活动带入。

(二)地质背景

帮卖含煤碎屑岩盆地为一新近纪断陷盆地，轴向北北西，受北北西向和近东西向断裂控制，为北西 330°不对称向斜盆。盖层为新近纪煤系地层，由中新统的上、下煤组组成。按沉积旋回可划分为四个含煤段：靠近盆地基底的第一含煤段，为煤、碎屑岩与硅质岩(燧石层)和薄层灰岩互层；其上部的三个含煤段均为煤与碎屑岩互层，其中缺少硅质岩和灰岩。

盆地位于我国西南三江滇中经向构造体系的临沧花岗岩体上。盆地基底和周缘广大地区的岩石，均为澜沧江深大断裂以西、呈南北向分布的临沧-勋海巨型花岗岩基的组成部分。基底以海西期—燕山期(Y43—Y52)花岗岩为主，在矿区及其附近，花岗岩主要包括两种岩石类型：①似斑状黑云母花岗岩，为花岗岩的主体，沿盆地东部分布；②二(白)云母花岗岩，呈北北西向沿盆地西缘(安坑—上寨—新寨一线)分布，为花岗岩的补体，局部见伟晶岩化并含有电气石，其中硫化物石英脉多见。据景谷幅的同位素定年资料，矿区花岗岩的时代为 253～193Ma，属于印支期。

(三)煤-锗矿床分布特征

帮卖盆地地层为中新世帮卖组，可划分出三个含煤段(N_1b^2、N_1b^4 和 N_1b^6)(图 5-10)。临沧锗矿床锗主要产在靠近盆地基底夹有硅质岩和薄层灰岩的第一含煤段的煤层中，其上部的三个含煤段的煤层基本未见锗矿化。矿体中锗的品位变化较大，常见品位为 $n×100\mu g/g$，最高品位超过 $3400\mu g/g$，锗元素主要以有机化合物(70%～80%)和吸附状态(约20%)存在于矿化煤层中。

勘探资料表明，临沧锗矿床中的锗无论在纵向还是横向上都非均匀分布。具有工业意义的锗基本上都集中在靠近盆地基底第一含煤段(N_1b^2)的煤层中。该含煤段主要由粗砂岩、含砾粗砂岩(夹炭质细砂岩)、粉砂岩、煤层、层状硅质岩和薄层含炭硅质灰岩组成。在上部缺乏硅质岩的两个含煤段的煤中并无锗矿化。在第一含煤段中，锗矿体呈层状产出，产状与地层一致，煤层一般即为锗矿层。富锗煤矿段与基底同沉积断裂、层状硅质岩的空间分布范围互相重合。矿体中锗的含量为 20～$3400\mu g/g$，变化范围较大，锗平均含量为 $852\mu g/g$(表 5-15)。不同煤层之间锗含量差别很大，具有开采价值的富锗煤仅分布在盆地西缘，其常见品位是 $n×100\mu g/g$。位于地层底部含煤段(N_1b^2)中的最下方第一号煤层是主矿体。矿体厚度大，平均厚度大于 3m，最大厚度大于 14m。第一含煤段煤层中锗的储量占总储量的 80%，即使在第一号煤层内锗的分布也不均。

临沧锗矿床的矿化特征是矿化煤层中锗含量的空间变化具有一定的规律性。虽然锗含量在平面上变化很大(其幅度可达数十倍)，但这种变化具有明显的规律。富锗煤矿段在平面上表现出沿北北西向和近东西向呈串珠状分布的特征，这种分布格局与盆地基底北北西和近东西向同生断裂的展布格局一致；在纵向上锗含量的变化亦有明显规律。通常，接近煤层顶、底板的煤中锗含量较高，有人称其为接触富集。

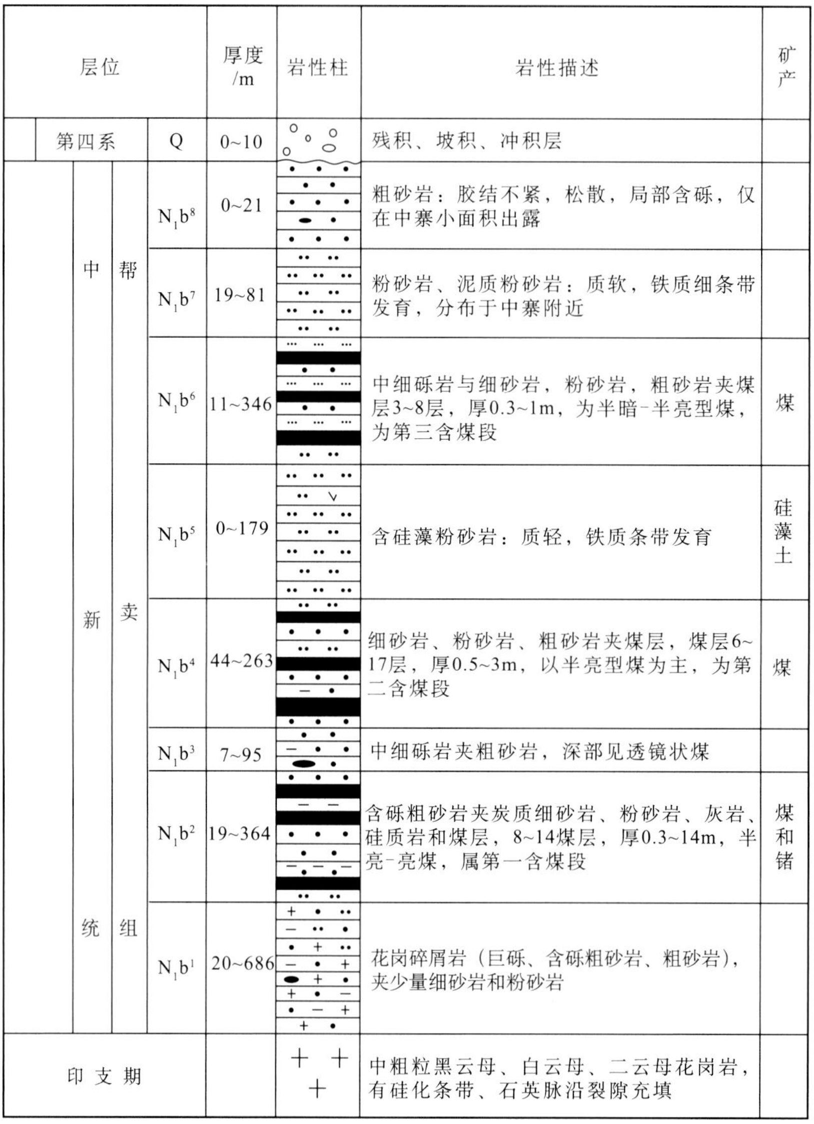

层位			厚度/m	岩性柱	岩性描述	矿产
	第四系	Q	0~10		残积、坡积、冲积层	
中	帮	N_1b^8	0~21		粗砂岩：胶结不紧，松散，局部含砾，仅在中寨小面积出露	
		N_1b^7	19~81		粉砂岩、泥质粉砂岩：质软，铁质细条带发育，分布于中寨附近	
		N_1b^6	11~346		中细砾岩与细砂岩，粉砂岩，粗砂岩夹煤层3~8层，厚0.3~1m，为半暗-半亮型煤，为第三含煤段	煤
新	卖	N_1b^5	0~179		含硅藻粉砂岩：质轻，铁质条带发育	硅藻土
		N_1b^4	44~263		细砂岩、粉砂岩、粗砂岩夹煤层，煤层6~17层，厚0.5~3m，以半亮型煤为主，为第二含煤段	煤
		N_1b^3	7~95		中细砾岩夹粗砂岩，深部见透镜状煤	
统	组	N_1b^2	19~364		含砾粗砂岩夹炭质细砂岩、粉砂岩、灰岩、硅质岩和煤层，8~14煤层，厚0.3~14m，半亮-亮煤，属第一含煤段	煤和锗
		N_1b^1	20~686		花岗碎屑岩(巨砾、含砾粗砂岩、粗砂岩)，夹少量细砂岩和粉砂岩	
印支期					中粗粒黑云母、白云母、二云母花岗岩，有硅化条带、石英脉沿裂隙充填	

图 5-10　帮卖盆地地层简表(据云南省核工业 209 队资料)

表 5-15　临沧盆地煤层锗含量情况表

盆地名称	富锗煤层层位	煤层锗含量/平均值(μg/g)
潞西	底部 5 号煤	0~811/133
临沧帮卖	N_1b 主煤层	20~3400/852
沧源芒回	2、3、4、5、6 号煤层	47~100/73

(四)锗储量估算

在临沧帮卖(大寨和中寨)、腊东(白塔)、沧源芒回矿区、潞西等噶四个矿区内,根据煤田勘探估算锗储量共计 2076.7t,其中最大的锗矿是位于帮卖的大寨和中寨,储量约 1620t(表 5-16)。腊东(白塔)矿区,煤田勘探估算锗储量 132t,部分开采。芒回矿区勘探估算锗储量 257.7t,未开采。这三个矿区锗储量为 2009.7t。等噶矿区已开采 30 余年,现资源已近枯竭。经踏勘采样却未做专门的地质工作的点有三个:临沧盆地含锗品位 $150\sim250\mu g/g$,腾冲瑞滇盆地锗含量为 $40\sim80\mu g/g$,腾冲至梁河之间的某小盆地锗含量为 $1200\mu g/g$。另外煤田勘查少量样品含锗为 $10\sim20\mu g/g$ 的有三个矿区。上述四个有工业价值的矿区,除帮卖盆地进行过专门锗的勘探工作,其余三个矿区为煤田地质勘探工程稀疏圈定,并估算过褐煤中的锗储量,预计远景储量可达 $2000\sim3000t$(邓明国等,2003)。

表 5-16 临沧褐煤中各含锗矿区的锗储量及利用情况

矿区名称	锗储量/t	利用情况	备注
帮卖(大寨和中寨)	1620	正在开采	
腊东(白塔)矿区	132	部分开采	
芒回矿区	257.7	未开采	
等噶矿区	67	已近枯竭	褐煤已开采 30 余年

三、内蒙古准格尔矿区 Al_2O_3-镓-稀土矿

(一)概况

准格尔煤田位于内蒙古西南部,地处鄂尔多斯盆地的东北缘,煤田南北长 65km,东西宽 26km,面积约 1700km^2,已探明的煤炭地质储量为 268 亿 t。

代世峰等(2006a)在内蒙古准格尔煤田发现了与煤伴生的超大型镓矿床。2008 年,中国矿业大学在"首批煤炭国家规划矿区资源评价"项目中将准格尔矿区作为重点矿区,对矿区煤中镓等稀散金属开展调查与研究。2012 年,中国矿业大学(北京)在"中国煤系共伴生矿产资源评价"项目中对准格尔煤田煤中 Al_2O_3、镓和稀土赋存规律及开发利用进行评价。

准格尔煤田所处的特殊的古地理位置和煤中超常富集镓的特殊载体,决定了该镓矿床是目前国际上发现的独特的镓矿床类型,也引起部分学者对其进行深入研究(代世峰等,2006a,2006b;吴国代等,2009;王文峰等,2011),进一步研究准格尔煤田各煤层中镓的赋存特征,以及煤中镓的赋存状态和富集成因,对指导该煤田镓资源的综合开发利用具有现实意义。

(二)地质背景

准格尔煤田位于华北石炭纪—二叠纪巨型聚煤盆地北缘，古大地构造位置位于阴山古陆之南、吕梁古陆以西，也即阴山古陆南斜坡过渡带上。总体构造形式为一走向近南北，倾向西，倾角小于 10° 的单斜构造。在这一单斜构造内部，发育一系列小型波状起伏的褶曲构造，区内断层稀疏，规模不大，发育的断层均为正断层，主要有龙王沟、石圪咀和田家石畔等正断层。准格尔煤田由北向南划分有：东孔兑、窑沟、牛连沟、唐公塔、龙王沟、黑岱沟、哈尔乌素、南部等勘探区(图5-11)。

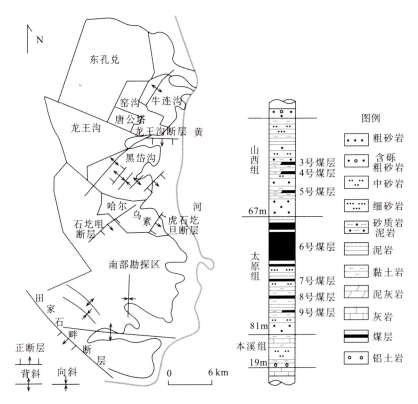

图 5-11 准格尔煤田构造纲要简图与含煤地层岩性柱状图
(据王文峰等，2011，有修改)

准格尔矿区含煤岩系包括上石炭统本溪组、太原组和下二叠统山西组，为一套夹石灰岩层的陆源碎屑含煤沉积，总厚 110～160m，含煤 11 层，其中以太原组含煤性好，该组地层厚度 44.5～124.6m，平均 81m，含煤 6 层，分别为 6上、6、6下、8、9 及 10 号煤层，其中以 6上 号和 6 号为主要可采煤层，6下、8 及 9 号煤层局部可采。山西组厚度为 23.7～95m，平均 67m，一般含煤 5 层，其中具有工业意义的为 3 和 5 号煤层，不稳定、局部可采。本溪组地层一般厚 15～20m，含有一层不稳定的薄煤层，其底部为灰色-灰白色铝土质泥岩与一层鸡窝状褐铁矿层。含煤地层的底板为中奥陶统石灰岩，之上则发育下石盒子组、上石盒子组、石千峰组和刘家沟组等非含煤地层。

（三）Al_2O_3、镓和稀土元素氧化物分布特征

1. 准格尔煤田煤中 Al_2O_3 的分布特征

从平面上看，准格尔煤田煤中 Al_2O_3 的分布在南北方向上呈分带性：中部高，向南北方向逐渐降低。Al_2O_3 含量大于 55%的样品主要分布在煤田中部的黑岱沟煤矿和哈尔乌素煤矿附近（最大值为 62.44%）；最北部的小鱼沟煤矿和最南部的红树梁煤矿煤中 Al_2O_3 的含量较低，大致为 43%。

通过对黑岱沟煤矿典型剖面和哈尔乌素煤中钻孔岩心的分析，发现准格尔煤田煤中 Al_2O_3 的含量在剖面上存在以下规律：Al_2O_3 含量在煤层的中部较高，在煤层的顶底部较低。如黑岱沟煤田中 Al_2O_3 含量最大值出现在煤层剖面的中上部（ZG6-3），而顶部的 ZG6-1 分层样品中 Al_2O_3 的含量较低（图 5-12）；同样在哈尔乌素煤矿也表现出类似特征（图 5-13），上部厚约 6m 和下部厚约 4m 的分层煤样 Al_2O_3 的含量较低，中间的煤层 Al_2O_3 的含量高。

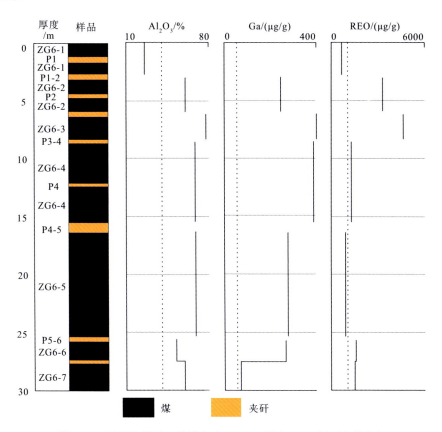

图 5-12 黑岱沟煤矿 6 号煤灰中 Al_2O_3、镓和 REO 剖面变化特征

2. 准格尔煤田煤中镓的分布特征

准格尔煤田煤中镓的分布与 Al_2O_3 的分布类似。从剖面上看，镓在准格尔煤田的分布也呈南北向的分带性：在煤田中部的黑岱沟煤矿和哈尔乌素煤矿煤中镓的含量最高，向煤田的南部和北部镓的含量逐渐降低。最大值均值出现在中部的哈尔乌素煤矿（135μg/g），最小值出现在煤田南部的红树梁煤矿（19.5μg/g）。

从剖面上看，镓含量的分布与 Al_2O_3 的分布也十分相似，在煤层中部的分层样品中镓的含量高，在靠近煤层顶底板的分层样品中，镓的含量较低。例如，在黑岱沟煤矿的典型剖面中，镓的最大值出现在中上部的 ZG6-3 样品，最小值出现在顶底部的样品中（ZG6-1 和 ZG6-7），这与 Al_2O_3 的剖面分布特征一致（图 5-12）。这种相似的分布特征，同样在哈尔乌素煤矿钻孔样品上也表现明显，在煤层中部的样品中镓含量较高，在煤层上部和下部样品中镓的含量低（图 5-13）。

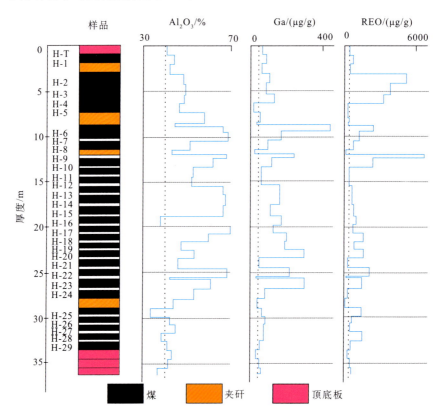

图 5-13　哈尔乌素煤矿 6 号煤灰中 Al_2O_3、镓和 REO 剖面变化特征

3. 准格尔煤田煤中 REO 的分布特征

REO 的分布规律与 Al_2O_3 和镓的略有不同，但总体特征也是煤田中部高，南北部低。

在准格尔煤田南部，REO 的分布呈很明显的分带性：中部高，越往煤田的南部含量越低；而在煤田的北部分带性不明显，在准格尔煤田的东北缘的孙家壕煤矿含量最低，向西南方向逐渐增加。REO 的最大值出现在准格尔煤田中部的哈尔乌素煤矿和黑岱沟附近，平均值超过了 1400μg/g；南北部的 REO 较低，含量为 300～400μg/g。

在剖面上看，REO 的最大值均出现在煤层的中上部。如在黑岱沟煤矿 REO 高含量的样品(ZG6-2、ZG6-3)位于煤层的上部(图 5-12)，在哈尔乌素煤田的中上部的 H-2、H-3 和 H-4 样品中 REO 的含量也较高(图 5-13)。另外一个规律是夹矸下伏煤中 REO 的含量明显高于夹矸，如 H-6 和 H-9 分层样品中 REO 的含量明显高于其上覆夹矸中的含量。

(四)Al_2O_3、镓和 REO 资源量

Dai 等(2012a)指出对于厚度大于 5.0m 的煤层，若煤灰中 Al_2O_3 的含量大于 40%，镓的含量大于 50μg/g，REO 的含量为 800～900μg/g，那么它们就有回收利用的价值，可以作为煤中伴生矿产加以开发利用。各矿灰分、Al_2O_3、镓和 REO 的含量列于表 5-17。

分析测试结果表明(表 5-17)，整个准格尔矿区 6 号煤煤灰中 Al_2O_3 的含量平均值为 47.1%，灰分平均值为 26%，计算出整个煤田煤中 Al_2O_3 的资源量约为 31.5 亿 t。准格尔煤田煤灰中镓的含量均值为 51.0μg/g。尽管平均值超过了边界品位，但为了更准确地计算资源量，计算镓含量超过 50μg/g 的部分。根据准格尔煤田煤中镓(灰基)含量等值线图，镓含量大于 50μg/g 的范围约占整个矿区面积的 60%，取其平均品位 75μg/g 进行估算，得出准格尔煤田煤中镓的资源量约为 30 万 t。准格尔煤田煤灰中 REO 的含量的平均值为 734μg/g。根据准格尔煤田煤中 REO 含量等值线图，煤灰中 REO 含量超过 900μg/g 的范围约占矿区面积的 65%，取平均含量 1100μg/g，计算准格尔煤田煤中 REO 资源量约为 1130 万 t。

表 5-17 准格尔煤田 6 号煤煤灰中 Al_2O_3、镓和 REO 含量

煤矿	Al_2O_3/%	Ga/(μg/g)	REO/(μg/g)	灰分/%
官板乌素	43.9	77.8	1121	20.25
哈尔乌素	53.4	135.0	1404	18.05
黑岱沟	62.4	44.5	1461	17.52
小鱼沟	43.5	29.7	492	30
孙家壕	45.8	44.1	321	19.5
串草圪旦	41.5	25.4	327	42.6
红树梁	43.0	19.5	359	39
厅子壕	43.6	30.0	386	20
平均值	47.1	51.0	734	26
边界品位	40	50	800～900	

四、山西平朔矿区煤-镓-锂矿

(一)概况

山西平朔矿区位于山西省朔州市宁武煤田北端，煤炭储量达 36.7 亿 t，是国家规划重点开发的大型煤炭基地之一，也是我国重要的动力煤和出口煤生产基地。

最近几年，在中国的很多煤样中均发现了锂的高富集，在内蒙古准格尔煤田官板乌素、哈尔乌素矿中发现锂的含量已经达到经济品位，并提出煤伴生锂矿的概念(Dai et al.，2008；Sun et al.，2010；Sun et al.，2012a，2012b)。2013 年，中国煤炭地质总局特种技术勘探中心"山西平朔地区煤中锂镓资源调查评价"项目取得重大成果，首次在平朔煤炭生产基地发现伴生超大型锂矿，对山西宁武煤田平朔矿区煤中的锂含量进行了分析研究，经估算平朔矿区煤中锂资源量为 107.25 万 t，镓资源量为 16.52 万 t。随着平朔矿区镓、锂矿床的发现，部分学者对矿区煤中镓和锂的成矿地质特征、镓和锂的富集机理及物源进行研究(李华等，2014；刘帮军等，2014；衣姝和王金喜，2014；刘帮军和林明月，2015)。

(二)地质背景

宁武煤田形成于宁武向斜盆地之中，盆地西部是吕梁半岛，东部为五台半岛，北部是阴山古陆(图 5-14)。盆地的基底是太古界的斜长片麻岩和混合片麻岩，宁武盆地在石炭纪—二叠纪呈现出北部和吕梁地区相对较高、中东部较低的向东开放的箕状地势，本

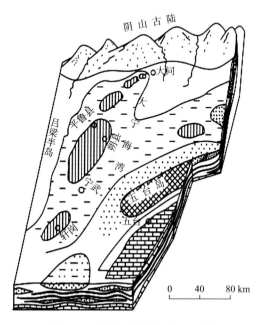

图 5-14　平朔矿区岩相古地理图

溪组铝土矿主要出露于盆地的周边，在盆地的北东仰起端较为集中，处于暴露被剥蚀的状态(汤明章和刘香玲，1996)。该区地处广阔的华北聚煤拗陷秦岭-大别古陆北缘西段，自中奥陶世之后隆起成陆，长期遭受风化剥蚀。至中—晚石炭世，因地壳下沉海侵成为滨海环境，在侵蚀盆地的基础上，接受了一套石炭系含煤沉积。中石炭世晚期，仅在局部低洼处沉积了薄而零星的本溪组泥岩及铝质泥岩。晚石炭世，普遍接受了海陆交互含煤沉积——太原组。由于地壳升降缓慢，幅度小整体性强，故岩性、岩相稳定，旋回结构清晰，煤层稳定，易于对比。

平朔矿区含煤地层包括石炭系本溪组、上石炭统太原组和下二叠统山西组，平均厚度为 182.8m(Lin and Tian，2011)，含煤十余层，以 4 号煤层、9 号煤层、11 号煤层为主要可采煤层。9 号煤位于太原组，平均厚度为 13.45m，煤层稳定可采，是平朔矿区的一个主采煤层。研究区内太原组的沉积环境是由广阔的潮坪、部分槽沟和砂坝组成的海退环境(Wang and Zheng，1997)。

(三)煤中锂、镓分布特征

1. 煤中锂分布特征

对平朔矿区各煤矿 4、9 和 11 号煤煤层样品进行采样测试分析，三层煤中锂含量均值达到煤中锂工业品位(120μg/g)，均可进行开发利用。其中 11 号煤锂最为富集，其含量均值达到 368.84μg/g(表 5-18)。

表 5-18 平朔矿区煤中锂含量 (单位：μg/g)

煤矿/钻孔	4 号煤		9 号煤		11 号煤	
	含量范围	平均含量	含量范围	平均含量	含量范围	平均含量
安家岭	42.37～195.59	116.94	87.83～346.76	206.15	206.46～320.02	294.96
安太堡	65.85～141.79	116.28	57.6～300.57	144.3	67.28～439.68	211.01
井工一矿	85.97～199.44	140.63	92.78～198.25/	139.27		
井工二矿	12.94～211.28	112.75	33.67～218.88	175.28	158.26～960.63	575.38
井工三矿			71.1～120.06	95.58		
钻孔	108.78～230.86	154.77	146.73～164.4	157.5	354.64～408.94	387.48
矿区平均值	128.27		153.05		368.84	

9 号煤中锂的含量均值为 153.05μg/g，是中国煤中锂含量平均值的 7 倍，最大值为 346.76μg/g，最小值为 33.67μg/g。各矿含量差别较大，安家岭露天矿 9 号煤中锂含量最高，平均值达到了 206.15μg/g，接下来依次为井工二矿(175.28μg/g)、安太堡露天矿(144.3μg/g)、井工一矿(139.27μg/g)和井工三矿(95.58μg/g)。分布大致特征为：在安太堡露天矿东南部及安家岭露天矿的中部偏西部，即在整个矿区的中南部区域锂的含量较高，在矿区北部的井工三矿锂的含量较低。

11 号煤中锂的平均含量为 368.84μg/g，最大值为 960.63μg/g，远远超过了伴生锂矿的品位。平朔矿区 11 号煤中锂的分布大致特征为：整体含量较高，锂含量基本都在 90μg/g 以上，边缘部锂的含量较高，而中部含量较低，最高点位于矿区东部的井工二矿东缘。

4 号煤中锂的平均含量为 128.27μg/g，最大值为 230.86μg/g，达到了伴生锂矿的品位。平朔矿区 4 号煤中锂的分布大致特征为：在安太堡露天矿南部、安家岭露天矿的北部及井工二矿的中部含量较低；而在整个矿区的边缘部区域锂的含量较高，最高点位于矿区东部的井工二矿东缘。

2. 煤中镓分布特征

对平朔矿区各煤矿 4、9 和 11 号煤煤层样品进行采样测试分析，其中 4 和 11 号煤中镓含量平均值达到煤中锂边界品位(30μg/g)，可进行开发利用。11 号煤镓最富集，其含量均值达到 40.01μg/g(表 5-19)。

表 5-19　平朔矿区煤中镓元素含量　　　　　　　(单位：μg/g)

煤矿/钻孔	4 号煤		9 号煤		11 号煤	
	含量范围	平均含量	含量范围	平均含量	含量范围	平均含量
安家岭	14.15～45.05	34.76	8.27～30.83	20.7	37.54～57.64	46.46
安太堡	27.37～51.86	37.4	11.2～32.35	20.18	15.15～39.53	29.28
井工一矿	21.29～57.34	34.51	16.21～25.67	22.34		
井工二矿	8.27～68.22	34.84	9.75～38.78	30.36	24.88～54.33	40.25
井工三矿			13.25～17.82	15.54		
钻孔	28.04～48.80	39.02	26.39～42.15	35.11	35.54～52.10	44.04
矿区均值	36.11		24.04		40.01	

9 号煤中镓的含量均值为 24.04μg/g，约是中国煤中镓含量平均值的 3 倍，最大值为 42.15μg/g，最小值为 8.27μg/g。在矿区的西部 9 号煤中镓含量偏低，东部较高，矿区的东部区域 9 号煤的含量达到了伴生镓矿的标准，镓含量最高点位于矿区东部的井工二矿东缘。从纵向上来看，9 号煤的上部 5m 金属镓含量较高，部分区域也达到了伴生镓矿的标准。

11 号煤中镓的平均含量为 40.01μg/g，最大值为 54.33μg/g，也达到了伴生镓矿的品位。11 号煤中镓的分布大致特征为：整体含量较高，达到综合利用的要求，仅在区内北部一带(安太堡露天矿东部、井工二矿西部)含量较低，呈现出东南高、西北低的特点。

4 号煤中镓的平均含量为 36.11μg/g，最大值为 68.22μg/g，达到了伴生镓矿的品位。4 号煤中镓的分布大致特征为：整体含量较高，达到综合利用的要求，区中部(安家岭露天矿中部、井工二矿中东部)含量较低，镓含量最高点位于矿区东部的井工二矿。

(四)煤中镓、锂储量估算

以最低评价边界品位为界,分别对平朔矿区 4、9、11 号煤层进行了锂和镓的资源量估算。9 号煤中镓的平均值为 24.04μg/g,计算 9 号煤中镓的资源量约为 5.96 万 t。11 号煤中镓的平均值为 40.01μg/g,资源量约为 2.8 万 t。4 号煤中镓的平均值为 36.11μg/g,资源量约为 6.39 万 t,为一大型镓矿床。平朔矿区 4、9 和 11 号煤中伴生的锂矿平均值分别为 128.27μg/g、153.05μg/g、368.84μg/g,均达到了煤中伴生矿产的要求。截至 2012 年年底,平朔矿区 4 号煤层储量约为 17.70 亿 t,9 号煤层储量约为 24.78 亿 t,11 号煤储量约为 7.01 亿 t,计算出 4 号煤中伴生锂矿资源量约为 22.70 万 t,9 号煤中伴生锂矿资源量约为 37.93 万 t,11 号煤中伴生锂矿资源量约为 25.86 万 t,为一超大型煤中伴生锂矿。

第三节 煤中金属元素潜在矿床

一、内蒙古伊敏煤田五牧场矿区煤-锗矿

伊敏煤田位于海拉尔盆地北端的呼和湖拗陷伊敏断陷内,长约 55km,宽 2～18km,控制面积约 600km²。该煤田含煤地层为下白垩统大磨拐河组和伊敏组,于 20 世纪 70 年代开始勘探开发,共探明煤炭资源量 130 亿 t。

伊敏煤田大磨拐河组各煤层绝大多数都有锗异常显示,从目前已有钻孔资料可知,在伊敏煤田大磨拐河组许多煤层中都有锗异常显示,其中具有工业价值的含锗煤层达五层以上。伊敏煤田锗异常含量大于 30μg/g 区域分布在五牧场全区,伊敏南露天西南部边缘及伊敏河东区之南部边缘,其中以五牧场区发育最好,根据锗异常分布范围、品位和含锗煤层的发育情况,综合评价预计锗资源量将超过 4000t(武文等,2002)。

伊敏煤田煤伴生锗异常早在找煤及普查阶段的煤样测试中就已发现,但基于历史原因未予以重视,致使后期的大量钻孔都未做相关测试,失去了在勘查阶段对伴生锗进行评价的机会。林堃琦等(2016)对五牧场区富锗煤的分布规律及成矿机理进行分析。

(一)地质地球化学背景

伊敏煤盆地位于新华夏系海拉尔沉降区东侧,为一北东东向的同沉积断陷盆地(图 5-15)。盆地东西两侧为相向倾斜的同沉积断裂,东缘断层 F_{10},西缘断层 F_{60}。整个盆地是由北北东向多字形斜列的三个宽缓次级褶皱组成,由南到北依次为伊敏向斜、五牧场背斜和孟根楚鲁向斜。

五牧场矿区位于伊敏盆地中部,五牧场背斜南翼,呈一单斜构造形态,地层走向北东 66°,地层倾角北部较缓,一般小于 10°,向东南地层倾角变陡。地层沿走向和倾向均有缓波状起伏。区内断层较为发育,根据三维地震和钻探资料,区内共组合断层 91

条，其中主要的规模较大的有 F_{30}、F_{31}、F_{36} 三条。F_{30}、F_{31} 形成时间较早，F_{30} 分布在南部边界，延长 4800m，落差大于 300m；F_{31} 分布在北部，延长 5400m，落差最大 76m；F_{36} 从矿区中部横穿，煤层表现在以 F_{36} 为界，北厚南薄。

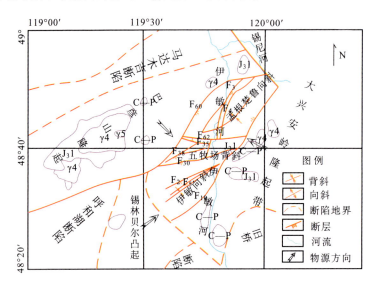

图 5-15　伊敏区域地质及物源示意图(据武文等，2002)

区域岩浆活动大致有两期：前期在大磨拐河组下部砂砾岩段堆积过程中，有火山喷发物凝灰岩和熔岩角砾岩，该期岩浆活动强烈；后期活动仅表现为热液型的方解石和石英呈脉状贯入煤系或煤层，并使围岩发生蚀变。

该区煤层赋存于大磨拐河组的含煤段中，区内共发育 14 个煤组，依次编号为 1～14 煤组，含 63 个煤层。区内 8^{-4}、10^{-3}、12、13^{-4+5} 煤层为发育较好的煤层。由于受到隐伏岩体热液变质等作用，煤类及煤质在垂向及侧向上都有较为明显的分布规律。不同的煤层，随着煤层埋深的增加，挥发分总体逐渐减小，煤的变质程度逐渐增高。

根据煤质化验结果，分别绘制了 10^{-3}、12 及 13^{-4+5} 煤层的挥发分等值线，总体上均表现为西高东低，而且在东部均以一低点中心，挥发分向外逐渐增高。煤类在挥发分低点中心为贫煤、贫瘦煤、瘦煤，向外逐渐增高为焦煤、肥煤、1/3 焦煤、气煤、不黏煤，最后至长焰煤。

从图 5-16 还可以看出，不同煤层的变质中心均位于矿区东部，平面上变质中心位置相似，垂向上表现为煤的高变质柱。据钻孔资料显示，在图 5-10 煤变质中心附近，可见隐爆角砾岩；高变质区断层异常发育，延伸至深部的断层能够成为热液向上导通的通道。据此推测，在热液活动期间，该区域存在热液通道，使位于通道附近的煤出现了较高程度的变质，热液温度随着运输距离增加逐渐减小，使由变质中心柱向外，煤的变质程度逐渐降低。

(a) 10⁻³煤层

(b) 12煤层

(c) 13⁻⁴⁺⁵煤层

图 5-16　煤层挥发分等值线图

8^{-4} 煤层至 14^{-6} 煤层均可见方解石与石英脉，且煤的变质程度越高出现的频次越高，而褐煤区从未见有脉岩的出现，推测 8 号煤组附近为热液入侵上限或热液温度由于长距离迁移温度降低，以至和周围温度相差不大，未能造成上面煤层煤质出现明显的变质。

127

(二)煤中锗分布特征

1. 煤中锗总体分布特征

采用 Valkovic(1983)提出的富集系数(EF)计算公式,计算了五牧场矿区锗元素的富集系数及它们的频次分布。根据以往中外资料,以 EF≥5.0 作为元素富集的界限。本次对五牧场矿区 22 层煤的 1187 个锗分析数据进行了统计,发现五牧场矿区锗元素的总体分布特征如图 5-17 所示。

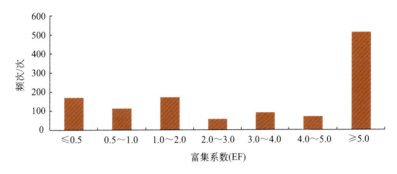

图 5-17 锗元素富集系数频次分布图

锗元素富集系数大于 5.0 的有 511 个样品,占总样品数的 43%;其他富集系数区间的样品数均不超过 180 个,都没有超过样品总数的 15%。从富集系数的频次区间看,富集系数大于元素富集界限的个数远大于其他区间的富集系数个数,所以该矿区锗元素总体富集。

2. 锗元素平面分布特征

利用勘探资料,对主要可采煤层 10^{-3}、12、13^{-4+5} 煤的锗元素平面分布特征进行了研究(图 5-18)。从整体上看,三个煤层的锗含量均大体富集在矿区的中部。从煤样数据看,对 74 个钻孔煤样化验数据进行统计,10^{-3} 煤层锗元素含量有 14 个钻孔煤样大于 20μg/g;有三个钻孔煤样大于 100μg/g,最大含量为 180μg/g。12 煤层锗元素含量有 24 个钻孔煤样大于 20μg/g;有两个钻孔煤样大于 100μg/g,最大含量为 135μg/g。13^{-4+5} 煤层锗元素含量有 18 个钻孔煤样大于 20μg/g;有三个钻孔煤样大于 100μg/g,最大含量为 166μg/g。

对比三层煤的锗含量等直线图,发现锗元素含量高值在平面位置上具有很大的相似性。参照煤层挥发分等值线图,三层煤中锗含量大值具有相同的平面位置特征:位于煤平面变质中心附近,在煤类变为长焰煤等低变质煤类后出现锗含量高值(图 5-18),再向外随着与变质中心的距离增加,锗含量减小。从各种因素的平面及垂向位置关系推断,热液作用是造成五牧场锗元素富集的一个重要原因,热液造成了锗元素平面上的特殊分布形态。

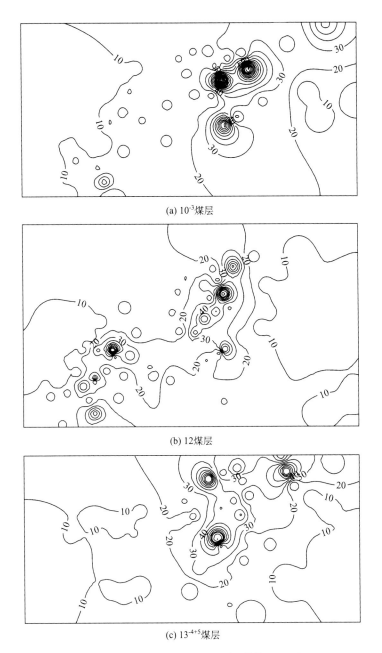

(a) 10^{-3}煤层

(b) 12煤层

(c) 13^{-4+5}煤层

图 5-18 锗含量煤层平面分布(单位：μg/g)

3. 锗垂向分布特征

计算各煤层锗含量的算术平均值(图 5-19)。从图 5-19 上可以看出，对比数据和煤层分类，锗含量在煤层中的平均丰度有明显的层位规律：浅部的 1^{-1}、3^{-1}、3^{-2}、4^{-1} 煤层锗平均含量较低，数值均小于 10μg/g；10^{-3}、10^{-5}、12、13^{-4+5}、14^{-4}、14^{-6} 煤层锗平均含量都超过 15μg/g。按照锗元素平均含量大小，总体上的变化趋势可以分为两个阶梯，从变化趋势上看，恰好和煤垂向的变质程度吻合。据此可以推测，锗元素的富集和热液有着密切的联系。

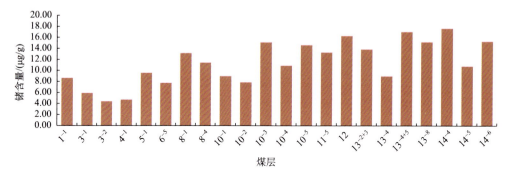

图 5-19　锗元素煤层分布特征及变化规律

(三)煤中锗赋存状态及富集因素探讨

1. 煤中锗元素赋存状态

五牧场矿区煤中锗含量都与挥发分呈正相关关系，煤中锗含量明显随着挥发分的增加而升高，而与灰分产率之间并没有明显的相关性，指示煤中锗的含量与煤中有机质有着重要的联系(图 5-20、图 5-21)。

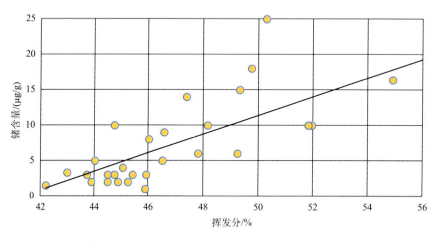

图 5-20　内蒙古伊敏煤田五牧场矿区煤中锗与挥发分产率之间的相关关系

从五牧场矿区煤中部分常量元素之间的相关关系可以看出，灰分产率和 SiO_2 呈正相关趋势(图 5-22)，表明煤中的主要矿物组分是含硅的矿物，如石英等。全硫与煤灰中的 Fe_2O_3 也表现为正相关关系，表明该矿区的煤中硫、铁的一种重要的存在形式是黄铁矿。煤中锗含量还与煤灰中的 Fe_2O_3 有明显的正相关性，由于黄铁矿形成于强还原环境下，所以可以判断五牧场矿区煤中锗可能是在强还原环境下产生富集。此外,锗元素在煤中可能有多种赋存形式,含铁无机盐矿物也可能是煤中锗的另一种赋存形式。

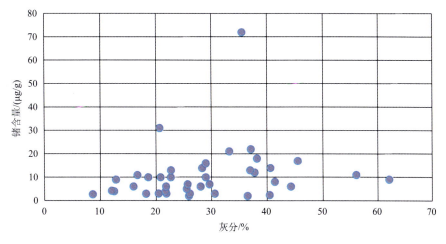

图 5-21　内蒙古伊敏煤田五牧场矿区煤中锗与灰分产率关系

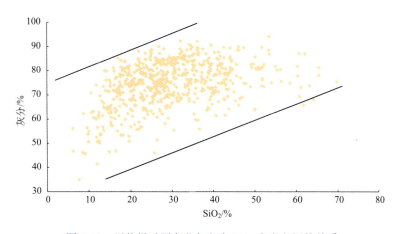

图 5-22　五牧场矿区灰分与灰中 SiO_2 产率之间的关系

2. 热液对锗富集影响的探讨

据研究,温度为 25～250℃时 GeO_2 的溶解度随温度升高而增大,且在近中性时达到最大值。现代地热流体与洋中脊热液表明,只有热液体系才能大量搬运锗。卢家烂等(2000)在对临沧锗矿的研究中指出,后期热液改造对锗的富集有着重要影响。

李世峰等(1986)对五牧场煤变质类型探讨,通过对五牧场矿区钻探遇烟煤的钻孔进行成煤期后可能存在过古地温梯度计算,80^{-6}、80^{-35} 和 80^{-9} 号钻孔分别为 66℃/100m、34℃/100m 和 88℃/100m,远大于伊敏盆地实测的现今地温梯度 3.2℃/100m,远超过区域正常的古地温梯度。按这样的地温推算,五牧场矿区垂深 2000m 处成煤期后的古地温可能曾经超过 1000℃，能产生这样巨大古热流的热源只能是岩浆热源。因此认为伊敏煤田五牧场背斜区煤的变质作用类型为典型的区域岩浆热力变质作用，预测深部可能存在着一个隐伏的火成岩体，这个岩体的形成期可能为晚白垩世或喜马拉雅期。

言圣等(2012)在对五牧场煤变质成因研究中指出，五牧场矿区烟煤成因为该区煤系地层底部存在一个燕山晚期酸性侵入岩体，该侵入体是引起该区煤变质的直接热源，提供了褐煤向烟煤转化的热动力。在岩浆活动中有气液流体参加，岩浆期和岩浆期后的气液流体以对流的方式沿岩(煤)层孔隙与裂隙活动，高温热液长距离定向运移，使大面积范围内地温梯度增高，特别是该区含煤地层富含地下水，被加热了的地下水也参加了这一活动，构成混合热液系统，沟通深部热源，把热能传递到上部，使区内广泛发生蚀变。五牧场张性断裂和岩层裂隙发育，二者是热液运移的重要通道。变质程度较高的煤层(褐煤以上)中发现普遍存在的热液成因方解石(图 5-23)和石英矿物(图 5-24)就是低中温热液活动的产物(李卫旭，2017)。

五牧场锗元素在垂向和平面上分布都具有独特的规律：垂向上以煤层变质程度为界限，褐煤锗元素相对含量较低，平均为 7μg/g 左右，随着煤层埋深的增加，变质程度相对较高的长焰煤中锗元素含量变高，显示出与煤的变质界线有很强的相关性；平面上锗元素的富集分布在热液通道一定距离范围内，煤的变质中心及附近锗含量很小，含量一般不超过 6μg/g，随着距离变质中心距离增大，锗含量升高(图 5-18)，再向外锗含量再次减小，后保持在一定范围内。

综上所述，五牧场矿区煤中锗含量与热液有着密切的联系，主要表现如下。

(1)垂向上,锗含量变化规律可以划分为与热液活动引起的煤质变化相吻合的阶梯形(图 5-16、图 5-18)，表现为褐煤的锗含量普遍较低，受热液作用，出现低变质的长焰煤，气煤等煤层出现了锗的富集。

(2)平面上，锗元素的富集区域表现为围绕煤的变质中心呈一定规律分布(图 5-18)，推测为热液将强变质煤中的锗元素活化，在浓度差的驱动下，在平面上横向搬运，到达受热液弱变质但有机质尚且丰富的长焰煤、气煤后，再次被有机质束缚，达到富集。

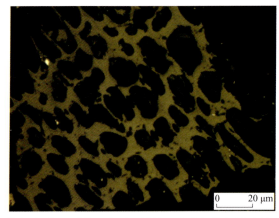

图 5-23　五牧场矿区 12 号煤层电子显微镜下胞腔中的方解石(李卫旭，2017)

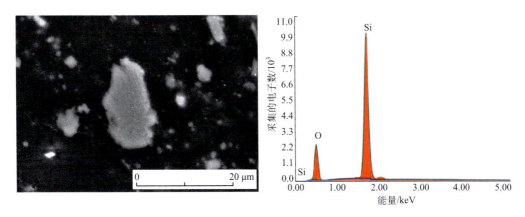

图 5-24　五牧场矿区 12 号煤层扫描电镜下的石英及其能谱分析图(李卫旭，2017)

通过对五牧场资料的分析研究认为，热液对五牧场矿区锗元素的富集产生了重大影响，五牧场矿区垂向上的锗分布并没有出现明显的搬运富集分层，而是在平面上热液通道一定距离出现富集，并且在变质煤层都有相似的特征，推断为热液使通道附近煤中锗大量被活化，变成游离态分布于热液中，随着距离热液通道的距离增大，热液温度降低，热液对煤中锗元素的活化能力变弱，游离在热液中的锗离子浓度明显降低，在浓度差驱动下，热液通道附近的锗离子向低温区域运移，并再次被煤中的有机质捕获。长期的热液作用，加之该区域岩层裂隙发育，游离在热液中的锗可以和煤中的有机质在时间和空间上充分地接触，有利于有机物对锗的固化，形成锗元素的富集区域。对不同煤层，由于其煤层厚度、地质构造、孔隙裂隙的差异，造成锗运移能力的差异，从而造成了不同煤层锗含量差异及同一煤层不同区域锗含量差异。

3. 煤中锗物源分析

REE 的化学性质稳定，均一化程度高，不易受变质作用等干扰，一旦固定在地质体中就很容易被保存下来，所以 REE 是良好的地球化学指示剂，能反映聚煤期泥炭沼泽介质环境和物源区地质背景及成煤后其他地质作用的影响过程。

武文等(2002)指出，五牧场煤中锗物源主要来源于盆地周边发育的石炭系—二叠系(C—P)及上侏罗统龙江组(J_3l)地层多处出露的花岗岩。

本节对五牧场采集的煤样中的 REE 含量进行了测试分析，五牧场矿区煤中 REE 的含量 ΣREE 含量为 35.66~47.64μg/g，平均含量为 40.07μg/g；LREE 含量为 30.94~41.64μg/g，平均值为 34.71μg/g；HREE 含量为 4.72~6.00μg/g，平均值为 5.36μg/g。

利用 Boynton(1984)推荐的球粒陨石 REE 数据作为标准化数值，对海拉尔盆地主要煤田——位于盆地东沿的伊敏煤田中五牧场矿区、大雁矿区、五九矿区，北沿的拉布达林矿区，西沿的扎赉诺尔矿区，盆地中部的宝日希勒矿区所采集的煤样 REE 进行标准化，作 REE 分配模式图(图 5-25)。

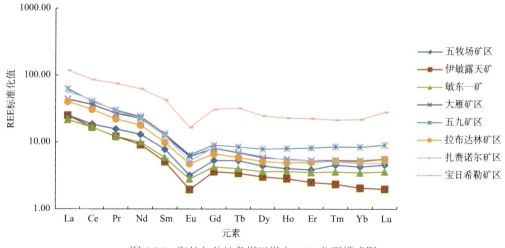

图 5-25　海拉尔盆地各煤田煤中 REE 分配模式图

海拉尔盆地各矿区煤中 REE 地球化学特征反映为 LREE 富集，HREE 严重亏损；仅大雁矿区的铈表现为轻微的正异常（δEu=1.028），其他矿区则表现为铈略微亏损（δEu=0.877～0.999）；铕则均表现为严重亏损（为 0.5 左右）；REE 分配模式表现为右倾斜，LREE 富集、HREE 平坦型。整体看，盆地各矿区煤中 REE 分配模式图均表现为相似的形态，说明五牧场矿区早白垩世物源与海拉尔盆地物源具有一致性，物源主要来自西北部的额尔古纳隆起带和东南部的大兴安岭隆起带，以及盆地群内部的嵯岗隆起和巴彦山隆起。

（四）锗资源量估算

1. 范围与界限

以五牧场矿区边界及锗元素达到最低工业品位（Ge≥100μg/g）及边界品位（Ge≥20μg/g）内插点连线为界，计算了达到最低工业品位的锗资源储量。

以五牧场矿区边界及锗品位为 20μg/g≤Ge≤70μg/g 区间的内插点连线为界，计算了锗品位为 20～70μg/g 范围内的资源量。

以五牧场矿区边界及锗品位为 70μg/g≤Ge≤100μg/g 区间的内插点连线为界，计算了锗品位为 70～100μg/g 范围内的资源量。

依据该区锗矿床赋存的实际情况和煤层可采面积大小，对主要含锗煤层 10^{-3}、12、13^{-4+5} 煤层进行了锗资源量的估算。

2. 工业指标

本次评价参照《矿产资源工业要求手册》（《矿产资源工业要求手册》编委会，2014）中的一般标准及乌兰图嘎锗矿床储量计算方法，确定本次评价锗矿床的一般要求为：①边界品位，Ge≥0.002%（20μg/g）；②最低工业品位，Ge≥0.01%（100μg/g）；③锗煤（包括含锗的高灰煤和炭质泥岩)最低可采厚度不小于 1.00m，厚度小于 1.00m 而品位较高者，采用米·百分值计算(≥0.010m%)。

3. 资源量估算方法

该区地质构造复杂程度为中等类型，煤层产状平缓(倾角小于 15°)，厚度稳定。钻探工程基本按平行等距网状布孔，工程点分布均匀，故选用地质块段法估算资源储量。以平行等距相应工程间距圈定各级别资源储量，计算公式为

$$Q_{锗}= smdC$$

式中，$Q_{锗}$为锗资源储量，g；s 为块段水平投影面积，m^2；m 为块段煤层平均厚度，m；d 为煤层视密度值，t/m^3；C 为块段加权平均锗品位，$\mu g/g$。

4. 资源储量估算参数的确定

因各钻孔内含锗品位在垂向上变化较大，在计算单孔平均含锗品位时，以边界品位为分界标准，凡是 Ge≥20μg/g 的样品成果，均参加全层平均品位计算。以样品厚度为权计算品位加权平均值，作为该钻孔矿层的平均锗品位(表 5-20)。

表 5-20　五牧场矿区煤中锗资源量估算表

煤层	平均煤厚/m	锗异常值范围(20μg/g≤Ge≤70μg/g)		
		平均品位/(μg/g)	面积/km²	锗资源量/t
10⁻³	2.33	32.66	10.59	806.05
12	6.97	36.01	13.13	3933.37
13⁻⁴⁺⁵	3.48	42.18	12.155	1784.19
合计				6523.61
煤层	平均煤厚/m	锗异常值范围(70μg/g≤Ge≤100μg/g)		
		平均品位/(μg/g)	面积/km²	锗资源量/t
10⁻³	2.33	76.11	0.50	88.67
12	6.97	77.18	0.14	75.32
13⁻⁴⁺⁵	3.48	82.19	0.28	80.09
合计				244.08
煤层	平均煤厚/m	锗异常值范围(Ge≥100μg/g)		
		平均品位/(μg/g)	面积/km²	锗资源量/t
10⁻³	2.33	132.00	0.25	76.89
12	6.97	121.75	0.01	8.49
13⁻⁴⁺⁵	3.48	143.66	0.10	50.00
合计				135.38

5. 估算结果及规模

按照上面的计算结果，达到最低边界品位(Ge≥20μg/g)的资源量为：10^{-3} 煤层的计算锗资源量为 971.61t，12 煤层的锗资源量为 4017.18t，13^{-4+5} 煤层的计算锗资源量为 1914.28t，合计五牧场矿区达到最低边界品位的锗资源量计算结果为 6903.07t。

达到最低工业品位(Ge≥100μg/g)的锗资源量为：10^{-3} 煤层 76.89t，12 煤层 8.49t，13^{-4+5} 煤层 50.00t，达到最低工业品位的锗资源总量为 135.38t。

根据国土资源部印发的矿区《矿产资源储量规模划分标准[2000]133 号》，锗元素储量 50～200t 的规模类型划定为中型。五牧场矿区达到最低工业品位的锗资源量为 135.38t，所以按照此标准，五牧场矿区锗元素储量为中型规模。

二、新疆准东煤田大井矿区煤-镓矿

准东煤田位于新疆准噶尔盆地东部北缘，卡拉麦里山前，煤炭资源十分丰富，煤田面积 13000km²，预测煤炭资源储量 3900 亿 t，约占全国煤炭储量(5.56 万亿 t)的 7%。到 2009 年年底，准东煤田累计探明煤炭资源储量为 2136 亿 t，是我国目前最大的整装煤田。根据准东产业带发展规划，到 2020 年，准东地区煤炭年生产能力达到 2.91 亿 t，基本形成完善的煤电、煤化工产业和基础设施相配套的格局。

对准东煤田勘查资料整理分析过程中，发现准东煤田侏罗系煤中存在镓富集现象，对准东煤田北部大井矿区煤中镓的分布特征、赋存状态和富集因素进行探讨，并估算矿区煤中镓资源量。

(一)地质地球化学背景

准噶尔盆地在海西运动后处于隆起状态，在差异性升降作用下形成的凹陷部分是含煤建造的有利部位，北部凸起区就不利于煤层发育。燕山期上升运动使内陆盆地得以进一步发展，准噶尔盆地东部沉积范围收缩并不断向西迁移；喜马拉雅期盆地承受了强烈的挤压，造成边界构造剧烈活动，准东地区形成了北东向的并列式，倾向南西的向斜、鼻状断隆、箱式向斜等构造。

准东煤田大井矿区位于准噶尔盆地东部，大井矿区总体呈一向南张口且宽展的簸箕状构造，主体部位地层走向近东西，向南倾斜；西、北、东侧的边缘部位倾角较陡。因受北西—南东向挤压力影响，区内发育有北东至北北东向的次一级褶曲，因倾角平缓，这些次一级褶曲形成的向、背斜构造表现并不明显，但在该矿区东侧发育奥塔乌克日什向斜。断裂构造有一近南北向波状弯曲的 F_1 断层，位于矿区的西边界，几乎作为矿的西部边界。

准噶尔地块在海西期发生拉张裂陷作用，周围的地槽区以渐进式结束地槽，并褶皱成山。在准东煤田大井矿区北部主要形成卡拉麦里造山带，并伴有大规模花岗岩类岩浆活动，山体的岩石类型包括花岗闪长岩、黑云母碱长花岗岩、角闪石碱长花岗岩、钠铁闪石碱长花岗岩和花岗斑岩等。卡拉麦里深大断裂带东北侧的黄羊山岩体由碱性寄主岩石和基性端元的暗色微细粒闪长质包体群及基性岩墙群构成。碱性寄主岩由中粒黑云母碱长花岗岩、中粒角闪石碱长花岗岩、中粒钠铁闪石碱长花岗岩、中细粒钠铁闪石碱长花岗岩、细粒黑云母碱长花岗岩和细粒混合花岗岩组成。研究表明黄羊山岩体中镓含量为 $20\sim30\mu g/g$（杨高学等，2010）。

准东煤田主要含煤地层为下侏罗统八道湾组（J_1b）和中侏罗统西山窑组（J_2x）。中—上侏罗统底部石树沟群下亚群（$J_{2-3}s^1$）含煤性最差，煤层不具工业价值。准东煤田侏罗系由老到新具有明显的波状超覆沉积特征。八道湾组沿走向由西向东有变薄趋势，沿倾向由盆地边缘至盆地中心厚度增大，富煤带博格达山前拗陷中煤层累计厚度达 26.65m，克拉麦里山前拗陷中煤层累计厚度 7m，西山窑组富煤中心为克拉麦里拗陷中段的大井矿区，单层厚度达 $70\sim90m$，向东西两端煤层层数增加，单层厚度变薄，南部地区煤层发育较差。下侏罗统八道湾组早期的聚煤作用主要发生在盆地南部的阜康—吉木萨尔一带，聚煤环境为三角洲沼泽，八道湾组中晚期聚煤作用发生在四棵树一带，聚煤环境为湖滨和三角洲沼泽。

大井矿区内含煤地层侏罗系西山窑组含煤 $1\sim4$ 层，主要可采为 B_1 煤层，可采煤层总厚为 $1.12\sim79.84m$，平均厚度为 41.40m；B_2 煤层可采总厚为 $0.81\sim6.10m$，平均厚度为 2.48m；B_3 煤层可采总厚为 $4.14\sim31.69m$，平均厚度为 19.50m；A_1 煤层可采总厚 $1.33\sim10.54m$，平均厚度为 3.55m。

（二）煤中镓分布特征

1. 平面分布特征

大井矿区侏罗系煤层全区均有镓元素富集，矿区八个勘查区/井田侏罗系煤层出现镓元素富集异常，其中六个井田的镓元素平均含量超出了该元素的边界品位值（图5-26）。准东煤田的矿区分布表明，镓元素在煤田的中北部区域更加富集，其中帐南东勘查区、大井矿区大庆沟南区、大井南一井田和大井东南勘查区异常明显。侏罗系 C_1、B_4、B_3、B_2、B_1、B_0 和 A_2 煤层均有煤中镓富集现象，B_1 和 B_2 煤层的镓元素在矿区分布广泛。各勘查区或井田煤中镓的平均含量为 $11.15\sim95.5\mu g/g$，各勘查区/煤矿/井田煤层中镓元素含量如表5-21所示。

表 5-21　准东煤田各矿区煤层中镓元素含量

勘查区/煤矿/井田	成煤时代	煤层	异常值范围 /(μg/g)	算术平均值 /(μg/g)	样品数	资料来源
三井田	J	B_1	$14\sim42$	27		收集
		B_1^1	$13\sim87$	28		
一井田	J	B_1	$11\sim130$	46		收集
		B_1^1	$2\sim120$	50		
		B_1^{2-1}	$9\sim112$	44		

勘查区/煤矿/井田	成煤时代	煤层	异常值范围/(μg/g)	算术平均值/(μg/g)	样品数	资料来源
奥塔乌克日什北	J	B_1^1	1~106	29		收集
		B_1^2	3~55	24		
		B_1^3	1~88	27		
		B_2^1	2~86	22		
		B_2^2	1~79	25		
		B_2^3	1~37	16		
北露天煤矿	J	A_2	1~50	29	9	收集
		B_0	0~78	39	21	
		B_1^1	0~76	35	133	
		B_1^2	3~72	38	70	
		B_1^3	5~58	33	26	
		B_2	0~81	35	63	
		B_3	0~60	27	140	
		$B_{3下}$	25~51	39	11	
		B_4	5~42	26	10	
五号矿井	J	B_1	1~58	27	46	收集
		B_2	0~62	24	101	
大井东南勘查区	J	B_1	13~137	47.32	26	收集
		B_2	13~79	34	6	
		B_3	8~121	48.08	64	
		B_4	77~114	95.5	2	
大庆沟南区	J	B_1	0~61	31	40	收集
		B_1^2	16~78	41	8	
		B_1^3	28~94	50	15	
		C_1	6~206	97	29	
大井南一井田	J	B_2	2~53	27	25	收集
		B_{1+2}	0~57	23	81	
		$B_{2下}$	19~36	29	7	
		B_1	1~47	27	23	
		$B_{1下}$	2~60	28	30	
		B_0	0~57	29	52	
		C_1	6~75	53	4	
大井南二井田	J	B_1	1~66	11.15	71	收集
		$B_{1上}$	1~57	32.9	52	
		$B_{1下}$	6~44	28.89	9	
		B_2	2~58	19.01	69	
		$B_{2下}$	26~60	41.4	5	
		C_1	10~106	49.71	7	

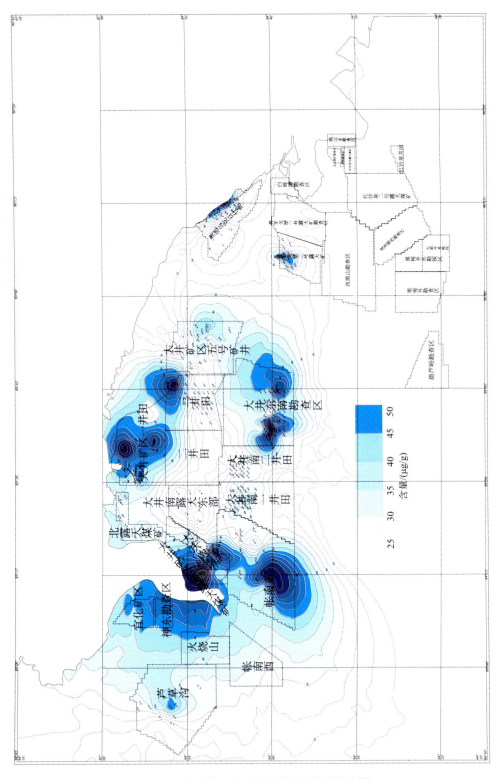

图 5-26　准东煤田中侏罗统煤中镓异常分布图

镓元素在各井田富集程度不同，B₁ 和 B₂ 煤层的镓元素在矿区分布广泛，在大部分井田均有出现。其中 B₁ 煤层中区域分布差异较大，镓元素在矿区的中北部和东南位置异常富集，而西部大井矿区芦草沟勘查区的平均含量只有 10μg/g（图 5-27，图 5-28）。B₂ 煤层中区域分布较为均衡，平均含量为 19.01～35μg/g。B₃ 和 C₁ 煤层的镓元素只分布矿区中极少的井田，B₃ 和 C₁ 煤层中镓元素均分布在煤田的中北部位置。

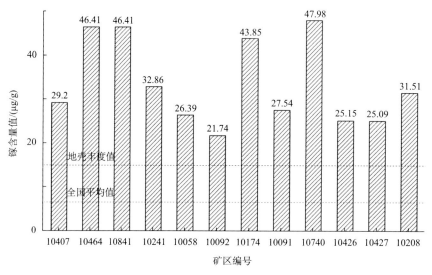

图 5-27　新疆准东煤田大井矿区及邻区中侏罗统煤系地层煤中镓含量分布

10407-芦草沟勘查区；10091-大井矿区三井田；10174-大井矿区一井田；10464-帐南东勘查区；10841-大井矿区大庆沟南勘查区；10241-大井矿区北露天煤矿；10426-大井矿区五号井田；10427-西黑山矿区将军戈壁二号露天煤矿；10740-大井东南勘查区；10208-大井矿区奥塔乌克日什北井田

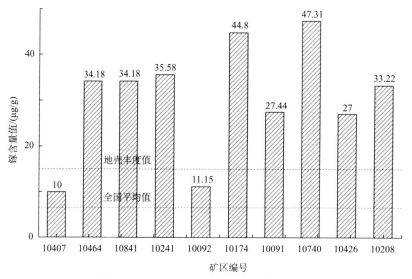

图 5-28　新疆准东煤田大井矿区侏罗统 B₁ 煤层煤中镓含量分布

选择矿区西部的芦草沟勘查区、东南部的大井矿区奥塔乌克日什北井田，以及中北部的大井矿区大庆沟南和帐南东勘查区为对象，绘制各井田中侏罗统煤层中镓元素含量等值线图。如图 5-26 所示，准东煤田的西部芦草沟勘查区和中北部帐南东勘查区、大庆沟南勘查区中均有一个完整的富集区，富集区侏罗系煤中镓含量均大于 30μg/g，从井田边缘向井田中心逐渐富集的特点。如图 5-29 所示，矿区东部大井矿区奥塔乌克日什北井田侏罗系煤层中镓元素含量富集区在井田东部，由煤中镓含量 30μg/g 等值线与东部边界围成，煤中镓含量由矿区的西部向东部逐渐富集。

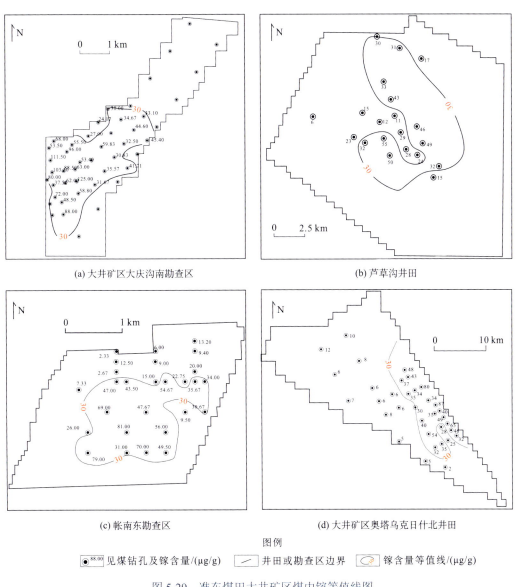

(a) 大井矿区大庆沟南勘查区

(b) 芦草沟井田

(c) 帐南东勘查区

(d) 大井矿区奥塔乌克日什北井田

图例

见煤钻孔及镓含量/(μg/g)　井田或勘查区边界　镓含量等值线/(μg/g)

图 5-29　准东煤田大井矿区煤中镓等值线图

2. 垂向分布特征

准东大井矿区中北部(北露天煤矿、帐篷沟勘查区)的中侏罗统含煤地层中镓元素含量垂向分布规律一致，如图 5-30 和图 5-31 所示：B 煤分层中镓元素含量较高，且分布稳定；而在大井矿区西部(大庆沟勘查区、帐南东勘查区)的中侏罗统含煤地层中镓元素含量垂向分布表现为 C 煤层含量较高(图 5-32、图 5-33)。

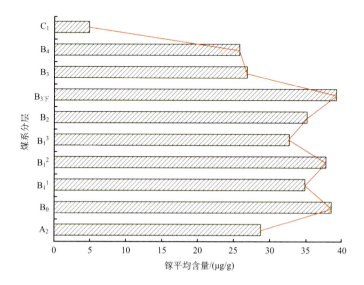

图 5-30　大井矿区北露天煤矿各煤分层煤中镓含量分布

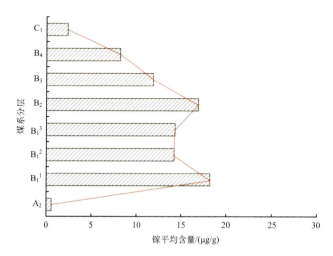

图 5-31　大井矿区帐篷沟勘查区各煤分层煤中镓含量分布

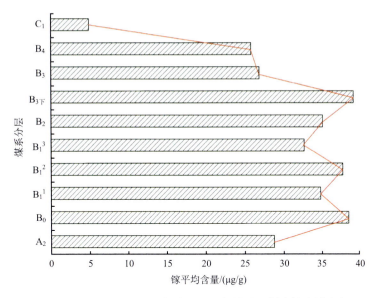

图 5-32　大井矿区大庆沟勘查区南区各煤分层煤中镓含量分布

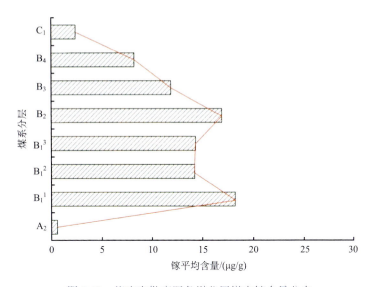

图 5-33　帐南东勘查区各煤分层煤中镓含量分布

(三)煤中镓赋存状态及控制因素探讨

1. 赋存状态分析

分析准东煤田大井矿区一井田、北露天煤矿、五号井田和西黑山矿区将军戈壁二号露天煤矿四个井田的工业分析结果显示，灰分产率(A_d)平均含量为 10.09%～12.65%，挥发分(V_{daf})平均含量为 30.92%～33.65%，表明煤的演化程度较低，且无机物质含量较少。灰分成分测试结果表明，灰分中以 SiO_2、Al_2O_3、Fe_2O_3 和 CaO 为主，其中 $SiO_2+Al_2O_3$

含量为 50.64%～55.51%，且两者之间存在正相关关系(图 5-34)，说明煤中无机矿物多以硅酸铝盐矿物形式存在。如图 5-35 所示，煤中镓元素与煤中灰分含量呈一定的正相关性，表明煤中镓元素可能以无机矿物类型存在。如图 5-36 所示，煤中镓元素与煤中 Al_2O_3 呈正相关关系，表明准东煤田煤中镓元素可能与黏土矿物结合，黏土矿物中的部分铝可能被镓以类质同象取代。如图 5-37 所示，煤中镓元素与煤中挥发分(V_{daf})呈正相关关系，表明煤中镓也可能与有机质结合，赋存在凝胶化组分里。

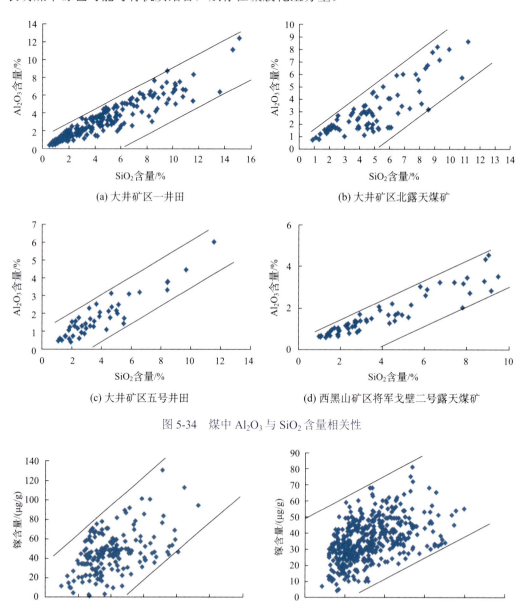

(a) 大井矿区一井田

(b) 大井矿区北露天煤矿

(c) 大井矿区五号井田

(d) 西黑山矿区将军戈壁二号露天煤矿

图 5-34　煤中 Al_2O_3 与 SiO_2 含量相关性

(a) 大井矿区一井田

(b) 大井矿区北露天煤矿

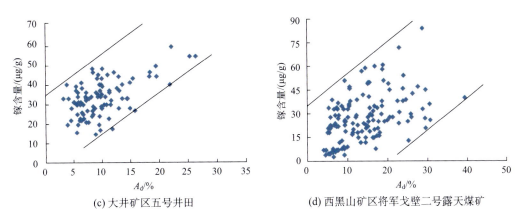

(c) 大井矿区五号井田

(d) 西黑山矿区将军戈壁二号露天煤矿

图 5-35　煤中镓含量与 A_d 的相关性

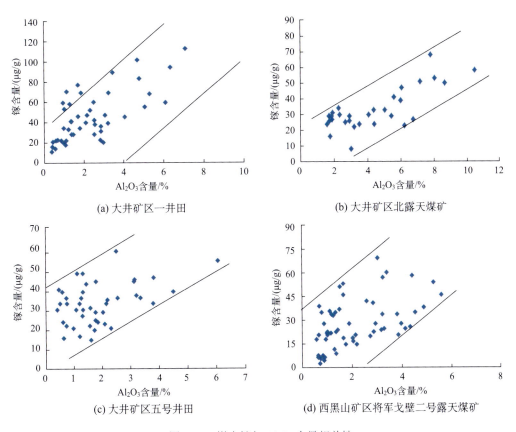

(a) 大井矿区一井田

(b) 大井矿区北露天煤矿

(c) 大井矿区五号井田

(d) 西黑山矿区将军戈壁二号露天煤矿

图 5-36　煤中镓与 Al_2O_3 含量相关性

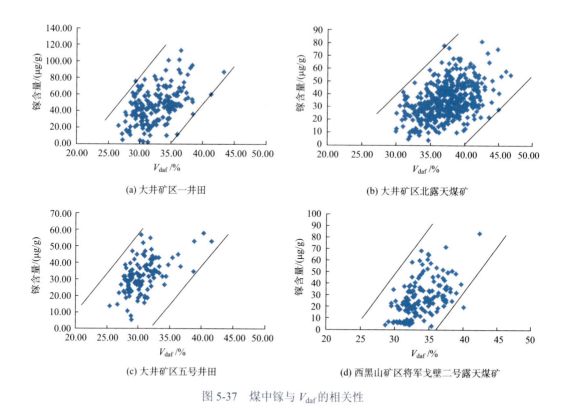

(a) 大井矿区一井田　　　　　　　　　　　(b) 大井矿区北露天煤矿

(c) 大井矿区五号井田　　　　　　(d) 西黑山矿区将军戈壁二号露天煤矿

图 5-37　煤中镓与 V_{daf} 的相关性

2. 富集成因探讨

准东煤田大井矿区煤中镓的含量异常富集，很多井田超过了镓的最低工业品位，具有成矿潜力。由前面对煤中的分布规律、赋存特征分析可知，煤中镓的富集是多种地质因素耦合作用形成的，其中包括母源物质、成煤环境和区域构造岩浆热液作用，另外还有成煤植物。镓富集成矿要满足以下条件：①成煤时期，丰富的物质来源，即富含镓的母源物质；②具备合适的古地理环境，使母源物质得到风化，释放出镓，并进一步随溶液搬运至聚煤盆地；③具有合适的成煤环境，使其搬运到泥炭沼泽中能够沉淀富集下来；④特定的构造特征，为镓的富集提供合适的空间位置。准东煤田大井矿区煤中镓元素富集有以下几个因素。

1）物源分析

准噶尔地块在海西期发生拉张裂陷作用，周围的地槽区以渐进式结束地槽，并褶皱成山。在准东煤田东北部主要形成卡拉麦里造山带，对卡拉麦里深大断裂带东北侧的黄羊山岩体进行研究表明，岩体中镓含量为 $20\sim30\mu g/g$（杨高学等，2010），为准东煤田煤中镓提供丰富的物源（图 5-38）。在中侏罗世成煤期，北部卡拉麦里隆起造山带经风化剥蚀，镓元素逐渐被释放，以 Ga^{2+} 形式被搬运至南部含煤盆地，与侏罗纪煤层中黏土矿物和腐殖酸结合而富集于煤层中。

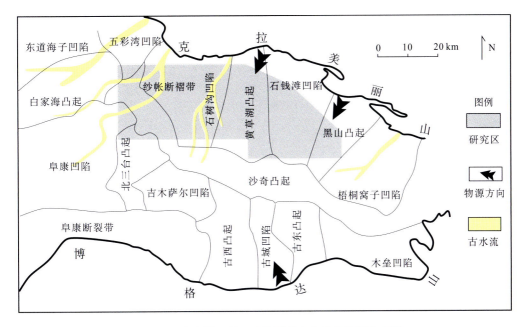

图 5-38　准东煤田早—中侏罗世古水流和物源方向图

2) 古气候条件

准东煤田煤中镓成矿区，煤中镓含量的垂向分布表现为浅部煤层比深部煤层富集，准东煤田的早—中侏罗世聚煤环境是从干燥气候向潮湿气候变化，潮湿环境下，加速碎屑岩的风化剥蚀，特别有利于黏土矿物的形成，黏土矿物吸附或置换镓，指示古气候是造成准东煤田煤中镓垂向分布差异的地质原因。

3) 构造条件

受早期燕山运动影响，准东煤田博格达山发生强烈挤压隆升，进一步的逆冲推覆作用，导致准东地区水系发育。准东煤田中侏罗统煤层中镓含量的等值线延伸方向基本与断层走向垂直，表明断层构造可以沟通煤层与上下部岩层，使深部岩层热液或表层地下水可以沿断层裂隙进入煤层中，使溶液携带的镓元素最终聚集在煤层中。

(四) 镓资源量估算

大井矿区煤中镓资源量估算从两个方面定义煤中镓元素的地球化学异常：其一，原煤镓含量大于 $15\mu g/g$ 的单件样品、钻孔中某一煤层及勘探区某一煤层；其二，勘探区范围内煤灰镓含量大于 $110\mu g/g$ 某一煤层。

1. 原煤中镓的地质富集

大井矿区大庆沟南区 C_1 煤层和一井田 B_1 煤层个别原煤样镓含量大于 $100\mu g/g$，其中大庆沟南区 C_1 煤层有 13 件，一井田 B_1 煤层有 7 件(表 5-22)。大庆沟南区 ZKJ301 孔 C_1 煤层镓含量达到了 $206\mu g/g$。

在一些矿区的个别煤层中，煤样的镓含量普遍超过边界品位（30μg/g），而且分布稳定（样品比例超过 70%）。例如，北露天煤矿的 B_0、B_1、B_2、$B_{3下}$ 煤层，五号井田矿区的 B_1 煤层，大庆沟南区的 C_1 煤层，一井田矿区的 B_1 煤层（表 5-22）。

表 5-22 评价区原煤样中镓含量异常统计

井田	煤层	样品总数	镓含量大于 30μg/g 的煤样		镓含量大于 100μg/g 的煤样		最大值 /(μg/g)
			个数	占比/%	个数	占比/%	
北露天煤矿	B_0	19	16	84.21			78
	B_1	206	145	70.39			76
	B_2	57	40	70.18			81
	B_3	127	59	46.46			60
	$B_{3下}$	10	9	90.00			51
	B_4	9	6	66.67			42
五号井田	B_1	30	24	80.00			58
	B_2	81	41	50.62			62
大庆沟南区	B_1	62	40	64.52			94
	C_1	29	27	93.10	13	44.83	206
一井田	C_1	2	2	100.00			86
	B_1	187	144	77.01	7	3.74	130
奥塔乌克日什北井田	B_2	23	5	21.74			45
三井田	B_1	39	14	35.90			87

对于圈定潜在矿体范围而言，最有意义的是一个勘探区范围内单一煤层的镓平均地球化学异常。在大井矿区范围内，镓平均含量超过边界品位的煤层很多，主要为 B_1 煤层，大庆沟南区和一井田 C_1 煤层镓平均含量达到最低工业品位（50μg/g）（表 5-23）。

表 5-23 评价区中侏罗统镓地球化学异常煤层统计

矿区	煤层中镓平均含量/(μg/g)		
	15～30	30～50	>50
北露天煤矿	B_3、B_4	B_0、B_1、B_2、$B_{3下}$	
五号井田		B_1、B_2	
大庆沟南区		B_1	C_1
一井田		B_1	C_1
芦草沟勘查区	A_1、A_2、B_1、$B_{2下}$	$A_{1下}$、B_2	
三井田	B_1		

2. 煤灰中镓的次生富集

根据煤层平均灰分产率和镓平均含量数据，假定煤中镓的载体全为矿物质且煤灰和烟尘能够被全部回收，通过换算求得研究区可采煤层煤灰中镓的平均含量。

分析换算结果，就评价区煤灰中镓富集规律得到某些初步认识：针对大井矿区 20 个层次的煤层，除奥塔乌克日什北井田的 B$_2$ 煤层，其余所有煤层煤灰镓含量均大于 110μg/g。例如，五号井田的 B$_1$ 和 B$_2$ 煤层，煤灰镓平均含量分别为 377.05μg/g 和 372.6μg/g；一井田的 B$_1$ 煤层，煤灰镓平均含量为 498.59μg/g。煤灰镓平均含量大于 500μg/g 的煤层有六个，占总层次的 30%，例如，大庆沟南区的 B$_1$ 和 C$_1$ 煤层，煤灰镓平均含量分别为 718.06μg/g 和 790.96μg/g；一井田的 C$_1$ 煤层，煤灰镓平均含量为 626.44μg/g。

镓资源量预测：根据煤中镓资源预测评价方法及煤/灰中镓平均含量的总结性认识，在进一步明确相关边界条件的基础上，以井田范围内单一可采煤层为最小测算单元，估算煤中镓的预测资源量。

3. 煤中镓资源量估算边界条件

参加煤中镓预测资源量估算的煤层应该全部满足以下三个边界条件：①煤层厚度不小于 0.70m；②原煤镓平均含量不小于 15μg/g；③煤灰镓平均含量不小于 110μg/g。

在此基础上，按表 2-14 标准对煤中镓预测资源量类型进一步划分。即在参考单一煤层原煤镓平均含量的基础上，以煤灰镓平均含量为标准来进一步划分预测资源量类型。如果原煤/煤灰镓平均含量范围出现矛盾，以煤灰镓平均含量为准。例如，只要某一煤层煤灰中镓平均含量为 270~500μg/g，尽管原煤镓平均含量小于 30μg/g(但要大于 15μg/g)，则该煤层镓的预测资源类型就属于富矿预测资源量；反之，如果虽然原煤镓平均含量大于 30μg/g，但煤灰镓平均含量不大于 270μg/g(但要大于 110μg/g)，则该煤层镓预测资源类型就只能划归贫矿预测资源量。

以煤炭资源量和原煤镓平均含量为依据，估算煤中镓预测资源量为

$$R_{Ga}=M_{Ga}\times R_c\times 10^{-6}$$

式中，R_{Ga} 为煤中镓资源量，万 t；M_{Ga} 为原煤镓平均含量，μg/g；R_c 为煤炭资源量/储量，万 t。

4. 煤中镓资源量分布

根据上述边界条件、煤中镓元素含量实测数据统计结果及资料收集完备程度(表 5-24)，确定参与本节煤中镓资源量估算的规划区和煤层。

大井矿区内以富矿和贫矿为主，富矿中有三个煤层的镓储量大于 10 万 t，一井田的 B$_1$ 煤层总镓的储量为 20.735 万 t，五号井田的 B$_2$、B$_1$ 煤层中镓的储量为 11.888 万 t，三井田的 B$_1$ 煤层中镓储量为 15.617 万 t。在贫矿中，北露天煤矿的 B 煤层中镓储量为 2.879 万 t。有两个井田的煤层为极富矿，为大庆沟南区的 B$_1$ 和 C$_1$ 煤层，以及一井田的 C$_1$ 煤层。

表 5-24　大井矿区煤中镓元素含量表

煤矿/井田	煤层	煤层厚度/m			镓含量/(μg/g)		炭储量/万 t	镓资源量/万 t		
		最小值	最大值	平均值	煤中	煤灰		贫矿	富矿	极富矿
北露天煤矿	B$_0$	1	3.28	1.78	40.68	208.66	2405	0.241		
	B$_1$	1	20.38	4.27	38.19	235.91	5417	0.542		
	B$_2$	1.04	6.38	3.32	36.42	265.12	4017	0.402		
	B$_3$	1.46	33.1	12.75	28.89	242.13	12236	1.224		
	B$_{3下}$	1.05	3.68	2.01	39.9	231.43	2664	0.266		
	B$_4$	1.39	3.34	2.18	28.22	232.88	2044	0.204		
五号井田	B$_1$	0.7	41.73	8.06	38	377.05	51671		5.167	
	B$_2$	2.23	30.2	13.2	30.18	372.6	67208		6.721	
大庆沟南区	B$_1$	0.7	83.18	20.08	37	718.06	135410			13.541
	C$_1$	0.74	5.8	0.74	97	790.96	13082			1.308
一井田	B$_1$	0.83	35.08	7.3	46.2	498.59	207355		20.735	
	C$_1$	0.82	1	0.91	72.5	626.44	40563			4.056
奥塔乌克日什北井田	B$_2$	0.7	11.47	5.11	12	89.84	11761			
三井田	B$_1$	2.56	5.27	4.01	28	460.53	156171		15.617	

计算结果显示，大井矿区煤中镓的预计总储量为 70.024 万 t，其中贫矿的储量为 2.879 万 t，约占总储量的 4.11%；富矿的储量为 48.24 万 t，约占总储量的 68.89%；极富矿的储量为 18.905 万 t，约占总储量的 27.00%。总体来看，大井矿区内煤中镓资源以富矿为主，其次为极富矿，表明具有较大的开发利用潜力。

三、山西沁水煤田晋城矿区煤-锂矿

晋城矿区位于山西省东南部，属于沁水煤田。矿区东以高都、河西一带的煤层露头线为界；西至阳城县羊泉—固隆一线，以寺头大断层为线；南起煤层露头线；北到长治县申村水库—屈家山—庄头断层一线。矿区东西长 80km，南北宽 75km，约占整个沁水煤田的 1/8。矿区煤炭储量占全国无烟煤的 1/4，占山西省的 1/2，是全国化肥和化工原料基地。矿区无烟煤储量约 271 亿 t，可采煤层为 3、9、15 号煤，其中 9、15 号煤约占可采储量的 40%。矿区分为东西两个含煤区，东区为生产区，现已接近枯竭的有古书院、王台铺、凤凰山三对生产矿井；西区为正在开发区，有成庄、寺河、潘庄、大宁四个井田。随着矿区开采历史的延长，低灰、低硫的 3 号煤已经接近枯竭，而 9、15 号煤尚未大规模开采。

（一）地质地球化学背景

晋城矿区处于沁水盆地东南翼，太行山复背斜南段西侧，秦岭纬向构造带北缘，位

于华北断块区吕梁-太行断块沁水块拗东部次级构造单元沾尚-武乡-阳城北北东向凹褶带南端、晋获断裂带两侧。矿区主体构造为北北东、近南北向展布的向斜、背斜和断裂构造；其次是近东西、北西西向的褶皱和断裂构造，局部还发育有北北西向的小褶皱。晋矿区中部有一中生代燕山期形成的北北东向延伸的断褶带(晋长断褶带)，将矿区分为东西两个含煤区：东矿区位于晋获断裂带东侧，西矿区位于晋获断裂带西侧。矿区东部分布着北北东向的伊侯山断层、陈沟断层、白马寺断层、庄头断层，矿区西部分布着北西西—北北东—北东向展布的土沃-寺头弧形断裂带。西区地层总体为走向北北东、倾向北西西的单斜构造，由一系列北北东向及近南北向的小型宽缓波状背斜和向斜组成，倾角为2°～10°，东区西侧受白马寺逆断层的影响，部分地层倾角可达80°。

研究区内煤系地层中，断裂构造相对较简单，落差 10m 及其以上断层稀少，主要以落差 5m 及以下小型断层为主，断层密度一般为 0.05～0.20 条/km²。断层走向以北东向为主，次为近东西和北西向(图 5-39)。断层性质主要为高角度正断层，次为逆断层。

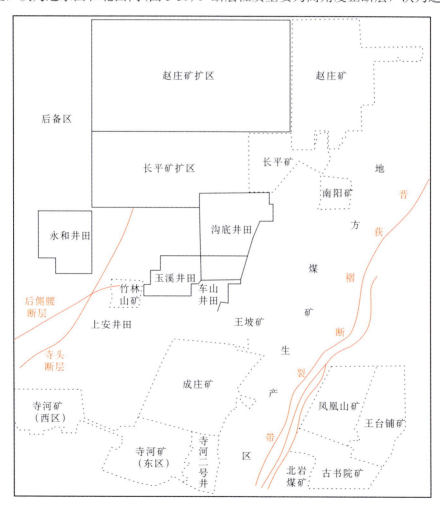

图 5-39 晋城矿区分布图

断层走向多呈弯曲的舒缓波状，落差小，但延展长度相对较长，如长平矿井田李家河正断层，落差 20~50m，延展长度 4500m。

地层自下而上主要有奥陶系马家沟组和峰峰组、石炭系本溪组和太原组及二叠系山西组、下石盒子组与上石盒子组。含煤地层主要为太原组和山西组，含主要可采煤层两层，其中，3 号煤层位于山西组下部，煤厚一般 5.0m，全区可采；15 号煤层位于太原组下部，煤厚一般为 2.5m，全区可采。目前区内矿井大部分仅开采 3 号煤层，部分矿井开采 15 号煤层。

晋城矿区煤系地层自下而上为中石炭统本溪组、上石炭统太原组和下二叠统山西组，其中以太原组和山西组为主要含煤地层，共含煤 13 层，煤层总厚 13~15m。本溪组由一套灰色、灰黑、灰白色具鲕状结构的铝土质泥岩和泥岩组成，有时中部夹一层细砂岩或粉砂岩。底部的铝土泥岩中有呈鸡窝状分布的山西式铁矿及菱铁矿；顶部有时有海相石灰岩存在，并有 1~2 层薄煤层。本溪组厚度 0~26m，一般不超过 15m，与下伏中奥陶统呈平行不整合接触。南部因地形较高，该组地层缺失。太原组由一套灰色细-中粒砂岩、灰黑色粉砂岩、泥岩及石灰岩夹煤层组成。底部 K_1 细粒石英砂岩与本溪组分界。由于受古地形控制，下部地层岩性及厚度变化较大，南部 15 号煤层之下仅有 3~7m 厚的泥岩，超覆于中奥陶统之上呈平行不整合接触。太原组厚度 80~100m，含煤可达 10 层，其中主要可采煤层两层，为 15 号和 9 号煤层，分别位于该组的下部和中部；灰岩 4~9 层，其中 K_1、K_2、K_3、K_5 灰岩因厚度大，层位稳定，易于对比，成为该区太原组重要标志层，它们分别是 15 号、14 号、11 号、6 号煤层之顶板。此外还有局部发育的 $K_{2上}$、K_4、$K_{4上}$、$K_{5下}$、K_6 五层灰岩，分别为 13 号、9 号、8 号、7 号、5 号煤层之顶板。山西组由一套灰黑色、深灰色细砂岩、粉砂岩组成，夹泥岩及 1~3 层煤层，厚度为 40~80m，底部以 KR_7 砂岩与太原组分界。KR_7 砂岩为灰白色细砂岩，局部为粉砂岩，粒度变化大但层位稳定，具波状层理和交错层理；其上为该区主要可采 3 号煤层；上部为深灰色细-粉砂岩，间夹泥岩和 1~2 层薄煤层。

晋城矿区 3、9、15 号煤层为主要可采煤层，其余仅 5、6、7 号煤层局部地段达可采厚度。3 号煤层位于山西组下部、KR_7 砂岩之上，厚度为 2.06~8.86m，平均为 6m，含夹矸 1~4 层，全区可采。顶板为泥岩或中-细砂岩（KR_8），底板为泥岩或粉砂岩。东区从生产矿井揭露煤层发现，3 号煤层上部有许多以北东向为主的长条带冲刷现象，冲刷深度各处不一，一般为 0.5~2m，最大可达 4~5m；西区西部有一煤层变薄带，煤厚 2.5~4m，其下地层增厚，岩性发生变化，下部为中、细粒砂岩，向上变为粉砂岩，再过渡为泥岩、砂岩，具交错层理。9 号煤层位于太原组中部、K_3 灰岩之上，上距 3 号煤层 50m左右，厚度为 0~2.88m，含夹矸 1~3 层，在东区稳定可采，厚 1.6m 左右；在西区东部较厚，为 1.5m 左右，向西变薄至不可采，局部有尖灭现象，顶板为不稳定的 K 灰岩或粉砂岩。15 号煤层位于太原组下部，上距 9 号煤层 30m 左右，厚度为 0.32~7.01m，平均为 2.8m，全区稳定可采，由北向南有变薄趋势。煤层顶板为大区域稳定的 K_1 灰岩，底板为泥岩或铝土质泥岩。

晋城矿区自中奥陶世后期一直处于上升状态，经历了晚奥陶世、志留纪、泥盆纪及早石炭世长期的风化剥蚀，直到中石炭世晚期才开始下降接受沉积。

中石炭世本溪期早期地形高低不平，铁铝岩的沉积补偿较浅；晚期海水由东向西进入华北大陆，频繁海侵，以致在低凹处出现了石灰岩、泥岩的交替沉积，并有薄煤层形成。

晚石炭世太原期由于河流作用和海洋作用在河口地区的相互影响及该时期频繁的海侵海退，使该区沉积环境十分复杂，沉积物经常变化，但主要由一套三角洲体系含煤碎屑岩夹海相碳酸盐岩组成。初期为分流河道沉积，形成了具交错层理的细粒砂岩(KR_7)，往上变为粉砂岩，逐步过渡为泥岩，具水平层理，反映了从三角洲平原环境向潟湖、湖沼环境过渡，最后形成闭流沼泽。由于气候温暖、潮湿，利于植物生长，为成煤提供了物质来源，因而发育了 15 号煤层。海侵破坏了三角洲平原的发育，形成了碳酸盐岩台地相沉积。此次海侵为该区太原期最大海平面上升期，延续时间也最长，形成的 K_1 灰岩，厚度为 10m 左右，含大量蜓类化石，标志着当时的沉积环境为温暖的浅海环境。第一次特大型海侵结束后，碳酸盐岩台地相沉积变为以河流搬运为主的三角洲沉积，沉积物主要为一套粒度向上逐渐变粗的三角洲沉积序列，其顶部为三角洲泥炭沼泽沉积，形成了厚度不大但层位稳定的煤层；最后海侵开始，其沉积环境又变为碳酸盐岩台地的浅海环境，由于频繁的海侵海退，造成了三角洲相-碳酸盐岩台地相的重复出现，形成了沉积旋回，每个旋回从海退开始，海侵结束，聚煤作用发生在海退末期形成的沼泽中，其上直接为海水所覆盖。海侵的发生先后形成了 K_2、$K_{2上}$、K_3、K_4、$K_{4上}$、$K_{5下}$、K_5、K_6 八层灰岩，其中 K_2、K_3、K_5^3 层灰岩厚度较大，全区发育，代表三次较大规模的海侵。因环境稳定，海相动物化石极为丰富。K_6 灰岩是太原期最后一次海侵的产物，但海侵规模很小，灰岩中含有小型腕足类及瓣腮类动物化石，代表了浅水碳酸盐岩台地环境。

早二叠世山西期—太原期末，海水退去，海侵作用结束，在以三角洲平原相沉积为主的三角洲沉积基础上发育了一套以细、粉砂岩及泥岩为主的含煤岩系，底部 KR_7 砂岩具板状交错层理，由细粒向上变为粉砂岩，为分流河道和潟湖、湖沼沉积，潟湖、湖沼被逐步充填淤平，形成了淡水泥炭沼泽，发育了 3 号煤层，其上被三角洲相砂岩覆盖，之后地壳逐渐上升，沉积物以细砂岩及粉砂岩为主，中夹泥岩和 1～2 层不稳定的薄煤层。

(二)煤中锂分布特征

晋城矿区煤中锂异常煤层为 15 号煤层，主要集中分布于矿区东南缘的北岩煤矿、古书院矿和王台铺矿(表 5-25，图 5-40)。北岩煤矿煤中锂含量为 62.8～225μg/g，平均为 118μg/g；古书院矿煤中锂含量为 46.8～119.2μg/g，平均为 155.31μg/g；王台铺矿煤中锂含量为 153～285μg/g，平均为 215μg/g，煤中锂含量最高。该地区位于含煤盆地的东南边缘地带，煤中 Li 含量相对富集，太原组、山西组煤层煤灰中 Al_2O_3 含量在 35%以上，数个煤矿区煤中锂含量均超过综合利用边界品位，说明煤中锂的富集成矿有一定的基础。

表 5-25 山西沁水煤田晋城矿区煤中锂元素异常分布表

勘查区/煤矿	成煤时代	煤层	含量范围/(μg/g)	平均含量/(μg/g)	样品数	资料来源
北岩煤矿			62.8~225	118	5	
古书院矿			46.8~199.2	155.31	19	
王台铺矿	C—P	15	153~285	215	5	实测
凤凰台矿			45.9~87.3	69.3	5	
鸿升煤矿			30.3~55.0	41.4	4	

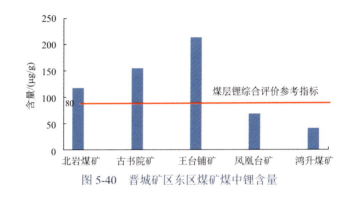

图 5-40 晋城矿区东区煤矿煤中锂含量

依据代世峰(2002)提出的煤中微量元素含量水平的指标(富集系数法),给出了煤中锂元素含量异常高的桌子山煤田骆驼山煤矿、沁水煤田晋城矿区的北岩煤矿和王台铺煤矿煤中微量元素富集系数柱状图(图 5-41、图 5-42)。富集系数(CC)等于煤中微量元素含量/世界煤中微量元素含量,并分为六级。从图中可以看出,北岩煤矿、王台铺煤矿煤中锂元素的富集系数均超过了 5,达到了富集的程度;其中王台铺煤矿煤中锂最富集,其富集系数达到了 15.32,属于高度富集。

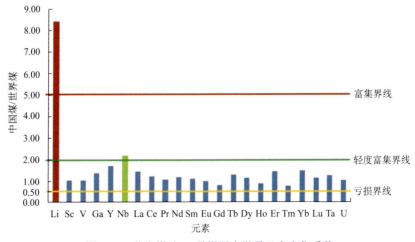

图 5-41 北岩煤矿 15 号煤层中微量元素富集系数

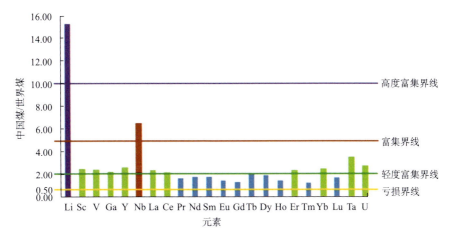

图 5-42　王台铺煤矿 15 号煤层中微量元素富集系数

(三) 煤中锂的赋存状态探讨

目前国内对煤中锂的研究程度较低，锂一般赋存于有机质中，常见锂赋存于锂绿泥石、鲕绿泥石这两种矿物。

刘帮军和林明月 (2014) 通过对宁武煤田平朔矿区 9 号煤中锂的富集机理的研究发现，煤中锂与无机物呈显著相关关系，其与煤中硅和铝的相关性分别为 0.802 和 0.828，说明煤中的锂对硅铝酸盐具有亲和性，同时也是煤中锂含量高的区域一般都位于煤中铝含量高的区域内的原因之一。凡煤中锂含量达到 $80\mu g/g$ 的成矿区域，其煤层煤灰中 Al_2O_3 含量也基本超过 35%，煤中锂成矿的前提必然是存在于高铝煤的分布区。

本节对山西沁水煤田晋城矿区的 15 号煤层中锂的赋存状态进行了初步的探讨。

1) 煤中锂与灰分和挥发分之间的关系

通过煤中锂与灰分和挥发分的相关关系对比可以发现 (图 5-43、图 5-44)，研究区煤中锂含量与灰分含量具有较好的正相关关系，而与挥发分呈负相关关系。进一步将煤中锂与煤中 Al_2O_3 和 SiO_2 对比可以发现，煤中锂与煤中 Al_2O_3 和 SiO_2 均表现为正相关关系，由此表明研究区煤中锂主要赋存煤中黏土矿物中，而与有机物密切程度不高 (图 5-45)。

2) 聚类分析

基于聚类分析结论，发现锂元素和灰分属于统一小类，SiO_2 与 Al_2O_3 属于同一小类，其又与锂元素同属于一个大类，意味着锂元素的赋存与富含铝硅酸盐的黏土矿物有着密切的关系 (图 5-46)。

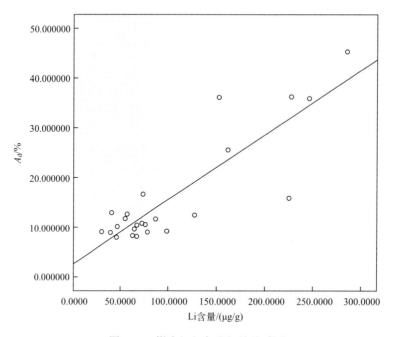

图 5-43　煤中锂与灰分相关关系图

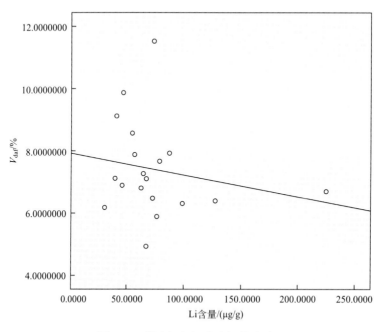

图 5-44　煤中锂与挥发分相关关系图

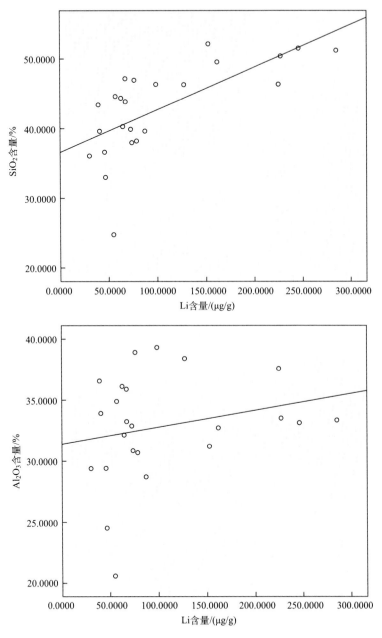

图 5-45 煤中锂与煤中 Al_2O_3 和 SiO_2 相关关系图

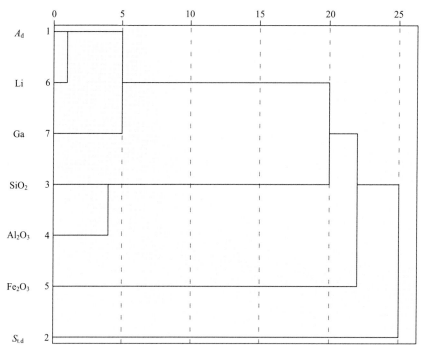

图 5-46　聚类分析树状图

四、广西扶绥煤田煤-锂矿床

广西扶绥煤田处于桂南赋煤带，位于广西崇左市东部扶绥县南部东罗镇，是广西主要煤炭基地之一。煤田主要含煤地层为上二叠统合山组，累计查明资源储量 1.38 亿 t，保有资源储量 0.80 亿 t。该区对煤中金属元素的研究较浅，近年来广西煤炭地质局对扶绥煤田施工的三个钻孔及生产矿井进行了较系统的采样测试，发现该煤田煤中锂富集。

(一)地质地球化学背景

1. 母岩性质

与我国云贵川渝地区晚二叠世含煤地层的沉积陆源区不同，广西扶绥煤田的沉积源区为东南部的云开古陆，并不是位于西部的康滇古陆(图 5-47)，云开古陆与康滇古陆形成时间相近，均形成于晚二叠世早期。

在云开古陆外围有边缘相存在，主要是砾岩和砂岩，其中还含有陆生植物化石碎片，越接近该区，粗碎屑岩含量越高。砾岩中砾石成分多为灰绿色硅质岩和泥岩，是由陆地地区下伏石炭系—二叠系硅质岩层系剥蚀而形成的。砂岩中主要是石英砂岩和岩屑砂岩，

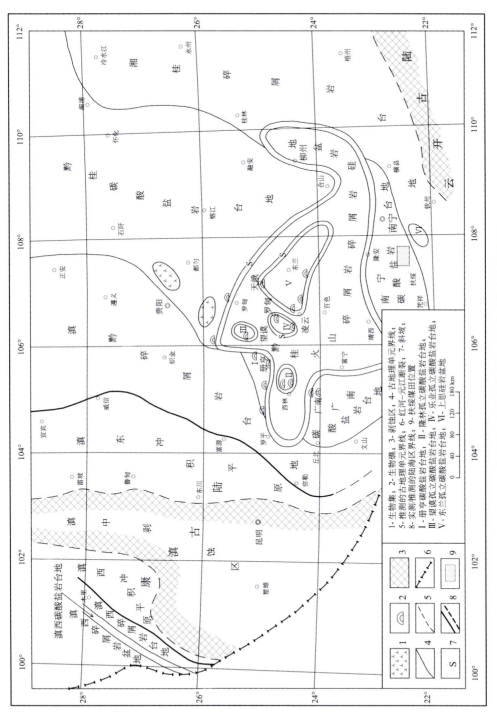

图 5-47　滇黔桂地区晚二叠世沉积古地理格局

岩屑的成分主要是硅质岩、石英岩等。从砾岩和砂岩的成分特征及外围邻区相对坳陷中厚 3000m 的碎屑岩沉积，推断云开古陆是由于地壳抬升而形成的。

晚二叠世早期，云开古陆隆起区出露的岩性非常复杂，包括沉积岩、侵入岩体和变质岩。从底部到顶部主要由三套岩系组成：第一套岩系主要是经历了高角闪岩相-麻粒岩相变质的片麻岩、片麻状混合岩、云母片岩、石英岩和大理岩；第二套岩系主要为变质表壳岩，包括云母片岩、变质火山岩和新元古代—早古生代弱变质的沉积岩；最上部的第三套岩系为未变质的发生褶皱的古生代沉积岩。

此外，据《广西扶绥-崇左地区铝土矿远景调查成果报告》，在扶绥煤田周边出露的火山岩主要有泥盆系中-基性火山岩，二叠系四大寨组、合山组基性火山岩等，经测试出现 Cr、Ni、Zn、Co、V、Cu、Zn 等金属元素异常，中—上二叠统火山岩和泥盆统火山岩有可能为扶绥煤田合山组底部古风化壳沉积型铝土矿和含煤地层的形成提供了部分物质来源。

据侯莹玲等(2014)对桂西那豆矿区合山组三个铝土矿和四个碎屑岩样品进行的系统的矿物学、主微量、碎屑锆石 U-Pb 定年及其微区原位 Hf 同位素分析，表明铝土矿和合山组碎屑岩可能来自同一个源区。结合该区岩相古地理特征、Hf 同位素特征和碎屑锆石的 Th/Nb-Hf/Th 和 Th/U-Nb/Hf 构造判别图解，推测桂西铝土矿和合山组含煤地层的物源可能主要来自古特提斯北缘的二叠纪岩浆弧的酸性火山岩。

2. 沉积背景

受冈瓦纳板块与劳亚板块汇聚作用的影响，在上、下二叠统之间发生全球性的海平面下降及华南玄武岩喷发事件，导致包括广西扶绥煤田在内的合山组沉积期的古地理格局发生变化，形成了裂陷盆地和陆源碎屑盆地的复合。

在孤峰期沉积的原有广阔海域中隆升起三块古陆，分别是位于扶绥煤田东部的云开古陆，西北部的大新古岛及北部的江南古陆(图 5-48)，其中云开古陆地形高差相对较大，属中-低山山地，为其西侧的沉积盆地(包括扶绥煤田)提供了大量的陆源碎屑物，江南古陆与大新古岛地形较平缓，主要以化学风化作用为主，为沉积盆地提供少量泥质物。

广西扶绥煤田合山组沉积初期是在温暖湿润的气候条件下发生海侵，沉积了潮坪潟湖或泥炭沼泽、泥炭坪的泥质、灰泥质、铝土质及含煤建造。随着海侵的持续，海平面上升，接受了以含燧石结核及有孔虫、腕足类、双壳类、绿藻类等生物碎屑粒泥岩为主体的沉积物，由于地貌的差异，出现泥炭坪、碳酸盐缓坡及不同性质的孤立台地相组合。其中扶绥煤田处于开放的潮坪潟湖-孤立陆棚台地，分布于台缘礁滩亚相带与大新古岛之间的广阔区域。在茅口组古风化壳之上的地层层序为：下部是铝土岩、铝土质黏土岩、泥质岩、硅质岩、凝灰质砂泥岩、含炭灰泥岩、生物屑粒泥岩夹煤、黄铁矿的岩石组合，是区内铝土矿、黏土矿、黄铁矿及部分煤矿的主要产出场所；上部是深灰色燧石条带生物屑泥粒岩、粒泥岩、灰泥岩的组合。整个层序岩性横向变化不大，代表早期为淡化潮坪潟湖环境，发育铝土矿及黄铁矿，随着沉积加积作用逐渐沼泽化或泥炭坪化，出现含

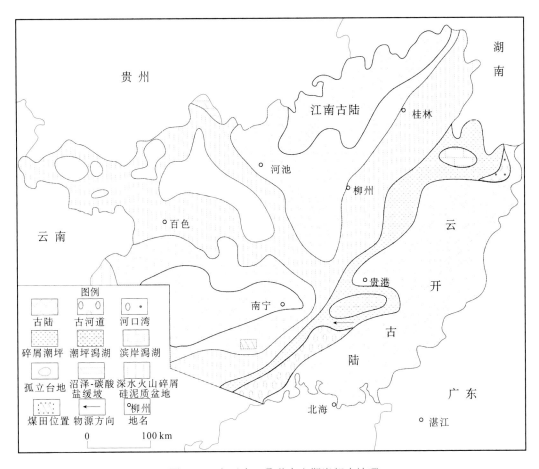

图 5-48　广西晚二叠世合山期岩相古地理

煤沉积，又因为海平面的轻微波动，发生潮坪潟湖多期次的间歇性沼泽化，出现了铝土岩、黏土岩与薄煤层的多层交替；晚期随着海侵，海水加深，以及周边礁滩相带的局部隔挡，演化为半闭塞的陆棚潟湖环境。

(二)煤中金属元素分布特征

广西扶绥煤田主要含煤地层为上二叠统合山组，为一套以浅海碳酸盐岩为主的含煤建造。上二叠统合山组厚 50～300m，含煤 1～6 层，主要可采 1 层，即合山组最底部的 K_1 煤层，厚为 0.5～4m。局部可采的尚有 K_2、K_3、K_4 等煤层，厚为 0.69～2.60m。

扶绥煤田内上二叠统合山组煤层宏观煤岩组分以半亮型为主，煤类主要以中高灰、中硫的瘦煤为主。其中 K_1 煤层主要由半暗型及半亮型煤相间组成，上部以半亮型煤为主，下部以半暗型煤为主，煤层的显微煤岩组分主要为凝胶化组分，占 80% 左右，次为丝炭化组分和无机矿物。凝胶化组分中基质占大多数，镜煤、木煤和木质煤占少量，丝炭化组分中丝炭化基质和半丝炭体以不规则条带状分布在凝胶化基质中。丝炭体呈长条形，具有细胞结构，细胞腔多已膨胀变形，大部分被黏土矿物充填。

广西扶绥煤田合山组底部为一套铝土质泥岩，其上该煤田的主要煤层 K_1，铝土质泥岩底部直接与茅口组灰岩假整合接触(图 5-49)。

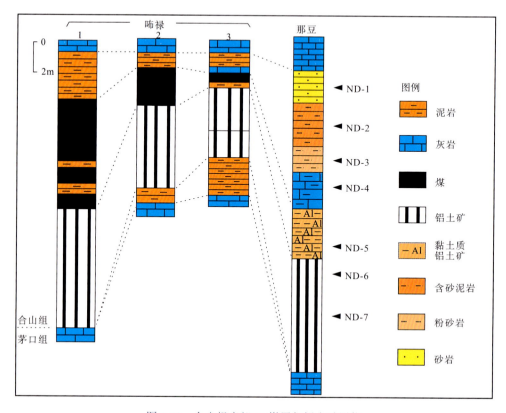

图 5-49　合山组底部 K_1 煤层与铝土矿层位

采用代世峰(2002)提出的煤中微量元素含量水平的指标(富集系数法)对广西扶绥煤田二叠系合山组底部 K_1 煤层及顶、底板泥岩和夹矸中的微量元素含量进行对比分析。世界煤均值参考 Ketris 和 Yudorich(2009)统计的值。

研究发现，与世界煤中微量元素含量平均值相比，广西扶绥煤田 K_1 煤层中的 Li 属于富集状态(CC>5)，平均值达到 94.3μg/g，超过工业品位 80μg/g。Y、Zr、Cs、Yb、Hf 也属于富集状态，Ga、Nb、Mo、Cd、In、Sn、La、Ta、W、Th、U 等属于轻度富集(2<CC<5)，其他元素处于正常或亏损状态(图 5-50)。

据代世峰(2002)采样化验资料，合山组 K_1 煤层顶、底板泥岩和夹矸中 Se、Cd、Mo、Hg、Pb 属于富集状态，Li、Nb、In、Ta、W、Bi 属于轻度富集状态，其他元素基本处于正常或者亏损状态，顶、底板和夹矸泥岩的金属元素处于轻度富集状态。其中顶板泥岩中 Li 元素含量为 157μg/g；夹矸泥岩中 Li 含量为 162～444μg/g，平均值为 286μg/g；底板泥岩中 Li 含量为 266μg/g，超过了综合利用品位。

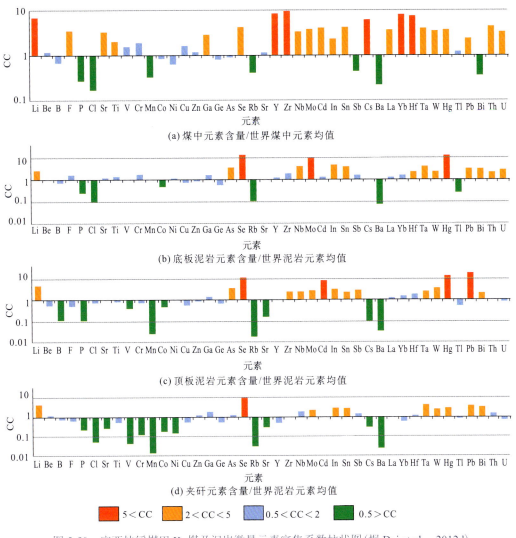

(a) 煤中元素含量/世界煤中元素均值

(b) 底板泥岩元素含量/世界泥岩元素均值

(c) 顶板泥岩元素含量/世界泥岩元素均值

(d) 夹矸元素含量/世界泥岩元素均值

5＜CC　　2＜CC＜5　　0.5＜CC＜2　　0.5＞CC

图 5-50　广西扶绥煤田 K_1 煤及泥岩微量元素富集系数柱状图（据 Dai et al.，2012d）

通过实际野外调查，并对已施工钻孔和矿井进行了系统采样，该区共采集化验样品91件，其中钻孔样78件，根据三个钻孔资料（ZK1、ZK2 和 ZK3）揭示的合山组底部的Ⅰ煤层的厚度为 0.6～1.55m，矿井煤样 13 件，主要针对上二叠统合山组含煤地层的主要煤层、炭质泥岩进行系统测试。钻孔采样测试结果显示：除 K_2 煤层之外，合山组下部 K_1、K_3 及 K_4 煤层中 Li 含量均超过 80μg/g，其中 K_3 煤层中 Li 含量为 131μg/g；K_4 煤层中 Li 含量为 133μg/g；K_1 煤层中 Li 含量为 143～355μg/g，平均值为 213μg/g（表 5-26）。综合而言，K_1 煤层是合山组煤层中厚度最大且 Li 最富集的层位，达到了工业品位要求，且据钻孔化验结果该煤层中稀散元素 Ga 含量达 24.50～43.40μg/g，平均值为 32.57μg/g，也达到了煤中伴生 Ga 的工业品位，可综合勘查开发利用。

表 5-26　广西扶绥煤田稀有元素化验异常

采样点编号	样品编号	煤层编号	样品岩性	Li 含量/(μg/g)	Ga 含量/(μg/g)
ZK1	H26		炭质泥岩	125	33.6
	H32	K_1	煤层	237	33.6
	H33	K_1	煤层	208	38.2
	H34		炭质泥岩	230	44.3
ZK2	H2	K_4	炭质泥岩	133	34.9
	H5		泥岩	127	37.7
	H8	K_3	煤层	131	35.2
	H14	K_1	煤层	143	24.5
	H15	K_1	煤层	147	24.8
	H16	K_1	煤层	190	30.9
	H17		炭质泥岩	322	52.8
ZK3	H3		炭质泥岩	151	40.6
	H4		炭质泥岩	136	26.1
煤矿点	H3	K_1	煤层	355	43.4

扶绥煤田内上二叠统合山组主要煤层及泥岩中 Li 主要分布在下部及底部，以 ZK2钻孔为例，随着深度的增大，除个别采样点外，整体 Li 含量呈增大趋势，且以 K_1 煤层及其底板泥岩中 Li 含量最高(图 5-51)。根据三个钻孔资料揭示的合山组底部的 K_1 煤层的顶、底板炭质泥岩厚度为 0.40m 左右,顶、底板炭质泥岩中的 Li 异常值为 112～322μg/g,Ga 异常值为 33.6～52.8μg/g。

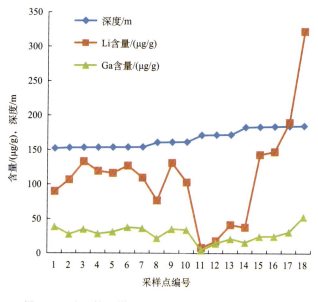

图 5-51　广西扶绥煤田 ZK2 钻孔锂、镓含量变化曲线

扶绥煤田合山组 K_1、K_3、K_4 煤层 Li、Ga 元素存在异常，K_1、K_2、K_4 煤层从顶板—煤层—底板镓含量逐渐增加，K_1、K_2 煤层从顶板—煤层—底板锂含量逐渐增加，K_3、K_4 煤层中锂含量最大，四层煤中 K_1 煤层锂、镓富集程度最高(图 5-52)。

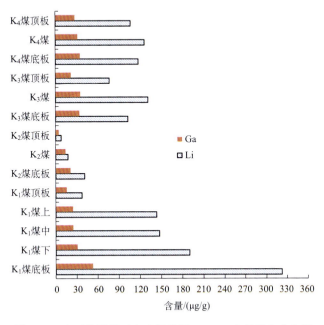

图 5-52　广西扶绥煤田合山组煤层 Li、Ga 含量垂向分布图

据代世峰(2002)采样测试资料(表 5-27)，扶绥煤田合山组 K_1 煤层顶、底板及夹矸泥岩中 Li 含量均超过了工业品位(80μg/g)，以该煤层最下部的夹矸中 Li 含量值最高，最高达到 444μg/g。

表 5-27　扶绥煤田合山组 K_1 煤层顶、底板及夹矸泥岩元素分析

样品位置及编号		Li /(μg/g)	Ga /(μg/g)	SiO_2 含量/%	Al_2O_3 含量/%	Fe_2O_3 含量/%	K_2O 含量/%	Na_2O 含量/%	CaO 含量/%	MgO 含量/%	P_2O_5 含量/%
K_1 顶板		157	25.8	37.7	27.6	8.3	0.48	0.25	1.06	0.52	0.046
夹矸	2-P	162	34.7	39.5	31.9	3.62	0.36	0.13	0.41	0.27	0.044
	4-P	192	35.1	39.3	32.5	2.05	0.27	0.11	0.38	0.2	0.03
	6-P	268	46.9	39.3	32.4	1.63	0.42	0.08	0.3	0.24	0.047
	8-P	259	34.5	32.7	27.8	3.77	0.26	0.05	0.27	0.2	0.031
	10-P	274	25.4	36.6	31.6	2.84	0.3	0.04	0.22	0.12	0.037
	12-P	405	22.8	31.7	29.1	6.34	0.17	0.02	0.11	0.09	0.045
	14-P	444	25.2	37.3	33.7	4.07	0.23	0.03	0.2	0.08	0.045
K_1 底板		266	25	20.1	23.7	26.9	0.12	0.01	0.2	0.06	0.021

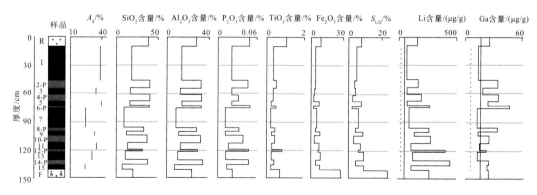

图 5-53　K₁ 煤层煤灰成分及 Li、Ga 含量垂向变化

具体到 K₁ 煤层中，Li 含量从顶部到底部具有增大的趋势，且普遍顶、底板泥岩及煤层夹矸中 Li、Ga 含量大于煤层中的含量（图 5-53）。

根据扶绥煤田内含煤地层的展布特征，结合采样化验揭示的异常点分布情况，初步在扶绥煤田中部渠旧—东门镇一带圈定煤中 Li、Ga 异常区，总面积 $1.68km^2$。异常区分布情况如图 5-54 所示。

（三）煤中锂赋存状态研究

目前研究发现煤中锂主要与煤中的无机组分有关，主要赋存在煤中的黏土矿物中，少量赋存在云母和电气石中，但与有机质也有联系，普遍认为锂可能赋存在一些褐煤的有机质中。另外，也有地质学家认为，煤中的锂与铝质硅酸盐有密切关系（Karayigit et al.，2006）。

以广西扶绥煤田上二叠统合山组 K₁ 煤层煤中锂为主要目标进行赋存状态研究，依据元素本身的地球化学特征，认为相关性较强的元素在物源、运移、沉积等过程具有相似性，故对元素进行相关性分析有助于研究元素的最终赋存状态及载体。通过测试数据的相关性分析发现，K₁ 煤层中锂与挥发分产率（V_{daf}）呈正相关关系[图 5-55（a）]，说明锂在煤层中一部分可能以有机质的形式赋存。K₁ 煤层中硫分含量较高，且以有机硫为主，该煤层中锂又与煤中硫分（$S_{t,d}$）呈较好的正相关性[图 5-55（b）]，相关系数达 0.780；与煤灰成分中的 Fe_2O_3 含量呈正相关关系[图 5-55（c）]，相关系数达到 0.776，表明 K₁ 煤层中锂可能与铁硫化物关系密切，可能与海相的沉积环境关系较大。从图 5-55（d）可以看出，K₁ 煤层中锂与 SiO_2 呈负相关，负相关系数为 0.628，据此可以推断该煤层中锂可能不以硅铝酸盐等矿物的形式赋存。

通过扫描电镜对 K₁ 煤层的镜下分析发现（图 5-56），该煤层中除有机质之外，无机物种类主要有石英、高岭石、黄铁矿等铁硫化物和铁硫酸氧盐等。其中石英主要以脉状形式存在，高岭石主要以条带状和裂隙、胞腔填充的形式存在，黄铁矿等铁硫化物以裂隙脉状、星点状、团簇状形式赋存，铁硫酸氧盐以胞腔状形式出现。

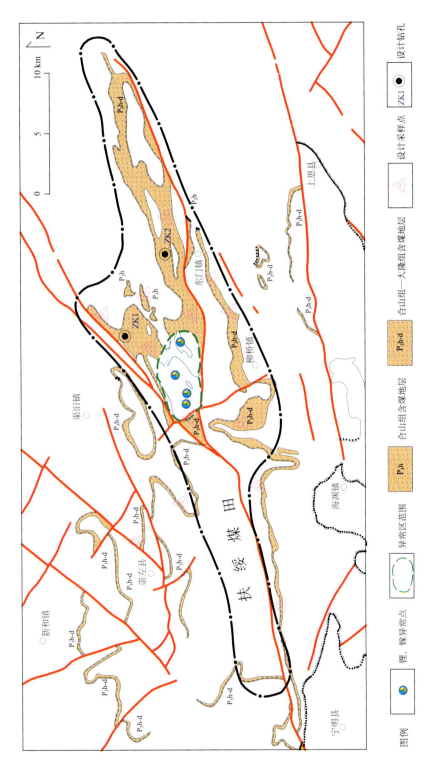

图 5-54 广西扶绥煤田煤中锂、镓分布区

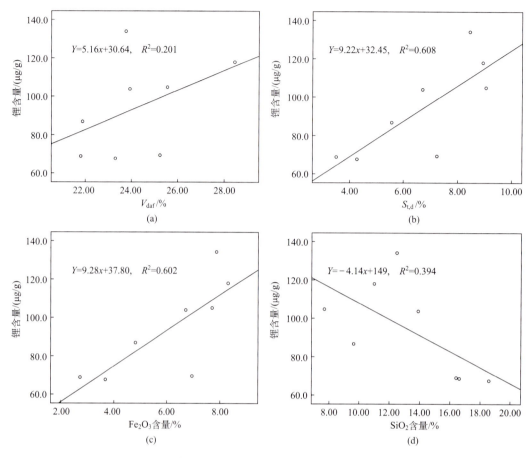

图 5-55　合山组 K_1 煤层煤中锂与主要煤质指标相关性

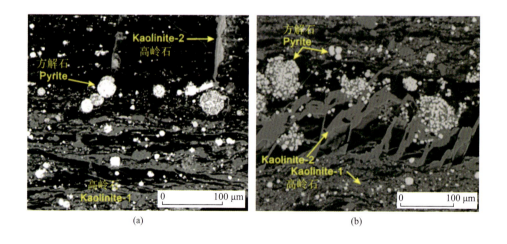

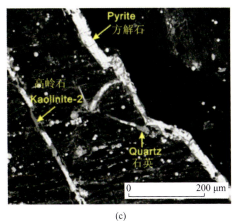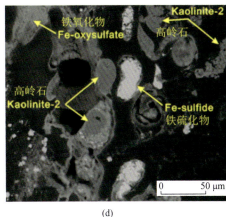

(c)　　　　　　　　　　　　　　　　　(d)

图 5-56　K_1 煤层无机物类型 SEM 背散射图像（据 Dai et al.，2012d）

依据元素的地球化学特征，认为在物源、运移、沉积等过程具有相似性的元素相关性较强，故对元素进行相关性分析有助于研究元素的最终赋存状态及其载体。

参考代世峰（2002）测试数据，对广西扶绥煤田 K_1 煤层中微量元素原始数据进行处理后，采用 SPSS 软件得到相关性系数矩阵（表 5-28），分析相关矩阵发现如下规律：Be 与 Ga、Rb、U、Zr 正相关；V 与 Cr、Ni、Rb 正相关；Sr 与 In、Ba、Hf 表现为较好的正相关关系，Ba 与 Rb、Sr、In、Cs 表现为正相关；Ga 与 Be、Tl、U、Zr 均表现为高度正相关的关系；Li 与 Cu、Cr、Tl、Ni 表现为一般正相关，与 In、Sr、Ba、Pb、Zr 表现为较高的负相关。

基于元素之间的相关性，可以通过聚类分析反映煤中微量元素之间的紧密程度，即进一步分析煤中微量元素之间的相互关系。采用 SPSS 软件对煤中微量元素进行聚类分析（聚类分析类型：系统聚类分析，聚类方法：质心聚类法，度量标准：Pearson Correlation，标准转换值、无标准化，转换度量、绝对值）得到二维谱系图，分析元素间的共生组合关系。

通过聚类分析发现广西扶绥煤田上二叠统合山组 K_1 煤层煤中元素可分为七个群（图 5-57）。

第一个族群包括 A_d、Al_2O_3、SiO_2 和 Pb 元素，A_d、Al_2O_3、SiO_2 均表现为亲石性，Pb 为亲硫元素。它们的赋存状态可能与黏土矿物有关。

第二个族群包括 Cs、Ba、Co、Sb 四种元素，其中 Cs、Ba、Sb 为亲石元素，Co 为亲硫元素。这些元素可能存在于黏土矿物或硅酸盐矿物中。

第三个族群包括 Sr、In、Zn、Hf 四种元素，其中 Sr、In、Zn 为亲硫元素，Hf 为亲石元素。它们的赋存状态与硫化物矿物或黏土矿物有关。

第四个族群包括 V、Rb 两种元素，V 为亲硫元素，Rb 为亲石元素。它们的赋存状态可能与硫酸盐矿物有关。

表5-28 广西扶绥煤田 K_1 煤层煤中微量元素相关性矩阵表

元素	Li	Be	V	Cr	Co	Ni	Cu	Zn	Ga	Rb	Sr	Mo	In	Sb	Cs	Ba	W	Tl	Pb	U	Ta	Zr	Hf
Li	1.00																						
Be	-0.25	1.00																					
V	0.11	0.35	1.00																				
Cr	0.33	0.13	0.69	1.00																			
Co	-0.23	-0.60	-0.06	-0.50	1.00																		
Ni	0.32	0.03	0.67	0.89	-0.27	1.00																	
Cu	0.41	-0.02	0.06	0.23	-0.23	0.39	1.00																
Zn	-0.16	-0.03	-0.70	-0.42	-0.08	-0.30	0.15	1.00															
Ga	-0.32	0.81	0.12	-0.05	-0.46	0.01	-0.16	-0.02	1.00														
Rb	-0.45	0.55	0.73	0.10	0.18	0.07	-0.24	-0.51	0.32	1.00													
Sr	-0.79	0.32	-0.41	-0.47	0.02	-0.49	-0.15	0.64	0.20	0.16	1.00												
Mo	0.15	-0.56	-0.07	0.42	0.08	0.50	0.03	0.33	-0.49	-0.48	-0.10	1.00											
In	-0.86	0.50	-0.16	-0.42	0.06	-0.43	-0.54	0.37	0.52	0.42	0.83	-0.21	1.00										
Sb	-0.43	-0.16	0.12	-0.49	0.77	-0.28	-0.30	-0.40	0.10	0.48	0.00	-0.40	0.23	1.00									
Cs	-0.56	0.10	0.14	-0.43	0.50	-0.52	-0.34	-0.28	-0.13	0.68	0.40	-0.53	0.42	0.60	1.00								
Ba	-0.69	0.32	0.05	-0.45	0.35	-0.54	-0.35	0.09	0.04	0.67	0.71	-0.41	0.71	0.38	0.89	1.00							
W	-0.01	-0.14	-0.10	0.13	-0.10	0.38	0.77	0.11	0.05	-0.28	-0.01	0.11	-0.30	0.01	-0.34	-0.40	1.00						
Tl	0.32	0.33	0.03	0.24	-0.57	0.28	-0.02	-0.15	0.67	-0.25	0.43	-0.12	-0.14	-0.18	-0.68	-0.68	0.13	1.00					
Pb	-0.62	0.03	-0.58	-0.60	0.09	-0.52	-0.19	0.19	0.42	-0.13	0.47	-0.35	0.47	0.43	0.18	0.15	0.34	0.17	1.00				
U	-0.05	0.88	0.31	0.21	-0.74	0.04	0.14	-0.25	0.72	0.39	0.07	-0.68	0.17	-0.21	0.03	0.08	0.04	0.45	0.10	1.00			
Ta	-0.14	0.02	-0.24	0.19	-0.24	0.33	0.04	0.71	0.14	-0.39	0.34	0.71	0.29	-0.48	-0.62	-0.25	0.17	0.18	-0.02	-0.25	1.00		
Zr	-0.60	0.75	-0.11	-0.39	-0.25	-0.38	-0.28	0.11	0.89	0.38	0.53	-0.64	0.76	0.27	0.23	0.40	-0.04	0.35	0.64	0.63	0.01	1.00	
Hf	-0.38	0.17	-0.65	-0.57	-0.12	-0.71	0.03	0.68	-0.04	-0.16	0.81	-0.22	0.48	-0.25	0.32	0.54	-0.08	-0.43	0.35	0.11	0.10	0.31	1.00

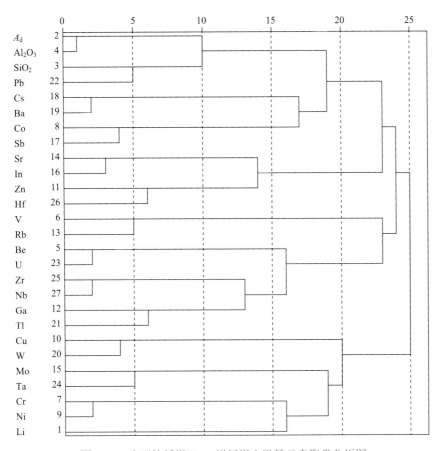

图 5-57 广西扶绥煤田 K_1 煤层煤中微量元素聚类分析图

第五个族群包括 Be、U、Zr、Nb、Ga、Tl 六种元素，其中 Be、U、Zr、Nb、Ga 为亲石元素，Tl 为亲硫元素。它们的赋存状态可能与黏土矿物或硫化物矿物有关。

第六个族群包括 Cu、W 两种元素，Cu 为亲硫元素，W 为亲石元素。它们的赋存状态可能与硫化物矿物和硫酸盐矿物有关。

第七个族群包括 Mo、Ta、Cr、Ni、Li，其中 Mo、Ta、Cr、Li 为亲石元素，Ni 为亲铁元素。这些元素可能存在于黏土矿物或硅酸盐矿物中。

结合上述 K_1 煤中 Li 与主要指标的相关性分析、扫描电镜分析和聚类分析结果，初步推断认为金属元素 Li 在该煤层中有两种赋存状态：一种是以有机质的形式赋存；另一种是以铁硫化物、铁硫酸氧盐的形式赋存。

(四)煤中金属元素富集因素

广西扶绥煤田煤中锂、镓富集在泥炭化阶段，主要控制因素是物源，在后期煤化作用阶段以热液流体活动为主，包括微量元素的重新分配与交换作用。

1. 物源

扶绥煤田的煤层、夹矸及顶、底板泥岩中富含亲石元素，通过以康滇古陆为物源区的 888 件样品的分析测试结果，发现岩石中 V、Cr、Co、Ni 等金属元素的含量较高，平均含量为 441μg/g、206μg/g、31μg/g 和 61μg/g，此外以康滇古陆为物源区的云贵川渝交界地区的上二叠统含煤地层中富含 V、Cr、Co、Ni、Cu 和 Zn（代世峰等，2007；Dai et al.，2011）。通过对扶绥煤田合山组含煤地层中的 V、Cr、Co、Ni 和 Zn 五种金属元素与西南地区以康滇古陆峨眉山玄武岩区的重庆、四川南部芙蓉矿区及滇东四个钻孔的化验数据对比发现（表 5-29），二者在这五种金属元素的含量及相互配比模式上存在明显差异。扶绥煤田合山组底部 K_1 煤层中 V、Cr、Co、Ni 和 Zn 的平均含量分别为 27.91μg/g、37.79μg/g、5.19μg/g、14.56μg/g 及 30.21μg/g，煤层顶板中 V、Cr、Co、Ni 和 Zn 五种元素的含量较高，依次为 108μg/g、187μg/g、9.32μg/g、55.90μg/g 及 75.4μg/g，底板泥岩中含量分别为 49.10μg/g、81.70μg/g、9.49μg/g、47.90μg/g 及 79.00μg/g。西南地区 V、Co、Ni 和 Zn 元素的含量明显大于广西扶绥煤田，且从五种金属元素的配比关系上存在明显的不同，扶绥煤田五种金属元素的配比曲线呈现斜 Z 字形。滇东、川南及重庆以康滇古陆玄武岩台地为源区的含煤地层中 V、Cr、Co、Ni 和 Zn 的配比模式呈现宽口的 V 字形（图 5-58），扶绥煤田与以康滇古陆为源区的上二叠统含煤地层的 V、Cr、Co、Ni 和 Zn 及配比曲线的差异，表明扶绥煤田含煤地层的物源区不是康滇古陆。

表 5-29　扶绥煤田与西南地区晚二叠世含煤地层金属元素

样品来源及样品编号		元素					资料来源
		V	Cr	Co	Ni	Zn	
广西扶绥煤田	1-1	31.2	30	9.64	13.5	15.1	Dai 等（2013）
	1-3	28	28.6	4.42	11	37	
	1-5	19.9	23.4	4.13	11.2	38.8	
	1-7	24.6	44.7	4.96	16.3	53.9	
	1-9	23	22.7	6.51	11.7	38.9	
	1-11	28.2	43.8	5.21	17.9	29.2	
	1-13	30.1	53.8	3.25	15.4	10.8	
	1-15	38.3	55.3	3.43	19.5	18	
	K_1顶板	108	187	9.32	55.90	75.40	
	K_1底板	49.10	81.70	9.49	47.90	79.00	
重庆松藻		138	33.5	23.7	40.4	123	Dai 等（2011）
四川芙蓉		55.4	21.2	16.1	19.6	56.8	雒洋冰（2014）
滇东 1001		178	60	31.8	67	143	赵利信（2016）
滇东 1201		201	103	29.2	72.2	139	
滇东 301		176	92.2	46.7	86.5	180	
滇东 802		155	34.5	18.1	37.6	144	

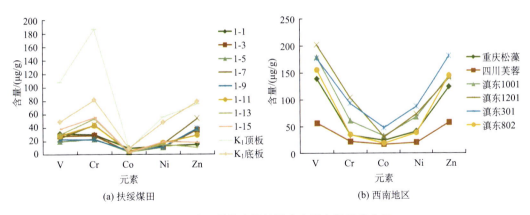

图 5-58 上二叠统含煤地层中主要金属元素含量

由于 REE 原子结构的相似性，地球化学上它们紧密结合并共生于相同矿物中，REE 性质稳定，其配比模式图是常用于研究物源的主要方法。从 REE 配比模式图上也可以看出，与上地壳相比，广西扶绥煤田的 K_1 煤层的夹矸及顶、底板泥岩具有明显的负 Eu 异常，这是典型的岩浆岩的 REE 地球化学特征，且具有较明显的 Gd 正异常，Tb、Dy、Ho、Er、Tm、Yb、Lu 七种元素曲线有明显的下行趋势，而重庆南桐煤田晚二叠世碎屑沉积物来自康滇古陆源岩区，具有轻微的负 Eu 异常，且没有 Gd 正异常出现，Tb、Dy、Ho、Er、Tm、Yb、Lu 这几种元素曲线较为平缓(图 5-59)。

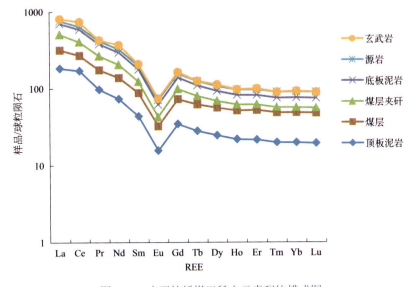

图 5-59 广西扶绥煤田稀土元素配比模式图

基于 Li、Nb、Ta、Sn 和 W 的高浓度，低浓度的 P、Ba，和较低的 Nb/Ta 比率，表明沉积物源区的岩石可能由 Li-F 花岗岩和/或其渗出的类似物组成。

合山组煤层、夹矸和顶底板泥岩的化学组成特征说明，广西扶绥煤田晚二叠世含煤盆地的沉积源区可能是云开古陆，并不是为我国西南地区晚二叠世含煤地层提供物源的康滇古陆。

2. 沉积环境

广西扶绥煤田合山组 K_1 形成时的成煤环境为海陆交互相，煤层中硫分较高，平均为 8.49%，各种硫含量以硫化铁硫 ($S_{p,d}$) 为主，平均为 5.43%；次为有机硫 ($S_{o,d}$)，平均为 2.58%；硫酸盐硫为 ($S_{s,d}$) 0.97%。煤中矿物质主要是黏土矿物，呈微粒分布在凝胶化基质和丝炭体的细胞腔中；其次为黄铁矿和方解石，其中黄铁矿呈微粒状零星分布在煤层中，偶尔聚集呈条带状，表明该煤层在形成过程中受海水的影响频繁。

根据 Dai 等(2012d)采样化验数据(表 5-30)，K_1 煤层、夹矸泥岩、K_1 煤层底板泥岩的 Sr/Ba 值均大于 1，指示为咸水环境沉积；K_1 煤层顶板 Sr/Ba 为 0.74，小于 1，指示为淡水环境沉积，也可能为短暂的淡水沼泽沉积。通过分析顶板、夹矸和底板泥岩中的金属元素锂含量变化，表明咸水环境中形成的夹矸和底板泥岩中的锂含量远大于淡水环境中形成的顶板泥岩中的锂含量。

表 5-30　广西扶绥煤田 K_1 煤层 Sr/Ba 值

元素含量与比值	顶板泥岩	K_1 煤层	夹矸泥岩	底板泥岩
Sr	24	75.68	80.65	38
Ba	32.3	18.65	12.78	15
Sr/Ba	0.74	4.06	6.31	2.53
Li	157	94.3	286.28	266

3. 热液流体作用

热液流体活动是影响扶绥煤田煤中锂等金属元素异常的另一个重要因素(Dai et al., 2013)，据测试分析发现，Hg 在 K_1 煤层、夹矸和顶底板泥岩中富集，同时其他超热相关元素如 Se 和 Cd 等也表现为富集，扫描电镜和 X-衍射发现煤层中见有较多的石英脉、高岭石和黄铁矿等热液矿物。

根据从底板到顶板热液元素及矿物在垂向上的分布，表明大致有三个阶段的热液流体活动对煤层及顶底板泥岩中的金属元素分布产生影响：第一阶段表现为 Fe、Pd、Cd、S 及 Cl 在煤层底板泥岩中富集；第二阶段表现为在 Hg 在煤层中富集，来自于泥炭沉积期间输入同生水热溶液，这些水可能富含 Hg；第三阶段为 F、Mo 和 U 元素在顶板中富集。第一阶段和第三阶段之后发生了煤化作用，对煤层中微量元素的分布未产生明显的影响，仅影响了与煤层接触的位置，第二阶段与煤层沉积同期的热液流体活动直接影响了煤层中微量元素的分布，水热液体影响了煤中碎屑矿物的破坏，造成了微量元素的重新分布，导致煤中锂等金属元素富集。

扶绥煤田合山组 K_1 煤层中及其顶底板和夹矸中锂、镓的含量具有如下规律：煤层顶、底板及夹矸中含量一般高于煤层，并且有在同一煤层中含量表现出中间低，靠近顶、底板高的接触富集现象，表明锂、镓等微量元素在煤层顶底板及夹矸泥岩中发生了渗透交换，造成锂、镓等微量元素在煤层与顶底板和夹矸泥岩中的差异富集现象。

综合而言，火山岩为合山组煤层中锂、镓等稀有金属元素富集提供了有利条件。酸性火山岩中锂、镓等含量较高，在特定的地质条件下，锂元素以类质同象的方式进入辉石和云母矿物，在含煤盆地中含锂元素的陆源碎屑进一步黏土化、铝土矿化，并在有机酸、碳酸盐的作用下，经后期风化淋滤作用使泥质及黏土中的 CaO、Fe_2O_3 等不同程度被带走，使锂元素进一步富集，而煤层具有非常好的还原障和吸附障的性能，从围岩中萃取锂元素。煤层具有多孔隙及裂隙发育也可以使流体压力降低，有助于锂、镓等稀有金属元素的析出。富含稀有锂元素的物源、稳定的构造条件和含煤盆地沉积环境及盆地内一系列的地球化学反应，以及煤层特有的吸附性等物理条件，上述因素的综合控制作用造成了锂元素在合山组煤层和炭质泥岩中富集。

第六章

煤中金属元素矿产资源成矿区带

第一节　地质地球化学背景

一、大地构造背景与煤田构造格局

（一）大地构造背景

煤是地球表面广泛分布的沉积矿产，它的形成和分布受多种因素的控制。地质历史时期的植物遗体在古气候、古地理和古构造等有利条件下聚集成煤，其所遗留的物质记录就是含煤岩系(coal-bearing strata)。含煤岩系是指一套含有煤层的沉积岩系，又称含煤沉积、含煤地层、煤系、含煤建造等，构成煤系多种矿产资源的载体。

中国聚煤作用从震旦纪到第四纪均有发生。中晚泥盆世前，主要为低等植物菌藻类形成的石煤；志留纪之后，随着高等植物的出现，才逐渐有重要煤系形成。煤的聚集受古植物、古地理、古构造和古气候控制，从而表现出明显的周期性和阶段性(韩德馨和扬起，1980；程爱国和林大扬，2001)。早石炭世、晚石炭世—早二叠世、晚二叠世、晚三叠世、早—中侏罗世、早白垩世、古近纪及新近纪是我国的八个主要聚煤期，与全球的主要聚煤期具有一致性。其中，晚石炭世—早二叠世、晚二叠世、早—中侏罗世和早白垩世四个时期的聚煤作用最强(图6-1)，资源量占中国煤炭资源总量的98%以上。

含煤岩系的形成和保存，受盆地基底性质、区域构造演化和后期构造变形控制。中国位于亚洲东部，太平洋西岸，现今的大陆及其毗邻地区是一个拼合的大陆，它由若干大大小小的克拉通和地块及夹持其间的造山带组成，纵向上和横向上均表现出显著的非均一性，使中国及其邻区的大陆岩石圈在历史发展上呈现出复杂而又清晰的多旋回分阶段演化过程。主要的地块包括塔里木地块、华北地块(克拉通)和华南地块，主要的造山带有天山-兴蒙造山带、昆仑-祁连-秦岭造山带、特提斯-喜马拉雅造山带和滨太平洋造山带(图 6-2)。中国大陆从太古宙到新生代经历了漫长而复杂的构造演化过程,古生代以来,中国大陆构造发展受古亚洲洋、特提斯洋、太平洋三大构造域动力学体系的控制(任纪舜,1990)。

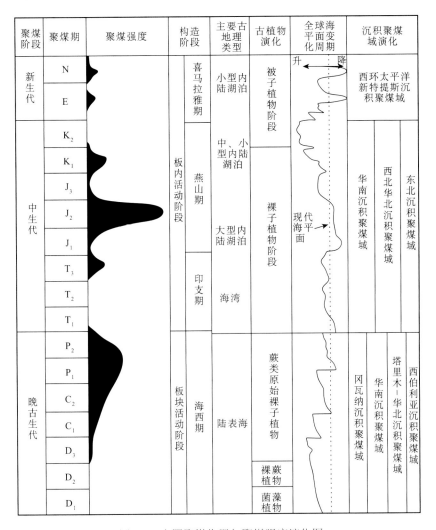

图 6-1　中国聚煤作用与聚煤强度演化图

　　华北地块(中朝陆台)是中国最大稳定地块(Wang and Mo,1995),但与世界上的大型陆台相比,具有面积小、稳定性差、缺少稳定的成煤盆地背景的特点。中新生代中国大陆及其边缘受多方面的俯冲、碰撞和挤压,即使在稳定的块体内部也受到较强烈的变形和出现较强烈的岩浆活动。从板块的相互作用上,中国大陆东侧中生代中期以来受太平洋、菲律宾板块俯冲和碰撞的影响,北侧受西伯利亚板块向南的挤压,南侧及西南侧受特提斯构造域的汇聚和随后印度板块的碰撞和楔入的巨大影响。

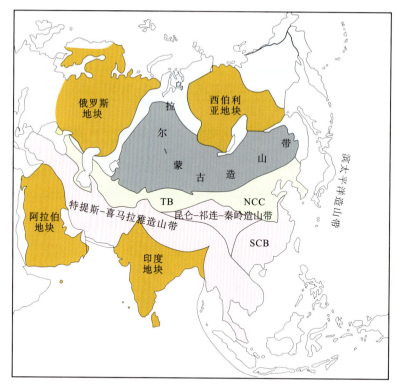

图6-2　中国及邻区主要构造单元图(据 Zheng et al.，2013)

NCC-华北克拉通；TB-塔里木地块；SCB-华南地块

多旋回造山作用是中国大陆构造突出的特征，这是由中国所处的全球构造位置所决定的。显生宙期间古亚洲洋、特提斯-古太平洋和印度洋、太平洋三大全球动力学体系在中国的交切、复合，使同一地带在不同构造旋回和构造阶段经受不同程度的动力体系作用，因而造成十分复杂的构造面貌和演化过程。

(二)中国煤田构造格局

中国大陆自晚古生代主要成煤期以来，相继经历了古亚洲地球动力学体系、太平洋地球动力学体系和特提斯地球动力学体系的作用，大陆构造演化的时空非均匀性、基底属性和地层结构的复杂性，导致煤田构造格局呈现复杂而又有序的总体面貌(曹代勇等，2016)。控制中国煤田构造格局的区域构造因素包括：一条一级分带，即贺兰山-龙门山-哀牢山南北向构造带；三条二级分带，即阿尔泰-阴山构造带、昆仑-秦岭-大别山构造带、大兴安岭-太行山-武陵山构造带。与中国大陆岩石圈结构相似(李廷栋，2006)，中国煤田构造格局可以划分为两大煤田构造区域、三条煤系变形构造组合带、五大赋煤构造区(图6-3)。

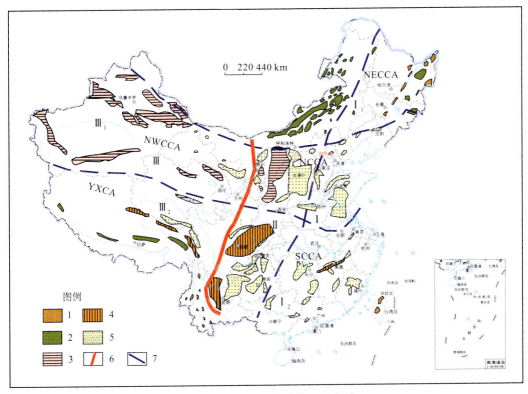

图 6-3　中国煤田构造格局示意图

1-古近纪—新近纪煤系；2-早白垩世煤系；3-早—中侏罗世煤系；4-晚三叠世煤系；5-石炭纪—二叠纪煤系；6-一级构造分界线；7-二级构造分界线；NECCA-东北赋煤构造区；NCCA-华北赋煤构造区；NWCCA-西北赋煤构造区；SCCA-华南赋煤构造区；YXCA-滇藏赋煤构造区；Ⅰ-东部复合变形区；Ⅰ₁-东北-华北伸展变形分区，Ⅰ₂-华南叠加变形分区；Ⅱ-中部过渡变形区；Ⅲ-西部挤压变形区；Ⅲ₁-西北正反转变形分区，Ⅲ₂-滇藏挤压变形分区

1. 两大煤田构造域

贺兰山-龙门山-哀牢山南北向构造带把中国煤田构造格局划分为两大构造域。

（1）东部煤田构造域：含煤层位多、煤盆地类型多、聚煤环境类型多，盆地构造-热演化史复杂，煤系变形时空差异显著，东北区和华北区东部以新生代负反转构造为特征，华南区以多期持续挤压变形为特征，煤田构造线展布以北东—北北东向为主。

（2）西部煤田构造域：以早—中侏罗世煤系占绝对优势，聚煤环境主要为内陆湖沼，煤盆地形成与演化受特提斯地球动力学体系控制，新生代盆地构造正反转显著，现今煤田构造以挤压性构造样式为主，主体构造线呈北西—北西西向展布。

2. 三条煤系变形构造组合带

（1）东部复合变形带。大兴安岭—太行山—武陵山以东，煤系后期改造显著且多样化，秦岭—大别山以南以挤压背景为主，华北和东北则以伸展背景为主。煤系变形构造组合以北东—北北东向展布、平行排列的条带结构组合为基本格局，变形幅度和强度由东向

179

西递减。

(2)中部过渡变形带。贺兰山-龙门山构造带与大兴安岭-太行山-武陵山构造带之间的南北向过渡带,地壳结构稳定,煤盆地演化以继承性为特征,鄂尔多斯盆地和四川盆地的煤系变形构造组合具有典型的地台型同心环带结构。

(3)西部挤压变形带。贺兰山—龙门山以西,煤田构造格局以挤压机制为特色,煤田构造呈北西—北西西—北北西弧形展布,变形强度向北递减。煤系变形构造组合由滇藏赋煤构造区的平行条带结构,转换为西北赋煤构造区的多中心环带结构。

3. 五大赋煤构造区

三条二级分带,即东西向的阿尔泰-阴山复合造山带、昆仑-秦岭-大别山复合造山带、南北向大兴安岭-太行山-武陵山构造带组合,划分了五大赋煤构造区:东北赋煤构造区、华北赋煤构造区、西北赋煤构造区、华南赋煤构造区、滇藏赋煤构造区。

(三)煤田构造形成与演化的阶段性

我国具有工业价值的煤层最早形成于石炭纪(湘中测水煤系),晚古生代、中生代、新生代均有成煤作用发生。晚古生代以来,中国大陆先后经历了海西、印支、燕山和喜马拉雅四大构造旋回,多期性质、方向、强度不同的构造运动,使不同时期形成的不同类型的成煤盆地遭受不同程度的改造,盆地分解破坏、叠合反转,煤系发生不同程度的变形、变位、变质作用(表6-1)(曹代勇等,1999,2016;王桂梁等,2007)。

表6-1 中国煤田构造形成与演化简要特征

地质时代	区域构造演化	煤盆地形成与改造进程
古近纪—新近纪	印度板块与欧亚板块碰撞,青藏高原隆起;亚洲大陆东部向东扩张,东亚裂陷系形成	成煤作用发生于环太平洋构造域(东北和华北沿海)(E)、西部特提斯构造域(滇西地区)(N),受走滑断裂控制,盆地类型以小型山间拗陷和断陷为主
		东部煤盆地负反转,华北掀斜断块格局形成;西部成煤盆地在区域性挤压应力作用下进一步变形,由盆缘向盆内的逆冲推覆,改造破坏了原型盆地边界
侏罗纪—白垩纪	晚燕山阶段,亚洲大陆东部裂解,西北进入陆内造山机制	早—中侏罗世陆相成煤作用广泛发生于华北、西北和上扬子地区,鄂尔多斯继承性发育大型克拉通拗陷,西北地区主要为伸展背景下的泛湖盆古构造格局;早白垩世,东北一内蒙古东部发育小型断陷成煤盆地群
	早燕山阶段,库拉-太平洋板块与欧亚板块的强烈作用形成东亚构造岩浆岩区,中国大陆地台解体,西北地区造山期后伸展	中国东部受太平洋地球动力学体系控制,含煤岩系发生明显构造变形,变形强度由东向西递减。华南赋煤区以深层次拆离控制下的复杂叠加型滑脱构造广泛发育为特征;华北赋煤区受周缘活动带陆内造山控制,形成环带形变形分区结构,西北地区成煤盆地于晚中生代开始构造正反转
三叠纪	北方古板块与华南古板块全面对接,中国板块形成	于上扬子、华北西部和塔里木盆地北部于晚三叠纪发生成煤作用,盆地类型为大型陆内拗陷,受盆缘断裂控制,具前陆盆地性质
		晚古生代煤系遭受改造,华南板块于印支早期发生局部裂陷伸展滑覆,晚期发生逆冲推覆;华北成煤盆地受周缘板块活动控制,发生褶皱断裂
石炭纪—二叠纪	塔里木-华北古板块与西伯利亚古板块对接,古秦岭消减,古亚洲体系逐步形成	华北 C_2—P_1 和华南 C_1、P_2 海陆交互型成煤作用广泛,盆地类型主要为稳定或较稳定的巨型或大型陆内克拉通拗陷,同沉积期构造活动控制富煤带的展布

(四)赋煤构造单元

1. 基本概念

煤系和煤层的分布具有分区分带展布的特点,这种分区分带性很大程度上受现今区域构造格局的控制。赋煤构造单元是全国煤炭资源潜力评价煤田构造研究中提出的重要概念(程爱国等,2010;曹代勇等,2013),针对煤炭资源评价和勘查的需要,用于描述区域构造格局和构造演化对煤系赋存的控制,强调煤系经历地质历史中多期构造运动综合作用的现今赋存状态。

赋煤构造单元的定义为:在一套相同或相近的含煤地层系统内,从煤系赋存角度划分的构造单元是指经历了大致相同的构造演化历史,其现今构造特征基本相同的地层-构造组合,反映煤炭资源现今保存构造特征。赋煤构造单元主要根据煤系聚集特征、构造-热演化、赋存特征,及其所处区域地质特征等进行划分,具有赋煤单元和大地构造单元的双重性质,一方面是煤系赋存的构造区划,具有一般意义上构造单元的含义;另一方面,赋煤构造单元反映的是煤系的现今赋存状况,因而又具有赋煤单元的意义。赋煤构造单元的划分建立起连接构造单元(大地构造属性)和赋煤单元(煤系分布)之间的桥梁,体现了中国煤炭资源赋存规律的基本特点,可以为煤炭资源潜力评价和勘查开发提供科学依据。

2. 赋煤构造单元的层次结构

赋煤构造单元主要根据含煤岩系所处位置的区域地质特征、煤炭资源聚集特征及成煤期后煤系形变特征等进行划分,根据其规模可分为三级:赋煤构造区、赋煤构造亚区、赋煤构造带。

赋煤构造区是根据主要成煤期大地构造格局(古构造)和煤系赋存大地构造格局(现今构造)划分的Ⅰ级赋煤构造单元,与Ⅰ级大地构造单元范围大致相当。我国煤田地质工作者在长期的实践中,划分出东北、华北、西北、华南、滇藏五大赋煤区,体现了中国煤炭资源赋存时空差异的总体特征,赋煤构造区与赋煤区划分相同。

在赋煤构造区内,根据煤系变形特点划分赋煤构造亚区作为Ⅱ级赋煤构造单元,赋煤构造亚区内部具有相同或相近的构造演化特征和煤系变形规律,控制边界一般为区域性的大型断裂。

赋煤构造带是Ⅲ级赋煤构造单元,主要划分依据包括:①具有一致的聚煤规律(属于同一成煤盆地或盆地群);②经历了大致相同的构造-热演化进程;③同时代的煤系具有相似的构造格局;④以区域性构造线或煤系沉积(剥蚀)边界圈定其范围;⑤一般相当于Ⅲ级大地构造单元,但根据煤系分布特征,也可以跨越不同级别的大地构造单元。赋煤构造带采用"地理名称+构造属性"双重命名法,以反映煤田构造格局的基本特征。

Ⅲ级以下的赋煤构造单元采用盆地构造区划分常用的术语,如隆起/拗陷、断隆/断拗、凸起/凹陷等,大致对应煤田、矿区等赋煤单元。

3. 中国赋煤构造单元划分

根据上述的赋煤构造单元的相关定义和划分方案，将全国划分为五大赋煤构造区，16 个赋煤构造亚区，81 个赋煤构造带(图 6-4，表 6-2)。

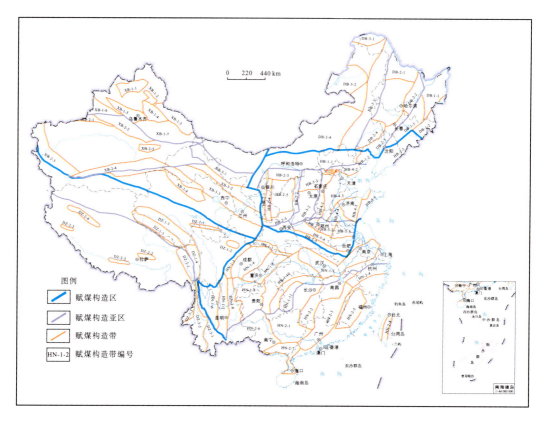

图 6-4　中国赋煤构造单元划分示意图

表 6-2　中国赋煤构造单元划分表

赋煤区	赋煤构造亚区	赋煤构造带
东北赋煤构造区（DB）	东北东部赋煤构造亚区(DB-1)	三江-穆棱断拗赋煤构造带(DB-1-1)
		虎林-兴凯断陷赋煤构造带(DB-1-2)
		依舒-敦密断陷赋煤构造带(DB-1-3)
	东北中部赋煤构造亚区(DB-2)	黑河-小兴安岭断拗赋煤构造带(DB-2-1)
		张广才岭断隆赋煤构造带(DB-2-2)
		松辽东部断阶赋煤构造带(DB-2-3)
		松辽西南部断陷赋煤构造带(DB-2-4)

赋煤区	赋煤构造亚区	赋煤构造带
东北赋煤构造区（DB）	东北西部构造亚区（DB-3）	漠河断陷赋煤构造带（DB-3-1）
		海拉尔断陷赋煤构造带（DB-3-2）
		大兴安岭断隆赋煤构造带（DB-3-3）
		二连断陷赋煤构造带（DB-3-4）
华北赋煤构造区（HB）	华北北缘赋煤构造亚区（HB-1）	阴山-燕山褶皱-逆冲赋煤构造带（HB-1-1）
		辽西逆冲-断陷赋煤构造带（HB-1-2）
		辽东-吉南逆冲-拗陷赋煤构造带（HB-1-3）
	鄂尔多斯盆地赋煤构造亚区（HB-2）	鄂尔多斯盆地西缘褶皱-逆冲赋煤构造带（HB-2-1）
		鄂尔多斯盆地东缘挠曲赋煤构造带（HB-2-2）
		伊盟隆起赋煤构造带（HB-2-3）
		天环拗陷赋煤构造带（HB-2-4）
		陕北单斜赋煤构造带（HB-2-5）
		渭北断隆赋煤构造带（HB-2-6）
	山西块拗赋煤构造亚区（HB-3）	晋北断陷赋煤构造带（HB-3-1）
		晋南断拗赋煤构造带（HB-3-2）
	华北东部赋煤构造亚区（HB-4）	太行山东麓断阶赋煤构造带（HB-4-1）
		燕山南麓褶皱赋煤构造带（HB-4-2）
		华北平原断陷赋煤构造带（HB-4-3）
		鲁西断陷赋煤构造带（HB-4-4）
		鲁中断隆赋煤构造带（HB-4-5）
		胶北断陷赋煤构造带（HB-4-6）
	南华北赋煤构造亚区（HB-5）	嵩箕滑动构造赋煤构造带（HB-5-1）
		豫东断块赋煤构造带（HB-5-2）
		徐淮断块-推覆赋煤构造带（HB-5-3）
		华北南缘逆冲推覆赋煤构造带（HB-5-4）
		秦岭-大别北缘逆冲推覆赋煤构造带（HB-5-5）
华南赋煤构造区（HN）	扬子赋煤构造亚区（HN-1）	米仓山-大巴山逆冲推覆赋煤构造带（HN-1-1）
		扬子北缘逆冲赋煤构造带（HN-1-2）
		龙门山逆冲赋煤构造带（HN-1-3）
		川中南部隆起赋煤构造带（HN-1-4）
		川渝隔档式褶皱赋煤构造带（HN-1-5）
		丽江-楚雄拗陷赋煤构造带（HN-1-6）
		康滇断隆赋煤构造带（HN-1-7）
		滇东褶皱赋煤构造带（HN-1-8）
		川南黔西叠加褶皱赋煤构造带（HN-1-9）
		渝鄂湘黔隔槽式褶皱赋煤构造带（HN-1-10）
		江南断隆赋煤构造带（HN-1-11）

赋煤区	赋煤构造亚区	赋煤构造带
华南赋煤构造区（HN）	华夏赋煤构造亚区（HN-2）	湘桂断陷赋煤构造带（HN-2-1）
		赣湘粤拗陷赋煤构造带（HN-2-2）
		上饶-安福-曲仁拗陷赋煤构造带（HN-2-3）
		浙西赣东拗陷赋煤构造带（HN-2-4）
		闽西南拗陷赋煤构造带（HN-2-5）
		右江褶皱赋煤构造带（HN-2-6）
		雷琼断陷赋煤构造带（HN-2-7）
		台湾逆冲拗陷赋煤构造带（HN-2-8）
西北赋煤构造区（XB）	准噶尔盆地赋煤构造亚区（XB-1）	准西逆冲赋煤构造带（XB-1-1）
		准北拗陷赋煤构造带（XB-1-2）
		三塘湖拗陷赋煤构造带（XB-1-3）
		准东褶皱-断隆赋煤构造带（XB-1-4）
		准南逆冲-拗陷赋煤构造带（XB-1-5）
		伊犁逆冲-拗陷赋煤构造带（XB-1-6）
		吐哈逆冲-拗陷赋煤构造带（XB-1-7）
	塔里木盆地赋煤构造亚区（XB-2）	塔西北逆冲-拗陷赋煤构造带（XB-2-1）
		中天山断隆赋煤构造带（XB-2-2）
		塔西南逆冲-拗陷赋煤构造带（XB-2-3）
		塔东南断拗陷赋煤构造带（XB-2-4）
		塔东北拗陷赋煤构造带（XB-2-5）
	祁连赋煤构造亚区（XB-3）	阿拉善断陷赋煤构造带（XB-3-1）
		祁连对冲-拗陷赋煤构造带（XB-3-2）
		走廊对冲-拗陷赋煤构造带（XB-3-3）
		柴北逆冲赋煤构造带（XB-3-4）
滇藏赋煤构造区（DZ）	青南-藏北赋煤构造亚区（DZ-1）	东昆仑断隆赋煤构造带（DZ-1-1）
		积石山断陷赋煤构造带（DZ-1-2）
		唐古拉褶皱-逆冲赋煤构造带（DZ-1-3）
		昌都-芒康逆冲-褶皱赋煤构造带（DZ-1-4）
		土门-巴青逆冲-褶皱赋煤构造带（DZ-1-5）
	藏中（冈底斯）赋煤构造亚区（DZ-2）	边坝-八宿褶皱赋煤构造带（DZ-2-1）
		拉萨北褶皱赋煤构造带（DZ-2-2）
		日喀则褶皱赋煤构造带（DZ-2-3）
		改则褶皱赋煤构造带（DZ-2-4）
		噶尔断陷赋煤构造带（DZ-2-5）
	滇西赋煤构造亚区（DZ-3）	兰坪-普洱褶皱-逆冲赋煤构造带（DZ-3-1）
		保山-临沧走滑-断陷赋煤构造带（DZ-3-2）
		腾冲-潞西断陷赋煤构造带（DZ-3-3）

(五)各赋煤构造区基本特征

1. 东北赋煤构造区

东北赋煤构造区的大地构造区划属于天山-兴蒙造山系的东段,南部叠加于华北陆块区的北缘。古、新太平洋地球动力学体系的转折期,岩石圈在伸展作用下形成一系列北东—北北东向展布的断陷盆地,并发生强度较大的成煤作用。由于中生代成煤盆地是在地堑或半地堑基础上发展起来的,基底刚性程度低,盆地规模普遍小,离散程度较高,形成的成煤盆地多为中、小型的断陷和拗陷盆地,分带性明显,多数追踪基底断裂网络发育,以北东向为主,北西向次之。

东北赋煤构造区中、西部的中生代断陷盆地埋藏较深,成盆后期的构造运动相对较弱,从而煤系保存较好或较完整。该区以兴蒙造山系及其中间地块为基底,印支运动以后卷入滨太平洋活动大陆边缘,燕山运动早、中期以在区域挤压应力场控制下形成北北东—南南西走向的压性构造形迹为特征,中生代晚期中国东部大地构造演化进入东亚大陆边缘裂解阶段。中生代煤系经历的后期改造主要是控煤断裂的继承性活动,以断裂断块运动为特征,构造样式以由铲式正断层控制的箕状断陷和堑垒组合为主。区域构造线方向呈北东—南西向展布,由西向东,煤系的改造呈逐步增强的趋势。

东北赋煤构造区共划分为 3 个赋煤构造亚区,11 个赋煤构造带:①东部赋煤构造亚区。中生代三江-穆棱河盆地群受后期改造,呈残留盆地群,发育向北西扩展逆冲断层和轴面南东倾的斜歪褶皱等挤压构造样式,松辽盆地以东沿依兰-伊通断裂带和敦化-密山断裂带发育的古近纪拉分裂陷盆地多数亦在晚喜马拉雅期发生正反转。②中部赋煤构造亚区以松辽盆地为主体,煤系赋存于盆地周缘,中生代后期受断裂破坏呈断块格局。③西部赋煤构造亚区,海拉尔盆地群断陷赋煤构造带和二连盆地群断陷赋煤构造带仍保存了成盆期的伸展构造格局。

2. 华北赋煤构造区

华北赋煤构造区位于华北陆块区的主体部位,指秦岭-大别山造山带以北、阴山造山带以南、贺兰山-六盘山以东的华北和东北南部地区,华北赋煤构造区经历了中奥陶世—早石炭世的长期隆起之后沉降,形成统一的克拉通拗陷,发育了晚古生代海陆交互相含煤岩系。海西运动末期,天山-兴蒙造山系崛起致使华北盆地基底抬升,海水由北向南逐渐退出,过渡为晚二叠世陆相盆地,晚古生代成煤作用结束。华南古板块与华北古板块于中生代早期由东向西逐渐完成碰撞对接,构成中国大陆的主体。早—中侏罗世华北陆块的古地形东高西低,以太古界陆核为基底的鄂尔多斯地块继承性地发育了大型波状拗陷,以古生代裂陷槽为基底的燕辽地区则发育中小型拗陷,接受了早—中侏罗世陆相含煤岩系沉积。印支运动是中国大陆构造演化的重大转折,中国东部进入滨太平洋构造域的演化阶段,华北陆块发生解体,经历了中生代板内挤压变形和新生代活动大陆边缘伸展变形阶段。滨太平洋构造域演化阶段，挤压变形强度由东向西递减，影响到达山西地块。中生代以来中国西部板块构造运动的影响仅限于华北赋煤构造区的南部和西部。新生代伸展变形则主要发育于太行山以东。尚冠雄(1997)认为，华北北部主要受古亚洲地球动力学体系古蒙古洋影响，华北南部主要受古特提斯地球动力学体系分支秦岭造山带影响，中间部分则主要受太平洋地球动力学体系影响。

华北赋煤构造区被构造活动带环绕，煤系变形存在较大差异，具明显的变形分区特征，变形强度由外围向内部递减。华北赋煤构造区共划分为 5 个赋煤构造亚区，22 个赋煤构造带：①华北北缘赋煤构造亚区。受板缘构造作用控制，阴山-燕山-辽东-吉南广大区域发育一系列走向近东西的早中生代逆冲断裂或推覆构造，华北赋煤区北部的晚古生代煤系和早中生代煤系卷入其中，构成赋煤区北缘强挤压变形带。②鄂尔多斯盆地赋煤构造亚区。由鄂盆西缘褶皱逆冲带、鄂盆东缘挠褶带、鄂盆北部隆起、鄂盆南部(渭北)断隆、陕北单斜和天环拗陷等赋煤构造带构成完整的赋煤构造单元。煤系变形主要分布于盆地边缘，盆地主体构造变形微弱，呈向西缓倾的单斜，断层稀少，构造简单，构成世界级特大型煤盆地。③山西块拗赋煤构造亚区。位于华北赋煤构造区中部，煤系变形略强，以轴向北东和北北东的宽缓波状褶皱为主。④华北东部赋煤构造亚区。太行山以东进入冀、鲁、皖内环伸展变形，以断块构造为其特征。⑤南华北赋煤构造亚区。中生代以挤压变形为主，构造格局表现为与古大陆板块边界近于平行的宽缓大型褶皱或隆起，以及与之配套的剪切断裂和压性断裂系统，徐淮地区发育逆冲推覆构造。新生代伸展变形较为显著，在很大程度上改造和掩盖了早期挤压构造形迹，豫西含煤区在宽缓褶皱基础上，叠加发育了重力滑动构造；豫东隐伏区以正断层控制的断块构造格局为特征。

3. 华南赋煤构造区

华南赋煤构造区处于特提斯构造域与环太平洋构造域的交汇部位，跨扬子陆块区和华南造山系。中—晚二叠世煤系全区发育，其次为晚三叠世煤系，新近纪煤系则局限于西南部滇东一带。华南岩石圈经历了多期幕式生长，煤系变形较复杂，时空差异显著。就整个华南赋煤区而言，构造变形强度和岩浆活动强度均有由板内向板缘递增的趋势，受大地构造格局控制，华南赋煤构造区划分为扬子赋煤构造亚区和华夏赋煤构造亚区，共计 19 个赋煤构造带。

(1)扬子赋煤构造亚区范围与扬子地块相当，处于特提斯构造域与环太平洋构造域的交汇部位，上扬子四川盆地古老基底发育完整，构成了扬子地块盖层变形分带的稳定核心。由于扬子地块基底的固结程度较华北地块较差，煤系变形强度相对较大，且塑性变形特征明显，以挤压机制下的褶皱变形和逆冲推覆为主，变形强度由边缘向内部递减，具有近似同心环带结构的基本特点。四川盆地是构成扬子陆块区赋煤构造单元组合分带的稳定核心，川中赋煤构造以宽缓的穹隆构造、短轴状褶皱变形和断层稀疏为特征。由此向周边，煤系变形强度递增，分别为龙门山逆冲赋煤构造带、川中南部隆起赋煤构造带、川渝隔挡式褶皱赋煤构造带、渝鄂湘黔隔槽式褶皱赋煤构造带、江南断隆赋煤构造带。

(2)华夏赋煤构造亚区的基底为前泥盆纪浅变质岩系，其活动性大于扬子陆块区，经历多次挤压与拉张等不同构造机制的交替作用，煤系变形强烈且复杂。由沿海中生代闽浙火山岩带向扬子陆块区，一系列北东—北北东向大型隆起和拗陷相间排列，晚古生代煤系保存在基底隆起之间的拗陷之中。煤田推覆和滑覆构造全面发育，由隆起指向拗陷，北东—北北东向展布的赋煤构造单元组合规律明显。滑脱构造分类中最复杂的滑、褶、推覆叠加型和滑推多次叠加型均发育在华夏赋煤构造亚区，闽、湘、赣地区以"红绸舞状褶皱"的形象比喻而著称。

4. 西北赋煤构造区

西北赋煤构造区东以贺兰山、六盘山为界，南以昆仑山、秦岭为界，跨越天山-兴蒙造山系、塔里木陆块区、秦岭-祁连-昆仑造山系等不同的一级大地构造单元，主要受特提斯地球动力学体系与古亚洲地球动力学体系的影响。西北赋煤构造区早—中侏罗世成煤盆地形成于造山期后伸展的地球动力学背景，主要为泛湖盆体系中的湖沼环境，湖盆周边发育成煤沼泽，含煤地层及煤层沉积稳定，湖盆内部或水体加深形成暗色泥岩为主的烃源岩，构成煤-油气共生的多能源盆地。大地构造环境和基底构造的不同，导致成煤作用和煤盆地后期改造的差异性，中生代末期以来，印度板块与欧亚板块碰撞的远距离效应，使西北地区盆地不同程度反转，形成再生型前陆盆地。含煤盆地赋煤构造的一般规律是"陡边平底"，即边缘发育指向盆内的逆冲推覆体系，煤系以断夹块形式抬升，形成与盆地边缘平行的赋煤构造单元。盆地内部为宽缓的褶皱和断块组合，但成煤性变差且埋藏过深。以特大型赋煤盆地为中心，西北赋煤构造区可划分为准噶尔盆地(北疆)赋煤构造亚区、塔里木盆地(南疆)赋煤构造亚区、祁连赋煤构造亚区三个完整的赋煤构造单元组合。

(1)准噶尔盆地(北疆)赋煤构造亚区包括天山-兴蒙造山系内的准噶尔煤盆地和吐哈煤盆地等，盆地具有前寒武系结晶基底。该亚区包括七个赋煤构造带，呈同心环带结构变形分区组合，构造复杂程度由内及外逐渐加大，盆地周缘(准西逆冲赋煤构造带、准南逆冲-拗陷赋煤构造带)煤系遭受强烈挤压，发育紧闭-等斜褶皱、逆冲推覆或冲断构造，而盆内(准东褶皱-断隆赋煤构造带、准北拗陷赋煤构造带)以宽缓褶皱变形为主。

(2)塔里木盆地(南疆)赋煤构造亚区由天山造山带与昆仑造山带之间的刚性地块和周边造山带组成，北缘和南缘均为指向盆内的逆冲推覆构造带，东南缘为阿尔金断裂。煤系变形具同心环带组合特征，外环带煤系变形强烈，以紧闭-等斜-倒转褶皱及其伴生的逆冲断层为特征。向盆内煤系埋藏深，过渡为舒缓波状起伏或地层近水平的断块组合，剖面形态呈陡边平底或 W 形。

(3)祁连赋煤构造亚区东以鄂拉山断裂和六盘山断裂为界，南为昆中断裂，西大致以阿尔金断裂为界，包括祁连造山带和柴达木地块的早—中侏罗世煤系分布区。该区处于对冲挤压的变形环境，煤系多呈北西—南东向平行条带状分布，褶皱和逆冲推覆构造较发育，由北向南可分为阿拉善断陷赋煤构造带、走廊对冲-拗陷赋煤构造带、祁连对冲-拗陷赋煤构造带、柴北逆冲赋煤构造带。

5. 滇藏赋煤构造区

滇藏赋煤区大地构造区划属于特提斯范畴，主体为西藏-三江造山系，由归属于欧亚大陆和冈瓦纳大陆的若干陆块(地体)及其间的缝合带构成，地质演化历史复杂。煤系主要赋存于青藏高原北部和滇西地区，受北西—南东向深断裂的控制和成煤后期的破坏，多为小型含煤区块。强烈的新构造运动，使含煤盆地褶皱、断裂极为发育，含煤块段分布零星、规模小、工作程度低。

滇藏赋煤构造区划分为 3 个赋煤构造亚区，13 个赋煤构造带：①青南-藏北赋煤构造亚区平面呈向北东方向凸出的弯曲展布，晚古生代煤系和晚三叠世煤系主要分布于昌都盆地和羌塘盆地内，属于活动型沉积，含煤性差，煤层结构复杂，后期改造显著。构造特征以北西西走向(北部)和北北西走向(东部)的逆冲推覆构造及线性褶皱构成的复式向斜为主。②藏中(冈底斯)赋煤构造亚区发育早白垩世煤系，分布零星，煤层薄，含煤性差，后期构造变形差异明显。③滇西赋煤构造亚区以新生代走滑断裂变形为显著特征，主体构造线呈南北向的八字形展布。发育众多小型山间盆地和走滑拉分盆地，新近纪有成煤作用发生。由于处于构造活动带，含煤性大大逊色于以扬子地台为基底的滇东地区同时代盆地群。

二、含煤岩系分布与煤炭资源分布

(一)主要成煤期含煤岩系分布

中国大陆聚煤盆地发育时代与全球具有同时性，中国大陆含煤地层分布面积约为405 万 km^2，含煤地层的分布具有时段性及区域性特征(图 6-2，表 6-3)。

石炭纪含煤地层分布面积约为 115.9 万 km^2，主要分布在塔里木-华北古板块和扬子古板块。塔里木-华北古板块上分布的含煤地层为上石炭统，扬子地块的含煤地层为下石炭统(图 6-2，表 6-3)。

表 6-3　中国含煤地层区划与主要含煤地层分布一览表

成煤期	含煤地层区划				
	东北	华北	西北	华南(含海域)	滇藏
N					小龙潭组(N_1x)、昭通组(N_2z)
E	虎林组($E_{2-3}h$)、老虎台组(E_1l)、栗子沟组(E_1z)、古城子组(E_1g)、舒兰组(E_2s)、梅河组($E_{1-2}m$)			南庄组(E_1n)、石底组(E_1s)、木山组(E_1m)、儋县组(E_1n)、长坡组(E_3c)	

续表

成煤期	含煤地层区划				
	东北	华北	西北	华南(含海域)	滇藏
K	穆棱组(K_1m)、沙海组(K_1s)、巴彦花组(K_1b)、九台组(K_1j)、伊敏组(K_1y)、霍林河组(K_1h)、城子河组(K_1c)				
J		延安组(J_1y)、大同组(J_1d)、下花园组(J_1x)、五当沟组(J_1w)、义马组(J_1y)、坊子组(J_1f)	阳霞组(J_1y)、克兹勒努尔组($J_{1-2}k$)、小煤沟组(J_1x)、大煤沟组($J_{1-2}d$)	香溪组(J_1x)、梨山组(J_1l)	
T		瓦窑堡组(T_3w)	塔里奇克组(T_3t)	文宾山组(T_3w)、须家河组(T_3y)、安源组(T_3a)	巴通组(T_3b)
P		山西组(P_1s)、下石盒子组(P_2x)、太原组(C_2—P_1t)	大黄沟组(P_1d)	梁山组(P_2l)、吴家坪组(P_3w)、龙潭组(P_3l)、宣威组(P_3x)、乐平组(P_3l)、长兴组(P_3c)	妥坝组(P_1t)
C		本溪组(C_2b)、太原组(C_2—P_1t)	臭牛沟组(C_1c)、羊虎沟组(C_2y)、太原组(C_2t)	测水组(C_1c)、万寿山组(C_1w)、梓山组(C_1z)、大唐组(C_1d)、叶家塘组(C_1y)	

二叠纪含煤地层分布面积约为156.1万 km^2,总体分布格局与石炭纪相似,具有继承性。聚煤盆地含煤地层时代北部以早二叠世为主,向南渐变为晚二叠世。华南含煤地层时代以晚二叠世为主,范围比石炭纪广阔得多。藏滇区的羌中南-唐古拉-保山陆块仅有零星小型残留煤盆地的分布(表6-3、表6-4,图6-5)。

晚三叠世含煤地层分布面积约为145.2万 km^2,分布地域集中在鄂尔多斯盆地和四川盆地,华南晚三叠世聚煤盆地分布范围狭窄,扬子古陆西缘及羌中南-唐古拉-保山陆块也分布有三叠纪小型聚煤盆地(表6-5、表6-6,图6-6、图6-7)。

侏罗纪含煤地层分布面积约为142.6万 km^2,以早—中侏罗世含煤地层为主。在华北和西北地区发育鄂尔多斯、准噶尔、吐哈、塔里木、伊犁等大型聚煤盆地,华南地区的含煤地层零星分布(表6-7,图6-8)。

早白垩世含煤地层分布面积约为31.7万 km^2,聚煤盆地主要分布在内蒙古东部和东北地区,其他地区仅有零星分布的小型煤盆地(表6-8,图6-9)。

古近纪和新近纪含煤地层分布面积约为16.6万 km^2,集中在中国的东部与西南地区,东北地区以古近纪为主,东部和西南部以新近纪为主。

表 6-4 中国南方及西部地区早石炭世含煤地层划分对比表

地层区	地区	逍遥阶	达拉阶	滑石板阶	罗苏阶	德坞阶	维宪阶	杜内阶	上泥盆统(D₃)
滇藏地层区	唐古拉山	骜曲组							
	藏东	骜曲组							
	云南 西部	威宁群				马查拉组			羌格组 / 卓戈洞组
	云南 东部	威宁群				上司组 / 万寿山组 / 马查拉组			乌青纳组
	贵州	威宁组		滑石板组	摆佐组	上司组	旧司组	祥摆组	汤耙沟组 / 上泥盆统
华南地层区	广西	大埔组			罗城组	寺门组	黄金组	十字呼组	融县组
	粤中、粤北	壶天群			梓门桥段	测水组	石磴子段	孟公坳组	帽子峰组
	粤东	壶天群			忠信组				南靖组
	湘中南	壶天群			梓门桥门组	测水组	石子段	刘家圹组	锡矿
	赣西	壶天群			梓门桥门组	测水组	石子段	横龙组	锡矿
	赣中南	黄龙组			万寿山组			华山岑组	锡矿
	福建	黄龙组			万寿山组				靖组
	浙西	上新桥组			煤上段 / C段 / B段 / A段 家塘组			珠藏坞组	西湖组
	湖北	黄龙组			大塘组			岩关组	写经寺组
	浙北安徽	黄龙组			和州组	高骊山组			五通组
	江苏	黄龙组			和州组	高骊山组			五通组
西北地层区	新疆准葛尔	石钱滩组				南明水组			黑山头组 / 上泥盆统
	新疆塔里木	小海子组		卡拉乌易组		卡拉沙依组			上泥盆统
	青海柴达木北缘	克鲁克组				怀头他拉组			城墙沟组 / 上泥盆统
	甘肃	羊虎沟组		靖远组		臭牛沟组			前黑山组 / 上泥盆统
	宁夏贺兰山以西	羊虎沟组				臭牛沟组			上泥盆统
河南南部		冲岑组			凉驿群 / 哈河群				花园墙组

注：图中填充颜色处为含煤地层。

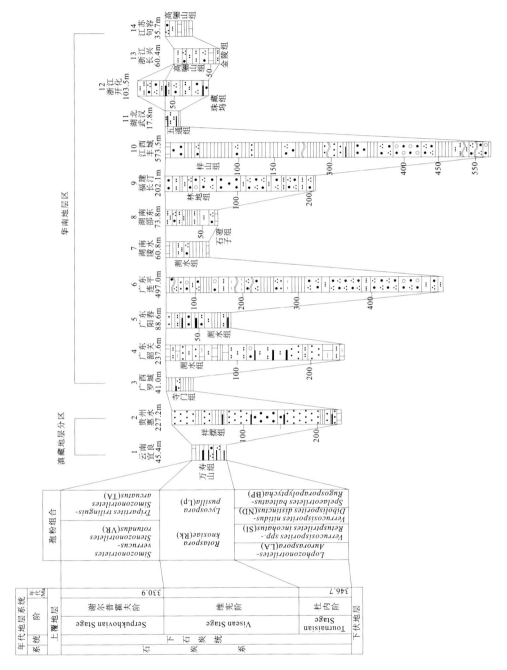

图 6-5 南方早石炭世含煤地层柱状对比图

表 6-5 中国北方（华北）石炭纪—二叠纪含煤地层划分对比表

系	统	国际阶	国内阶	内蒙古鄂尔多斯	陕西韩城	山西太原	北京西山	河北唐山	辽宁本溪	吉林浑江	山东淄博	河南鹤壁	江苏铜山	安徽两淮
二叠系	上统	长兴阶	长兴阶	下三叠统	和尚沟组 / 刘家沟组	和尚沟组 / 刘家沟组	下侏罗统	第四系	林家组（T₁）	北山组（T₃）	坊子组（J₁₊₂）	二马营群	侏罗系—白垩系	第四系
		长兴阶	长兴阶	石千峰组	孙家沟组	孙家沟组	双泉组	石千峰组	石千峰组	石千峰组	凤凰山组	石千峰组 / 平顶山组	孙家沟组	孙家沟组
		吴家坪阶	吴家坪阶	上石盒子组	上石盒子组	上石盒子组	红庙岭组	上石盒子组 / 古冶组	上石盒子组	上石盒子组	上石盒子组	上石盒子组	上石盒子组	上石盒子组
	中统	卡匹敦阶	冷坞阶	下石盒子组	下石盒子组	下石盒子组	杨家屯群	下石盒子组	下石盒子组	下石盒子组	下石盒子组	下石盒子组 / 黑山组	下石盒子组	下石盒子组
		沃德阶	孤峰阶											
		罗德阶	祥播阶											
	下统	空谷阶	罗甸阶	山西组	山西组	山西组	山西组	山西组	山西组	山西组	山西组	山西组	山西组	山西组
		亚丁斯阶	隆林阶											
		萨克马尔阶	紫松阶	太原组	太原组	太原组	太原组	太原组	太原组	太原组	太原组	太原组	太原组	太原组
		阿瑟尔阶	逍遥阶											
石炭系	上统	格舍尔阶	达拉阶	本溪组	本溪组	本溪组	本溪组	本溪组	本溪组	本溪组	本溪组	本溪组	本溪组	本溪组
		卡西莫夫阶													

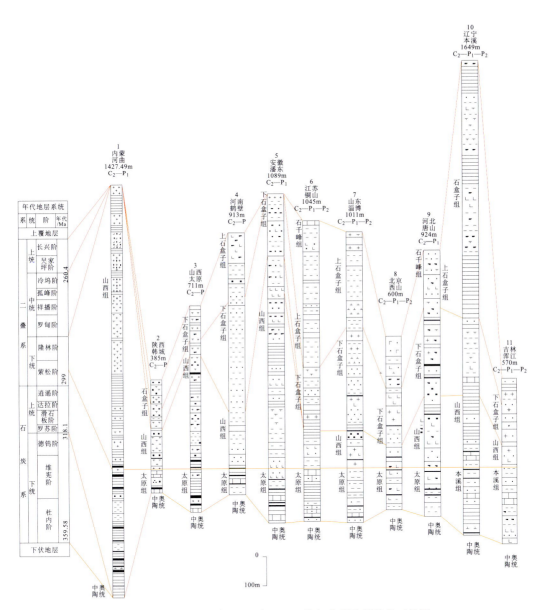

图 6-6　中国北方(华北)石炭纪—二叠纪含煤地层柱状对比图

表6-6 中国南方（华南地层区）中—晚二叠世含煤地层划分对比表

地层		福建	浙江	赣东北	广东 曲仁兴梅	广东 连阳	湖南	皖南	苏南	苏北	湖北	广西	贵州	云南	四川
上覆地层		大冶组	大冶组	大冶组	大冶组	大冶组	大冶组	下三叠统	青龙群	新生界	大冶组	下三叠统	飞仙关组	飞仙关组	飞仙关组
二叠系 上统	长兴阶	长兴组	长兴组	大隆组	大隆组	大隆组	大隆组	大隆组	长兴组	大隆组	大隆组	大隆组	长兴组	宣威组	兴文组
二叠系 上统	吴家坪阶	翠屏山组	杂色层	乐平组	翠屏山组 东组	九坡组	龙潭组	龙潭组	龙潭组	龙潭组	龙潭组	龙潭组	龙潭组	峨眉山组	龙潭组
二叠系 中统	冷坞阶	童子岩组	雾林山组	狮子山组	童子岩组	合田组	当冲组	孤峰组	堰桥组	丁家山组	阳新群	孤峰组	花贡组 峨眉山组	峨眉山组	黑泥哨组
二叠系 中统	孤峰阶	文笔山组	茅口组	茅口组	茅口组	茅口组			孤峰组	孤峰组		茅口组	茅口组	茅口组	茅口组
二叠系 中统	祥播阶														
二叠系 中统	罗甸阶										梁山组			梁山组	梁山组
下伏地层		船山组	船山组	马平组	船山组	船山组	船山组	黄龙组	黄龙组	船山组	上石炭统	马平组	沙子塘组	沙子塘组	中泥盆统

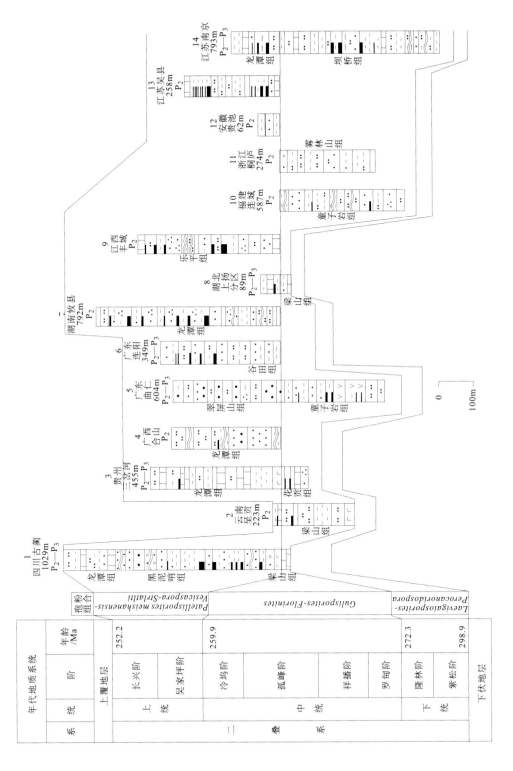

图 6-7 中国南方(华南)中—晚二叠世含煤地层柱状对比图

表 6-7 中国南方晚三叠世含煤地层划分对比表

分区	地区	上覆地层	上三叠统(T₃)	下伏地层
上扬子分区	滇中	冯家河组	白土田组	Pt
	黔西南	禄丰群	舍资组；干海子组；花果山组；普家村组；罗家大山组	Pt
	西昌—会理		二桥组；火把组；把南组	法郎组(T)
	盐源		须家河组 / 大荞地组 / 宝鼎组；小坝子组 / 跨洪洞组	雷口坡组(T₂)
	四川盆地	白田坝组(J₁₊₂)		马脚岭组或石炭系
	桂东南	百姓组	扶隆坳组；平洞组	马脚岭组或石炭系
	鄂西	香溪组	沙镇溪组	巴东组(T₂)
	鄂东南	香溪组	范家塘组	黄马青组或元古界(T₂)
东南分区	皖南	磨山组		黄马青组或元古界(T₂)
	苏南	象山组	范家塘组；黄马青组	
	浙南		枫坪组；乌灶组	太古界
	浙西	马涧组		太古界
	赣东	灶上组	三丘田段；三家冲段；紫家冲段	二叠系
	赣中	灶上组		二叠系
	赣西	灶上组		二叠系
	湘西南	观音滩组	杨柏冲段	二叠系
	湘东	灶上组	三丘田组；三家冲组；紫家冲组	二叠系
	湘东南	唐垄组	相梅垅组；出炭垅组	大冶组
	闽北	犁山组	焦坑组	石炭系
	闽西南	犁山组	文宾山组；大坑组	石炭系
	粤东	金鸡组	艮口群（头木冲组 / 小水组 / 红位坑组）	龙江组(C₁)

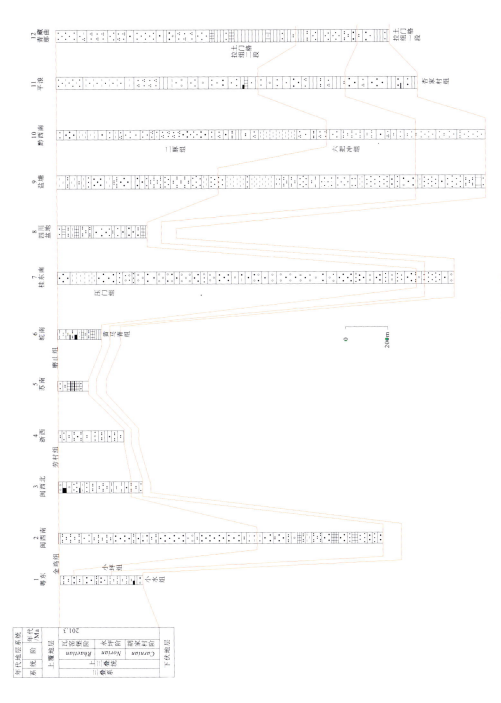

图 6-8　中国南方晚三叠世含煤地层柱状对比图

表6-8　中国早白垩世含煤地层对比表

地层		西北地层区					东北地层区					华北地层区	滇藏地层区	
		甘肃北山	甘肃酒泉	内蒙古阴山	二连盆地地群	海拉尔盆地地群	霍林河盆地	辽宁凌源	辽宁阜新	吉林中部西	鸡西盆地	冀北丰宁	拉萨盆地	藏东
上覆地层		苔泉组		新生界	新生界	新生界	第四系	新生界	新生界	青山口组	东山组	新生界		拉乌拉组
下白垩统（K₁）	Albian 泉头阶			李三沟组	白彦花群	伊敏组	霍林河组	水沟群		泉头组 登娄库组	穆棱组		楚木龙组	
	Aptian 孙家湾阶	新民堡群	老树窝群	固阳组		大磨拐河组			孙家湾组			青石砬组		多尼组
	Barremian 阜新阶			白女羊盘组		扎赉诺尔群			阜新组	营城组	城子河组		林布宗组	
	Hauterivian 沙海阶								沙海组	沙河子组	滴道组			
	Valanginian 九佛堂阶					兴安岭群	宝石组	九佛堂组	九佛堂组			九佛堂组		拉贡塘组
	Berriasian 义县阶	未见底	未见底				付家洼子组	义县组	义县组	火石岭组				
下伏地层				大青山组（J）		马尼特庙组（J₁₊₂）		土城子组（J₂）	震旦系	古生界	彦家沟群（J₂）		多底沟组（J₃）	J₁

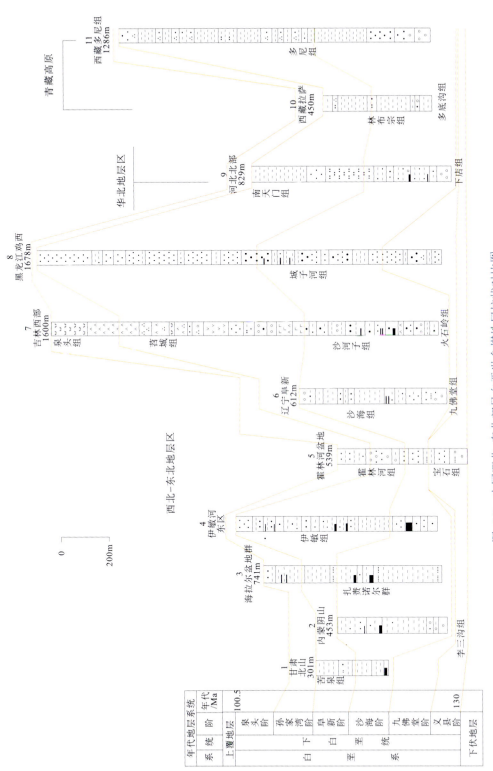

图 6-9 中国西北-东北部早至晚白垩世含煤地层柱状对比图

（二）我国煤炭资源分布

1. 煤炭资源储量及构成

中国煤炭资源丰富，煤类齐全，根据《全国煤炭资源潜力评价(2013)》成果，全国2000m以浅煤炭资源总量59035亿t，其中，探获资源量20240亿t，预测资源量38796亿t(表6-9)。累计探获资源量中，生产井、在建井已占用约4200亿t，尚未占用资源量1.55万亿t，保有资源量为1.5万亿t(程爱国等，2016)。

表6-9　各赋煤区煤炭资源分布统计表

赋煤区	探获资源量/亿t	预测资源量/亿t	资源总量/亿t	占比/%
东北	3464	1548	5012	8.49
华北	12965	17089	30054	50.91
西北	2455	17153	19608	33.21
华南	1347	2931	4277	7.25
滇藏	9	75	84	0.14
全国	20240	38796	59035	100

2. 煤岩、煤质和煤类特征

中国煤的多聚煤期、多沉积环境和多期构造运动等复杂地质背景，决定了中国煤岩煤质煤变质的非均质性和规律性。

1) 煤岩学特征

早石炭世煤以亮型煤为主，滇东、黔西、湘中、湘南、赣东南为半亮、半暗型煤。早石炭世煤镜质组含量较高，一般达70%以上；惰质组一般小于20%；类脂组很少，其中镜质组以胶屑体为主。西北地区早石炭世煤中惰质组含量较高，西藏地区煤中显微组分以镜质组为主，惰质组较少。

华北地区石炭纪—二叠纪含煤岩系具有以下煤岩特征。

(1)宏观煤岩表现为"北暗南亮""老亮新暗"的特征，北、中、南分带明显，北纬38°和北纬35°分别是亮型煤40%和60%界线，主要宏观煤岩类型为半亮煤，局部有腐泥煤。

(2)显微煤岩特征表现为由老至新镜质组含量逐步减少，惰质组则反之，镜惰比逐渐减少，树皮体含量增加。

(3)显微组分在平面上表现为显著特点：太原组北带有高惰质组带和高角质体煤；中带有几条高镜质组煤条带和沁水富集类脂组区域；南带的高镜质组带，富氢镜质体发育，硫铁矿含量多，反希尔特定律较常见。镜惰比由北向东南逐渐增加。山西组：镜质组含量不如太原组高，分带现象仍明显，矿物含量较高，但硫铁矿少，中带有两条高镜质组带，类脂组含量偏高的地区，往往惰质组含量也高。上、下石盒子组的镜质组含量降低，凝胶化程度低，惰质组增加，类脂组丰富，存在华北型和华南型树皮体。

华南早二叠世煤镜质组含量一般为70%～80%，惰质组含量为10%～15%，局部地区达20%，主要是丝质体、半丝质体，丝质体结构破碎，贵州、湖南等地煤中半丝质体含量较多，类脂组含量为5%左右，有孢子体、树皮体、角质体及树脂体。

华南中二叠世煤的宏观煤岩类型以半亮煤为主，其次为光亮煤。在一些含矿物较多的煤层中，常出现半暗煤和暗淡煤，常见构造煤。镜质组含量一般为85%～95%，惰质组含量变化不大，一般约为10%，镜质组中，以无结构镜质体为主，结构镜质体次之。

华南晚二叠世煤以腐殖煤为主，一些地区富含树皮体而形成树皮残殖煤。华南盆地由东而西煤的光泽度变高，由半暗煤、暗淡煤过渡为光亮煤、半亮煤。显微组分中，以镜质组为主，含量一般大于70%，其中以胶屑体和胶构体为主，结构镜质体较少，镜质组则在粤北、赣南、湖南、湖北等地区含量高。惰质组中丝质体和半丝质体较多，惰质组以贵州省含量较高。类脂组含量为0%～75%，以树皮体为主，树皮体含量在浙北、苏南、晚南、赣东等地区富集，局部地区出现树皮残殖煤，且东部含量高、树皮体分解程度低，西部含量较低、树皮体分解程度高。

华南晚三叠世煤宏观煤岩类型以亮型煤占多数，显微组分中镜质组含量一般为70%～85%，惰质组含量为15%左右，但也有例外，如四川须家河组煤镜质组低于一般值，而惰质组则高于一般值。煤中矿物质含量一般为8.5%～20%。

早—中侏罗世煤宏观煤岩特征差别较大。新疆准噶尔、伊犁、吐哈等盆地煤以半亮煤和半暗煤为主，八道湾组煤层多为亮型煤，西山窑组煤层则多为中型煤。鄂尔多斯盆地煤以暗型煤为主，从盆缘向盆中心，煤的光泽逐渐增强，裂隙逐渐发育，盆缘以暗型煤为主，向盆地中心逐渐过渡为以中型煤为主。东胜地区暗淡煤含量高，陕北地区以半亮煤为主，南部彬长矿区则以暗型煤为主，盆地西侧汝箕沟矿区则以亮型煤为主。由于西北地区多为低灰煤，煤中矿物杂质少，暗淡煤的光泽多受控于显微煤岩组分。

显微煤岩组成的突出特点是惰质组含量高，早侏罗世煤的镜质组含量高于中侏罗世煤，而惰质组则相反。新疆等地八道湾组煤中镜质组占主要地位，西山窑组煤镜质组含量明显减少，惰质组含量显著增加。在乌鲁木齐、阜康三工河一带的某些煤层中，类脂组含量很高（1%～29%），镜质组中以凝屑体最常见。鄂尔多斯盆地延安组煤以镜质组和惰质组为主，惰质组占很大比例，个别矿区超过70%（如彬长矿区），黏土类矿物以高岭石为主。镜质组总体上从北缘、西缘和南缘向盆地中心逐渐增加，呈环带分布，惰质组相对含量较高是鄂尔多斯盆地的一大特点。

早白垩世煤主要分布在内蒙古和东北地区。内蒙古以老年褐煤为主，宏观煤岩类型以半暗煤为主。海拉尔煤田为暗型煤，二连盆地煤以半暗煤为主，半亮煤次之。黑龙江省东部多为光亮煤、半亮煤和半暗煤，暗淡煤较少。不同成煤环境形成的煤层，其宏观类型的含量有相应的变化，内陆盆地聚积的煤层以中型煤含量较高；近海平原海陆交替相聚积的煤层以亮型煤较高。显微组分的显著特点是腐殖组含量高，其含量一般都在85%

以上，而惰质组含量一般不超过15%，但在有些煤中惰质组含量也很高，如伊敏煤中惰质组就高达30%～40%。类脂组含量普遍不高，但是类脂组中普遍含有树脂体。

北方古近纪腐殖煤的宏观煤岩类型以半亮煤和光亮煤为主，暗型煤较少，丝炭很少，有少量琥珀粒镶嵌于煤中。腐殖腐泥煤和腐泥腐殖煤以半暗煤和暗淡煤为主，偶见琥珀粒，油脂光泽或暗淡无光泽。腐殖煤显微组成以镜(腐)质组为主，含量多大于90%，以碎屑镜(腐)质体为主，惰质组很少，类脂组一般小于5%，矿物多以黏土为主。华南地区古近纪煤的宏观煤岩类型为半暗煤和暗淡煤为主，显微组分以镜(腐)质组为主，其次为类脂组，惰质组少，矿物含量高。

新近纪煤主要分布于在云南，腐殖煤光泽暗淡，土状光泽为主，含水多，风干后迅速变硬。褐煤煤岩类型以碎屑煤为主，其次为木质煤，丝质煤和矿化煤少。显微镜下，褐煤中腐殖组一般含量为70%～90%，木质煤镜下以结构腐殖亚组为主，碎屑煤则以碎屑腐殖亚组为主。

2)煤质特征

(1)石炭纪煤的煤质特征。南方早石炭世的煤多为无烟煤，且多为中灰-中高灰煤、高硫煤。华北盆地本溪组煤的灰分一般为10%～20%，全硫含量可达3%～4%，煤种为肥煤至无烟煤。太原组煤的灰分一般为20%～25%，主煤层灰分具有北高南低、西高东低的特点，北部为中高灰带，中部以中灰煤为主，南部以低灰煤为主。全硫含量可达2%～5%，区内由北向南，主煤层全硫含量从特低硫至低硫、中硫、中高硫、高硫变化，具有明显的分带性。太原组主煤层的挥发分产率大致是北高南低、东高西低，以鲁南、苏北、两淮地区挥发分产值最高。煤灰成分有较明显的变化趋势，大致以豫东、苏北、两淮一带为中心，向北、西及西北方向，$SiO_2+Al_2O_3$含量逐渐增高，$Fe_2O_3+CaO+MgO$含量则降低。

(2)二叠纪煤质特征。早二叠世的煤以山西组和石盒子组为代表。山西组的煤灰分一般为15%～30%，属中-中高灰煤，从北往南灰分产值由高到低变化，具有明显的分带性。山西组各煤层的全硫含量普遍较低，硫分多为0.5%～1%。山西组主煤层的挥发分变化规律与太原组基本相同。发热量总体变化趋势为北部低、南部高，西部低、东部高，其煤灰成分中以SiO_2为主，Al_2O_3次之，从气煤到无烟煤皆有分布。下石盒子组煤以中灰煤为主(灰分含量大于15%)，含硫一般不超过1%，煤灰成分中以SiO_2和Al_2O_3为主，肥煤和焦煤占很大比重。南方中二叠世的煤以梁山期为代表，煤层灰分、硫分偏高，多为中-高灰煤，含硫多为4%～7%，以肥煤和焦煤为主。早二叠世孤峰期的煤多为中灰低硫煤，多为无烟煤。我国南方晚二叠世的煤大多以中-高灰煤为主，硫分变化也较大，川、滇、黔、桂、鄂、苏、浙、皖的大部分地区以高硫煤为主，中高硫煤次之，广西合山、贵州贵定等地硫分可高达10%左右，且以有机硫为主。广东及赣南、赣中南以低-中硫煤为主。湖南以特低硫煤为主，低-中硫煤次之。滇东有一定的低-特低硫煤分布，以陆相为主的宣威煤全硫含量多数小于0.5%，以有机硫为主。煤种从弱黏煤到无烟煤均有分布，而以无烟煤占多数。

(3)晚三叠世煤质特征。晚三叠世各地煤的煤的灰分、硫分相差很大，以中-高灰，低硫、低中硫煤为主。云、贵、川等地硫分为0.2%~10%，高低相差数十倍。陕、川、渝、滇西等地也有相当数量的低灰、低硫煤层。黏结性较弱，多属难选煤，少数为易选煤。

(4)早—中侏罗世煤质特征。早—中侏罗世煤以低灰、低硫、可选性好著称。如神府、东胜、大同煤的灰分含量为5%~10%，硫分小于0.7%。宁夏、甘肃、新疆的灰分含量为7%~20%，硫分一般小于1%。冀北、北京、青海的煤的灰分含量为11%~30%，硫分含量小于1%。西北地区煤以黏结性弱、CO_2转化率高为特点。煤的化学反应性中等-好，如河南中侏罗世义马组煤在950℃时，CO_2转化率达68%~87%。煤灰软化温度绝大部分在1250℃以下。多属易选煤，也有少数煤难以洗选。

(5)早白垩世煤质特征。早白垩世煤的煤质特征以低-中灰、低硫煤为主，也见有高灰煤。如扎赉诺尔煤为低-中灰煤，而大雁和铁法等矿区属中高灰和高灰煤。煤灰软化温度集中在1250℃以上。总体上褐煤的灰分低于烟煤，可选性为易选和中等可选，而烟煤以中等可选级为主，易选和极难选级均有。

(6)新生代的煤炭资源量较少，其煤种多为褐煤、长焰煤，古近纪煤基本属年老年褐煤，部分矿区有长焰煤和中等变质程度的烟煤，新近纪煤基本属年轻褐煤，仅局部见有长焰煤等低变质烟煤。新生代煤以水分高、热值低、灰分和硫分变化大为特征，同时，还存在一些特殊工艺性质的煤，如富蜡褐煤和含原生腐殖酸的煤。

3)煤类特征

成煤时代不同，其煤的变质程度往往不同，一般而言，成煤时代越早，其变质程度越高。总体来看，古生代煤多为高变质烟煤、无烟煤，中生代煤多为低、中煤级烟煤，而新生代煤多为褐煤和长焰煤。中生代煤在深成变质作用的基础上，叠加了燕山期或喜马拉雅期岩浆热力变质作用而使煤级升高。如晚三叠世四川盆地煤中川南叙永一带为中变质烟煤，川北广旺一带出现高变质煤。早—中侏罗世华北的煤系多以低变质烟煤为主，包括鄂尔多斯盆地、山西大同和河南义马等，而在宁夏汝箕沟则变质为无烟煤。新疆境内中生代主要为低变质烟煤，受岩浆热力变质作用影响，新疆拜城、艾维尔沟一带变质为中变质烟煤。青海江仓-聚乎更矿区受热水变质作用影响，变质为中变质烟煤。在早白垩世，煤类以褐煤和长焰煤为主，气煤和焦煤集中赋存于三江平原，贫煤和无烟煤在西藏的部分矿区(拉萨一带)可见。

(三)五大赋煤区煤炭资源概况

1. 华北赋煤区煤炭资源分布

华北赋煤区位于我国中、东部，北起阴山—燕山，南至秦岭—大别山，西至桌子山—贺兰山—六盘山，东临渤海、黄海，包括北京、天津、河北、山西、山东等省市及宁夏、甘肃的东部，河南、陕西大部，江苏与安徽的北部和内蒙古的中南部。该区是我国煤炭资源最丰富的地区，全区煤炭资源总量30054亿t，约占全国总资源的50.91%，其中探获资源量 12965 亿 t，2000m 以浅预测资源量 17089 亿 t。华北赋煤区是我国最重要的煤炭基地，在我国能源供应体系中占有举足轻重的地位。

华北地区的聚煤期主要为石炭纪—二叠纪，其次为早—中侏罗世和晚三叠世，以及古近纪。石炭系—二叠纪太原组、山西组广泛分布于全区，为主要含煤地层。太原组以海陆交互相沉积为主，北纬 38°线以北为富煤区。山西组以陆相沉积为主，鄂尔多斯东缘的中南段、晋南及太行山东麓、豫西、鲁西南等地发育较好，主采煤层厚达 3～6m。下二叠统下石盒子组为陆相沉积，可采煤层发育于北纬 35°以南。上三叠统瓦窑堡组含薄煤或煤线 30 层，仅子长一带可采或局部可采。中侏罗世煤系于鄂尔多斯盆地、晋北宁武-大同和豫西出露，下白垩统青石砬组在冀北局部可采。古近纪含煤地层主要发育于山东东北部，河北、山西等地有零星分布。

2. 东北赋煤区煤炭资源分布

东北赋煤区南部大致以北票至沈阳一线与华北赋煤区相邻，东、北、西界为国境线，包括黑龙江、吉林、辽宁三省，内蒙古的东部和中部及河北张家口-承德以北地区，全区煤炭资源总量 5012 亿 t，约占全国总资源的 8.49%，其中累计探获资源量为 3464 亿 t，2000m 以浅预测资源量为 1548 亿 t。该区是我国重要煤炭基地之一，抚顺、阜新、鹤岗、鸡西等一批老矿区，开发时间很早，开采强度大，不少已经衰老，矿区周围的后备资源有限。

该区含煤时代有早—中侏罗统世、早白垩统及古近系。其中，下白垩统为该区最重要的含煤层位，主要分布于内蒙古和东北赋煤区东北部，聚煤盆地数目多、分布广，盆地中常有厚到巨厚煤层赋存。埋藏浅，储量大，宜于露天开采。早—中侏罗世煤系主要分布于该区的西南部。古近系煤系主要分布于辽宁(抚顺、沈北、下辽河)、吉林(敦化、梅河、伊通、舒兰)、黑龙江(虎林、密山)。

该区聚煤作用的特点是：除黑龙江东北部有一部分晚侏罗世—早白垩世的海陆交互相沉积外，其余均为陆相沉积；聚煤古地理类型绝大多数为内陆山间盆地；聚煤盆地类型主要为断陷型，受盆缘主干断裂控制呈北东至北北东向展布；煤层层数多、厚度大且较稳定，但结构复杂；煤系与火山碎屑岩、含油页岩沉积关系密切。

东北聚煤区煤的变质程度普遍较低，大兴安岭两侧的早白垩世煤均为褐煤。伊通—依兰以东，早白垩世和早—中侏罗世煤以低变质烟煤为主；三江-穆棱含煤区因受岩浆岩影响，出现变质程度较深的以中变质烟煤为主的气煤、肥煤、焦煤。南部浑江、长白山纪一带的石炭纪—二叠纪煤也因受区域岩浆热影响，有无烟煤类，辽西一带则以气煤为主。古近纪煤以褐煤类为主。

3. 西北赋煤区煤炭资源分布

西北赋煤区东以贺兰山、六盘山为界，与华北赋煤毗连；西南以昆仑山、可可西里山为界，与滇藏赋煤相邻；东南以秦岭为界，与华南聚煤区相连，面积为 275.8 万 km²。

该赋煤区地域辽阔，煤炭资源丰富，是我国煤炭工业战略接替区。国家煤炭工业"向西北转移、向大集团集中"的发展步伐加快，西北地区及内蒙古逐步成为我国重要的能源战略基地和资源中心。全区煤炭资源总量 19608 亿 t，约占全国总资源的 33.21%，仅次于华北赋煤区，居第二位，其中探获资源量 2455 亿 t，预测资源量 17153 亿 t。

区内有石炭纪—二叠纪、晚三叠世、早—中侏罗世、早白垩世各地质时代含煤地层，其中以早—中侏罗世为主。早—中侏罗世西山窑组、八道湾组在新疆天山-准噶尔、塔里木、吐哈、三塘湖、焉耆、伊犁等大型含煤盆地广泛发育，北祁连走廊及中祁连山以下侏罗统热水组、中侏罗统木里组、江仓组为主要含煤地层，柴达木盆地北缘以中侏罗统大煤沟组含煤性较好。

西北聚煤区煤类较多，但总的变质程度较低。早—中侏罗世煤以中灰、低硫、低变质烟煤为主，吐哈盆地梧桐窝子-野马泉一带有少量中灰、低硫焦煤，而石炭纪—二叠纪煤则变质程度稍高，山丹、黑山、冰草湾一带为焦煤和瘦焦煤，苦水湾有无烟煤、贫煤。

4. 华南赋煤区煤炭资源分布

华南赋煤区北界秦岭—大别山一线，西至龙门山—大雪山—哀牢山，南东临东海、巴士海峡、南海及北部湾，包括贵州、广西、广东、海南、湖南、江西、浙江、福建等省区的全部，云南、四川、湖北的大部分地区，以及江苏、安徽两省南部。区内煤炭资源分布很不均衡，西部资源赋存地质条件较好，东部的资源地质条件差，地域分布零散，煤炭资源匮乏。全区煤炭资源总量 4277 亿 t，约占全国总资源的 7.25%，其中探获资源量 1347 亿 t，预测资源量 2931 亿 t。

区内有早石炭世、早二叠世、晚二叠世、晚三叠世、早—晚侏罗世、古近纪和新近纪各期的含煤地层。上二叠统龙潭组/吴家坪组/宣威组的分布遍及全区，大部含可采煤层。以贵州六盘水、四川筠连、赣中、湘中南及粤北一带为煤层富集区。晚三叠世含煤地层以四川、云南的须家河组，湘东-赣中的安源组含煤性较好。早—晚侏罗世含煤地层分布零星，含煤性差。古近纪和新近纪含煤地层主要分布于云南、广西、广东、海南、台湾及闽浙等地，滇东的昭通组、小龙潭组为主要含煤地层，含巨厚褐煤层；台湾含煤地层为古近系木山组、新近系石底组及南庄组，以石底组含煤性稍好，其他均差。

华南聚煤区的煤类齐全，其中非炼焦煤占的比重较大，炼焦煤集中分布于云南、贵州地区。从时间上来说，该区早古生代石煤全为腐泥无烟煤，晚古生代以高变烟煤和无烟煤为主；中生代则多为中、低变质的烟煤；新生代新近纪为褐煤；第四纪均为泥炭。

5. 滇藏赋煤区

滇藏赋煤区北界昆仑山，东界龙门山—大雪山—哀牢山一线，包括西藏的全部和云南的西部，面积约 204.7 万 km^2。赋煤区地处青藏高原，地域辽阔，交通困难，地质条件复杂，地质工作程度很低，煤炭资源的普查勘探及开发更少。据已有资料，将有限的煤炭资源分布区划分为扎曲-芒康、滇西两个含煤区，以及青海巴颜喀喇山东部、藏北、藏南等若干个零散分布的煤产地。全区煤炭资源总量 84 亿 t，仅占全国总资源的 0.14%，其中探获资源量 9 亿 t，预测资源量 75 亿 t。

滇藏赋煤区从石炭纪至新近纪各地质时代的含煤地层均有发育，其中以下石炭统马查拉组、杂多组和上二叠统妥坝组、乌丽组较为重要，其次为上三叠统土门组(西藏)、结扎组(青海)、麦初箐组(滇西)及滇西的新近系含煤地层。

区内煤变质程度较深。早石炭世煤以无烟煤为主，晚二叠世及晚三叠世煤以贫煤-无烟煤为主，有少量瘦煤-肥煤或长焰煤，新近纪煤均为褐煤。

三、地球化学背景

含煤岩系是一套含有煤层并有成因联系的沉积岩系，是指赋存于煤和含煤岩系以及邻近地层中与煤有成因联系或空间组合关系的所有矿产资源。除煤矿床之外，还(共)伴生有丰富的能源矿产(煤层气、煤系页岩气、煤系致密气等非常规天然气资源，天然气水合物、油页岩、砂岩型铀矿等)、金属矿产(分布在煤系地层中的铝土矿、铁矿等或煤层中的铝、镓、锗、锂、稀土等金属矿产)和非金属矿产高岭土、石墨等。这些煤系矿产资源构成一个资源丰富、类型多样、相对独立、又具有成因联系与耦合关系的成矿环境和矿产赋存系统。

含煤岩系的物质组成受沉积物源区与沉积盆地的控制，不同的构造环境有不同的沉积建造，元素富集除与组成沉积岩的岩石类型、沉积物源区的元素含量有关外，还与构造运动、火山、热液活动有很大的关系。

(一)地球化学特征

地球化学是研究地球表层系统中化学元素含量的变化，区域地球化学背景是从空间上研究元素含量所具有的相对波动不大的特征，从局部地区看，背景区元素含量分布具有相对均匀性，空间上趋于平缓。通过区域地球化学资料的分析，从区域成矿带的角度认识地球化学资料，研究区域地质构造背景，从而挖掘出区域地球化学资料中的有利成矿信息，筛选出有利的地球化学异常。

我国东部区域出露地壳贫化元素为 Cr、Co、Ni、V、Sc、Cu、Mn、Pt、Pd，富集元素为 Li、Be、Rb、Cs、Bi、As、Sb、U、Th、Pb、B、Ba。此外，扬子地台与华南褶皱系还普遍浓集 W，秦岭-大别造山带浓集 Au。

依据区域地质构造和化学元素分布特征，我国东部以阴山和秦岭为界，可划分为内蒙古兴安-吉黑造山带、华北地台和华南地块三大单元。

(1)内蒙古兴安-吉黑造山带地处西伯利亚地台东南缘，为西伯利亚地台与华北地台的过渡带，并紧邻太平洋板块的西北边缘。分析表明，该区 Na/K 比值高，较富 Al，贫铂族元素和 LREE，富 As、Li、Be、Mn、Ti、V 等成矿元素。

(2)华北地台为中国最古老的克拉通盆地，主体形成于新太古代。华北地台地球化学主要特征是富 Fe、Mg、Ca、Sr、Ba，贫 Al，氧化度高；富含铂族元素和 Cu、Cr、Ni、

Co，贫 Ti、Mn、V、Lj、Rb、Cs、U、Th、Zr、Hf 等不相容元素和 HREE；Rb/Sr 值低。

秦岭-大别造山带的化学元素组成以富含铁族、铂族元素和碱土金属 Mg、Ca、Sr、Ba 及 St/Rb 比值低而较接近于华北地台的地球化学特征，但其同时富 Ti、Mn、V，易挥发元素较高，上地壳氧化度低而有别于华北地台。该区出露地壳中，北秦岭富集 Pl、Pd、K、Rb、T1、Ta、U、Th、Pb，亲铁元素含量高，具有华北地台的特征；南秦岭富集 B、Be、W、Se，贫 Sr，Rb/Sr 和 La/Lu 比值高。

(3) 华南地球化学区的突出特点是铁族元素(Fe_2O_3、Cr、Ni、Co、Mn、V、Ti)和 Cu、Zn 等呈低背景域分布，SiO_2、Sn、W、Pb、Nb、U、Sb、Mo、Au、Ag、Hg 呈高背景分布。其中 W、Sn、Pb 的平均值已达异常域值，W、Sn、Nb、SiO_2 在全国各区中含量最高，As、Ag、K_2O 为中高背景。

扬子地台可进一步分为上扬子和下扬子两个分区。上扬子的地球化学特征是铁族元素呈高背景(Fe_2O_3、Cr、Mn)或异常(Co、Ni、V、Ti)分布，Cu、Zn、Hg 呈异常分布。上述元素的平均值在全国各区最高，此外 Au、Pb、As、Sb、Sn、U、B、F、Mo、Nb、P 也呈高背景分布，仅 SiO_2 和 K_2O 呈低和中低背景分布。下扬子铁族元素呈中高背景分布，Au 呈高背景分布，Cu、Pb、Zn、Sn、W、Hg、Sb、As、Ag、Mo、B 等元素和 SiO_2 呈高背景或中高背景分布；F、P 含量明显降低，呈中低背景分布。

中国东部的区域地球化学特征大体以秦岭—大别山为界，北部富 Na，Rb/Sr 比值低，LREE 较低，Eu 负异常较弱；南部偏酸性，富 Si、K，K/Na 和 Rb/Sr 比值高，富含亲石元素和不相容元素，LREE 较高，具有较强 Eu 负异常。

中国西部地区依据构造及地球化学特征可以分为西南三江中段、雅鲁藏布江中段—怒江上游、阿尔泰—准噶尔及天山。

(1)三江中段铁族元素呈高背景(Cr、Ni)和中高背景(Fe_2O_3、Co、Mn、V)分布，SiO_2 呈低背景分布。该区呈高背景分布的金属元素有 Cu、Au、Pb、Zn、Ag、W、Sn、As、Sb、U、Hg，其中 Pb、Sn 的算术平均值已达一级异常浓度。该区几乎没有呈低背景分布的元素。

(2)雅鲁藏布江中段-怒江上游 SiO_2、K_2O 呈高背景，铁族元素除 Cr、Ni 外均呈低背景。呈高背景和中高背景的金属元素有 Au、Pb、W、As 及 Sb、Sn、U 等。

(3)阿尔泰—准噶尔一带呈高背景域分区的元素为 Cu、Fe 族元素、W、U 和 K_2O，其余元素呈低背景分布。沿额尔齐斯、纳尔曼德和伊利克得断裂有 Cr、Ni、Cu、W、Au、U 异常分布。

在西天山呈高背景分布的元素有 K_2O、As、F、Cu、U、Ni 等。Au、Cu、Pb、Zn、Ag、As、Mo、Sn、W、U、F、Cr、Ni、Mn 等元素异常沿北西向断裂带串珠状分布。东天山和北天山呈高背景分布的元素为 Mo、Cu、Au、K_2O，并分布有 Cu、Au 等异常。

以上构成了我国整体的区域地球化学背景，在此基础上，对各区域间含煤沉积矿产的形成有一定的控制和影响因素。

（二）物源供给与母岩性质

含煤建造主要形成于古陆边缘的滨岸地带或陆内的陆相盆地中，一般是地台发展阶段的一种沉积建造，是湿润气候条件下的产物。含煤盆地物源大多具有多来源、继承性、分时期、分阶段复杂富集的特点。

1. 华北赋煤区

华北赋煤构造区位于华北陆块区的主体部位，指秦岭-大别山造山带以北、阴山造山带以南、贺兰山—六盘山以东的华北和东北南部地区，区内广泛发育石炭纪—二叠纪煤系，其次为鄂尔多斯盆地的晚三叠世煤系、北部和西部的早—中侏罗世煤系和东部沿海的古近纪煤系。

华北地台沉积层在上石炭统和奥陶系之间存在一个极为明显的地球化学界面，大多数元素含量由低变高，古生代及其以前的地层含有大量的海相沉积物碳酸盐岩，由于碳酸盐岩对元素的稀释作用使许多元素贫化。自晚生代开始，华北地台沉积环境由海相转为陆相，主要为陆相的碎屑和泥质沉积，还伴有火山物质的喷发，使许多元素尤其亲石元素含量（如 Al、Li 等）普遍增高。在长期沉积间断期间发育起来的风化壳之上，发育了分布广泛的山西式铁矿、铝土矿、硫铁矿、耐火黏土等，并以此构成了华北晚古生代含煤沉积的基础。

华北赋煤区石炭纪—二叠纪煤系地层沉积物物源主要来源于北缘的阴山古陆。上三叠统延长组沉积物主要由两种类型的母岩提供：一种是盆地北缘大青山地区太古界乌拉山群、二道凹群的深变质结晶片岩、片麻岩；另一种是盆地西南缘秦岭地区震旦系及上、下古生界的浅海相碎屑岩及碳酸盐岩。早、中期北部和西南部是其主要物源方向，晚期随着西南方向地形的进一步抬升，西南部物源影响占主导因素。早—中侏罗世的陆源区，在富县组沉积期为盆地西部的三叠系碎屑岩系，在延安组沉积期主要为盆地西北缘的贺兰山-六盘山造山带，在直罗组沉积期主要为盆地北缘的阴山造山带和东南缘的秦岭造山带，在安定组沉积期则为北部的阴山造山带。前人研究认为，华北地区上古生界受多物源控制的影响，但以北部物源为主。北部物源区主要为阴山古陆及阿拉善古陆，阴山古陆物源区母岩类型多样，总体上为中性或中酸性岩，主要有中元古代钾长花岗岩、黑云母花岗岩，还有火山岩和火山喷出岩、沉积岩和变质岩。南部物源区主要是秦岭-中条古陆隆起。此外，石炭纪—二叠纪成煤期，北部盆地边缘的本溪组风化壳铝土层受构造抬升影响，暴露风化，为含煤盆地提供了较多的近源富铝矿物。

华北赋煤区含煤沉积（包括煤中金属矿床）的物源供给呈现多期性、分阶段的特点，但北部的阿拉善-阴山古陆和南部的秦岭-大别山古陆始终都是华北各时期含煤沉积的主要物源区，影响深刻，直接控制着华北地区含煤沉积和煤中金属矿产的生成和发育状况。另外，华北周边的贺兰山-六盘山，东部沿海的系列古陆（如辽东古陆、胶东古陆、苏北古陆等）在不同成煤时期对其周边的沉积场所也提供了部分物源。

2. 东北赋煤区

东北赋煤构造区的大地构造区划属于天山-兴蒙造山系的东段,南部叠加于华北陆块区的北缘。区内以早白垩世内陆含煤岩系为主,含少量晚古生代和新生代含煤地层。

东北赋煤区煤中的金属异常表现得较为普遍的是 Ge、U 的异常,区域范围内煤中的 Ge、U 异常较为普遍,相比其他区域这方面的特点更为突出,成矿条件相对较好的主要分布在海拉尔、二连、开鲁盆地中。这部分断陷、凹陷含煤盆地是在海西褶皱基底上发育起来的中、新生代含煤盆地,盆地受区域性北东向断裂控制,盆地呈北东向分布,盆地内海期、燕山期岩浆岩侵入活动发育,煤中 Ge、U 矿床的形成与构造运动、火山活动及氧化环境等密切相关。

海拉尔盆地物源主要来自西北部的额尔古纳隆起带和东南部的大兴安岭隆起带,以及盆地群内部的嵯岗隆起和巴彦山隆起。二连盆地物源主要来自巴彦宝力格隆起、大兴安岭隆起、苏尼特隆起和温都尔庙隆起。煤中锗物质来源于盆地西南的燕山期二长花岗岩,锗矿层分布明显受两侧的同沉积断层的控制。燕山期酸性侵入岩在该区广泛分布,其岩性主要为黑云母二长花岗岩、钾长花岗岩、钠长花岗岩及石英岩和石英、钾长花岗斑岩等,在特定的地质条件下,锗、镓等稀有元素以类质同象的方式进入辉石和云母矿物,致使该区拥有大量含丰富锗源的母岩。

3. 华南赋煤区

华南赋煤构造区处于特提斯构造域与环太平洋构造域的交汇部位,跨扬子陆块区和华南造山系。中—晚二叠世煤系全区发育,其次为晚三叠世煤系,新近纪煤系则局限于西南部滇东一带。其煤系矿产主要的物源区来自周边的华夏古陆、康滇古陆、云开古陆等,在此基础上,上扬子区孤峰期玄武岩喷发给这一区域的含煤沉积提供了丰富的金属及其他元素物质,造成煤系矿产的多样性。

来自康滇古陆的峨眉山玄武岩中氧化物含量为 SiO_2 占 47.75%,Al_2O_3 占 13.57%,Fe_2O_3 占 5.61%,TiO_2 占 3.44%,且具有富含 Ge、Ga、U、Th、V、F 等微量元素的特征,为该区提供了丰富的物源。

云开古陆隆起区在晚二叠世早期出露的岩性非常复杂,包括沉积岩、侵入岩体和变质岩,从底部到顶部主要为由三套岩系组成:第一套主要是经历了高角闪岩相-麻粒岩相变质的片麻岩、片麻状混合岩、云母片岩、石英岩和大理岩;第二套主要为变质表壳岩,包括云母片岩、变质火山岩和新元古代—早古生代弱变质的沉积岩;第三套为未变质的发生褶皱的古生代沉积岩。云开古陆为其周边的二叠纪含煤沉积提供了物源。

4. 西北赋煤区

西北赋煤构造区东以贺兰山、六盘山为界,南以昆仑山、秦岭为界,跨越天山-兴蒙造山系、塔里木陆块区、秦岭-祁连-昆仑造山系等不同的一级大地构造单元,主要受特提斯地球动力学体系与古亚洲地球动力学体系的影响。西北赋煤构造区早—中侏罗世成煤盆地形成于造山期后伸展的地球动力学背景，主要为泛湖盆体系中的湖沼环境，湖盆周边发育成煤沼泽，含煤地层及煤层沉积稳定，湖盆内部或水体加深形成暗色泥岩为主的烃源岩，早—中侏罗世构成煤-油气共生的多能源盆地。

西北赋煤区煤中主要赋存有 Ge、Ga、U 等金属矿产，主要分布在准噶尔盆地、吐哈盆地、伊宁-拜城盆地及祁连-河西走廊，沉积地层为三叠系、侏罗系、白垩系含煤地层，区域内海西期发育大量火山岩及侵入岩岩体。区内主要表现为锗、镓、铀异常，如新疆沙枣泉勘探区显示锗异常、准噶尔盆地东部的镓异常及吐鲁番铀异常等。一般含煤盆地内部及周边发育有大量海西期侵入岩岩体，为煤系矿产提供物质来源。

新疆等地的中新生代盆地，分布于其南北的昆仑、天山、祁连山隆起为含煤沉积提供了主要的物源。

5. 滇藏赋煤区

滇藏赋煤区大地构造区划主体为西藏-三江造山系，地质演化历史复杂，晚古生代煤系、中生代煤系和新生代煤系主要赋存于青藏高原北部和滇西地区，受北西—南东向深断裂的控制和成煤后期的破坏，含煤块段分布零星，多为小型含煤区块。

煤中锗、铀等矿产资源主要分布在滇西的新近纪地层中，区内印支期—燕山期中酸性岩浆岩侵入活动强烈，形成了东达山-临沧岩基状花岗岩杂岩带和类乌齐-左贡-昌宁-孟连电气石花岗岩带，主要分布在帮卖、腊东、芒回等地。区内丰富的花岗岩基底为锗矿床提供了丰富的物源基础，同时板块碰撞使盆地基底的同生断裂中存在富硅热水溶液活动，溶解和携带来自花岗岩风化释放出来的锗被有机质束缚，进而形成煤中锗。此外煤系硅藻土在云南、西藏等地均有分布，在藏东昌都地区三叠纪、石炭纪煤系煤中见有镓元素异常。

另外，局部地区(如临沧)富锗煤直接覆盖在铀矿层之上，区内还有较好的铀成矿条件，含煤盆地周边古陆、隆起区的分布存在，不同陆源区母岩类型及沉积碎屑供给方式，以及不同地质时期的构造活动影响，形成了我国独特的煤中金属矿产，如华北的煤中铝、镓、锂等矿床，西南临沧、东北二连盆地的煤中锗，乌蒙山地区的煤中多金属矿等。

第二节 成矿区带划分方案

我国大陆是由一些小克拉通、众多微陆块和造山带拼合而成的复合大陆，经历了漫长的地质历史演化。其克拉通化时间较晚，期间多为活动带中的大型中间地块(任纪舜，1990)，因而更易受到周缘大洋、造山带的强烈影响，如洋盆演化初期对陆块周缘地区的裂解，洋盆闭合形成造成山带时对陆块周缘地区的叠复造山、构造-岩浆活化及造山后的伸展作用，造成了成矿环境的多样性，并进而控制矿产的时空分布(陈毓川等，2007)。

　　成矿地质环境存在于一定地质历史时期内，随着地质历史的演化进展，成矿地质环境也将变化。在一定的地质构造单元内或成矿单元内(成矿区带)，此时的成矿地质环境，可转化成新的成矿地质环境，这种转换反映了地质历史的演化进程。以华北地块北缘为例，分析各地质构造旋回对沉积矿种的控制作用。

　　华北陆块北缘中段太古宙、元古宙、中生代 Au、Ag、Pb、Zn、Fe 成矿带跨越辽宁西部、河北北部、内蒙古东南部和山西北部地区，在古、中太古代迁西旋回时，属原始陆核、原始古陆形成阶段，陆块拼接和陆缘活动剧烈，形成了与陆缘活动带火山喷发-沉积作用有关的铁矿床成矿系列和与火山沉积变质-混合盐化作用有关的铁、金矿床成矿系列。通过阜平旋回的第一次克拉通化后进入五台旋回的裂谷开合控制的成矿地质环境，形成了新太古代与海相火山喷发-沉积作用有关的铁、金矿床成矿系列。华北陆块经过第二次克拉通化进入四堡成矿旋回，出现华北陆块和塔里木陆块对接的陆缘裂谷发育阶段的成矿地质环境，形成了与裂谷演化作用有关的一系列矿床成矿系列，主要有：①中元古代与富碱镁铁-超镁铁质岩浆作用有关的铁、钒、钛、磷矿床成矿系列；②中元古代与海相火山喷发沉积-变质作用有关的铁、铌、稀土、铜多金属矿床系列和铁、锰矿床成矿系列。

　　经过第三次克拉通化，古陆冰水沉积进入陆块抬升—沉降—再抬升的晚古生代海陆交互相沉积的成矿地质环境，形成了晚古生代与海陆过渡相、湖沼相(太原期和山西期)、河流相(石盒子期)和陆相(侏罗纪)沉积作用有关的铁、铝、煤、硫铁矿、黏土矿、铁矾土、锰、镓、锗、硒、稀有、稀土矿床成矿系列。

　　进入海西成矿旋回晚期，华北陆块与古亚洲大陆拼接形成二连-贺根山拼接带后，进入印支旋回发展阶段，陆块升降成矿地质环境转入受控于深断裂的岩浆-构造作用成矿地质环境，尽管成矿作用强度和广度有限，但形成的与海西期—印支期富碱花岗质岩浆侵入活动有关的金矿成矿系列和海相火山喷发作用有关的铜多属矿床成矿系列，标志着华北陆块北缘进入滨太平洋成矿域的大陆边缘活动阶段。印支成矿旋回后期，在大兴安岭-太行，嫩江-青龙河北东向断裂的复活和断裂规模、深度扩大的背景下，华北陆块北缘完全转入滨西太平洋陆缘火山活动的成矿构造环境，大量的燕山期中酸性岩浆的喷发(双峰式为主)和侵入活动(壳、幔混源和壳源)形成了以有色、贵金属占优势的矿床成矿系列，进入成矿高峰期。

　　由此可知，五台和四堡成矿旋回华北陆块北缘中段以裂谷和大陆边缘活动成矿地质环境为主，成矿作用强度大，形成了多个矿床成矿系列，是成矿带内区域成矿的高峰期；燕山成矿旋回转化为陆内岩浆喷发和侵入作用的成矿构造环境为主，成矿作用强度超过了五台、四堡成矿旋回，出现了华北第二个成矿高峰期。由此可知，多旋回成矿及一老一新的区域成矿高峰是该成矿带的基本特点(图 6-10)(陈毓川等，2007)。

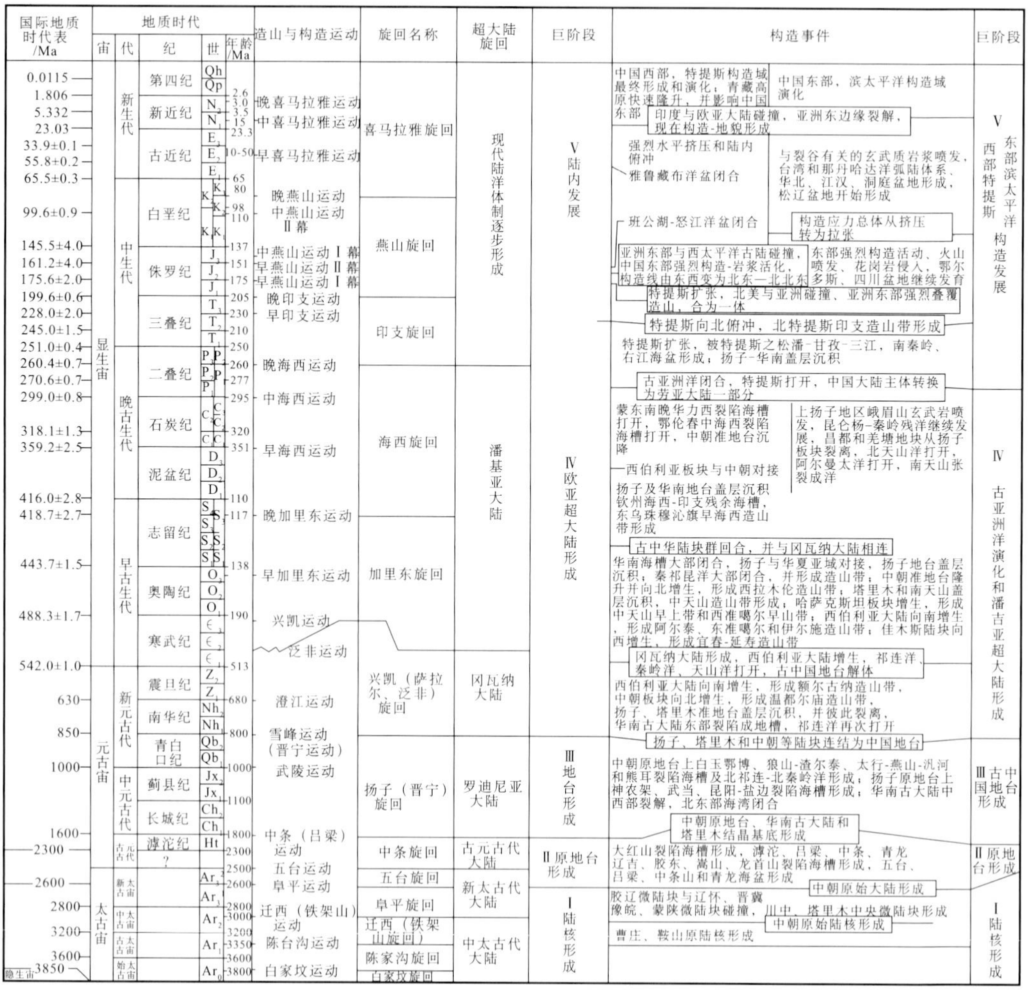

图 6-10　中国构造演化与成矿体系(陈毓川等，2006)

　　我国含煤地层分布区域广泛，成煤时期众多，煤中金属元素并不是在每一成煤期都会富集成矿。煤中金属元素要在特定的沉积背景条件下，才会形成有一定规模的矿产，它与沉积物源区、沉积基底构造、沉积充填史、成煤时期的同沉积断裂，以及后期成煤盆地中的构造活动(包括断裂挤压、岩浆侵入、热液改造等)有关。就全国而言，我国各个成煤期各具有自己的成矿特点，说明了在特定的地质成矿时期，由于受成矿地质构造环境的影响和控制，会形成一系列有机组合的矿产种类。含煤沉积演化也同样如此，在地质演化过程中造就了我国多期次丰富的煤炭资源聚集，同时也在局部形成了沉积期背景元素异常，为煤中(共)伴生矿产提供了丰富的物质来源。例如，石炭系本溪组铝土矿的沉积为我国华北地区这一时期的含煤沉积提供了丰富的铝、镓等物质来源；西南地区的峨眉山玄武岩喷发为乌蒙山地区二叠纪含煤地层提供了丰富的稀有元素的物质来源。这样一些较特殊的沉积背景条件，为煤系(共)伴生矿产的形成、发展奠定了基础。

陈毓川(1999)主编的《中国主要成矿区带矿产资源远景评价》,根据区域成矿的地质构造环境及区域成矿作用的性质、产物、强度及其他有关的矿化信息,将中国的成矿单元分为五级:Ⅰ级成矿单元为全球性的成矿区(带),常用"成矿域"一词表示;Ⅱ级为Ⅰ级成矿单元内的次级成矿区带,与大地构造单元对应或跨越几个大地构造单元,成矿作用形成于几个或一个大地构造-岩浆旋回的地质历史时期;Ⅲ级为Ⅱ级成矿单元内的次级成矿区带,它是一种或多种矿化集中分布区,成矿受控于某一构造-岩浆带、岩相带、区域构造或变质作用;在Ⅲ级成矿区带内还可分出Ⅳ级(矿化集中区)、Ⅴ级(矿田)成矿单元。

本书研究的对象为全国范围内与煤炭资源相关金属元素矿产,根据煤中金属元素的成矿特点,重点突出区域性的成矿区带的划分,本节煤中金属元素成矿带划分参照徐志刚等(2008)《中国成矿区带划分方案》专著中的划分方案,根据区域构造环境、岩浆活动等对煤中金属元素异常分布的控制,划分煤中金属元素成矿区带。

2010年以来,中国地质调查局针对煤系(共)伴生矿产开始投入大量的研究工作,获取了煤系(共)伴生矿产资料。目前开展的煤中金属元素资源调查还停留在异常分布情况的摸清家底阶段,只对某些煤中金属元素(Ge、Ga、Li)在已发现的成矿区域进行了深入研究,但在全国范围内对煤中金属元素区域性的找矿工作还未开展。本书结合重点开展的煤中金属元素资源分布调查,对煤中金属元素矿产资源划分成矿带,为煤中金属元素成矿规律和找矿部署提供地质依据。

本书专门针对煤中金属元素,划分的成矿区带具有特定的含义,成矿区带(又称为成矿单元)是具有较丰富矿产资源及潜力的成矿地质单元。在某一成矿区带内往往具有主导的成矿地质环境、地质演化历史及与之对应的区域成矿作用,其内各类矿床组合往往有规律地集中分布,是反映矿产资源区域性宏观分布特征及受控因素。成矿区带划分是成矿规律研究的集中表现和矿产勘查的基础,也是对成矿地质背景、诸多控(成)矿因素和矿床地质的深入研究的综合性成果。

一、划分层次

按照宏观规划与突出重点相结合,战略部署与重点突破相结合的原则,将煤中金属元素矿产资源成矿带划分为两个层次。

1. 第1层次:煤中金属元素矿产资源成矿带

根据目前掌握的煤中金属元素异常点的分布概况,结合煤中金属元素的空间分布主要受物源区和区域性断裂的控制,以此作为背景条件,初步划分煤中金属元素矿产资源成矿带。

2. 第2层次:煤中金属元素矿产资源地质远景区

在煤中金属元素矿产资源成矿带中煤中金属元素富集程度高地区,结合区域成矿的地质构造、地球化学背景及区域成矿作用及其他矿化信息,圈定煤中金属元素矿产资源地质远景区。

二、划分原则

1. 煤中金属元素矿产资源成矿带划分原则

1）突出主要矿种兼顾其他矿种

煤层中金属元素矿产资源富集，往往以 1～2 种金属矿产为主，同时富集其他金属矿产。在划分煤中金属元素矿产资源有利区带时，除考虑富集的主要金属矿产之外，还要考虑其他矿产。

2）煤中金属元素物源一致

物源供给是煤中金属元素成矿的首要富集因素，金属元素在物源区经过风化剥蚀、搬运至含煤盆地，在适宜的沉积条件下，在煤层中或煤系地层中富集甚至成矿。金属元素物源一致是成矿区带划分的重要原则。

3）地质背景条件基本相同

在特定的地质背景条件下，煤层中金属元素出现富集。在相同的地质背景条件下，煤层中金属元素往往出现区域性富集，所以同一个煤中金属元素成矿区带具备基本相同的地质背景条件。

4）煤中金属元素富集数据存在

煤中金属元素富集数据的存在是富集的直接证据，也是煤中金属元素富集成矿可能性的基本要求。煤中金属元素成矿区带划分必须将富集数据的存在作为划分的基本原则。

5）不同地质工作程度地区区别对待

不同地区的地质工作程度不同，煤中金属元素研究程度不同，划分煤中金属元素矿产资源有利区带时要区别对待。例如，东部地区研究程度高，划分以已有的研究作为基础，寻求找矿点上突破；西部地区研究程度低，划分适度在周边放大范围，加大调查力度，突出面上求点，以找到矿为目标，提供新的矿产资源基地。

2. 煤中金属元素矿产资源成矿带边界圈定依据

划定全国煤中金属元素矿产资源成矿带边界主要参考依据如下。

1）地质背景条件

将地质背景条件作为划分煤中金属元素矿产资源有利区的首要考虑因素。我国含煤地层分布区域广泛，成煤时期众多，煤中金属元素并不是每一成煤期都会富集成矿。煤中金属元素要在特定的地质背景条件下，才会形成有一定规模的矿产，它与沉积物源区、沉积基底构造、沉积充填史、成煤时期的同沉积断裂，以及后期成煤盆地中的构造活动（包括断裂挤压、岩浆侵入、热液改造等）有关。

2）煤中金属元素富集分布

煤中金属元素在有利成矿区由于相同的富集因素影响，含量富集异常点分布连成片。依据煤中金属元素富集点分布密集程度，基本确定煤中金属元素矿产资源成矿区带位置。

3)煤中金属元素矿床

在煤中金属元素成矿有利区带煤中金属元素富集,富集达到一定的资源量,具有经济可采价值,就形成煤中金属元素矿床。煤中金属元素矿床的存在是煤中金属元素成矿区带存在的直接证据。

4)全国煤炭资源潜力评价赋煤构造单元划分

煤系和煤层的分布具有分区、分带展布的特点,这种分区分带性很大程度上受现今区域构造格局的控制。赋煤构造单元是全国煤炭资源潜力评价煤田构造研究中提出的重要概念(曹代勇等,2013)。本次全国煤中金属元素矿产资源成矿区带圈定参考《全国煤炭资源潜力评价》(中国煤炭地质总局,2013)赋煤构造单元划分。

5)煤中金属元素矿产资源富集主要影响因素

煤中金属元素矿产资源富集主要影响因素包括物源、沉积环境和后期地质作用。成矿有利区煤中金属元素富集往往受到相同影响因素作用,所以富集主要影响因素是划分成矿有利区带和地质工作远景区圈定的依据。

表 6-10 煤中金属元素矿产资源有利区带划分方案表

成矿带	地质远景区	找矿异常线索	典型矿床	找矿新发现
二连-海拉尔锗、镓成矿带	二连断陷盆地地下白垩统锗地质工作远景区	乌尼特煤田(Ge)、白音霍布尔煤田(Ge)、巴其北煤田(Ge)、巴彦胡硕煤田(Ge)、高力罕煤田(Ge)、贺斯格乌拉煤田(Ge)	内蒙古乌兰图嘎煤锗矿(Ge)	伊敏煤田五牧场矿区(Ge)、沁水煤田晋城矿区(Li)、准东煤田大井矿区(Ga)、广西扶绥煤田(Li)
	海拉尔盆地地下白垩统锗地质工作远景区	伊敏煤田(Ge)		
阴山锗、镓、锂成矿带	准格尔石炭系—二叠系 Al-Ga-Li 地质工作远景区		准格尔矿区(Ga、Li)、平朔矿区(Li)	
	晋北石炭系—二叠系 Al-Ga-Li 地质工作远景区			
	桌子山-贺兰山石炭系—二叠系 Al-Ga-Li 地质工作远景区	桌子山矿区(Al、Ga、Li)		
祁连-秦岭锗、镓、锂成矿带	渭北石炭系—二叠系 Al-Ga-Li 地质工作远景区	渭北矿区(Ga、Li)		
太行山东锗、镓成矿带				
天山锗、镓成矿带	新疆准东煤田侏罗系镓地质工作远景区	准东煤田大井矿区(Ga)		
		沙尔湖-大南湖侏罗系(Ga)		
四川盆地周边镓、锂成矿带	川东上二叠统 Ga-Li-REE 地质工作远景区	重庆南桐煤田(Ga、Li、REE)		
川滇黔相邻锗、镓、锂成矿带	滇东黔西上二叠统 Ge-Ga-REE 地质工作远景区	滇东宣富煤田(Ge、Ga、REE)		
滇西三江锗成矿带	滇西新近系锗地质工作远景区		临沧煤锗矿	

三、有利区带划分方案

本书煤中金属元素成矿带划分依据划分层次部署、划分原则划分了 8 个成矿带,圈定 10 个地质远景区,13 处异常找矿线索,新发现 4 个潜在矿床(表 6-10)。

第三节　主要成矿带地质特征

我国蕴藏着非常丰富的煤炭资源,从时间上看,从震旦纪就有由菌藻类植物形成的石煤,寒武系、早—晚奥陶世、志留纪都有石煤形成,中泥盆世形成了我国最早的腐殖煤,第四纪有泥炭。早石炭世、晚石炭世、早二叠世、晚二叠世、晚三叠世、早—中侏罗世、早白垩世、新近纪是我国主要的聚煤期,煤炭聚集量丰富。从空间上看,我国煤炭资源分布很不均衡,其分布受控于我国的大地构造格架及其演化,煤炭资源相对集中分布于华北、新疆、内蒙古及云贵川等地。成矿地质环境存在于一定地质历史时期内,随着地质历史的演化进展,成矿地质环境也将变化。在一定的地质构造单元内或成矿单元内(成矿区带),此时的成矿地质环境,可转化成新的成矿地质环境,这种转换反映了地质历史的演化进程。

各个地质时期的成矿特点,说明了在特定的地质成矿时期,由于受成矿地质构造环境的影响和控制,会形成一系列有机组合的矿产种类。含煤沉积演化也同样如此,在地质演化过程中造就了我国多期次、丰富的煤炭资源聚集,同时也在局部形成了沉积期背景元素异常,为煤中(共)伴生矿产提供了丰富的物质来源。

我国煤中金属元素的分布与煤炭资源的分布条件相似,同样受区域构造演化背景的影响,煤中金属元素的分布主要受区域构造的控制和岩浆活动的影响,本书煤中金属元素成矿带的划分主要考虑区域构造条件、岩浆活动等因素。

一、区域构造因素

根据 1 : 500 万全国煤(共)中伴生矿产分布,重点结合区域构造的展布情况,得出以下认识:煤中金属元素异常区分布与区域断裂构造、岩浆活动有一定的相关性,异常集中分布可能与断裂构造有一定的成因联系,并被断裂构造限定在一个区域范围内,有分带和异常集中的现象。

我国北方地区煤中(共)伴生元素异常区主要集中在商丹断裂带以北,郯庐(伊通)断裂带以西地区,以及在这两条区域断裂周边密集分布。矿点和异常点主要分布于鄂尔多斯盆地、山西、河北西部等地,是煤中锂、锗、镓异常分布区。

西南地区异常主要分布在四川盆地一带,小江断裂与师宗断裂所夹区域(乌蒙山一带),煤中伴生金属元素异常明显,并与峨眉山玄武岩喷发活动有密切的成因联系,另外澜沧江缝合带以西的云南临沧、保山、腾冲一带,是煤中锗、镓异常分布区,局部含铀。

从沉积地貌单元、区域构造和沉积地层记录来看,鄂尔多斯、四川盆地是晚古生代以来国内盆地形态保存较好的两大能源盆地,这得益于当时沉积稳定的内陆克拉通的发展,而且鄂尔多斯、四川盆地的煤中(共)伴生金属异常点的分布状态和密集程度,盆地周缘的异常点分布明显多于盆地中间地带,说明金属异常与物源区和搬运距离的相关性,向盆地中部地区发展,随着物源碎屑搬运距离的增大,金属元素在此过程中逐渐逸散,重新回归正常。

以下简要介绍与煤中金属元素矿产资源密切相关的构成的成矿区带边界断裂构造情况。

1. 克拉玛依断裂带

克拉玛依断裂带位于准噶尔盆地西北缘,全长 250km,宽 20km,为隐伏的逆掩断裂带,发育于石炭纪—二叠纪的推覆构造,中—下侏罗统仍有继承活动,并具有同生断层的性质。

该断裂带由南至北由红山嘴-车排子、克拉玛依-乌尔禾、乌尔禾-夏子街三个互相衔接,呈一系列弧形断裂带组成。各断裂带的主断裂均为低角度的缓断面,但上陡下缓,呈凹面向上。在断裂面两侧常常有一些平行断裂,在剖面上呈叠瓦状,并且表现为靠盆地一侧断层形成早,结束也早,断开层位低;靠褶皱山系一侧断裂形成较晚,断块层位较高。这些平行的断裂向深部逐渐收敛,归并为同一个断裂。

2. 依连哈比尔尕断裂带

依连哈比尔尕断裂带位于尼勒克县东北部,东部属和静县,南部属尼勒克县,北面属乌苏市。山西接博罗科努山,全长 130 km,宽 60 km,为板块结合带,北西—东西—北东方向,倾向南,倾角 50°~80°,向西延入哈萨克斯坦,北东向延入甘肃,该断裂斜切天山,性质为压扭性,是西部地区北西向走滑运动较大的剪切带,右旋水平错距可达 2km,该带是北天山洋壳与准噶尔陆壳的边界,有大量板块边界相互俯冲碰撞而共生的混杂堆积,岩浆侵入活动十分强烈,中新生代以来,该断裂带构造活动强烈。

3. 二连-黑河断裂带

二连-黑河断裂带也称黑河-扎费特缝合带,是分隔松嫩-佳木斯复合微板块和额尔古纳-大兴安岭复合微板块的一条重要的构造分界线,呈北东向展布。嫩江断裂是沿二连-黑河缝合带发育起来的一组北东向断裂带。断裂带沿线发育近百处基性、超基性岩体。在遭受剪切变形的晚古生代火山岩及花岗岩岩石内形成一系列变形带,其中普遍发育蓝闪石类矿物(张贻侠等,1998)。嫩江县城北柳屯地区蓝片岩具有的 334Ma 同位素年龄,二连-黑河缝合带西南段的贺根山也出露了超基性岩岩群。二连-黑河断裂带在志留纪、泥盆纪表现为大洋扩张,发育基性、超基性岩的侵入和拉斑玄武岩、硅质岩的沉积,形成蛇绿岩。从早石炭世早期该区开始闭合,至早石炭世晚期该区洋壳开始闭合,至早二叠世大洋关闭碰撞。在地表出露较少,属于隐伏断裂,断裂带性质由早至晚体现为早期韧性—韧脆性—晚期脆性走滑断裂性质;主要表现为走滑断裂性质,控制着晚侏罗世—早白垩世的沉积地层和火山构造活动。

4. 华北陆块北缘断裂(赤峰-开源断裂)

华北陆块北缘断裂为华北地块的北部边界,呈近东西向展布,为板块碰撞断裂带。断裂形成的时间各区段有所不同,东段赤峰-开源断裂形成于太古代,为岩石圈断裂;中段保康-围场深断裂形成于中晚元古代,古生代明显发育,活动强烈,属深大断裂;西段高家窑-乌拉特后旗形成于加里东期,岩石圈断裂。该断裂延伸距离长、规模巨大,发育时间悠长,多期次活动,直至中、新生代仍有活动。断裂控制着两侧的沉积作用和火山构造活动。

5. 太行山山前断裂带

太行山山前断裂带大致分布于太行山东麓一带,北起北京怀柔附近,向南经房山和河北的涞水、保定、石家庄、邢台、邯郸及河南的安阳、汤阴直至新乡附近,总体北东—北北东向展布,全长约620km。从地质结构上,该断层明显控制两侧地层发展,其可能形成于太古宙末—古元古代,燕山期有侵入岩及火山喷发活动,构成华北地区赋煤区的东、西分界断裂(姬磊喆,2013)。

6. 郯庐断裂带

郯庐断裂带是东亚大陆上的一系列北东向巨型断裂系中的一条主干断裂带,切穿中国东部不同大地构造单元,规模宏伟,结构复杂。该断裂是地壳断块差异运动的接合带,同时也是地球物理场平常带和深源岩浆活动带,形成于中元古代(乔秀夫和张安棣,2002)。郯庐断层带的南段(郯城以南)在三叠纪末期形成,当时是扬子板块与中朝板块之间的秦岭-大别山碰撞带以东的一条走滑断层。在中生代燕山期,因太平洋板块向西俯冲到欧亚板块之下,而使郯庐断层带向北大幅度延伸,并转化为逆冲断层。此后,尽管郯庐断层带一度恢复为走滑断层,但在多数时间内仍以逆冲运动为主。

在新构造期,郯庐断层带为右行走滑-逆冲断层。历史上沿这一断层带发生了许多大地震,如1668年的郯城大地震、1975年的海城地震等。

7. 商丹断裂带

商丹断裂带指北秦岭加里东造山带与中秦岭海西造山带之间的分界断裂的东段,即西起宁陕沙沟街附近,东至南阳盆地以西,长250km以上,属华北陆块南缘造山带与扬子陆块北缘造山带的分界断裂带。

郯庐断裂带和商丹断裂带大致构成华北板块的东部和南部边界,该地区不仅是我国煤炭资源最丰富的地区,而且也是煤中金属元素矿产最发育的地区。

8. 龙门山前山断裂带

该断裂全长约 400km，由大川-双石断裂南段、灌县-安县断裂中段和江油断裂北段组成，总体呈 NE40°～45°走向，南端始于天全附近，向北东延伸经芦山、大川、大邑、灌县、彭县、安县、江油、广元，至陕西汉中一带消失。断裂上盘为上三叠统须家河组，下盘主要为侏罗系红层，地表倾角多为 50°～70°，向深部倾角变缓。该断裂带可能是一条生成时间较晚的断裂，断裂的北西盘逆冲到南东盘上方。同时该断裂具右旋走滑运动的脆性破裂特征，断裂的中段控制着成都平原的西部边界，即为四川盆地的北西边缘断裂。

9. 小江断裂带

小江断裂是川滇活动地块和扬子地块的边界，它北起滇川边界金沙江的巧家县北，向南经东川、宜良、通海、建水，最后并入红河断裂，走向近南北，平均水平滑移速率 10mm/Ma。自东川小江村起，小江断裂分东西两支，近乎平行向南延伸。

10. 弥勒-师宗断裂带

弥勒-师宗断裂带总体呈北东—南西走向，从罗平县老厂师宗北，过弥勒县城，至巡检司镇而被小江断裂错断，经苏越建水与官厅弧形断裂相连，西南端终止在红河断裂带上。该断裂带形成于晚古生代裂谷构造环境，其展布方向为北东 20°～50°，断裂两侧地层褶皱发育，岩石变形破碎强烈，在长家弯断裂又切断古近纪—新近纪地层，因此可以推断断层在中生代早期之前已定型，之后对罗平地区三叠系以来的地层沉积和构造演化有着直接的控制作用，并且在新生代仍有活动。

小江断裂带、弥勒-师宗断裂带构成乌蒙山地区的东部、西部边界，该区域同时受火山活动影响强烈，是我国的西南地区煤炭资源最发育，煤中伴生矿产多样性的典型地区。

11. 澜沧江缝合带

澜沧江缝合带是中国西部的一条巨型断层缝合带。它西起中印边界的空喀拉哨所附近，向东横越羌塘高原北部，到唐古拉山脉北麓的温泉后，沿澜沧江河谷折向南方，经云南昌宁、孟连进入缅甸、泰国境内。

缝合带开始形成于晚二叠世，其南段在晚三叠世首先完成碰撞，保山-中缅马苏地块拼合到华南板块之上，使这一段由碰撞带转化为走滑断层。之后羌塘地块的南部向北移动，约在白垩纪早期碰撞欧亚板块，从而使澜沧江带的北段由碰撞带转化为逆掩断层。

澜沧江缝合带是三叠纪印支期的四条重要碰撞带之一，在它们的共同作用下，古生代末期尚位于特提斯洋中的许多零散陆块陆续彼此碰撞，并向北拼合到欧亚板块之上，最终形成了完整的中国大陆(西藏大部除外)。

澜沧江缝合带构成我国西南煤中伴生矿产分布区——滇西煤中锗成矿区的东部边界。

12. 阿奇克库都克断裂带

阿奇克库都克断裂带分布于东天山一带,总体北西—东西—北东向延展,呈微向南突的弧形,为东天山早古生代板块俯冲带基础上发展起来的超岩石圈断裂带,表现为向北逆冲为主;断裂活动具有长期性和多期性,对区域内的沉积地层、火山构造活动有明显的控制作用。地震资料反映该断裂至今仍有活动。

综合而言,区域性断裂带不仅对成煤盆地的物源及沉积特征有影响,同时对区域性的岩浆热液活动也具有重要的控制作用,深大断裂发育对区域岩相变化、煤质特征及煤中金属元素地球化学异常等具有重要的控制作用,区域性断裂带附近煤系中常见黄铁矿化、碳酸盐化、硅化等中低温热液蚀变现象,并且在构造的复合部位和主要深大断裂附近表现得尤为明显,与之对应表现为煤中锂、锗、镓等金属元素矿产资源富集。我国北方地区煤中金属元素矿产资源成矿带,阴山锗、镓、锂成矿带,太行山东锗、镓成矿带,祁连-秦岭锗、镓成矿带主要集中在商丹断裂带以北、华北陆块北缘断裂以南、郯庐断裂带以西地区,矿点和异常点主要分布于鄂尔多斯盆地、山西、河北西部等地区,是我国北方主要的煤中锂、锗、镓异常分布区。西北地区克拉玛依断裂及伊连哈比尔尕断裂控制了天山锗、镓成矿带煤中锗、镓的富集;二连东断裂、头道桥-鄂伦春断裂对二连-海拉尔锗、镓成矿带煤中锗、镓的分布具有明显的控制作用;四川盆地周边镓、锂成矿带主要分布在龙门山断裂以南的四川盆地一带;川滇黔相邻锗、镓、锂成矿带主要分布在康滇古陆以西的小江断裂与弥勒师宗断裂所夹区域,且与峨眉山玄武岩喷发活动也有密切的成因联系;滇西三江煤中锗成矿带是我国煤中锗的主要矿产地,澜沧江缝合带对该成矿带具有重要的控制作用。

二、岩浆活动因素

中国岩浆岩分布广泛,侵入岩出露面积为997390km^2,占全国陆地面积的4%~10%。其中,超镁铁岩面积为16360km^2,占侵入岩面积的1%~6%;镁铁岩面积为7044km^2;中性岩(含中基性岩)面积为47600km^2,占4%~8%;酸性岩(含中酸性岩)面积为861690km^2;占4%~86%;碱性岩面积为1300km^2,占0%~1%。岩浆活动十分频繁,从太古宙至近期都有发生。岩浆活动的方式多种多样,既有岩浆喷溢和爆发,又有岩浆侵入。岩浆活动可划分为前吕梁期、吕梁期、四堡期、晋宁期、震旦期、加里东期、海西期、印支期、燕山期、喜马拉雅期。前吕梁期、吕梁期、加里东期和海西期在中国北部(昆仑—秦岭以北)最为强烈;四堡期、晋宁期在中国南部较为强烈;印支期和燕山期在中国东部最为发育;喜马拉雅期在滇藏地区尤为重要。中国多期次、规模巨大的岩浆活动是岩石圈演化过程的一个重要方面,对包含煤在内的内生矿产的形成具有重要意义。

综上所述,我国各地质时期岩浆活动广泛,岩浆类型多样,但与煤中金属元素矿产资源直接相关的岩浆活动,主要有早—中二叠世的峨眉山玄武岩喷发和滇西地区的富锗煤的沉积基底火山岩分布,以下主要针对这两项期火山活动简要介绍如下。

1. 早—中二叠世峨眉山玄武岩

峨眉地幔热柱在二叠纪的广泛活动，在中国西南地区早—晚二叠世之间发生大规模峨眉山玄武岩喷发，峨眉山玄武岩位于扬子克拉通西缘，面积约为 50 万 km^2，玄武岩分布在一个菱形区域内，受区域性深大断裂控制(图 6-11)，玄武岩北界大致为九龙—石棉—峨眉一线，西界为丽江—宾川一线，东部为威信—安顺一线，东南部广西西北部，南部到越南北部。川渝滇黔峨眉山玄武岩组分布于川南西部、云南东部和东南部及贵州西部，从筠连到威信、织金、晴隆、弥勒一线以西的广大地区。与峨眉山玄武岩伴生的还有高镁苦橄岩和一些小的基性-超基性侵入岩，以及少量凝灰岩、流纹岩，玄武岩总体上由盐源-丽江向东减薄。

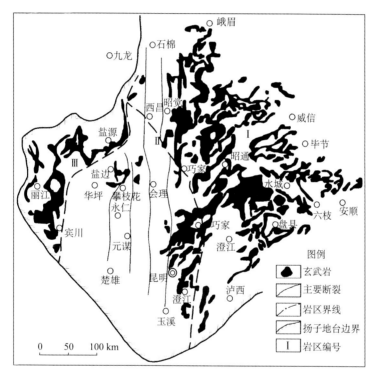

图 6-11　峨眉山玄武岩分布图(据张云湘等，1988，有修改)
Ⅰ-东岩区；Ⅱ-中岩区(攀西裂谷区)；Ⅲ-西岩区(盐源-丽江岩区)

上扬子聚煤盆地的主要物源区为西部的康滇古陆峨眉山玄武岩台地，为乌蒙山地区煤中伴生矿产提供了丰富的物质来源，峨眉山玄武岩属于高钛玄武岩，具有高钛、低镁，相对贫钙、富铁等特点，是该区域富集大量锗、镓、锂、稀土等煤中金属元素的主要影响因素。

2. 印支期、燕山期、喜马拉雅期岩浆活动

滇西地区受古特提斯构造和新生代陆内构造演化,印支期、燕山期、喜马拉雅期均有大量花岗岩侵入,发育有临沧花岗岩带、保山-潞西花岗岩带、察隅-腾冲喜马拉雅岩带等众多花岗岩区带。随着构造演化,这些花岗岩带分布区形成新近纪煤盆基底,为滇西地区Ⅲ级锗成矿区煤中锗的富集提供了丰富的物质来源。

总之,成煤物源区金属元素经风化剥蚀和搬运在含煤盆地煤层中产生富集。额尔古纳隆起带和东南部的大兴安岭隆起带花岗岩、玄武岩为东北赋煤区二连-海拉尔锗、镓成矿带提供了物质来源(黄文辉等,2007);华北赋煤区北部的阴山古陆酸性或中酸性岩为阴山南麓煤中锗、镓、锂金属元素矿产资源的富集提供了物质来源(李华等,2014;衣姝和王金喜,2014),形成阴山南麓锗、镓、锂成矿带;西北赋煤区天山南部的博格达山隆起花岗岩和北部的克拉美丽山的富镓花岗岩体为准东煤田和吐哈盆地煤中镓富集提供了物质来源(杨高学等,2010;赵同阳等,2014),形成天山锗、镓成矿带;康滇古陆峨眉山玄武岩台地为四川盆地镓、锂成矿带和川滇黔相邻成矿带煤中锗、镓、锂等金属富集元素提供了丰富的物质来源;滇西地区受古特提斯构造和新生代陆内构造演化,印支期、燕山期、喜马拉雅期均有大量花岗岩侵入,形成新近纪煤盆基底,为滇西地区Ⅲ级锗成矿区煤中锗的富集,为滇西三江锗成矿带提供了丰富的物质来源(卢家烂等,2000;戚华文等,2002);广西云开古陆及周边的火山岩为扶绥煤田煤中锂镓富集提供了物源(Dai et al.,2012d)。

三、主要成矿带地质特征

煤中金属元素要在特定的沉积背景条件下形成有一定规模的矿产资源,它与沉积物源区、沉积基底构造、沉积充填史、成煤时期的同沉积断裂构造,以及后期成煤盆地中的构造活动(包括断裂挤压、岩浆侵入、热液改造等)有关。不同的煤中金属元素有其特定的分布空间,总体来说,煤中锗、镓、锂分布空间范围一般比较集中。就全国范围来看,其空间分布特征具有一定的分带性,通过分析发现煤中金属元素的空间分布主要受物源区和区域性断裂的控制。按照煤中锗、镓、锂、铝等金属元素空间分布特征,本次研究将全国划分为八个成矿带,由北向南依次为:二连-海拉尔锗、镓成矿带,天山锗、镓成矿带,阴山南麓铝、锗、镓、锂成矿带,太行山东锗、镓成矿带,祁连-秦岭锗、镓成矿带,四川盆地周边镓、锂成矿带,川滇黔相邻锗、镓、锂成矿带,滇西三江锗成矿带(图6-12)。

1. 二连-海拉尔锗、镓成矿带

二连-海拉尔锗、镓成矿带位于我国东北赋煤区二连、海拉尔断陷盆地,主要包括二连盆地和海拉尔盆地两个煤中金属元素成矿区(图6-13),分述如下。

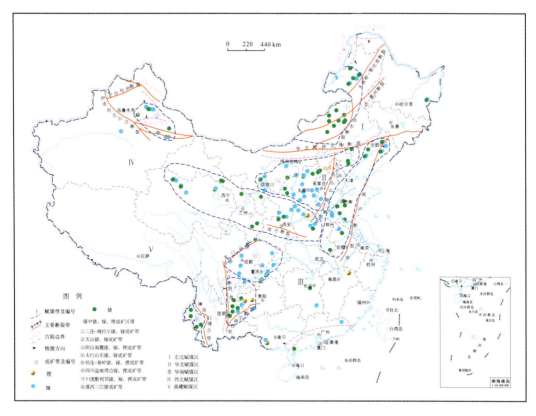

图 6-12 中国煤中金属矿产资源空间分布图

1)海拉尔锗成矿区

海拉尔锗成矿区处于大兴安岭成矿省的西部，为得尔布干断裂、头道桥-鄂伦春断裂所夹持的海拉尔拗陷内，西南延伸至蒙古国。该拗陷是在海西褶皱基底之上于晚侏罗世和早白垩世大幅度拗陷而成，含煤地层为下白垩统含煤地层。局部凸起出露上古生界、花岗岩和中生代火山岩；拗陷以东出露有大量的古生界花岗岩，以北为上侏罗统火山岩。

伊敏煤田位于海拉尔盆地北端的呼和湖拗陷的伊敏断陷内，长约 55km，宽 2～18km，控制面积约 600km^2。该煤田含煤地层为下白垩统大磨拐河组和伊敏组。锗异常发育于大磨拐河组煤层和夹矸中；各煤层绝大多数都有锗异常显示，其中锗异常含量大于 30μg/g 区域有三个，锗品位明显有向锗物源方向(盆地边缘)增高的趋势，可能富集成矿的区域为五牧场矿区。根据锗异常分布范围、品位和含锗煤层的发育情况综合评价，预计该区域内的锗资源量将超过 4000t。

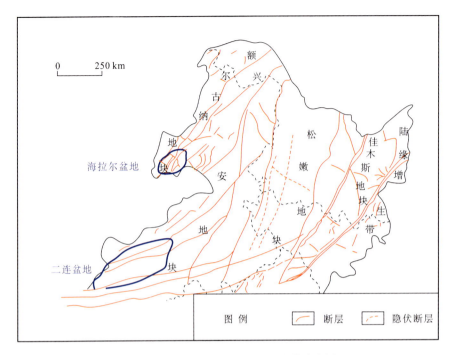

图 6-13 二连-海拉尔锗、镓成矿带分布图

2)二连盆地煤中锗成矿区

华北陆块北缘断裂以北,二连凹陷东界断裂以西,至蒙古国边境。区内煤系地层主要发育于二连拗陷内,为二连浩特至东乌珠穆沁旗以南、苏尼特左旗毛登以北的北东、北北东向狭长带状盆地,盆地受区域断裂控制,由一系列北东向或北北东向的凹陷、凸起构成;凹陷发育在晚海西褶皱带的二叠系基底上,由于早—中侏罗世开始拉张裂陷,沉积了中—下侏罗统含煤建造。

区内海西期、燕山期岩浆岩侵入活动发育,凹陷以北东乌珠穆沁旗至二连浩特以北、南侧华北陆块北缘断裂附近、西乌珠穆沁旗以西及盆地中的凸起(苏尼特左旗、苏尼特右旗、扎恩巴嘎毛德等地)均发育有大量的海西期、燕山期侵入花岗岩。

区内胜利煤田乌兰图嘎白垩系赛汉塔拉组 6-1 号煤层富锗,达到锗矿床工业品位,平均品位达到 244μg/g,探明锗资源量 1805t。煤中锗物质来源于盆地西南的燕山期二长花岗岩,锗矿层分布明显受两侧的同沉积断层的控制。

2. 天山锗、镓成矿带

西北赋煤区天山南部的博格达山隆起花岗岩和北部的克拉美丽山的富镓花岗岩体为准东煤田和吐哈盆地煤中镓富集提供了物质来源,形成天山锗、镓成矿带。

1)北准噶尔锗、镓成矿区

该区位于新疆的西北部,准噶尔盆地西北侧,额尔齐斯断裂以南,克拉玛依断裂以西区域,区内含煤地层主要侏罗系含煤地层。区内花岗岩较发育,海西中晚期花岗岩呈大型岩基状、岩枝沿区内背斜核部出露，呈带状分布，中期主要为斜长花岗岩、石英闪长岩、黑云母花岗岩等，后期主要为碱性花岗岩。

额敏县哈拉依明矿测出锗含量 18.01μg/g，区内的花岗岩体为煤系(共)伴生锗、铀矿提供了丰富的物质来源，区域成矿条件较好。

2)吐哈盆地锗、镓成矿区

该区位于阿奇克都克断裂以北，格达山以南区域，为海西褶皱基底上发育起来的中新生代凹陷。沉积地层为三叠系、侏罗系、白垩系等，白垩系为该区的主要含煤地层。

区内主要为锗、镓异常，盆地周边发育有大量海西期侵入岩岩体，为煤中(共)伴生矿产提供物质来源。

3)伊宁-拜城锗成矿区

该区带位于伊连哈比尔尕断裂以南，阿克苏—库尔勒以北的区域，包含伊宁、库车盆地，为中、新生代沉积凹陷，主要含煤地层为侏罗系含煤地层。在区带的北部伊犁地块，海西期发育大量火山岩及侵入岩岩体。库车凹陷自中、新生代以来经历了多次的升降运动。

3. 阴山南麓铝、锗、镓、锂成矿带

华北赋煤区北部的阴山古陆酸性或中酸性岩为阴山南麓煤中铝、锗、镓、锂金属元素矿产资源的富集提供了物质来源，形成阴山南麓锗、镓、锂成矿带(图6-14)。该区位于华北赋煤区的西侧，主要范围为西贺兰山西缘断裂以东，狼山-渣尔泰山南缘断裂以南，东至大同—阳泉—渭南一线，南至渭南—宝鸡一线区域，属华北地台的一部分，区内主要有石炭纪—二叠纪煤层及早—中侏罗世煤层。

华北地台为我国古老的构造单元之一，地台北缘在早寒武世早期开始形成统一发展的华北地台，下古生界为陆表海环境，晚奥陶世—早石炭世受加里东运动影响，整个地台整体抬升，晚石炭世再次开始沉降，奥陶系不整合接触面上的古风化壳上形成广泛分布的铁(包括硫铁矿)、铝土矿床；海侵由东北部向台内推进，聚煤作用广泛发生，形成统一的华北聚煤盆地。至晚二叠世石千峰期，华北地台全部转为干旱气候下的内陆河湖相环境。至晚三叠世的印支运动形成鄂尔多斯盆地及吕梁太行山之间小型聚煤盆地。

区内煤中铝、锗、镓、锂矿点及矿化异常点众多，2012 年，《内蒙古准格尔煤田煤中铝、镓伴生矿产赋存规律及开发利用评价》中对煤中镓、铝、稀土进行了估算，准格尔煤田镓资源量为 30.52 万 t，Al_2O_3 的资源量约为 31.5 亿 t，稀土资源量约为 1130 万 t。

2009 年，"首批煤炭国家规划矿区煤中镓的成矿前景"工作成果表明，渭北、大同、平朔朔南、柳林、西山古交、阳泉等地石炭系—二叠系煤系煤层中富镓，估算煤中镓资源量 102.85 万 t。

2012 年，中国煤炭地质总局特种技术勘探中心在山西朔南安太堡矿区发现煤中富集锂、镓资源，估算安太堡矿区太原组、山西组 4、9、11 号煤中锂资源量为 129.66 万 t，镓资源量 42.31 万 t。

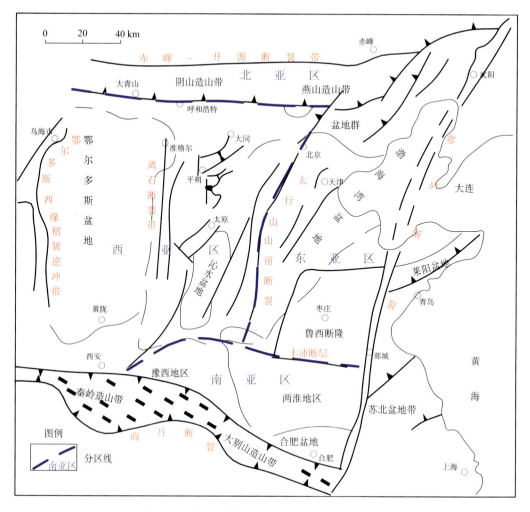

图6-14　阴山南麓铝、锗、镓、锂成矿带分布图

　　区域内在山西寿阳、西山、广灵，陕西榆林、铜川、白水，河北蔚县等多地煤矿区也发现有镓的异常富集现象，而且这一区域煤中高铝现象十分明显。这一区域主要在石炭纪—二叠纪成煤时期，含煤沉积中镓、铝、锂富集成矿。研究认为石炭纪—二叠纪聚煤期间，由于受构造影响，部分区域开始隆起，北部的阴山山脉快速抬升，伴随着北部本溪组铝土岩出露，并接受风化剥蚀，为含煤盆地提供了大量的铝、镓等近源碎屑物源，致使煤层中铝、镓富集，以陆源富集型为主。

　　此外，陕西黄陇煤田(鄂尔多斯盆地西缘)也发现有镓、锂、锶的超常富集，煤中镓含量平均值达到 70.83μg/g，但黄陇矿区的含煤地层为侏罗纪延安组，与这一地区煤中(共)伴生矿产的成矿时代有明显的差别，中国煤炭地质总局特种技术勘探中心的相关研究工作正在进行之中。

　　这一成矿区域地处华北地台，煤(共)伴生矿产的种类和资源量都十分丰富，且地质研究程度和综合开发利用程度相比较而言，为全国最高，区域内煤中(共)伴生矿产分布广泛且连续，为全国最具发展潜力的成矿区域之一。

4. 太行山东锗、镓成矿带

太行山东锗、镓成矿带内鲁西断隆锗、镓成矿区位于郯庐断裂带、广饶-齐河断裂、聊城-兰考断裂、商丘-淮北南断裂圈成的鲁西断隆区。区域受海西运动影响，晚石炭开始下沉接受沉积，至海西运动晚期上升为陆地，中间沉积有本溪组铝土矿、太原组—山西组的煤层。侏罗系受燕山运动影响，在北侧断陷形成了淄博、坊子盆地，沉积了坊子组煤系。

区内中北部岩浆活动强烈，太古代阜平运动早期有大量超基性-基性岩浆侵入，晚期发生大规模中酸性岩浆侵入，形成大面积混合花岗岩分布区；燕山晚期零星发育有中基性岩浆侵入；新生代潍坊等地大规模玄武岩喷发活动，有广泛的火山岩分布。

区带内分布了大量的锗、镓、锂异常点，枣庄藤县矿区锗含量可达 17～80μg/g，镓含量最大可达 80μg/g，锂含量为 40μg/g；章邱岭子矿区锗含量可达 23μg/g；莱芜洋西矿区锗含量为 18.17μg/g；兖州邹县矿区锗含量为 17.76μg/g；宿县东风矿含锗含量为 28.1μg/g。同时在大通矿区也检测到锗含量超过了 15μg/g，淮北袁店矿区镓含量达到 52μg/g。煤中众多异常点反映了该区煤中(共)伴生锗、镓、锂的良好成矿前景。从目前掌握的资料分析，山东枣庄一带，通过深入的地质调查评价工作，可能会有一定的成效。

开鲁盆地成矿区位于松辽盆地的南端，属于开鲁拗陷，东、南、西三面由嫩江断裂、华北陆块北缘断裂、郯庐断裂北沿西支断裂组成。该拗陷是在晚海西褶皱基底上发育起来的中、新生代断陷、拗陷盆地。侏罗纪为断陷期，发育一套火山岩；白垩纪以拗陷为主，沉积了含煤建造及红色碎屑建造。盆地以东、以南分布主要为海西晚期、燕山期花岗岩岩体，以西为上侏罗统的火山岩及少量海西晚期、燕山期花岗岩岩体。

开鲁盆地钱家店姚家组发现有铀矿床，目前尚在勘探中，反映该区具备良好的后生沉积铀矿床的成矿前景。

5. 祁连-秦岭锗、镓成矿带

祁连-秦岭锗、镓成矿带地域跨河西走廊、祁连山脉，区带位于牛首山-固原断裂以南，南祁连南缘断裂以北，东至鄂尔多斯盆地西部边界一带，西至张掖一带，属于秦祁昆造山带的一部分(中段)。该巨型造山系是在晋宁(杨子)旋回形成的古中国地台裂解出祁连洋和秦岭洋的基础上发展而成的，含煤地层主为侏罗系、白垩系含煤地层，甘肃的东水泉矿、张掖药草洼、天水麦积山、垭各矿等地煤层中，表现为明显的锗异常。

6. 四川盆地周边镓、锂成矿带

四川盆地周边镓、锂成矿带以四川盆地周缘为主要异常区，该区域位于华南赋煤区，上扬子地块，包含了整个四川盆地。区内主要煤系为二叠系，主要含煤地层为吴家坪组、宣威组、长兴组、龙潭组，以及三叠系小坝子组。康滇古陆峨眉山玄武岩台地为四川盆地镓、锂成矿带和川滇黔相邻成矿带煤中锗、镓、锂等金属富集元素提供了丰富的物质来源。

该区带煤中(共)伴生矿产资源仅显示出镓的异常集中，有少量锗异常点，目前尚无形成伴生矿点的报道。区内沿着四川盆地盆缘分布有四川南桐、四川建乐、四川雅荣、四川方斗山、四川宣汉等十余个煤中镓的异常点。总体来说镓的含量均为 $36\sim37\mu g/g$，盆地南部的部分异常点，如南桐达到了 $109\mu g/g$，富安井田则高达 $450\mu g/g$，异常变化幅度增大，可能与其南侧峨眉山玄武岩的影响因素有关。

7. 川滇黔相邻锗、镓、锂成矿带

川滇黔相邻锗、镓、锂成矿带区域大部分位于峨眉山玄武岩分布区内，大致范围：西以小江断裂为界，北以四川盆地南缘为界，南至弥勒-师宗断裂为界，东至贵阳-遵义以西一带。

该地区与煤中(共)伴生矿产联系密切的是以二叠纪为主的煤层，区内断裂构造发育，成煤期间岩浆活动十分强烈，早、晚二叠世之间的大规模的峨眉山玄武岩喷发，玄武岩分布面积约 50 万 km^2，而且玄武岩存在多期次喷发活动，该地区在火山喷发活动的间隙，有泥炭沼泽的发育，所以该区域的二叠纪煤层，有些区段又被称为玄武岩含煤段。该期间煤系地层中，煤层及顶、底板、夹矸中常有火山沉积物分布，有些煤层的顶、底板直接由火山熔岩或火山灰构成。由于大量的火山灰、火山碎屑混入煤层中，这些地区的煤层结构、煤质成分异常复杂，所以该地区有高硫煤、高砷煤、高硒煤、高氟煤的分布，同时煤中伴生的有益元素也体现出多样性。区内分布有贵州织金锂异常点、贵州盘县镓异常点、贵州水城锂异常点、贵州玉屏拉开锗异常点、云南宜良凤鸣村锗异常点、云南洪恩一井田镓异常点、云南老牛场锗异常点、云南宝山锗异常点、云南阿直矿区锗异常点。

同时煤系地层中常含有异常富集的铌、锆、铪等稀散元素，以及稀土、放射性等物质，甚至在黔西南贞丰的龙潭组煤层中还有"水银洞金矿"的赋存。

区内煤中(共)伴生成矿与峨眉山玄武岩的活动强度和影响范围密切相关，该区域煤中有益、有害组分的富集都非常明显，有良好的成矿条件。

8. 滇西三江锗成矿带

滇西地区受古特提斯构造和新生代陆内构造影响，印支期、燕山期、喜马拉雅期均有大量花岗岩侵入，形成新近纪煤盆基底，为滇西地区锗成矿区煤中锗的富集，为滇西三江锗成矿带提供了丰富的物质来源。该区位于双湖-澜沧江缝合带(断裂带)以西的临沧、保山、腾冲一带，属于特提斯构造带与西太平洋构造带的结合部位(图6-15)。

区内印支期—燕山期中酸性岩浆岩侵入活动强烈，形成了东达山-临沧岩基状花岗岩杂岩带和类乌齐-左贡-昌宁-孟连电气石花岗岩带。新近纪时，印度板块与欧亚板块碰撞，

不仅在垂直缝合线的方向上引起地壳的压缩、褶皱和推覆，而且还存在侧向的构造运移，造成了区内大小不等、数量众多的盆地群，区内主要煤层为新近纪煤层。

区内煤中锗矿床丰富，临沧已发现开采锗资源有工业价值的矿有四个：帮卖（大寨和中寨）、腊东（白塔）、芒回等矿区。其中最大的锗矿是位于帮卖的大寨和中寨，储量约1620t，属超大型锗矿床，另外潞西、澜沧、腾冲、沧源等盆地均发现锗的高度异常。

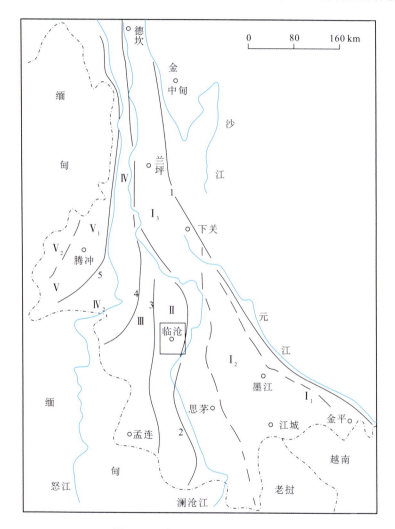

图 6-15　滇西三江锗成矿带分布图

Ⅰ-兰坪-思茅微板块；Ⅱ-双江-澜沧微板块；Ⅲ-昌宁-勐连微板块；Ⅳ-保山-潞西板块；Ⅴ-腾总目微板块

区内丰富的花岗岩基底为锗矿床提供了丰富的物源基础，同时板块碰撞使盆地基底的同生断裂中存在富硅热水溶液活动，溶解和携带来自母花岗岩风化释放出来的锗被有机质束缚，进而形成富锗煤。

滇西地区类似于临沧的新生代含煤盆地有百余个，地质背景条件相似，锗的异常分布也较为明显，区内具有良好的锗成矿地质条件。另外，局部地区（如临沧）富锗煤直接覆盖在铀矿层之上，区内还有较好的铀成矿条件。

第四节　主要地质远景区地质特征

我国正在建设的煤炭绿色开采及伴生资源综合利用示范基地，目前还未进入全面达产阶段，一旦原煤或粉煤灰中提取铝、锂、镓、稀土等资源达到产业化程度，国家相关的产业政策会有一定的变化，将会有力地推动该行业的发展，这就要求我们开展相应的远景调查区煤中金属元素等资源的调查工作。

为后续煤中金属元素矿产资源调查研究提供靶区，是目前煤中金属元素进一步开展调查研究工作的基础。本次调查对煤中金属元素调查研究工作程度较低的具有较找矿潜力地区，在系统收集和综合分析已有资料的基础上，结合区域地质地球化学背景，分析煤中金属元素异常情况，圈定可供进一步地质工作的远景区。对远景区煤中金属元素矿产资源作出总体评价，并提出进一步地质工作建议。

本次工作圈定了 10 个煤中金属矿产资源地质工作远景区：二连断陷盆地下白垩统 Ge 地质工作远景区、海拉尔盆地下白垩统 Ge 地质工作远景区、晋北石炭系—二叠系 Al-Ga-Li 地质工作远景区、准格尔石炭系—二叠系 Al-Ga-Li 地质工作远景区、桌子山-贺兰山石炭系—二叠系 Al-Ga-Li 地质工作远景区、准东煤田侏罗系 Ga 地质工作远景区、沙尔湖-大南湖煤田侏罗系 Ga 地质工作远景区、川东上二叠统 Ga-Li-REY 地质工作远景区、滇东黔西上二叠统 Ge-Ga-REY 地质工作远景区、滇西新近系 Ge 地质工作远景区（图 6-16）。

一、二连断陷盆地早白垩世 Ge 地质远景区

（一）地理位置

二连盆地位于内蒙古中北部，地理坐标为东经 $107°30'\sim120°10'$，北纬 $41°40'\sim46°30'$，作东西转北东向展布。二连盆地南北宽 $20\sim220km$，总面积 10 万 km^2，是我国陆上大型沉积盆地之一。其行政区划分属锡林郭勒盟、乌兰察布和巴彦淖尔市；自然区划属于内蒙古高原，海拔高程一般在 1000m。

（二）地质地球化学背景

二连盆地是在内蒙古-大兴安岭海西褶皱基底上发育起来的中新生代断陷沉积盆地，其大地构造位置处于中朝板块与西伯利亚板块的缝合线上。北界巴音宝力格隆起原为海西期二连-东乌旗复背斜，走向北东东向，广泛发育北东向断裂和巨大的海西、印支期花岗岩带，新生代又受到北西向断裂的改造，沿断裂有玄武岩喷发，是盆地北部的主要母

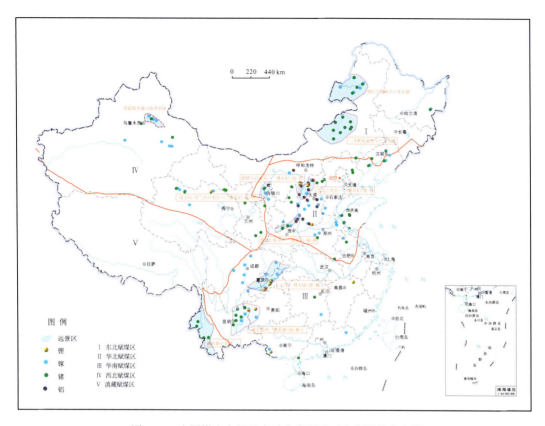

图 6-16 中国煤中金属元素矿产资源成矿有利区带分布图

岩区。盆地南界温都尔庙隆起是加里东褶皱带基底上发展起来的正向构造，属阴山纬向构造体系，由温都尔庙-多伦复背斜演化而来，形成于早古生代，晚古生代、中新生代仍在活动。区内构造、岩浆活动强烈，分布有大量的中-酸性火山岩类，为盆地南部的主要母源区。东界大兴安岭隆起形成于侏罗纪，属燕山中期北东向大型褶皱带。晚侏罗世的火山喷发作用造成巨厚的大兴安岭火山岩系，沿断裂堆积了一系列火山碎屑岩体，是白垩纪盆地东部的主要母源区。盆地西界索伦山隆起与银根盆地、河套盆地相隔（图 6-17）。

　　二连盆地基底构造层主要包括古生界及更老地层，基底构造总体特征是断裂发育、隆拗兼备、多凸多凹、凹凸相间平行排列，高低起伏不平，平面上呈窄条状，剖面上不对称，规模宏大而典型的盆岭景观。二连盆地基底属海西褶皱带，主要由古生界变质岩系和岩浆岩组成（图 6-18）。古生界为盆地基底，主要发育石炭系、二叠系，泥盆系分布范围较小。中生界发育较全，即中—下侏罗统阿拉坦合力群、上侏罗统兴安岭群、下白垩统巴彦花群（阿尔善组、腾格尔组和赛汗塔拉组）及上白垩统二连达布苏组。新生界以古近系和新近系为主，自下而上划分为上古新统脑木根组、下始新统巴彦乌兰组、中始新统阿山头组、上始新统伊尔丁曼哈组、上始新统萨拉木伦组、下渐新统下部额尔登敖

231

包组、下渐新统上部下脑岗代组、中一下渐新统上脑岗代组、下中新统大庙组、上中新统通古尔组和上中新统宝格达乌拉组。

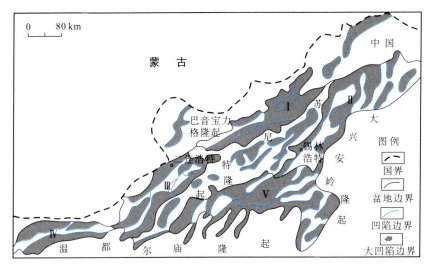

图 6-17　二连盆地构造单元图(据杜金虎，2003，有修改)

I-马尼特拗陷；II-乌尼特拗陷；III-乌兰察布拗陷；IV-川井凹陷；V-腾格尔凹陷

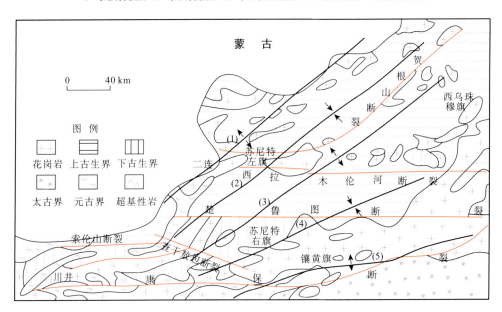

图 6-18　二连盆地基底结构简图(据焦贵浩，2003，有修改)

(1)-二连浩特复背斜；(2)-贺根山-索伦山复向斜；(3)-锡林浩特复背斜；(4)-赛汗塔拉复向斜；

(5)-温都尔庙-多伦复背斜

据野外露头资料,在盆地北部巴彦宝力格隆起上,西段主要出露中—上石炭统碎屑岩、变质岩和少量火山岩,以及下二叠统的变质岩;东段以下二叠统变质岩和海西期花岗岩为主,以中—下侏罗统含煤碎屑岩和燕山期玄武岩为次。在盆地南部的温都尔庙隆起区,西段主要出露海西期花岗岩系,其次为下古生界巨厚的变质岩系(绿片岩、二云石英片岩、绢云石英片岩、绿帘石英片岩、石英岩及含铁石英岩等);东段则是以上侏罗统张家口组的火山岩系为主。盆地东北部的大兴安岭隆起区主要出露上侏罗统(兴安岭群)的火山岩系,其次为上石炭统—下二叠统的海相碎屑岩和灰岩建造。位于盆地中央的苏尼特隆起区,在阿巴嘎旗以西,主要为海西期花岗岩,其次为上石炭统—下二叠统海相碎屑岩、灰岩和下古生界的变质岩系,其东为大面积玄武岩,古生界零星出露。凹陷间凸起地区亦出露相当规模的前中生变质岩及海西期、燕山期火山岩。

(三)煤中锗、镓分布特征

二连盆地煤锗成矿区内锗主要分布在胜利煤田、巴其北煤田、五间房煤田和贺斯格拉斯煤田(图 6-19)。以胜利煤田的乌兰图嘎矿中锗最为富集,平均品位达 244μg/g,探明锗资源量 3413t。煤中锗物质来源于盆地西南的燕山期二长花岗岩,锗矿层分布明显受两侧的同沉积断层的控制。

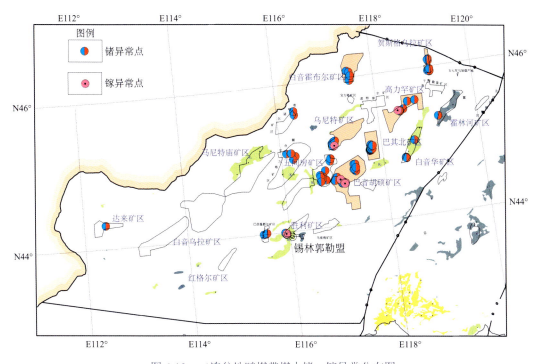

图 6-19　二连盆地赋煤带煤中锗、镓异常分布图

(四)成因探讨

杜刚等(2008)分别采集了二连盆地北侧及盆地西南侧的岩样,利用 Boynton(1984)推荐的球粒陨石 REE 数据作为标准化数值,对 REE 进行标准化,做 REE 分配模式如图 6-20 所示。

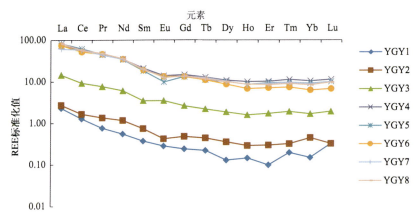

图 6-20　二连盆地周边岩样稀土元素分配模式图

REE 分配模式表现均为右倾斜,LREE 富集、HREE 平坦型。整体看,盆地周边岩石样品 REE 分配模式图均表现为相似的形态,说明它们之间具有较大的亲缘关系,并且经历了类似古气候变化。杜刚等(2008)指出,乌兰图嘎锗-煤矿床中的锗不可能主要来自成煤植物;在煤形成之后,从水溶液中获得锗的可能性也极小;推测煤中锗主要是由外源进入泥炭沼泽,被有机质束缚。乌兰图嘎锗-煤矿床至今未发现有热水活动的产物和迹象。

从盆地出露情况及物源分析看,乌兰图嘎锗矿、云南临沧锗矿被看作是锗源岩的花岗岩。从 REE 分配模式图看地球化学性质类似,结合盆地煤田内发现的丰富的锗异常点,锗品位在 100μg/g 以上。整个胜利盆地边缘绵延百里,甚至于整个二连盆地,其中地质背景与乌兰图嘎锗矿相近的应不止一处,如有充足锗源供应,则应有更多锗矿存在。

二、海拉尔盆地早白垩世锗地质远景区

(一)地理位置

海拉尔盆地位于内蒙古呼伦贝尔市西南部,西起呼伦湖西岸及巴彦呼舒一线,东至伊敏河,北自陈巴尔虎旗,南至贝尔湖并向南延伸于蒙古国境内。地理位置在东经 $115°30′\sim120°00′$,北纬 $46°00′\sim49°20′$ 范围内,盆地总面积 $70480km^2$,我国境内面积 $44210km^2$。海拉尔盆地划分为三拗两隆五个一级构造单元(图 6-21),进一步分为 16 个凹陷、4 个凸起,共 20 个二级构造单元,凹陷总面积为 $25260km^2$。

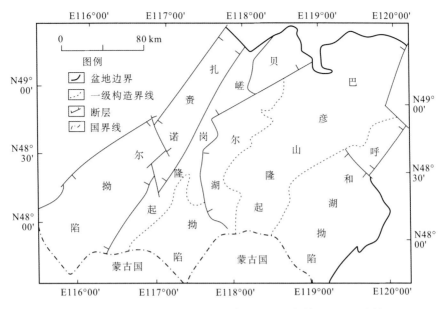

图 6-21　海拉尔盆地主要构造单元划分(据陈均亮等，2007，有修改)

(二)地质地球化学背景

海拉尔盆地大地构造位置处于华北板块和西伯利亚板块之间，是叠置于内蒙古-大兴安岭古生代碰撞造山带之上的中新生代陆相沉积盆地，与蒙古国的塔木察格盆地实质上是一个盆地。盆地基底为古生代变质岩，沉积盖层为侏罗系、白垩系、古近系、新近系、第四系陆相沉积，最大厚度约 6000m。沿着额尔古纳—内蒙古中部德尔布干发育一条呈弧形分布、延伸很长的蛇绿岩带，这是古亚洲洋在古生代期间向西伯利亚板块俯冲的消减带；沿着西拉木伦河—温都尔庙—白乃庙—索伦山一带发育了另一条蛇绿岩带，这是古亚洲洋在古生代期间向华北板块俯冲的消减带。在上述两个蛇绿岩带附近还发育大量晚古生代花岗岩体、超基性岩体(丁国瑜等，1991)。

海拉尔盆地沉积可分为三个超层序：兴安岭群超层序、扎费诺尔群超层序和贝尔群超层序，除贝尔群超层序在全区分布外，其余两个超层序只分布在断陷中。兴安岭群主要为一套上侏罗统火山岩夹火山碎屑岩、沉积岩和煤系地层，它自下而上分为龙江组、九峰山组和甘河组。该套层序与大兴安岭火山岩为同期产物，表明同期全区火山活动强烈。扎赉诺尔群为下白垩统，其内部进一步可分为四个层序：大体相当于铜钵庙组、南屯组、大磨拐河组和伊敏组。整个扎赉诺尔群代表了海拉尔盆地由伸展沉降至萎缩充填的构造发展旋回。铜钵庙组主要以快速充填粗-中碎屑组成的类磨拉石沉积，夹有滨浅湖砂泥岩地层。其沉积相主要为山麓冲积扇和扇三角洲，沉积局限于断陷之中，靠近断层部位沉积较厚，表明铜钵庙组沉积时期，该区构造差异升降强烈。南屯组分布较铜钵庙组明显有所扩大，沉积逐渐向稳定型转变，水体加深，出现了半深-深湖相沉积，是该区一套重要的生油、储油层位。大磨拐河组是海拉尔盆地厚度大、分布相对稳定的一套沉积地层。下部为河-湖三角洲成因的中细碎屑岩；上部为三角洲相沉积，湖泊相明显变小，局部出现了沼泽或沼泽化湖含煤沉积，表明大磨拐河组沉积时期盆地由稳定沉积逐渐淤塞填平的过程。大磨拐河组湖相泥岩也是海拉尔盆地重要的生油岩与盖层，其三角洲相是重要的储集层。伊敏组主要为沼泽相、沼泽化湖含煤地层，表明其沉积时期海拉尔盆地已经进入萎缩阶段。贝尔群为上白垩统—新生界，主要由青元岗组和新生界组成，它广泛分布于海拉尔盆地之中，形成一个厚度不大的拗陷层，总体为一套河湖相砂泥岩地层。

海拉尔盆地成矿区含煤地层为下白垩统大磨拐河组和伊敏组，主要有扎赉诺尔煤田、大雁煤田、伊敏煤田、呼和诺尔煤田等。由于海拉尔盆地受到西强东弱、南强北弱差异沉降的影响，导致海拉尔盆地白垩纪含煤地层的煤层发育表现为东部和北部好、中部次之、西南部差的特点。

成矿区母岩主要来自西北部的额尔古纳隆起带和东南部的大兴安岭隆起带，以及盆地群内部的嵯岗隆起和巴彦山隆起。由于物源区的性质不同，使得各断陷盆地中的岩石特征也有所不同。该区地史与二连盆地基本相同，经历了两个发展阶段：古生代为地槽发展期，沉积了巨厚的海相复理石、碳酸盐岩建造，局部有火山岩建造。经加里东期和海西期褶皱、变质，形成了以古生界变质岩为主的盆地基底；中生代为陆盆发育期，在燕山运动作用下，形成了一系列断陷、凹陷盆地，在盆地内沉积了一套碎屑岩含煤、含油建造，最小沉积厚度小于1000m，最大沉积厚度达6000m以上。

(三) 煤系锗、镓分布特征

海拉尔断陷盆地煤-锗成矿带具有大致东西分带、南北分块的特征。成矿带的含煤地层为下白垩统大磨拐河组和伊敏组，煤类以低变质的褐煤、长焰煤为主。锗异常发育于大磨拐河组煤层中；锗异常主要分布在伊敏煤田、大雁煤田和五九煤田一带，以伊敏煤田的五牧场矿区最为富集，在成矿带北部拉布达林煤田和西部扎赉诺尔煤田中锗、镓均有异常发现(图6-22)。根据本节对五牧场矿区锗异常分布范围、品位和含锗煤层的发育情况综合评价，预计该区域内的锗资源量将超过6000t，属超大型煤-锗矿床。

(四) 成因探讨

海拉尔盆地具有与二连盆地相似的大地构造背景，成矿区母岩主要来自西北部的额尔古纳隆起带和东南部的大兴安岭隆起带，以及盆地群内部的嵯岗隆起和巴彦山隆起，源岩性质也与二连盆地比较类似，以花岗岩、玄武岩为主。上述对海拉尔盆地主要煤田煤中REE的分析显示出其物源具有很大的亲缘关系。盆地内煤田具有丰富的锗、镓异常点，特别是在五牧场矿区，锗异常点超过了160个。盆地内以兴安岭火山岩喷发热事件为代表的白垩系—新近系的火山造成的热液对煤中锗、镓有很好的二次富集效应，本节重点研究的五牧场煤中锗就是很好的证明。综上所述，从物源、二次富集等条件看，海拉尔盆地具有很好的锗、镓成矿潜力。

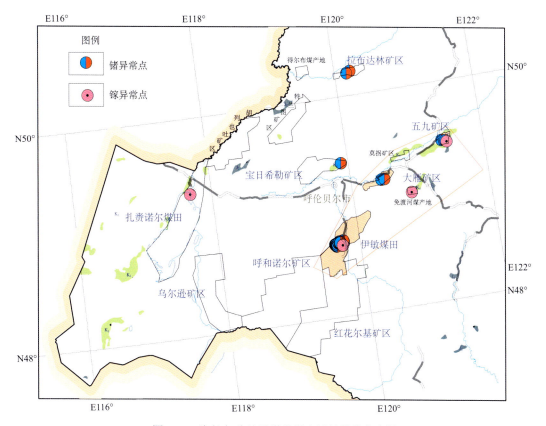

图 6-22　海拉尔盆地赋煤带煤中锗镓异常分布图

三、晋北石炭系—二叠系 Al-Ga-Li 地质远景区

(一)地质工作远景区位置

晋北石炭系—二叠系 Al-Ga-Li 地质工作远景区主要包含华北赋煤带北部的准格尔矿区、河东煤田北部河保偏矿区和河曲矿区及晋北赋煤带的大同煤田和宁武煤田。大同煤田、宁武煤田位于台隆北部的大同-宁武盆地,前者为发育石炭纪—二叠纪和早—中侏罗世的双纪煤田,后者仅残留石炭纪—二叠纪含煤地层。

(二)地质地球化学背景

石炭纪—二叠纪聚煤时期区内经历了从海陆交互相向陆相的沉积过程。中生代聚煤作用主要发生西部的鄂尔多斯盆地和北部的大同盆地,含煤地层形成于内陆湖盆环境。该区先后经历了海西运动、印支运动、喜马拉雅运动和燕山运动,地质历史中构造分异明显,含煤地层遭受了不同程度的构造变动。这些地质因素的综合作用,造就了评价区煤中微量元素的地质-地球化学背景。

晋北石炭系—二叠系 Al-Ga-Li 地质工作远景区隶属于山西断隆带。山西断隆带是华北晚古生代含煤盆地发生构造分异的结果，形成于印支末期—燕山早期，西部与鄂尔多斯台拗相邻，东南部以太行山断裂带为界，东北部以唐河断裂带为界，西南部延伸到河南省境内，次级构造单元有晋南隆褶带、晋东南拗褶带、吕梁-五台隆褶带等。在燕山期-喜马拉雅期，山西断隆进一步发生构造分异，形成了一系列中—新生代盆地。

该远景区内石炭纪—二叠纪煤层在区内广泛发育，总体来看，区内从北向南，自西而东，太原组和山西组煤层均有厚度变薄的趋势，但太原组煤层层数向南逐渐增多。太原组与山西组的煤层总数可达 20 多层，含煤系数一般为 15%～25%。太原组含煤 5～11 层，主要可采煤层包括：大同 8 号煤层(平均厚度 20m)，宁武 4 号煤层(厚度一般为 8m 左右)、9 号煤层(一般厚为 12m)和 11 号煤层(一般厚为 3m)，山西组含煤 4～8 层；重要的可采煤层包括：大同 1 号煤层(平均厚度 1.22m)，宁武 3 号煤层(厚度 0.20～1.69m)。

物源主要来自于北部的阴山古陆。石炭纪—二叠纪煤系沉积初期，陆源区出露着大范围的沉积岩层，陆源区与华北地块处于同一构造单元，后来伴随着华北板块和西伯利亚板块的碰撞，阴山一带逐渐隆起，剥蚀强度进一步加强，使变质岩系及侵入其中的岩浆岩体逐渐露出地表遭受剥蚀，而成矿有利区拗陷沉降，石炭纪—二叠纪聚煤盆地接受来自阴山一带风化剥蚀产物的沉积。此外，在煤层形成的中期，成矿有利区的北东部开始隆起，并有本溪组铝土矿出露，也为晋北石炭系—二叠系 Al-Ga-Li 地质工作远景区提供了物源供给。

(三)煤中金属元素异常分布

山西北部大同煤田、宁武煤田等地区的石炭纪—二叠纪煤层煤灰中 Al_2O_3 含量大多超过 35%，在宁武平朔矿区的安家岭、安太堡一带含量最高，最高可达 43.14%。煤中锂、煤中镓也主要分布于平朔矿区，其中安太堡露天煤矿 214 个样品煤中锂平均含量为 146.11μg/g，28 个样品煤中镓平均含量为 37.4μg/g；安家岭露天煤矿 9 个样品煤中锂含量为 55.8～245.6μg/g，平均为 137.2μg/g，94 个样品煤中镓平均含量为 39.99μg/g，均达到了开发利用的最低工业品位。

(四)成因探讨

1. 丰富的物质基础

北部的阴山古陆物源区母岩类型多样，总体上为中性或中酸性岩，主要有中元古代钾长花岗岩、黑云母花岗岩，还有火山岩和火山喷出岩、沉积岩和变质岩，主要的重矿物有紫苏辉石、普通辉石、透辉石、普通角闪石、黑云母、赤铁矿、褐铁矿、黄铁矿、锆石、金红石、磷灰石等。陆源区母岩中含有丰富的微量元素，为远景区内煤中相应的高含量的形成提供了物质基础。同时，该区距离物源区较近，陆源碎屑搬运距离较短，有利于 Al、Ga、Li 等元素在煤中的富集。此外，在晚石炭世时期，本溪组铝土矿风化壳中的三水铝石及少量的黏土矿物在水流作用下，以胶体的形式经过短距离的搬运进入远景区，也为晋北石炭系—二叠系 Al-Ga-Li 地质工作远景区提供了丰富的成煤物源。

2. 良好的聚煤环境

晋北石炭系—二叠系 Al-Ga-Li 地质工作远景区北部和西部为阴山古陆，东南为五台隆起，整体处于不畅通的海湾地带。这一古构造格局，使成矿有利区处在一个海水作用较小，又能首先被淡化的地方，煤层可以长期的发育而不受或少受干扰，成为良好的泥炭堆积场所。

晚石炭世晚期(太原期)，华北盆地海侵范围逐渐扩大，海水从东、西两个方向侵入，并在太原期中期相互连通，并达到最大海侵范围，在山西地区沉积了庙沟灰岩、毛儿沟灰岩和斜道灰岩。太原期晚期以后开始发生海退，东大窑期灰岩向北仅至山西兴县—宁武一带，向西未达渭北煤田，总体上来看，现今鄂尔多斯盆地的北部和中部发育滨海平原环境，围绕其周边发育潮坪-潟湖-障壁岛环境，向东至山西一带以滨海-浅海环境为主。在此沉积背景下，形成了由灰岩、泥岩、砂岩、煤层交互构成的太原组含煤地层，一般厚 40～100m，泥炭沼泽广泛发育，区内普遍发育聚煤作用，含煤 6～12 层，可采煤层 1～3 层。

早二叠世早期(山西期)，海侵急剧萎缩，海水撤退到华北南带地区，评价区以陆相沉积环境占据优势。现今的鄂尔多斯盆地区以河流-三角洲平原为主，由于吕梁水下隆起的阻隔，仅在盆地中南部惠安堡—吴旗—富县一带可能存在呈北西向展布，且与山西南部相连通的湖泊环境；山西北部主要发育河流-三角洲相沉积，南部发育三角洲-湖泊环境。在该沉积背景下，发育了一套由砂岩、粉砂质泥岩、泥岩、煤层等构成的山西组含煤地层。该组地层具有西厚东薄的沉积特征，在鄂尔多斯地区一般厚 40～180m，在山西地区一般厚 30～60m。泥炭沼泽普遍发育，形成煤层 3～5 层，全区中厚煤层发育。

整体上远景区在晚石炭世—早二叠世时期的沉积环境以海陆交互相为主，在该沉积环境中利于胶体的聚集，使含锂、镓和铝的矿物在泥炭沼泽中发生沉淀。

3. 古气候与地下水作用

该区中奥陶世整体隆升成陆，温湿气候促成植物繁茂，生物化学风化作用尤其强烈。原地巨厚碳酸盐岩层成为古风化壳，与来自古陆的富含长石的硅酸盐类经强烈物理风化、化学风化形成高岭石、蒙脱石、水云母等。它们主要在有机酸、碳酸盐的作用下，并在后期风化淋滤作用下使泥质及黏土中的 CaO、SiO_2、Fe_2O_3、S 不同程度被带走，活泼组分流失，稳定组分进而富集，使黏土矿层 Al/Si 比值增大，铝土品级得到提高，镓随铝的聚集而富集。同时，该气候环境下植被繁盛、生物发育，并具有强烈的分解与去硅-钾能力，将富含铝、镓、锂等及 REE 的陆源物质进而黏土矿化、铝土矿化，从而使铝、镓、锂等元素原地聚集保留。

四、准格尔石炭系—二叠系 Al-Ga-Li 地质远景区

(一)远景区位置

准格尔矿区位于内蒙古鄂尔多斯市准格尔旗东部，北、东、南濒临黄河，西以垂深1000m为界。南北最长处73km，东西最宽处55km，规划面积2900.45km²。区内赋存晚古生代石炭纪—二叠纪含煤地层，煤层埋藏浅，厚度大且稳定，几乎为长焰煤。

(二)地质地球化学背景

准格尔矿区位于华北地台鄂尔多斯台向斜东北缘，总体构造为一走向近南北，倾向西，倾角10°以下，具有波状起伏的单斜构造。区内主要褶皱有窑沟背斜、窑沟向斜、西黄家梁背斜、老赵山梁背斜、双枣沟向斜等，矿区内断层稀少，主要有龙王沟正断层、焦稍沟正断层、田家石畔正断层。

该区的主要含煤地层为太原组和山西组，太原组含有6、8、9、10号煤层，山西组含有3、4、5号煤层。

准格尔矿区在华北海与祁连海侵入连通之后，北有阴山古陆的存在，造成由北向南冲积-河流体系和三角洲体系的不断进积和发育，形成一套以河流作用为主的沉积体系组合。在中石炭统太原组早期沉积中，由于泛滥盆地沉积持续时间长，在温暖潮湿的古气候条件下，易大面积沼泽化，使得在泛滥盆地之上、分流河道两侧，成为聚煤条件十分优越的场所，形成具有工业价值的中厚煤层(9号煤)。聚煤条件最好的场所，位于三角洲平原及废弃的河道泛滥盆地之上(图6-23)。

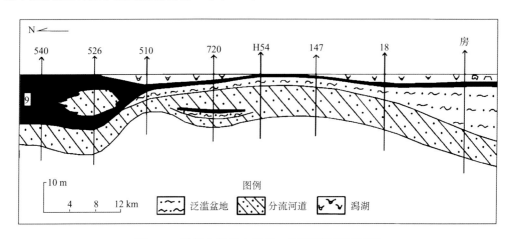

图6-23　准格尔矿区太原组9号煤层沉积断面图

在中石炭世早期填平补齐的基础上沉积了太原组上部地层。在沉积过程中分流河道侧向迁移或改道频繁，致使6号煤层在南、北方向上多次分岔(图6-24)，断面上砂体呈透镜状夹于煤层中，局部对煤层有冲刷，泛滥盆地位于分流河道两侧，分流间湾则位于

分流河道之间。在中石炭世晚期的河流、三角洲体系中发育了具有工业价值的巨厚煤层（6号煤）。

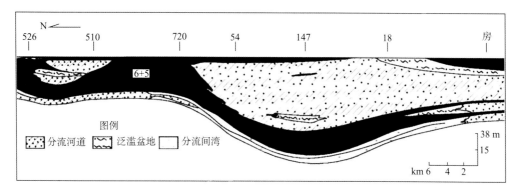

图6-24　准格尔矿区太原组6号煤层沉积断面图

早二叠世早期（山西组沉积时），在总体北高南低古斜坡的古地理格局中，由于阴山构造带抬升，风化剥蚀作用加剧，河流携带大量物源碎屑由北向南充填于盆地中，海水向南退出，发育了一套由冲积扇-河流-三角洲分带进积沉积岩系，垂向上表现为由三角洲体系向河流体系过渡演化，聚煤作用主要发生在三角洲沉积体系中。

（三）煤中金属元素异常分布

准格尔矿区6号煤普遍为高铝煤，Al_2O_3含量在小鱼沟、黄玉川、哈尔乌素一带含量为35%左右，甚至超过工业品位（40%）。

准格尔煤田高铝煤中富集镓、锂等金属元素。其中，煤中镓含量在哈尔乌素露天矿、黑岱沟露天矿等地区异常值分布较为明显，含量平均值分别为44.5μg/g及45μg/g，超过煤中镓含量的边界品位30μg/g。煤中锂含量异常相对煤中镓含量异常更为普遍，在小鱼沟（80~116μg/g）、魏家牟（80.7μg/g）、黄玉川（97.4μg/g）、哈尔乌素（120~203μg/g）、黑岱沟（151~124μg/g）及官板乌素露天矿（265~710μg/g）等均有异常值出现，达到煤中锂含量的边界品位或工业品位。

（四）成因探讨

通过前人分析研究，影响准格尔矿区煤中金属元素富集的最主要因素为物源，其次沉积环境等也有一定的影响。

利用Boynton（1984）推荐的球粒陨石平均值对REE进行了标准化，绘制了准格尔矿区石炭纪—二叠纪煤中REE的球粒陨石标准化图谱（图6-25）。REE分配模式图呈右倾的V字形，为LREE富集型，曲线轻稀土段斜率更大，HREE段较为平坦。存在明显的铕负异常，也存在轻微铈负异常。通过对比阴山古陆的REE分配模式图，也可发现二者的趋势基本一致，表明阴山古陆为准格尔矿区的主要物源区。

准格尔矿区煤中铕负异常基本由源岩继承下来，此外呈现较弱的铈负异常，这些变化和当时的海陆交互相沉积环境是分不开的，铈负异常可能与其处于一定程度的还原环境有关。

准格尔煤田 6 号煤层形成之初，古流水的方向为北偏西，其物源主要来自阴山古陆的元古代钾长花岗岩；煤形成中期，北东部开始隆起，流水方向转为北偏东，隆起的本溪组风化壳成为此时主要的物源；北偏东方向的本溪组由于泥炭的持续聚积而被剥蚀夷平，阴山古陆的中元古界钾长花岗岩又成为其主要物质来源。

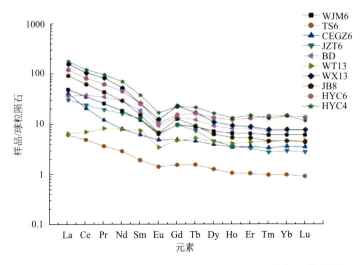

图 6-25　准格尔矿区石炭纪—二叠纪煤中微量元素分配模式图

五、渭北石炭系—二叠系 Al-Ga-Li 地质远景区

（一）地理位置

渭北石炭纪二叠纪煤田位于渭河北岸，关中平原东北部。东以黄河为界，南为峨眉山—将军山—尧山—露井一线的上石炭统太原组露头线为界，西至嵯峨山—凤凰山一线，北至太原组底界为–1300m 等高线，即宜川—寿峰—黄龙—宜君—马栏一线。其地理坐标为北纬 $34°45'\sim36°05'$，东经 $107°55'\sim109°35'$，包括韩城、澄城、合阳、白水、蒲城、洛川、黄龙、宜川、宜君、铜川、黄陵、旬邑 12 个县市，煤田东西长为 200km，南北宽为 $30\sim55km$，煤层埋深 2000m，含煤面积 $9887.98km^2$，从东北到西南分属韩城、澄合、蒲白、铜川四个矿区。

（二）地质地球化学背景

渭北断隆区南以渭河断陷北缘断裂为界，北与天环拗陷、庆阳单斜和延安单斜相邻，西与鄂尔多斯盆地西缘褶皱冲断带相接，东以黄河为界。区内构造变形主要表现为多期次、多方位的挤压、拉张和扭动，最终形成断块构造格局。

太原组形成于海滨环境，海相、海陆过渡相十分发育，因当时地壳下沉缓慢，整体性较强，故沉积稳定，旋回发育，结构清晰，易于对比。其厚度受古溶蚀地形影响，变化较大，在古溶蚀凹处，地层厚度就大，反之就小。太原组为一套灰、灰黑色海陆交互相含煤地层，岩性以砂质泥岩、粉砂岩、砂岩和黏土岩为主，夹煤层及薄层灰岩，总厚度为 4.18～94.54m，一般厚度为 15～25m，厚度受奥陶系基底控制，呈东厚西薄、北厚南薄的变化趋势，一般厚 30～50m，泾河以西缺失。

太原组为海陆交互相沉积，其沉积后到山西组为陆相含煤沉积，煤层属河间湖沼区及河漫滩区沼泽化成煤，加之地壳处于上升期，古气候渐趋干燥，所以聚煤环境自下而上更渐趋于不利。在蒲白矿区内含煤三层，从上到下分别编号为 1、2、3 号煤层。其中仅 3 号煤层为零星可采煤层，其余煤层不可采煤层。山西组含煤地层底部的 K4 标志层属河流相沉积，对太原组顶部地层具有冲刷作用，冲刷强度最大时可达太原组 5 号煤层。

山西组含煤地层连续沉积于太原组地层之上，厚度一般为 26.38～87.32m，平均为 55m，该组地层主要分布于泾河至韩城及以北广东地区，泾河以西缺失，为一套陆相含煤碎屑岩系。岩性为粉砂岩、中-细粒砂岩、砂质泥岩、泥岩、炭质泥岩及煤层，底部常有一石英砂层，呈砂砾岩或砾岩，并夹砂质灰岩或泥灰岩透镜体。该组地层厚度为 8.22～125.30m，一般厚为 40～60m。

(三)煤中金属元素异常分布

渭北石炭系—二叠系 Al-Ga-Li 地质工作远景区主要分布于渭北石炭纪—二叠纪煤田，其中渭北石炭纪—二叠纪煤田主要存在煤中镓、锂元素异常，主要分布于铜川矿区、澄合矿区及蒲白矿区。煤中镓在三个矿区的含量范围分别为 34～92.2μg/g、30～56.3μg/g、30～55μg/g，均达到或超过边界(工业)品位；煤中锂含量分别为 92.2μg/g、146μg/g、109～156μg/g，达到或超过煤中锂元素边界或工业品位。

(四)成因探讨

崔晓南等(2016)研究发现，渭北石炭纪—二叠纪煤田二叠纪时期成煤沼泽受海水的影响程度较小，没有造成铈亏损，而铕呈负异常说明成煤环境为还原环境。一般认为，铕异常是由源岩继承下来的，陆源岩具有铕负异常，故受陆源控制的煤样具有铕负异常。从而表明渭北煤田二叠纪煤中元素的富集与陆源岩关系密切。

本书研究采用 Boynton(1984)推荐的球粒陨石平均值对渭北石炭纪—二叠纪煤 REE 进行了标准化，绘制了准格尔矿区石炭纪—二叠纪煤中 REE 的球粒陨石标准化图谱(图 6-26)，进行进一步验证。

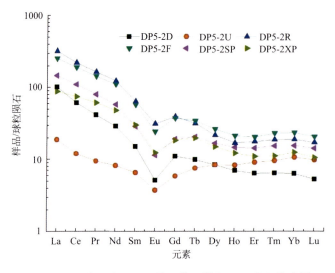

图 6-26　渭北石炭纪—二叠纪煤田煤中 REE 分配模式图

REE 分配模式图呈右倾的 V 字形，为 LREE 富集型，曲线 LREE 段斜率更大，HREE 段较为平坦。存在明显的铕负异常，铈无明显正异常。研究区与鄂尔多斯盆地北部阴山古陆凉城岩体、古城岩体的 REE 分配模式图相差较大(阎国翰等，2001)，而 DP5-2D 与阴山太古宙辉石岩及角闪岩的 REE 分布特征极为相似，推测其物源主要来自阴山古陆太古宙辉石岩及角闪岩(韩光等，1988)；其他样品的 REE 分配模式与秦岭花岗岩的 REE 球粒陨石标准化特征一致(孙小攀等，2013)，故研究区的另一物源区为鄂尔多斯盆地南部的秦岭花岗岩体。

综上，渭北石炭纪—二叠纪煤田的成矿物源区主要有两个：其一为距离研究区较远的阴山古陆太古宙辉石岩及角闪岩；其二为鄂尔多斯盆地南部的秦岭花岗岩体。

此外，Wang 等(2011)在渭北石炭纪—二叠纪煤田煤中发现了高温石英及锆石的存在，说明在晚石炭世煤沉积的过程中有长英质火山灰的输入，而这些火山灰对研究区煤中镓，锂的富集也产生了一定影响。

六、桌子山-贺兰山石炭系—二叠系 Al-Ga-Li 地质远景区

(一)远景区位置

桌子山、贺兰山煤田位于内蒙古西部，西至阿拉善左旗，东至鄂尔多斯盆地西缘桌子山东麓大断裂，南至内蒙古与甘肃省界线，北至乌达区。地理坐标范围为：东经 $104°53'13''\sim107°20'28''$，北纬 $37°34'17''\sim39°58'48''$，面积约为 $9200km^2$，行政隶属内蒙古乌海市、鄂尔多斯市及巴彦浩特市管辖。

(二)地质地球化学背景

鄂尔多斯西缘逆冲构造带和走廊过渡带东部地区是连接我国北方西部与东部不同大

地构造单元的枢纽地区，是我国地层、构造、地貌及各种地球物理场的重要分界区域。该构造带由于所处的重要构造环境及良好的油气和煤炭资源前景地区，长期以来一直引起广泛的关注。构造带北起内蒙古桌子山，经贺兰山、六盘山向南直到陕西宝鸡附近，全长约 640km。该构造带东面是稳定鄂尔多斯地块，西北侧为阿拉善地块，西南与北祁连加里东造山带相邻。

晚石炭世地层主要包括太原组 16 号煤底板至本溪组底部全部地层，其中本溪组几乎不含具有工业价值的煤层，主要煤层为太原组下部的 18 号煤。该时期煤层总厚度较小，一般在 1m 以内，主要集中于公乌素煤矿及黑梁井田附近，主要沉积环境为三角洲平原及潮坪过渡地带，另外库里火沙等地也有少量煤层发育，主要形成为冲积扇扇前湿地。

早二叠世含煤地层中太原组 16 号煤层厚度较大，分布范围十分广泛，山西组以 9 号煤最厚，其他煤层不甚发育或局部发育，如 14、15 号煤层主要集中在库里火沙兔、棋盘山等地。早二叠世煤层总厚较为均匀，北部经历了短暂潮坪沉积之后迅速被河流-三角洲沉积取代，有利于煤层的形成，南部早期经历了长时间的潮坪沉积，成煤作用稍弱，后期过渡为三角洲沉积，煤层迅速堆积，导致南北煤层厚度差异不大，仅在部分地区出现异常，公乌素煤矿、乌珠尔镇等地山西组分流河道及曲流河道沉积发育，成煤环境恶劣，导致无法形成大范围的厚煤层(煤层总厚度在 10m 以内)。

(三)煤中金属元素异常分布

桌子山-贺兰山石炭系—二叠系 Al_2O_3-Ga-Li 成矿有利区主要分布于桌子山煤田和贺兰山煤田。煤中镓含量异常主要分布在桌子山煤田白音乌素井田及富强煤矿，其含量平均值分别为 37.5μg/g 和 30.5μg/g，达到煤中镓含量的边界品位。煤中锂元素异常分布较煤中镓元素异常更为广泛，在桌子山矿区、乌达矿区、上海庙矿区及贺兰山煤田石嘴山矿区、石炭井矿区、沙巴台矿区均有异常值分布。煤灰中 Al_2O_3 异常分布主要集中在贺兰山煤田中北部，在石嘴山矿区、石炭井矿区、沙巴台矿区含量均值都高于煤灰中 Al_2O_3 的工业品位。

(四)成因探讨

通过分析总结前人研究成果可以发现，该地质工作远景区煤中金属元素的富集主要受控于物源区物质的供应。

采用 Boynton(1984)推荐的球粒陨石平均值对其进行了标准化，得到了盆地西缘石炭系—二叠系与侏罗系煤样标准化后的丰度，对原始数据进行了常规参数计算，绘制了桌子山-贺兰山煤田石炭系—二叠系煤中 REE 的球粒陨石标准化图谱。

桌子山-贺兰山石炭纪-二叠纪煤中 LREE/HREE 比值范围为 2.11～5.57，平均值为 3.87；La/Yb 的均值为 0.32，说明 LREE、HREE 分异不明显；La/Sm 的平均值为 1.22，说明样品轻稀土元素之间分异也不明显。δEu 的范围为 0.23～0.29，平均值为 0.25，呈现较明显的铕负异常；煤中 δCe 范围为 0.15～0.23，平均值为 0.18，呈铈负异常。石炭系—二叠系 REE 分配模式图呈右倾的 V 字形，为 LREE 富集型，曲线 LREE 段斜率更大，HREE 段较为平坦。存在明显的铕负异常，也存在铈负异常(图 6-27)。对比王国茹等(2010)分析的盆地西北缘的阿拉善古陆和北缘阴山古陆的 REE 特征，发现鄂尔多斯盆地西缘石炭系—二叠系煤中 REE 分配模式与其极为相似，均出现 LREE 富集型，HREE 相对平坦型，δEu 负异常，δCe 亏损，因此可推测其物质主要来源于盆地西北部的阿拉善地块和北部的阴山古陆。

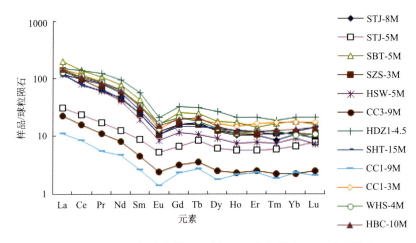

图 6-27　桌子山-贺兰山煤田石炭纪—二叠纪煤中 REE 分配模式

通过分析地质工作远景区构造热演化条件可知，桌子山-贺兰山北部的阴山地区在石炭纪—二叠纪已处于隆起状态，遭受剥蚀，因而使其与西北方向的阿拉善地块共同为桌子山-贺兰山煤田石炭系—二叠系煤中元素提供了主要物源成为可能。

七、准东煤田侏罗系 Ga 地质远景区

(一)远景区位置

准东煤田煤中镓金属元素地质工作远景区位于新疆准东煤田，南距奇台县城 140km，南西距吉木萨尔县城 100km，主体属奇台县管辖，西南少部分属吉木萨尔县管辖。该煤中镓金属元素成矿有利区东西长 250km，南北宽 65km，其范围接近于准东赋煤带。

(二)地质地球化学背景

1. 地质背景

准东煤田位于准噶尔盆地的东部，呈三角形。大地构造单元属准噶尔地块东部隆起区，长期活动的周缘山系持续地向盆内推覆挤压及盆地板内存在的东西向挤压推覆作用形成了隆拗相间的构造格局。其主要构造线为东西向或北西西向，盆地边缘的盆山耦合

作用较强。准噶尔盆地是叠加盆地，准噶尔地块在海西期发生拉张裂陷作用，周围的地槽区以渐进式结束地槽并褶皱成山。海西期的拉张作用和褶皱成山的联合挤压作用形成了隆拗相间的大型内陆盆地。印支期构造活动主要是对拗陷区的填平补齐形成了一个大型的盆地，之后准噶尔含煤盆地构造运动相对减弱，但沉积作用却相对明显增强，在早—中侏罗世形成了两个主要聚煤期。准东煤田位于准噶尔盆地东部在海西运动后处于隆起状态，在差异性升降作用下形成的凹陷部分是含煤建造的有利部位，而凸起区就不利于煤层发育，这也是准噶尔盆地东部聚煤作用不如南部强的原因。燕山期上升运动使内陆盆地得以进一步发展，准噶尔盆地东部沉积范围收缩并不断向西迁移，喜马拉雅期盆地承受了强烈的挤压作用，造成边界构造剧烈活动，准东地区形成了北东向的并列式，倾向南西的向斜、鼻状断隆、箱式向斜等构造。

2. 含煤地层及聚煤规律

新疆准东煤田主要含煤地层为下侏罗统八道湾组和中侏罗统西山窑组，八道湾组出露于盆地北缘沙丘河背斜轴部及帐篷沟背斜两翼，为一套河湖相沉积，与下伏的三叠系呈角度不整合接触，局部区域直接超覆于古生界之上。西山窑组是准东煤田最主要的含煤地层，在整个煤田发育，为一套河流-沼泽相沉积，底部具有一厚层状砾岩、砂砾岩或砂岩与下伏的三工河组呈整合接触。

准东煤田侏罗系由老到新具有明显的波状超覆沉积特征。八道湾组沿走向由西向东有变薄的趋势，沿倾向由盆地边缘至盆地中心厚度增大，富煤带博格达山前拗陷中煤层累计厚度达 26.65m，克拉麦里山前拗陷中煤层累计厚度 7m，五彩湾一带含煤性好于东部。西山窑组富煤中心为克拉麦里拗陷中段的大井矿区，单层厚度达 70～90m，向东西两端煤层层数增加，单层厚度变薄，南部地区煤层发育较差。盆地边缘不含煤层或含煤性差，聚煤中心部位于含煤盆地沿倾向近底部部位，但到底部又变差。煤层与地层一样具有由盆地边缘向中心增厚的趋势，但盆地中心及东部梧桐窝子含煤性变差。准东煤田八道湾组表现为北部较薄，而向东南方向增厚，富煤带位于沙丘河—火烧山一带及老君庙—北山煤窑地区。西山窑组与八道组相似，仍表现为北部薄，向东南方向增厚，富煤带位于老君庙和北山煤窑。

3. 沉积环境

沉积环境包括沉积时的岩相古地理条件、古地貌、古植被、古气候、泥炭沼泽类型和沼泽中的水体深度及地球化学条件等，是煤层形成的重要因素之一。

1）古气候

晚三叠世，新疆聚煤域为半干旱-半潮湿气候，聚煤作用较弱，仅在伊犁盆地发育陆相含煤地层。早—中侏罗世，新疆聚煤域气候转为温暖潮湿，聚煤资源从准噶尔盆地开始，逐步向南、东的塔里木盆地、吐哈盆地扩展。

2）沉积环境

准噶尔盆地侏罗系含煤地层主要为八道湾组和西山窑组，沉积环境为湖泊、三角洲沼泽和三角洲体系。下侏罗统八道湾组早期的聚煤作用主要发生在盆地南部的阜康—吉木萨尔一带，聚煤环境为三角洲沼泽；八道湾组中晚期聚煤作用发生在四棵树一带，聚煤环境为湖滨和三角洲沼泽。

八道湾组下部煤层是在三角洲分流河道两侧的泥炭沼泽环境下形成的，从垂向上看聚煤有着多旋回性，且煤层侧向变化大。三角洲相-滨湖-浅湖相交替出现，河道活动剧烈，侧向迁移显著，不利于煤层形成，只是局部在河床两侧形成小片泥炭沼泽，致使一些薄煤层、煤线的形成。这是由于分流河道摆动较频繁，且分流河道下切剥蚀和侧蚀作用，常使先形成的沉积煤层或同期的沼泽被冲刷破坏。

西山窑组早期地势平坦，湖水浅而广阔，三角洲发育，在湖滨、泛滥的三角洲平原发育泥炭沼泽，形成稳定的煤层；西山窑组晚期聚煤作用有所减弱。富煤带多分布在盆缘及其内侧部位，走向与盆缘近平行。

4. 地球化学背景

新疆地区侵入岩较发育，分布面积占基性岩区面积的 15%～20%。划分为六个侵入期。海西期侵入岩分布最广，出露面积占侵入岩的出露面积的 80%，并沿阿尔泰山、准噶尔、天山、昆仑山呈带状分布。将岩性分为五大类，即酸性（γ）、中性（δ）、碱性（ξ）、基性（ν）、超基性（ε）。

元古代侵入岩分布于南天山的库鲁塔格、昆仑山西段北坡、阿尔金山主山脊一带，以酸性为主，另有中酸性、超基性、基性等。酸性侵入岩（γ_2），主要由片麻花岗岩、黑云母斜长花岗岩、二云母斜长花岗岩为主，其次花岗闪长岩、钾质花岗岩等，岩石混合岩化强烈，片麻构造发育。中性侵入岩（δ_2）主要为闪长岩、石英闪长岩。基性侵入岩（ν_2）岩性有辉长岩、辉绿岩、灰绿玢岩等。超基性侵入岩（ε_2），岩性包括纯橄榄岩、橄榄辉绿岩、斜辉橄榄岩等，未见碱性侵入岩。

加里东期侵入岩分布范围不广，主要为酸性、基性-超基性。酸性侵入岩（γ_3）主要分布于阿尔泰山、准噶尔的北塔山、卡拉麦里山东段、天山西段的科古琴山一带，南天山东段及昆仑山阿尔金山等地，主要岩性类型为黑云母斜长花岗岩、黑云母花岗岩、富斜花岗岩、花岗闪长岩、石英二长岩等。中性侵入岩（δ_3），岩性为闪长岩、石英闪长岩等，分布范围不广，多为中酸性侵入岩、闪长岩、白辉长岩、辉长岩等。基性侵入岩（ν_3），主要在西准噶尔山区，昆仑山也有分布，岩石类型有辉岩、闪长岩、白辉长岩、辉长岩等。超基性侵入岩（ε_3）主要在西准噶尔山区，岩石以斜辉橄榄岩、纯橄榄岩为主，其次有单辉橄榄岩、二辉橄榄岩等。

海西期侵入岩是新疆地区主要分布的侵入岩，以酸性、中酸性为主，其次为基性-超基性。酸性侵入岩（γ_4），主要岩石为黑云母花岗岩、片麻状黑云母斜长花岗岩、斜长花岗岩、钾质花岗岩、花岗闪长岩，其次为二长花岗岩、花岗斑岩、花岗细晶岩等，岩石偏碱性。中性岩类(δ_4)，主要为闪长岩、石英闪长岩、闪长玢岩、安山玢岩等。基性岩类(ν_4)，主要有辉长岩、辉长闪岩等。超基性侵入岩(ε_4)，主要有纯橄榄岩、斜长辉橄榄岩、二辉橄榄岩等。

印支期侵入岩，仅见于昆仑山西段康西瓦断裂带两侧，以中酸性为主，主要岩性有花岗岩、闪长岩、二长花岗岩、黑云母花岗斑岩等。

燕山期侵入岩主要分布在阿尔泰、昆仑山、阿尔金山等地，其中阿尔泰山的酸性侵入岩分为岩株、岩脉，形成含有稀有金属的伟晶岩脉，是钾、铍、铌、旦、云母等的主要含矿母岩，主要岩性为二云母花岗岩、白云母电气石花岗岩、花岗伟晶岩。在昆仑山、阿尔金山地区主要为中酸性的黑云母二长花岗岩、花岗闪长岩、钾长花岗岩及闪长岩等。

(三)煤中金属元素异常分布

在新疆准东煤田侏罗系镓地质工作远景区内，尽管镓和锗的全区平均含量大部分小于相应元素的边界品位($20\mu g/g$、$30\mu g/g$)，但在部分地区部分中侏罗统煤层中镓和锗含量很高，达到边界品位，如准东煤田的大井矿区大庆沟南区和大井东南勘查区达到镓边界品位，还有准东煤田大井矿区南露天东部勘查区达到锗边界品位。同时部分地区个别矿区的单个样品的镓和锗含量极其异常，如大井矿区一井田、大井矿区大庆沟南区和西黑山矿区将军戈壁二号露天煤矿的镓含量最大值分别为$218\mu g/g$、$206\mu g/g$ 和 $253\mu g/g$。大井矿区一井田、大井矿区帐南东勘查区和大井矿区南露天东部勘查区的锗含量最大值分别为$378\mu g/g$、$385\mu g/g$、$201\mu g/g$。

(四)准东煤田煤中镓成因探讨

准东煤田煤中镓地质工作远景区在中侏罗统成煤地层中，北部卡拉麦里隆起造山带经风化剥蚀，这些含镓陆源碎屑物质自东北向西南被搬运入盆地，形成了陆相含煤碎屑岩地层，煤中灰分产率较高，与距物源区相对较近有关，由于镓与主要成灰元素铝的地球化学习性相似，两者存在类质同象替代现象，从而造成准东赋煤带煤中镓的含量较高。

准东煤田煤中镓地质工作远景区煤中镓含量的垂向分布表现为浅部煤层较深部煤层更加富集，指示沉积环境也是造成这种分布差异的地质原因。准东煤田的早—中侏罗世聚煤环境是从干燥气候向潮湿气候变化，潮湿环境下，加速碎屑岩的风化剥蚀，特别有利于黏土矿物的形成，最终导致镓元素富集。

准噶尔地块在海西期发生拉张裂陷作用，周围的地槽区以渐进式结束地槽并褶皱成山。在准东煤田东北部主要形成卡拉麦里造山带，并伴有大规模花岗岩类岩浆活动，山体的岩石类型包括花岗闪长岩、黑云母碱长花岗岩、角闪石碱长花岗岩、钠铁闪石碱长花岗岩和花岗斑岩等。卡拉麦里深大断裂带东北侧的黄羊山岩体由碱性寄主岩石和基性端元的暗色微细粒闪长质包体群及基性岩墙群构成。碱性寄主岩由中粒黑云母碱长花岗岩、中粒角闪石碱长花岗岩、中粒钠铁闪石碱长花岗岩、中细粒钠铁闪石碱长花岗岩、细粒黑云母碱长花岗岩和细粒混合花岗岩组成。研究表明黄羊山岩体中镓含量为 20～

30μg/g（杨高学等，2010）。

印支期准噶尔含煤盆地构造运动相对减弱，沉积作用却相对明显增强，在早—中侏罗世形成了八道湾组和西山窑组含煤地层。沉积物源主要来自盆地东北缘的卡拉麦里造山带。富含镓的花岗火山碎屑岩经风化剥蚀，搬运至盆地，为沉积形成的煤层提够丰富的镓，所以煤层中镓含量高。

八、川东晚二叠世镓、锂、稀土地质远景区

（一）远景区位置

川东晚二叠世锗、镓、稀土地质工作远景区位于华南赋煤区扬子赋煤构造亚区之川东褶皱赋煤带内，处于四川盆地的东缘。分布范围为西界为华蓥山基底断裂，东界为齐岳山断裂，北达大巴山逆冲推覆构造带前缘，南至宜宾、江安、赤水一线，区内主要煤系为上二叠统地层，主要含煤地层为吴家坪组、宣威组、长兴组、龙潭组，是主要的煤中稀有元素赋存层位。

（二）地质地球化学背景

川东晚二叠世锗、镓、稀土地质工作远景区上二叠统成煤物源区为西部的康滇古陆，陆源碎屑以峨眉山玄武岩为主，在含煤地层中保存有多层由火山喷发形成的火山碎屑岩，煤层中发现有火山灰蚀变的高岭石泥岩（tonstein），由于受成矿地质构造环境的影响和控制，在局部的赋煤单元内形成沉积期背景元素异常，峨眉山玄武岩陆源碎屑为煤中（共）伴生矿产提供了丰富的物质来源。该区煤中稀有金属元素的富集与峨眉山玄武岩引发的火山活动密切相关。

从沉积地貌单元、区域构造和沉积地层记录来看，四川盆地是晚古生代以来盆地形态保存较好的能源盆地，这得益于当时沉积稳定的内陆克拉通的发展。而且四川盆地的煤中（共）伴生金属异常点的分布状态和密集程度，盆地周缘的异常点分布明显多于盆地中间地带，说明了金属异常与物源区和搬运距离的相关性，向盆地中部地区发展，随着物源碎屑搬运距离的增加，金属元素在该过程中逐渐逸散，重新回归正常。

（三）煤中金属元素异常分布

该区带煤中（共）伴生矿产资源仅显示出镓的异常集中，有少量锗异常点，目前尚无形成伴生矿点的报道。区内沿着四川盆地盆沿分布有重庆南桐、华蓥山、四川雅荣、四川方斗山、四川宣汉等十余个煤中镓的异常点。总体来说镓的含量均为33～37μg/g，盆地南部的部分异常点，如南桐达到了91μg/g，异常变化幅度增大，与其南侧峨眉山玄武岩的影响因素有关。

(四)成因探讨

峨眉地幔柱在二叠纪广泛活动,并产生大规模的喷发,在四川天全—贵阳—云南建水—四川攀枝花连线以内三角形地区分布,呈岩被覆于二叠系茅口组灰岩之上,属海西晚期至印支早期产物。峨眉山玄武岩属于高钛玄武岩,具有高钛、低镁,相对贫钙、富铁等特点。峨眉山玄武岩为乌蒙山地区煤中伴生矿产提供了丰富的物质来源,是该区域富集了大量镓、锂、REE等煤中伴生矿产的主要影响因素。

九、滇东黔西晚二叠世锗、镓、稀土地质远景区

(一)远景区位置

滇东黔西晚二叠世锗、镓、REE地质远景区位于华南赋煤区扬子赋煤构造亚区的东部,包含了川南黔西褶皱赋煤带和滇东褶皱赋煤带,大致分布范围为西以小江断裂为界,北以四川盆地南缘为界,南至弥勒-师宗断裂为界,东至贵阳-遵义以西一带。该地质远景区包含滇东镇雄、恩洪、圭山、老厂,四川南广、芙蓉、筠连、古叙,贵州毕节、桐梓、遵义等,该区域受火山活动影响强烈,大部分位于峨眉山玄武岩分布区内,是我国的西南地区煤炭资源最为发育、煤中伴生矿产具有多样性的典型地区。

(二)地质地球化学背景

滇东黔西晚二叠世锗、镓、REE地质工作远景区内与煤中(共)伴生矿产联系密切的煤层以晚二叠世煤层为主,区内断裂构造发育,远景区构造变形以轴向北东—北东东褶皱为主,呈弧形展布,煤系赋存在隔挡式褶皱的向斜部位。断裂多发育在背斜翼部,倾向南东,多由南东往北西逆冲。

晚二叠世早期,由于古特提斯主洋盆沿碧土—昌宁—勐连一线向扬子板块西缘俯冲,造成康滇古陆及其两侧地幔物质上涌,地壳进一步隆升、张裂,沿古断裂带形成川滇陆内张裂带,导致大面积峨眉山玄武岩喷溢。至中晚期火山活动趋于宁静,由于深部热衰减及冷缩导致大陆边缘地壳沉降,在康滇古陆东缘小江断裂带以东形成广阔的断拗聚煤盆地,康滇古陆峨眉山玄武岩台地是主要陆源碎屑供给区。玄武岩分布面积约50万 km^2,而且玄武岩存在多期次喷发活动,该地区在火山喷发活动的间隙有泥炭沼泽发育,所以该区域的二叠纪煤层,有些区段又被称为玄武岩含煤段。这一期间在煤系地层中,煤层及顶板、底板、夹矸中常有火山沉积物分布,有些煤层的顶板、底板直接由火山熔岩或火山灰构成。由于大量的火山灰、火山碎屑混入煤层中,这些地区的煤层结构、煤质成分异常复杂,所以该地区有高硫煤、高砷煤、高硒煤、高氟煤的分布,同时煤中伴生的有益元素也体现出多样性。

(三)煤中金属元素异常分布

区内分布有贵州织金锂异常点、贵州盘县镓异常点、贵州水城锂异常点、贵州玉屏拉开锗异常点、云南宜良凤鸣村锗异常点、云南洪恩一井田镓异常点、云南老牛场锗异常点、云南保山锗异常点、云南阿直矿区锗异常点。

同时煤系地层中常含有异常富集的铌、锆、铪等稀散元素，以及 REE 等元素。区内煤中(共)伴生成矿与峨眉山玄武岩的活动强度和影响范围密切相关，该区域煤中有益、有害组分的富集都非常明显，有良好的成矿条件。

(四)成因探讨

影响该远景区晚二叠世煤中锗、镓、REE 元素富集的地质因素主要包括陆源碎屑供给、低温热液流体、火山灰、地下水和岩浆热液。其中煤层受到热液影响的黔西等地区，低温热液流体是影响晚二叠世中微量元素局部异常富集和赋存状态的主控地质因素。对未受低温热液流体、火山灰和地下水影响的煤层而言，陆源碎屑是影响煤中元素含量和赋存状态的最主要因素。

滇东黔西晚二叠世锗、镓、REE 地质工作远景区成矿地质条件相对复杂，影响含煤沉积环境稳定性因素是多方面的。周义平和任友谅(1982)在研究西南晚二叠世煤中镓时，通过一系列的样品分析、KGA 指数(镓/铝比值)，结合该地区特殊的沉积环境，总结了镓在煤中分布的三种成因类型：风化壳型、同沉积富镓型、同沉积贫镓型。

镓与煤有机物联系紧密，该类型煤中镓表现出亲有机物倾向。值得注意的是，在个别地区还发现镓、锗同时在煤中强烈富集，并在不同比重级煤中有相似的分布特征和共同浓聚在煤有机物中的特点。在表生作用带内，锗主要以离子溶液形式迁移，在泥炭沼中锗离子腐殖酸化并保存下来。镓、锗在煤中分布如此相似，间接表明在泥炭沼的某种特定条件下镓的迁移和保存形式与锗可能基本相同。

十、滇西新近系锗地质远景区

(一)远景区位置

滇西新近系锗地质工作远景区位于双湖-澜沧江缝合带(断裂带)以西的临沧、保山、腾冲一带，属于特提斯构造带与西太平洋构造带的结合部位，包含保山-临沧褶皱赋煤带、腾冲-猫两断陷赋煤带两个赋煤带，含煤地层为中新世帮卖组，是一套山麓相、河流相、湖泊相的含煤碎屑岩建造。

(二)地质地球化学背景

区内印支期—燕山期中酸性岩浆岩侵入活动强烈，形成了东达山-临沧岩基花岗岩杂岩带和类乌齐-左贡-昌宁-孟连电气石花岗岩带。新近纪时，印度板块与欧亚板块碰撞，不仅在垂直缝合线的方向上引起地壳的压缩、褶皱和推覆，而且还存在侧向的构造运移，造成了区内大小不等、数量众多的盆地群，区内主要煤层为新近纪煤层。

澜沧江缝合带构成滇西煤中锗地质工作远景区的东部边界，滇西地区类似于临沧的新生代含煤盆地有百余个，地质背景条件相似，锗的异常分布也较为明显，区内具有良好的锗成矿地质条件。另外，局部地区(如临沧)富锗煤直接覆盖在铀矿层之上，区内还有较好的铀成矿条件。

(三)煤中金属元素异常分布

区内煤中锗矿床丰富，临沧已发现开采锗资源有工业价值的矿区有四个：帮卖(大寨和中寨)、腊东(白塔)矿区、芒回矿区、等嘎矿区等。其中最大的锗矿是位于帮卖的大寨和中寨，储量约 1620t，属超大型锗矿床，另外潞西、澜沧、腾冲、沧源等盆地均发现锗的高度异常。

(四)成因探讨

滇西地区受古特提斯构造和新生代陆内构造演化，印支期、燕山期、喜马拉雅期均有大量花岗岩侵入，发育有临沧花岗岩带、保山-潞西花岗岩带、察隅-腾冲喜马拉雅岩带等众多花岗岩区带。随着构造演化，这些花岗岩带分布区形成新近纪煤盆基底，为滇西新近系锗地质工作远景区煤中锗的富集，提供了丰富的物质来源。矿床中的锗主要是由形成硅质岩的热水溶液从富锗花岗岩中浸取出来的，高锗含量和高浸出率的二(白)云母花岗岩沿帮卖盆地西缘分布，是临沧锗矿床中的锗矿化主要集中于帮卖盆地西缘底部煤层中的重要原因之一。

以往研究将该成矿带内煤中锗矿的成矿过程概括为：在靠近盆地基底的第一含煤段形成时，盆地基底的同生断裂中存在着热水活动。热水在循环过程中主要从二(白)云母花岗岩中浸取锗，然后沿盆地西缘北北西和近东西向同生断裂的交叉部位涌出。涌出当时断陷盆地水体底部的热水溶液中的锗一分为三：①随硅质岩一起沉淀下来，形成富锗硅质岩；②被盆地中已沉积的煤(在通道附近或煤的顶板附近)所获取，使锗在通道和煤层顶板附近的煤中发生富集；③残留在水体中，被下一层煤的底板优先获取。第一含煤段形成时，由于热水活动的脉动性，而形成了该含煤段中富锗煤与热水沉积硅质岩互层产出的局面。其余三个含煤段形成时，基底同生断裂及其中的热水活动已停止。因此，这三个含煤段中缺失热水沉积硅质岩，因而也未发生锗矿化。

综合而言，滇西新近系锗地质工作远景区丰富的花岗岩基底为锗矿床提供了丰富的物源基础，同时板块碰撞使盆地基底的同生断裂中存在富硅热水溶液活动，溶解和携带来自母花岗岩风化释放出来的锗被有机质束缚，进而形成富锗煤。

第七章

煤中金属元素矿产资源展望

第一节　煤中金属元素矿产资源利用现状

一、资源赋存现状

(一)煤中铝

金属铝是世界上仅次于钢铁的重要金属,铝多被用来制造铝合金,广泛应用于飞机、汽车等工业。我国是世界上重要的铝资源和铝工业大国,也是铝资源消费大国,国内经济强劲的发展势头使我国在未来十几年都将对铝有着极大的需求。世界上铝的主要来源为铝土矿,此外还有少量的明矾石矿和磷霞岩。世界铝土矿资源比较丰富,美国地质调查局2015年的数据显示,世界铝土矿资源量为550亿～750亿t。世界铝土矿已探明储量约为280亿t,从国家分布来看,铝土矿主要分布在几内亚、澳大利亚、巴西、越南、牙买加、中国、希腊、圭亚那、印度、印度尼西亚、哈萨克斯坦、俄罗斯、苏里南、委内瑞拉等国家。我国探明储量的铝资源全部为铝土矿,截至2014年年底,中国查明铝土矿资源储量(矿石)为41.5亿t,其中储量为8.3亿t,储量居世界第八位(图7-1)。

美国地质调查局2015年的数据显示,2014年全球铝总产量为4760万t,2014年全球铝总产能6370万t。中国铝产量及产能均居全球第一(产量占全球总量的47%,产能占全球总量的51%左右),其次为俄罗斯和加拿大。铝矿产业在我国有色金属工业中有着重要地位,随着对铝产品需求的逐渐增加,铝矿产业在国民经济中的地位越来越重,作为世界铝资源消费大国,我国铝矿资源工业形势十分严峻。与其他国家相比,我国铝土矿资源储量相对不足,同时又是世界上最大的铝土矿消费国,铝土矿对外依存度达到48.2%,很大程度上依赖进口,铝矿资源保障上存在严峻的问题。

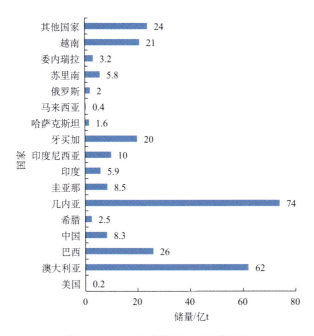

图 7-1　2015 年世界铝土矿储量情况

　　煤中铝是近年来在我国内蒙古中西部、山西省北部发现的新型的再生资源。根据有关研究成果，我国高铝煤炭资源不仅储量丰富，而且分布相对集中，远景资源量约 1000 亿 t。截至 2008 年年底，已探明资源储量为 319 亿 t，其中，内蒙古资源储量为 237 亿 t、山西省为 76 亿 t、宁夏为 6 亿 t。初步预算，我国高铝煤炭远景资源量中含 $Al_2O_3$100 亿 t(折合金属铝约 50 亿 t)，是我国特有的具有开发价值的含铝非铝土矿资源。

　　"煤系矿产资源综合调查与评价"项目的研究人员研究了华北赋煤区高铝煤，高铝煤分布区域为阴山山脉以南、太行山山脉以西的华北石炭系—二叠系含煤区，主要包含了华北的鄂尔多斯盆地、山西省、河北省等地区。鄂尔多斯盆地东北侧的准格尔地区，山西北部的大同、平朔、河东煤田等地发电厂煤灰，以及矿区地质工作所涉及的煤灰灰成分分析资料中，这种有别于其他地区的高铝煤普遍存在。这些地区原生状态下煤层中含 Al_2O_3，一般含量为 10%~15%，经过正常燃烧后，Al_2O_3 在粉煤灰中二次富集，煤灰中 Al_2O_3 的含量普遍接近和超过 40%，甚至高达 55%。根据 2012 年准格尔专题研究，仅准格尔煤田东部地区(煤层埋深大致在 600m 以浅区域)，估算煤灰中的 Al_2O_3 资源即可达到 31.5 亿 t。"煤系矿产资源综合调查与评价"对华北赋煤区石炭系—二叠系煤层煤灰中 Al_2O_3 平均含量不小于 40%的煤中铝资源量进行估算，华北赋煤区石炭系—二叠系煤中铝(煤灰中 Al_2O_3 平均含量不小于 40%)资源量为 19.6 亿 t，如此巨大的 Al_2O_3 资源量几乎占我国数十年来地质勘探所获得的原生铝土矿资源总量一半。铝属于国内紧缺矿产之一，缺口巨大，如果这部分资源得到综合利用，将极大地改变我国铝资源状况，经济意义不可估量。

　　目前，我国在准格尔设立煤炭综合利用示范基地，从粉煤灰中提取氧化铝、镓、硅等系列产品。国内一些大型的煤炭、发电企业,如神华集团有限公司、中国中煤能源集团有限公司、中国大唐发电集团有限公司等都已介入该领域的开发,并取得了相应的成果。不久的将来,从粉煤灰中提取有益矿产品的工业化量产将成为现实,所以这部分粉煤灰资源显得尤其重要,对今后的环境保护、煤炭综合利用、可持续发展经济具有重大的现实意义。

(二)煤中锗

锗被广泛应用于电子、光学、化工、生物医学、能源及其他高新科技领域。锗是重要的半导体材料,在半导体、航空航天测控、核物理探测、光纤通信、红外光学、太阳能电池、化学催化剂、生物医学等领域都有广泛而重要的应用。

锗具有亲石、亲硫、亲铁、亲有机的化学性质,很难独立成矿,一般以分散状态分布于其他元素组成的矿物中,成为多金属矿床的伴生成分,例如,含硫化物的铅、锌、铜、银、金矿床及某些特定的煤矿。全球锗的资源比较贫乏,全球已探明的锗保有储量仅为8600t(金属量),按照目前200t/a的速度开采,则43年后全球存量锗就会耗尽。锗资源在全球分布非常集中,主要分布在中国、美国和俄罗斯,其中锗资源分布最多的国家是美国,保有储量3870t,占全球总量的45%;其次是中国,占全球总量的41%(图7-2)。

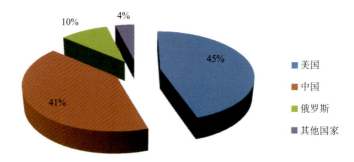

图 7-2　全球锗资源分布比例

我国锗资源总体较丰富,占比全球锗资源总储量的41%。云南临沧煤矿、内蒙古胜利煤田、河北蔚县煤矿等已经成为我国已利用的特大特富及最佳工业煤共生锗矿床,这些煤矿中锗的品位都在0.02%~0.15%,既可综合利用,又可独立开采。除这些煤矿外,我国还有一些煤矿中的锗可从煤烟和煤灰中综合回收利用。我国已探明锗矿产地约 35 处,保有储量约为3500t(金属量),远景储量约为9600t(金属量)。云南省锗资源占全国储量的33.77%,另外内蒙古的锗资源也非常丰富,但是品位较低,可开采性较差。我国锗资源分布具体情况如表 7-1 所示。

云南省的锗资源主要分布在铅锌矿和含锗褐煤中,含锗铅锌矿主要分布在会泽县,会泽县是我国主要的铅锌锗生产基地,也是川滇黔成矿三角区富锗铅锌矿的典型代表。滇西地区褐煤矿中,现已发现锗资源具备工业开采价值的矿区有四个:包括帮卖(大寨和中寨)、腊东(白塔)矿区、沧源芒回矿区、潞西等嘎矿区。煤田勘探估算锗储量共计 2177t，其中最大的锗矿位于帮卖的大寨和中寨，储量约 1620t，前三个矿区锗储量为 1990t，潞西等嘎矿区已开采 30 余年，现资源已近枯竭。

表 7-1　中国锗资源主要分布情况

省区	矿区	含锗矿类型
云南省	会泽矿区	铅锌
	临沧帮卖(大寨和中寨)	褐煤
	腊东(白塔)矿区	褐煤
	沧源芒回矿区	褐煤
	潞西等嘎矿区	褐煤
内蒙古	胜利煤田	褐煤
	伊敏煤田	褐煤
广东省	广东凡口	铅锌

内蒙古的煤中锗矿发现于 20 世纪 70 年代，位于胜利煤田，经 1997 年以来的两次较大范围勘查，确认胜利煤田锗 1919t(金属量)。另外，位于内蒙古呼伦贝尔市的伊敏煤田早期也曾发现锗含量异常，但其后一直没有进一步的勘探及开采。近年来的勘探和综合评价结果表明，内蒙古地区锗资源量异常丰富，预计将超过 4000t，未来有可能成为中国的锗资源中心。

本书研究在内蒙古二连盆地、海拉尔盆地早白垩世煤层及新疆准东煤田中发现煤中锗元素矿产资源有较好的成矿前景，计算伊敏煤田五牧场矿区大磨拐河组 10^{-3}、12 和 13^{-4+5} 号煤层的锗资源量为 6903.07t，达到最低工业品位的锗资源总量为 135.38t。

煤-锗矿床是我国锗矿床主要来源，云南临沧和内蒙古乌兰图嘎煤-锗矿都已进行开发利用，我国煤中锗矿产资源已发现成矿前景较好的区域，这部分资源应受到重视，进一步开展勘查验证工作，为我国锗矿床持续开发利用保障资源储备。

(三)煤中镓

镓被称为"电子工业的粮食"，镓在原子能工业、航空电子工业及近代工业尖端技术中有着极其重要的作用，可以用作发光二极管、太阳能电池、集成电路、计算机存储器、低熔点合金等，镓化合物尤其是砷化镓在电子工业已经引起了越来越多的关注。

一方面，镓在其他金属矿床中的含量极低，经过一定富集后也只能达到每吨几百克，因而镓的提取非常困难；另一方面，由于伴生关系，镓的产量很难由于镓价格上涨而被大幅拉动，因此，原生镓的年产量极少，全球年产量不足 300t，如果这种状况不能得到改善，未来 20～30 年金属镓将会出现严重短缺。

2005 年之前，世界镓储量约为 18 万 t，我国镓资源储量为 13 万～14 万 t，我国镓资源储量约占世界储量的 75%。2005 年我国科研人员在内蒙古准格尔发现了一个世界上独特的与煤伴生的超大型镓矿床，据估算该矿床镓的保有储量为85.7万t。2015年，山西平朔矿区发现煤伴生超大型锂镓矿藏，其中镓资源量为16.52万t。这两处矿区的发现，导致金属镓的全球储量发生巨变，中国的镓资源量占世界的90%以上。

镓在自然界很难形成独立的矿床，主要是从其他矿石的副产品中取得，时下世界90%以上的原生镓都是在生产氧化铝过程中提取的，是对矿产资源的一种综合利用，通过提取金属镓增加了矿产资源的附加值，提高氧化铝的品质降低了废弃物"赤泥"的污染，因此非常符合当前低碳经济以最小的自然资源代价获取最大利用价值的原则。

在全国各煤系地层中，或煤下铝土岩中镓的异常存在非常普遍。在鄂尔多斯盆地周边、山西、河北、河南、山东等地，以及四川盆地周边、乌蒙山地区石炭纪—二叠纪煤中镓的异常较为普遍。镓的异常分布范围广泛，是煤中稀有金属元素分布较广泛的一种，但镓的异常富集到成矿床规模的也仅是在石炭纪、二叠纪的鄂尔多斯盆地东侧准格尔地区、陕西渭北煤田、山西北部地区(大同、平朔、西山、柳林、阳泉)等地。这一区域煤中镓的富集趋势非常明显，矿点众多，形成了一个分布范围颇大的成矿区。该区域同时也与高铝煤分布区域重叠，但也有个别地区，例如，陕西黄陇侏罗纪煤田，位于鄂尔多斯盆地的西侧，在侏罗系延安组煤中镓平均含量可达89μg/g，形成煤中镓矿点，有一定的资源量。

近年来对我国煤中镓资源量的地质调查评价已逐步开展，对煤中镓资源评价主要开展有以下工作。

2009年，中国煤炭地质总局、中国矿业大学"首批煤炭国家规划矿区煤中镓的成矿前景"对分布于山西、陕西、内蒙古三省区19个首批煤炭国家规划矿区煤中镓进行了资源调查，估算结果显示：评价区计算范围内7个煤田煤中镓资源总量为102.85万t。煤中镓资源量规模较大的规划区分布在评价区北缘的准格尔和大同两个规划区。

2012年，中国矿业大学(北京)代世峰带领的团队承担完成"内蒙古准格尔煤田煤中铝、镓伴生矿产赋存规律及开发利用"项目。专题研究根据以往的工作成果，结合本次采样测试数据，得出黑岱沟露天矿煤中镓平均含量为37.31μg/g，估算了黑岱沟6号煤层中镓的资源量为4.9057万t。同时根据准格尔煤田煤炭储量(2006年储量数据)，估算镓的资源量约为30万t。

本次研究在新疆准东大井矿区B_1和C_1煤层煤中镓资源量进行估算，估算结果显示，大井矿区煤中镓的预计总储量为70.024万t，其中贫矿的储量为2.879万t，富矿的储量为48.24万t，极富矿的储量为18.905万t。总体来看，大井矿区内煤中镓资源具有较大的开发利用潜力。

上述研究成果对区域内煤中镓的分布情况、赋存状态，以及矿床成因、富集规律等做了有益的探索工作，评价数据对地区煤炭资源综合利用有重要的参考价值。

(四)煤中锂

锂是自然界中最轻的金属，锂产品在高能电池航空、通信、核聚变发电等领域具有重要的用途。金属锂的产量近年来迅猛增加，被称为 21 世纪的金属能源。锂离子电池的能量密度高，对环境无污染，又被称为绿色能源。随着其战略地位的凸显，锂资源受到世界各国的重视，加快锂资源开发，提高锂产业水平，是我国锂工业迅速发展中的一项崭新内容。

根据美国地质调查局的统计数据，截至 2013 年年底，全球已查明的锂矿资源量 4051.5 万 t，储量 2340.7 万 t，主要分为两大类，即固体型锂矿和盐湖卤水型锂矿，储量分别占 21.6%和 78.3%。固体锂矿床又主要以两种形式产出：一种产出于交代伟晶岩脉中，主要赋矿矿物为锂辉石、透锂长石和锂云母等；另一种产出于富锂的沉积地层中，主要赋矿矿物为锂蒙脱石。锂矿分布区域高度集中，就储量而言，全球近 70%的储量都分布在南美洲的"锂三角"地区，包括智利、玻利维亚和阿根廷三国(图 7-3)。中国的锂矿储量丰富，位居世界第三位，达到 350 万 t，其中 78.6%存在于盐湖中。

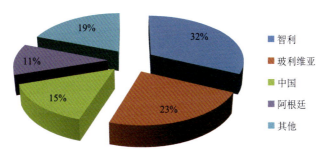

图 7-3　全球锂储量分布比例

中国锂资源丰富，2014 年中国的锂储量居世界第二位，占世界总储量的 25.9%。因受生产工艺的制约，中国的锂生产企业主要以矿石提锂为主，技术含量较高的电池级碳酸锂、高纯碳酸锂、无水氯化锂和高纯金属锂还需要从国外大量进口。如何最大限度地开发与利用锂资源，促进锂产业在我国的可持续发展已成为目前亟待解决的问题。

最近几年，煤中的锂元素逐渐受到重视，在我国的很多煤样中均发现了锂的高富集。有学者关注到了中国煤中锂的异常富集，并在山西平朔地区和内蒙古准格尔煤田发现煤中锂矿床。

"山西平朔地区煤中锂、镓资源调查评价"项目针对山西平朔地区安太堡煤矿区的石炭系—二叠系山西组、太原组 4、11 号煤层进行了较为系统的采样，勘测其中的伴生金属微量元素锂、镓等，4、9、11 号煤层中锂均已达到煤中伴生锂的边界品位。4、9、11 号煤层中的镓的含量平均值分别达到 24.80μg/g、29.89μg/g、35.52μg/g，接近或达到煤中伴生镓的边界品位。据目前估计，安太堡矿区煤中锂资源量为 129.66 万 t，镓资源量达 42.31 万 t。

赵存良(2015)对准格尔煤中锂的分布特征做了相应的分析，共统计分析研究了矿区内 79 个样品，计算准格尔煤中锂的平均值 141.1μg/g，其中唐公塔一带含量最高，平均值达到 403.1μg/g，据此，准格尔 6 号煤中锂已达到综合开发利用的最低品位(120μg/g)，据 2009 年的全国煤炭资源潜力评价资料，以品位为 120μg/g 计算准格尔 6 号煤中锂资源储量达 515 万 t。另外，在准格尔煤田西部(深部)勘查区的煤田地质勘查中发现石炭系、二叠系主采煤层(包括夹矸)，以及顶、底板中部分样品中锂含量达到工业品位，现阶段仍在进一步勘查过程中。

本次研究工作中还发现山西晋城矿区、重庆南桐煤田、贵州织金矿区和广西扶绥煤田、江西乐平矿区均发现有锂异常点，对煤中锂异常地区锂资源评价仍需深入开展调查验证工作。

近几年随着对盐湖卤水型锂矿的开发，中国已成为锂资源大国，但受多种因素的影响，我国锂资源开发程度较低，对外依存度高。同时，我国锂消费量逐年提升，也是全球最大锂消费国。我国煤中锂资源预测资源量大，现阶段从粉煤灰中提锂技术也进入中试阶段，将来粉煤灰提锂应用于工业生产，煤中锂资源将成为我国锂资源重要来源，为我国锂金属资源供应提供强有力的支撑。

(五)煤中稀土元素

稀土是当今世界上最重要的战略性矿产之一，稀土金属在全球范围内被广泛应用，并在太阳能发电、高速磁悬浮交通设备、红外光学、光电子学、激光行业、计算机和其他经济领域具有至关重要的作用。全球市场上新型产品和技术的广泛应用使得世界对稀土资源的需求增长迅速，然而全球稀土资源的赋存和分布又极不均衡。

目前，稀土主要分布在中国、独联体国家、美国、印度和澳大利亚(图 7-4)。我国拥有丰富的稀土资源，约 24%的稀土储量在我国，据 2012 年《中国稀土状况与政策》(国务院新闻办公室 2012)，我国稀土储量为 1859 万 t。

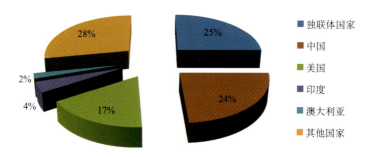

图 7-4　全球稀土储量分布比例

世界上大部分具有经济开采价值的稀土资源主要源自氟碳铈矿和独居石，其余的稀土资源主要是离子吸附型稀土矿、铈铌钙钛矿、磷矿、磷钇矿等。我国是世界稀土资源大国，稀土资源丰富，矿床类型众多。到目前为止，我国已在 22 个省市区发现上千处稀土矿床和矿化点，品种齐全、储量大。稀土矿产多与其他矿产共生，南方以重稀土元素为主，北方以轻稀土元素为主。

稀土元素在自然界分布广泛，虽然煤中稀土元素含量不高，但在煤灰中稀土元素可以富集，并可望得到综合利用。因此，对煤中稀土元素的研究已成为煤地质学、环境科学及材料科学的重要内容。据《中国科学报》2016 年 3 月 23 日的报道，美国正式启动从煤炭及其副产品中提取稀土元素的项目。稀土资源是不可再生资源，国内稀土供应不足，需要通过国际贸易调节。随着我国稀土开发利用水平的不断提高，未来稀土需求量将进一步增加。因此，保障稀土资源的可持续利用显得十分重要。

我国对煤中稀土元素研究较少，目前对煤中稀土元素矿产资源量进行估算研究的仅有中国矿业大学(北京)2012 年开展的"内蒙古准格尔煤田煤中铝、镓伴生矿产赋存规律及开发利用评价"项目：准格尔煤田煤灰中稀土氧化物(REO)的含量的平均值为734μg/g，根据准格尔煤田煤中 REO(灰基)含量等值线图，REO 含量超过 900μg/g 的范围约占矿区面积的 65%左右，取平均含量 1100μg/g，计算准格尔煤田煤中 REO 资源量约为 1130 万 t。

本书研究华南赋煤区煤中稀土元素在滇东、黔西、川南褶皱赋煤带和川东褶皱赋煤带内皆有分布，该区煤中稀土元素富集于上二叠统宣威组、龙潭组中。川东褶皱赋煤带南桐煤田多个煤矿的 C_{25} 煤层中有稀土元素富集，其中天宝煤矿煤中稀土含量为 2462.39μg/g，潼仪煤矿稀土元素含量平均值为 703.62μg/g，松藻矿区煤中稀土元素含量平均达 509.62μg/g。滇东、黔西、川南褶皱赋煤带内煤中稀土元素主要在龙潭组、宣威组底部的煤层中较为富集，滇东北的彝良矿区铜厂沟煤中稀土元素含量高达 4075.54μg/g，宣富煤田徜塘矿区尹家村、石拐子等地煤中稀土元素含量最高为 1534.47μg/g；其次贵州黔北矿煤中区稀土元素平均值高达 747.05μg/g。吴艳艳等(2010)对贵州凯里鱼洞煤矿梁山组中下部煤层采样测试发现，煤层中稀土元素含量为 388～1380μg/g，凯里高硫煤中稀土元素相当富集。

二、开发利用现状

(一)煤中铝开发利用现状

随着铝土矿资源的减少、煤矸石/粉煤灰提铝技术及国家相关支持政策的实施，煤矸石/粉煤灰提铝技术的产业化已经引起众多投资者的重视。目前我国大唐国际发电股份有限公司、中煤平朔煤业公司、神华集团有限责任公司、中国华电集团有限公司、内蒙古蒙西高新技术集团公司、中国铝业集团有限公司等企业已经或正在建设电厂粉煤灰提取氧化铝项目。

(1)中煤平朔煤业公司于 2011 年建成从煤灰中提取 Al_2O_3 的工厂，一期工程年处理粉煤灰 20 万 t，并针对煤灰中铝、硅比小于 1 的特点，开发出先提取白炭黑，再提氧化铝的生产工艺。

(2)大唐国际发电股份有限公司与清华大学、清华同方合作，针对其位于内蒙古呼和浩特的托克托电力公司大型煤粉锅炉燃烧准格尔煤炭生产的高铝煤灰，经过八年的技术攻关，建立了具有我国自主知识产权的高铝粉煤灰提取氧化铝联产活性硅酸钙工艺技术路线。2010 年 8 月 30 日，大唐国际发电股份有限公司采用该技术路线建设的年产 20 万 t

氧化铝示范项目，打通产业化工艺流程，顺利生产出合格产品。该生产线已实现连续稳定运行，标志着高铝煤炭资源循环利用关键技术与产业示范取得突破。

(3) 神华集团有限责任公司针对其内蒙古准格尔矸石电厂循环流化床锅炉燃烧准格尔高铝富镓煤矸石生产的粉煤灰，从 2004 年起经过七年多综合利用技术研发，形成酸法提取氧化铝联产镓、氧化硅的工艺技术路线。神华集团有限责任公司"高铝粉煤灰高效循环利用技术研究"已列为国家"十二五"科技支撑计划重点项目。于 2011 年 8 月完成利用粉煤灰酸法生产 4000t/a 氧化铝中试厂建设，并于 2012 年经过第三、四、五次试运行。产品中 Al_2O_3 含量达 99.2%，多项化学组分指标达到国标一级品标准。

(4) 中国华电集团有限责任公司和北方联合电力有限责任公司进行了硫酸铵法的工艺开发。2011 年 8 月，中国华电集团有限责任公司粉煤灰提取氧化铝 1000t/a 工业化实验装置在内蒙古准格尔旗大路新区投入试运行。

(5) 内蒙古蒙西高新技术集团公司开展了煤粉灰石灰石烧结法提取氧化铝的技术开发，该公司于 2004 年完成工业化实验。2006 年，40 万 t/a 氧化铝项目由国家发展和改革委员会核准立项，但由于多种原因，该项目开工后处于缓建状态。

我国高铝煤资源有保障，适宜建设煤矸石/粉煤灰提取氧化铝项目，已有多家企业建设粉煤灰提取氧化铝生产线，但采取的生产工艺仍存在生产成本高、固废产生量大、能耗偏高、不能连续运行等缺陷，需进一步加大研发力度，尽快实现产业化效益。

(二)煤中锗开发利用现状

目前，国内大多数锗厂主要以铅锌矿、褐煤(煤燃烧产出的含锗烟尘和煤灰)、重有色金属冶炼过程中回收的锗精矿和半导体器件生产中产出的含锗废料等为原料，采用火法富集、湿法提纯、区熔精炼、精深加工及研究开发于一体的技术链条，已经形成较成熟的锗生产产业链。我国褐煤中锗资源量巨大，我国最早从 20 世纪 50 年代开始利用含锗褐煤提锗，早期一般将褐煤燃烧，收集煤灰作为提取锗的原料。从煤中提取锗已经是锗产业的基础组成部分。

目前我国已发现的具有开采价值的煤-锗矿床有两个，分别是位于云南西部的新生代盆地的临沧煤-锗矿床和内蒙古的中生代盆地的乌兰图嘎煤-锗矿床，产量情况如表 7-2 所示。

表 7-2　2015 年我国与煤(共)伴生锗资源产量情况　　　　[单位：t(锗金属量)]

煤矿名称	产量
锡林郭勒盟乌兰图嘎煤炭有限责任公司锗煤露天矿	13.78[*]
临翔区博尚镇勐托文强煤矿	1.79
临沧韭菜坝煤业有限责任公司韭菜坝煤矿	2.86
合计	18.43

*表示该产量为 GeO_2 折合量。

这三家煤矿锗金属总产量为 18.43 万 t。锡林郭勒盟乌兰图嘎煤炭有限责任公司锗煤露天矿是我国锗资源开发最大的煤矿，该矿的锗产量占总三处煤矿锗产量的 75%。

目前，锗行业领军企业主要有：云南临沧鑫圆锗业股份有限公司、云南驰宏锌锗股份有限公司、南京中锗科技股份有限公司、锡林郭勒通力锗业有限责任公司、深圳市中金岭南有色金属股份有限公司等。云南临沧鑫圆锗业股份有限公司是我国锗资源储量、初级锗产品产能规模最大的生产企业，2010 年，该公司锗金属产能已达到 39t/a。云南驰宏锌锗股份有限公司也是国内锗行业重点企业之一，2010 年，该公司锗金属产能已达到 30t/a。其他锗生产企业，也呈现产能扩大的态势。

1. 云南临沧鑫圆锗业股份有限公司

云南临沧鑫圆锗业股份有限公司，简称云南锗业，具有 30 余年锗生产的历史，是国内唯一拥有锗矿采选、精深加工及研发一体化，锗产业链较为完整的锗生产龙头企业和高新技术企业。2008 年锗产品销量占全国总销量的 43%，居国内第一，亚洲之首。该公司是国内唯一拥有锗矿采选、精深加工及研发一体化，锗产业链较完整的锗生产龙头企业和高新技术企业。目前该公司锗提纯加工产能为 39t，2009 年共生产二氧化锗、区熔锗锭 42.61t(金属量)，其中处理矿石 4.4 万 t，自产锗金属 21t。该公司基本完成了对大寨矿山的技改，出矿能力已达到 9 万 t/a，可满足年自产锗金属 40t。当前正进行的 8.6t 锗金属扩建工程，完成后将使锗金属产能增加到 47.6t。

该公司资源优势十分明显，拥有大寨锗矿和梅子箐煤矿，储量丰富且品位较高，至 2009 年末已探明保有储量 689.55t(金属量)，占全国保有储量 3500t 的 19.7%，占全球保有储量 8600t 的 8%。其中，大寨锗矿和梅子箐煤矿保有储量分别为 613.19t 和 76.36t。

2. 锡林郭勒通力锗业有限责任公司

由于内蒙古自治区锡林郭勒盟胜利煤田伴生高品位的锗资源，1996 年由锡林郭勒盟乌兰图嘎煤炭有限责任公司、南京锗厂有限责任公司、美国晶体技术有限公司(AXT)合建了锡林郭勒盟通力锗业有限责任公司，主要从事含锗褐煤提取锗工艺研究及锗产品的生产及加工，乌兰图嘎锗煤露天矿现有生产能力为 1.20 百万 t/a，其中锗煤(即锗矿石)产能为 0.3 百万 t/a。由于改建后的锗加工厂生产能力的提高，年可加工 GeO_2 达 126t/a，折合锗金属量为 85t/a。鉴于目前内蒙古含锗褐煤巨大储量的远景，对锗产品的开发力度的加大，内蒙古将成为我国最大的锗业生产基地。

目前，除云南曲靖会泽铅锌矿(川滇黔成矿三角区富锗铅锌矿典型矿床)、云南临沧锗矿(滇西富锗褐煤矿的典型代表，包括帮卖、腊东、芒回及等嘎四个矿区)、内蒙古锡林郭勒乌兰图嘎锗煤矿(全国重要的富锗煤矿资源中心)、内蒙古呼伦贝尔伊敏锗煤矿、广东仁化凡口铅锌矿等矿床外，近期能提供规模开采的锗矿床很少。总体来看，国内大部分省区锗矿资源地质勘查程度较低、远景预测较差。究其原因，一是矿业公司盲目追求眼前投资利益，不愿投入资金做矿山地质勘查等基础性工作；二是当前矿业经济形势低迷，国家地勘经费投入有限。长期以来，由于对富锗褐煤矿的开采与利用缺乏统一规划与有力监管，许多矿业公司(多以乡镇与个体矿山企业为主)出于自身局部利益的考虑，采富弃贫、采厚弃薄，采易弃难，资源回收率较低。小型锗矿企业盲目扩产或以铅锌铜煤等矿种名义开采锗矿，致使国家在对锗矿开采进行总量控制所采取的调整锗矿资源关税，严格开采制度等一系列措施未能完全落实，锗矿超标生产较为严重。

(三)煤中镓开发利用现状

镓作为当今高新技术的支撑材料，其应用领域不断扩大和深化，需求量稳步增长。由于镓是稀有而且分散的金属，它们多伴生在铅锌矿、铝土矿等矿的废渣中，含量很低，很难通过一般方法进行提取。目前主要采用的溶剂萃取分离回收方法，碱法烧结-碳酸钠溶液浸出一电解；其次为酸浸法，准格尔煤田主要采用酸浸法提取煤中镓。

目前国内对于与煤(共)伴生镓资源的开发利用还在探索阶段，神华准格尔能源集团有限责任公司已经开展对稀散镓的提取工作，与世界主流工艺相似。神华准格尔能源集团有限责任公司提取镓的方法是粉煤灰提铝工艺中的一部分，由于处于探索阶段，该工艺尚未实现工业化生产。神华集团有限责任公司开展"示范基地粉煤灰生产镓"项目、"烟气中镓的捕获"项目、"洗脱液内镓的回收"项目进展顺利。2013年2月25日，氧化铝中试厂镓提取系统开始投用，3月3日系统流程贯通，当日生产金属镓700g，产品浓度不小于 4N(99.99%)。初步估算，示范基地系列工程的全面达产，其经济效益是同等规模单纯煤炭产生的10倍，同时可节约标准煤170万 t/a，其成功开发将成为我国重要的煤炭伴生资源综合循环利用及研发示范基地，发挥积极的示范作用。

(四)煤中锂开发利用现状

锂作为军工、民用领域常用、重要的稀有金属，具有极高的战略价值。锂被誉为"金属味精"和"新金属"。2007 年以前我国仍然以从锂矿中提锂为主，约占全部锂生产的75%。随着卤水提锂技术的不断提高，近年来我国在勘探与开发盐湖卤水锂资源方面有很大的进步。西藏扎布耶盐湖的卤水提锂技术得到了较大的突破，已形成年产 5000t 锂盐(折合碳酸锂)的规模。该技术的突破，标志着我国锂产业从矿石提锂逐步转向盐湖卤水提锂，成本大大降低。碳酸锂生产不再完全依赖进口，而逐步转向部分自给。

粉煤灰中含有多种可作为工业原料的工业成分，国内外企业和科研机构已经开展粉煤灰的综合利用研究。河北工程大学孙玉壮带领的研究团队展开煤中稀有元素提取的技术攻关，首次研发出粉煤灰中综合提取锂和铝的一系列技术。目前已经从粉煤灰中成功综合提取出碳酸锂、氧化铝、金属镓、白炭黑等。中煤平朔煤业公司利用课题组的研究成果建立的中试车间成功通过验收，目前正在建立生产工厂，经济效益和社会效益显著。

由于储能技术的不断发展，带动锂的利用和消费，"十三五"期间煤炭资源直接提取锂和粉煤灰提取锂技术研究将进一步深入，但是由于当前与煤(共)伴生锂资源开发利用研究处于初期阶段，"十三五"期间，研究可能很难实现工业化。

（五）煤中稀土开发利用现状

稀土是电子、能源、军工等级现代工业必不可少的金属，因此备受重视。稀土元素在自然界中分布比较广泛，常能形成一些重要的工业矿床。我国是世界公认的稀土大国，资源储量、稀土产量、稀土销售量和稀土用量均为世界第一。中国已经成为世界上唯一的可以大量供应不同品种及不同品级稀土产品的国家，在世界稀土市场上具有支配和主导地位。我国的稀土产业按照资源赋存及生产状况分为三大基地：以白云鄂博稀土为原料的北方生产基地、以南方七省的离子型稀土矿为原料的中重稀土生产基地、以四川冕宁地区稀土为原料的氟碳铈矿生产基地。目前开发利用的稀土矿物主要有五种：氟碳铈矿、离子吸附型稀土矿、独居石矿、磷钇矿和磷灰石矿，前四种矿占世界稀土产量的95%以上。氟碳铈矿与独居石轻稀土含量高；磷钇矿含重稀土元素，但储量低；离子吸附型稀土矿重稀土元素含量高；磷灰石主要是轻稀土。

稀土元素常与煤共生在一起，煤灰中稀土元素可以相当富集，并可望得以综合利用（Bouška and Pešek，1999）。从粉煤灰中提取稀土元素并未开展研究工作，所有需要大力开展粉煤灰中稀土元素的提取实验，并寻找经济回收的利用方式。

三、提取技术进展

（一）煤中铝的提取技术方法

国内外许多专家和学者对粉煤灰提铝技术进行了研究，提出了大量的研究方法或工艺。目前，国内外关于从粉煤灰中提取氧化铝运用较多、技术较成熟的方法主要有碱法（吴燕，2008）、酸法（吴燕，2008；裴新意等，2009）、酸碱联合法（张佰永和周凤禄，2007；白光辉等，2008；唐云等，2009；郎吉清，2010；吕子剑，2010）和烧结淋滤法（钱觉时，2001；陈鹏，2002；王文静等，2003；唐云等，2009；郎吉清，2010）（表 7-3）。大唐国际再生资源开发有限公司于 2012 年建成了 20 万 t 氧化铝的预脱硅-碱石灰烧结工艺工业实验装置，并于 2013 年 10 月实现达产（蒋训雄等，2017）。煤中铝提取常见方法的优缺点及存

表 7-3　煤中铝提取技术对比

提取方法		优点	缺点	提取率/%
碱法		工艺简单，操作性强	能耗较高	
酸法	硫酸直接浸取	工艺简单	硫酸成本高，无法大规模工业生产	75~80
	硫酸铝铵法	产品纯度较高	工艺复杂	
	氟铵助溶法	产品纯度较高	NH_4F 成本高	>85
酸碱联合法		产品纯度较高，工艺简单	能耗较高	>90
烧结淋滤法		成本低，工艺简单	提取率不高	

在的主要问题详细介绍如下。

1. 碱法

对碱法研究的较为深入和全面,具有代表性的方法是石灰石烧结法和碱石灰烧结法。

1) 石灰石烧结法

石灰石烧结法是 20 世纪 50～60 年代我国从苏联引进,该方法也是国内外从粉煤灰中提取氧化铝最常用的方法。石灰石烧结粉煤灰提取铝的技术可分为钙盐助剂烧结法和钠盐助剂烧结法两大类。其中,钙盐助剂烧结法是将石灰、石膏等钙盐中的一种或几种与粉煤灰混合在 1200～1400℃ 下烧结,将其中的莫来石和石英变为 $2CaO \cdot SiO_2$ 和 $12CaO \cdot 7Al_2O_3$,从而使粉煤灰中的活性低的铝硅酸盐在高温下生成易溶于 Na_2CO_3 溶液的铝酸钙和不溶于 Na_2CO_3 溶液的硅酸二钙而实现硅铝分离(鹿方,2008;蒋家超和赵由才,2008)。其反应式为

$$7(3Al_2O_3 \cdot SiO_2)+64CaO=\!=\!=3(12CaO \cdot 7Al_2O_3)+14(2CaO \cdot SiO_2) \qquad (7-1)$$

铝酸钙可被碳酸钠溶出生成 $NaAlO_2$,反应式为

$$12CaO \cdot 7Al_2O_3+12Na_2CO_3+33H_2O=\!=\!=14NaAl(OH)_4+10NaOH \qquad (7-2)$$

该法温度一般控制在 1320～1400℃,故能耗较高,成本也高,同时产渣量也大,但其熟料冷却后,会因晶相发生急剧转变,体积膨胀 10% 左右,所以可以自行粉化到一定的程度,节省了粉磨能耗。然后将熟料粉末与 Na_2CO_3 溶液混合,在一定时间内使其转变为偏铝酸钠,经过滤可得到 $NaAlO_2$ 粗液,同时滤出的不溶性硅酸二钙用于水泥的生产。由于 $NaAlO_2$ 粗液中含少量 SiO_2,故需加入石灰乳进行脱硅处理,再过滤即可得 $NaAlO_2$ 精液。再通入 CO_2 进行中和 $NaAlO_2$,降低溶液碱度,使 $Al(OH)_3$ 析出。最后将 $Al(OH)_3$ 放入窑内经 1200℃ 煅烧,从而获得 Al_2O_3。

2) 碱石灰烧结法(吴艳,2007;陈娟娟,2010)

碱石灰烧结法就是将粉煤灰和石灰、碳酸钠在高温下烧结(吴燕,2008;吕子剑,2010)。粉煤灰中的 Al_2O_3 与 Na_2CO_3 烧结成可溶性的偏铝酸钠即 $NaAlO_2$,该法的特点是以纯碱代替石灰,反应式如下:

$$Na_2CO_3=\!=\!=Na_2O+CO_2 \qquad (7-3)$$

$$Na_2O+4SiO_2=\!=\!= Na_2Si(Si_3O_9) \qquad (7-4)$$

$$Na_2O+ Al_2O_3=\!=\!=2 NaAlO_2 \qquad (7-5)$$

该法温度一般控制在 1220℃,弱还原气氛下进行,故能耗较石灰法低些,而这种方法不具有自粉化作用,故熟料得经过破碎后才能进入下一道工序。将破碎所得熟料用循环母液浸出,可将可溶性偏铝酸钠与不溶性硅酸二钠分离。过滤后,由于 $NaAlO_2$ 粗液中含少量 SiO_2,故需加入石灰乳进行脱硅处理,再过滤即可得 $NaAlO_2$ 精液。再通入 CO_2 进行中和 $NaAlO_2$,降低溶液碱度,使 $Al(OH)_3$ 析出。最后将 $Al(OH)_3$ 放入窑内经 1200℃ 煅烧,从而获得 Al_2O_3(吴艳,2008;吕子剑,2010)。该方法碱液可循环利用,所得残

渣可用作生产硅酸盐水泥的原料(吕子剑，2010)，工艺能耗较石灰烧结法低，但需要体系外补充 CO_2。

2018 年 1 月 8 日，在国家科学技术奖励大会上，由内蒙古大唐国际再生资源开发有限公司和大唐国际发电股份有限公司共同完成的"高铝粉煤灰提取氧化铝多联产技术开发与产业示范项目"获得 2017 年度"国家科学技术进步二等奖"。

2. 酸法

1) 硫酸直接浸取(DAL)法(蒋家超和赵由才，2008；吴燕，2008)

该方法是以粉煤灰和硫酸为原料，即将粉煤灰经磨细后焙烧活化，然后用硫酸浸出，将浸取液浓缩可得到硫酸铝结晶。结晶硫酸铝经过煅烧、碱溶即可得到铝酸钠溶液，同时也会产生含铁的物质，再经过一些除铁技术得到氢氧化铝后再焙烧，就可以得到氧化铝。直接酸浸的反应式为

$$3H_2SO_4 + Al_2O_3 \Longrightarrow Al_2(SO_4)_3 + 3H_2O \tag{7-6}$$

实际操作中除铁是十分不易的，而且用直接酸浸法的浸出率相对说来比较低，有人提出用氟化物(如氟化铵)作助溶剂来破坏铝硅玻璃体和莫来石，基本反应如下：

$$3H_2SO_4 + 6NH_4F + SiO_2 \Longrightarrow H_2SiF_6 + 3(NH_4)_2SO_4 + 2H_2O \tag{7-7}$$

$$3H_2SO_4 + Al_2O_3 \Longrightarrow Al_2(SO_4)_3 + 3H_2O \tag{7-8}$$

在使用该法时操作人员需要特别小心，因为硫酸为强酸，具有腐蚀性。本来其气味就不好闻，如果反应温度较高会导致酸挥发，不仅污染实验室环境，而且对操作人员健康伤害也很大。

2) 硫酸铝铵法(吕子剑，2010)

由于硫酸铝铵在水中的溶解度小、易于结晶，而且经过适当的处理可以转化为氧化铝，所以常被作为含铝非铝土矿制备氧化铝的中间产物。以它作为中间产物制氧化铝的好处是可以通过反复溶解-沉淀过程提高硫酸铝铵的纯度，从而获得较纯的氧化铝产品。

该法主要工艺为：先将磨细活化的粉煤灰与硫酸铵混合后高温煅烧，然后以硫酸来浸出，过滤所得滤液用氨水调节至 pH=2.0 左右，此时会有硫酸铝铵结晶出来，然后再用硫酸在 60℃下重新溶解，冷却至室温时会有晶体析出，如此重复三次，就可以得到相对比较纯净的中间产物硫酸铝铵，再按照一定的流程加热将硫酸铝铵分解，最终得到纯度较高的氧化铝。

将经除铁处理后的硫酸铝滤液加热至沸，按一定比例加入硫酸铵再进行结晶即可得到铵明矾即硫酸铝铵，反应如下：

$$Al_2(SO_4)_3 + (NH_4)_2SO_4 + 24H_2O \Longrightarrow 2NH_4Al(SO_4)_2 \cdot 12H_2O \tag{7-9}$$

然后采用硫酸铝按热解法溶出氧化铝，反应如下：

$$2NH_4Al(SO_4)_2 \cdot 12H_2O \Longrightarrow Al_2O_3 + 3SO_2\uparrow + SO_3\uparrow + N_2\uparrow + 28H_2O \tag{7-10}$$

该方法的缺点是加热过程中会产生二氧化硫污染环境。

或者是在硫酸铝铵溶液中加入碳酸氢铵，反应如下：

$$4NH_4HCO_3 + NH_4Al(SO_4)_2 === NH_4Al(OH)_2CO_3 \downarrow + 2(NH_4)2SO_4 + 3CO_2 \uparrow + H_2O \quad (7\text{-}11)$$

最后加热分解即可得到氧化铝产品，即

$$NH_4Al(OH)_2CO_3 === Al_2O_3 + NH_3 \uparrow + H_2O \uparrow + CO_2 \uparrow \quad (7\text{-}12)$$

3）氟铵助溶法

氟铵助溶法就是将粉煤灰与酸性氟化铵水溶液共热，直接破坏粉煤灰中的铝硅玻璃体和莫来石，使粉煤灰中网格结构的硅铝转变为活性硅铝进入溶液，从而提高 Al_2O_3 的溶出效果（吕子剑，2010）。氟化铵与其中的二氧化硅反应生成氟硅酸铵，在过量氨的作用下，氟硅酸铵全部分解为二氧化硅和氟化铵，从而使 Al_2O_3 从粉煤灰中分离。所得到的氧化铝粗品进一步溶于碱液，去除 Fe、Ca 等杂质，再经碳酸化和热解等步骤可制得较纯净的 Al_2O_3（王文静等，2003；林杰等，2004；吕子剑，2010）。

用硫酸浸出时化学反应式为

$$3H_2SO_4 + 6NH_4F + SiO_2 === H_2SiF_6 + 3(NH_4)_2SO_4 + 2H_2O \quad (7\text{-}13)$$

$$3H_2SO_4 + Al_2O_3 === Al_2(SO_4)_3 + 3H_2O \quad (7\text{-}14)$$

用盐酸浸出时化学反应式为

$$6HCl + 6NH_4F + SiO_2 === H_2SiF_6 + 6NH_4Cl + 2H_2O \quad (7\text{-}15)$$

$$6HCl + Al_2O_3 === 2AlCl_3 + 3H_2O \quad (7\text{-}16)$$

氟铵助溶法是用粉煤灰与酸接触将铝溶出，再对溶出液进行处理得到氧化铝，但是由于粉煤灰的特殊结构，其中的 Al—O—Si 结构在玻璃相中结合得相当紧密，其氧化铝为非活性体，普通的酸浸法很难将氧化铝浸出，所以要提高氧化铝的浸出率，必须从提高氧化铝活性入手：首先用一定浓度及体积的 NH_4F 作为助溶剂对粉煤灰进行浸泡，然后用一定浓度和体积的 H_2SO_4 在一定温度下进行溶解，Al 以 $Al_2(SO_4)_3$ 的形式被从粉煤灰中浸出，除去杂质 Fe 后加入 $(NH_4)_2SO_4$ 与之反应生成 $NH_4Al(SO_4)_2 \cdot 12H_2O$，最后在 950℃温度下加热 $NH_4Al(SO_4)_2 \cdot 12H_2O$ 就可得到 Al_2O_3。采用新的粉煤灰活化技术，在常压不使用任何助溶剂，用 H_2SO_4 即能使粉煤灰中的氧化铝有效浸出，氧化铝的溶出率可以达到 85% 以上。

3. 酸碱联合法

混合法就是先用 Na_2CO_3 以一定比例和粉煤灰混合焙烧，然后用稀盐酸（或者稀硫酸）进行溶解，生成硅胶和 $AlCl_3$ [或者 $Al_2(SO_4)_3$] 溶液，将硅胶过滤用于进一步制备白炭黑，对滤液进行除杂后加入 NaOH 进行中和，溶液达到一定 pH 后沉淀出 $Al(OH)_3$，最后煅烧 $Al(OH)_3$ 得到 Al_2O_3。而酸碱混合法在将粉煤灰中超过 90% 的 Al_2O_3 提出的同时，也将其中的大部分 SiO_2 提取出来，提出的 SiO_2 既可以制作硅胶，也能进一步制备白炭黑。

4. 烧结沥滤法

烧结沥滤法是将粉煤灰和石灰石、纯碱等混合进行烧结，之后将熟料中的铝溶出，再对溶出液进行处理得到氧化铝的方法，主要有烧结、溶出、脱硅和碳化四部分组成（王文静等，2003；唐云等，2009；陈娟娟，2010）。

(二)煤中锗的提取技术方法

目前，从煤中提取锗主要有以下几种技术方法（表7-4）。

表 7-4 煤中锗提取技术对比

提取工艺		优点	缺点	提取率/%
湿法		方法工艺流程简单，提取率高	盐酸用量太大，工业生产成本太高	>90
火法	合金法	工艺简易	提取率较低	50
	碱熔-中和法	提取率较高	酸耗和碱耗大，不适宜大规模生产	75～83
	氢氟酸浸出法	工艺流程简短，提取率极高	氢氟酸对设备腐蚀较强	>90
	高温挥发法	富集比大，可快速获得锗精矿或锗	但能耗高，易还原出铁	70～80
微生物浸出法		环保，能耗低	适应性差	85.33
干馏提锗法		工艺简单	回收率低，能耗高。锗损失量大	<70
氯化蒸馏法		锗回收率高、工艺流程简短、设备简单、可操作性强、辅料消耗较少、运行成本低	工艺稳定性容易受煤种、炉型、温度影响	94.68
溶剂萃取法		锗回收率高、工艺流程简单	萃取成本较高	99

1. 湿法

湿法提取是把原煤破碎到一定的粒度，在盐酸浓度不小于 7mol/L 的溶液中直接浸出蒸馏，从原煤中直接提取锗。该方法工艺流程简单，原煤中锗的回收率较高，一般可达 90%以上，但该法盐酸用量太大，工业生产成本太高，不适合大规模工业生产。

2. 火法

火法提取煤中锗是指将煤燃烧后，从煤的燃烧产物中来提取锗。目前我国主要以燃烧煤的副产物，如燃煤电厂的烟尘、煤灰、焦油及焦化厂的废氨水等为主要的锗生产原料。根据后续方法的不同，火法有可分为合金法、碱熔-中和法、氢氟酸浸出法、萃取法、高温挥发法等。其中合金法工艺简易，对处理含灰分较多的煤灰尤为有利，但锗回收率较低（约 50%）。碱熔-中和法采用多次中和工艺，液固分离次数较多，酸耗和碱耗大，锗回收率为 75%～83%。氢氟酸浸出法能强化煤灰及类似物料中锗的浸出，流程简短，并且锗的浸出率极高，但需对设备进行防腐处理，废液需除氟后才能返回利用。高温挥发法方法简单易行,富集比大,可快速获得锗精矿或锗,但是锗的总回收率仅有 70%~80%,且能耗高,易还原出铁,使锗更分散。

火法的应用历史最早可追溯到 20 世纪 50 年代,经过几十年的发展,火法已经成为目前技术较成熟、应用较广泛的煤中锗提取方法。云南临沧鑫园锗业股份有限公司用火法每年从褐煤中提取约 10t 的金属锗。

3. 微生物浸出法

微生物提取锗是基于腐殖酸中的锗占总锗量的 97.3%,且均匀分布。在云南的含锗褐煤矿中,发现了几种微生物能够浸出煤中的锗。在微生物作用下,大分子有机锗被破坏,形成小分子结合的易溶的游离锗(锗酸根和锗离子),能被酸碱溶解。在 40~42℃温度下,用 0.002mol/L 的硫酸浸出褐煤中锗,反应 16 天可使锗的浸出率达到 72%。微生物浸出以后,提高硫酸浓度,把已分解的锗从煤上解吸下来,可使锗的浸出率提高,最终可达 85.33%。

尽管微生物浸出法也使用硫酸等酸溶剂作为浸出剂,但由于试剂消耗量比常规的氯化浸出的酸消耗量低,因此降低了环境污染。该方法目前还处于研究阶段,未见工业化应用的报道。

4. 干馏提锗法

张家敏等(2007)将破碎后的褐煤装入有排气口的密闭不锈钢容器内置入电炉加热(升温速度为 10℃/min,并在 300℃条件下停留保温 30min 左右),加热至实验要求的干馏温度后保温,保温到预定时间后,切断电源。待物料冷却至室温,取出干馏残余物进行分析。研究发现采用干馏工艺方法,能有效挥发出褐煤中的锗。褐煤中锗在 300℃干馏温度下便开始挥发,锗挥发后分布在析出的气体、水、焦油和沥青中,较合适的干馏温度和时间是 1000℃和 2.5h(或适当延长保温时间)。冯林永等(2008)用干馏和重液洗选相结合的方法来提取煤中锗,研究表明锗的挥发率随温度的升高逐渐增大,在温度为 600℃、800℃、1000℃干馏时锗的最大挥发率分别为 21.5%、76.6%、86.1%。

雷霆等(2006)的发明专利"从褐煤干馏提取含锗物质并制半焦的方法",提出了采用特殊干馏工艺-链式干馏装置联合提取褐煤中含锗物质并制半焦的方法。褐煤在较高温度加热干馏使褐煤中锗有效挥发,获得含锗混合气体,气体氧化后收集得到含锗烟尘,用湿法处理含锗烟尘提取锗。这种方法将提锗和制半焦相结合,利于含锗褐煤的开发和高效利用。

5. 氯化蒸馏法

氯化蒸馏法工艺成熟,设备简单,产品质量完全满足半导体器件的要求,是目前工业化应用最广泛的方法。该方法是利用 $GeCl_4$ 沸点比其他杂质元素氯化物低这一特点,从而实现快速的蒸馏分离方法。工艺上先用浓盐酸浸出含锗煤灰,生成 $GeCl_4$,在 80~100℃下蒸馏浸出液,通过冷凝收集得到粗 $GeCl_4$,再经精馏提纯后用超纯水水解即可得

到 GeO_2，二氧化锗在 $600\sim650℃$ 下用氢气还原还可得到金属锗粉。含锗煤灰中的 GeO_2 主要以无定型、六边形晶体和四面体形态存在。以无定型、六边形晶体存在的 GeO_2 在采用氯化蒸馏方法时，与盐酸反应生成 $GeCl_4$；而以四面体形态存在的 GeO_2 却很难与盐酸反应。由于受到煤种、炉型、温度等其他操作条件的制约，很难抑制四面体形态 GeO_2 的产生，因此含锗煤灰在采用氯化蒸馏方法时，锗的回收率不尽人意，多数为 $60\%\sim88\%$。普世坤等(2012)发现，经碱加热预处理后再蒸馏回收锗，锗的回收率可以提高 $5.39\%\sim33.18\%$。氢氧化钠能对含锗煤灰中包裹锗的煤焦油类有机物质加以破坏，从而释放出被包裹的锗，反应形成锗酸钠，还能与难溶于酸的四方晶型 GeO_2、GeS_2、$GeO_2\cdot SiO_2$ 及 GeO 等作用形成易溶于酸的钠盐，与含锗煤灰中的二氧化硅、三氧化二铝等反应，进一步将被其包裹的锗释放出来。因此，含锗煤灰经过氢氧化钠加热预处理后再采用氯化蒸馏法可以使锗回收率提高到 94.68%。张小东等(2018)认为该工艺适合烧失量较大的粉煤灰，具有锗回收率高、工艺流程简短、设备简单、可操作性强、辅料消耗较少、运行成本低等优点，适于大规模工业化生产。

6. 溶剂萃取法

近年来，溶剂萃取技术在冶金领域发展迅速，国内外相关工作者开发了多种粉煤灰提锗的萃取剂，主要有 7-烷基-8-羟基喹啉(Kelex-100)、α-羟肟(LIX-63)、单烷基磷酸(P204)、二酰异羟肟酸(DHYA)、十三烷基叔碳异氧肟酸(H106)、甲基异丁基酮、$C7\sim9$ 异氧肟酸(YW100)、二乙醚等。其中 Kelex-100 和 LIX-63 萃取剂萃取锗的选择效果最好，但是这两种萃取剂都需要在高酸浓度条件下进行，且合成、使用条件均较苛刻，需要进口，萃取成本较高。对此，我国采用 H106、YW100、G315、DHYA 萃取剂从低酸度粉煤灰浸出液中提取锗，提锗后的灰渣还可以用酸法提取铝及其他相关产品。李样生等(2000)利用 DHYA 的磺化煤油溶液从低酸度粉煤灰中提取锗，在相比为 $1.3\sim1.4$、水相 pH 为 $1.00\sim1.25$ 的条件下，室温下 3 级逆流萃取，使用 NH_4F 溶液反萃取，锗的收率可达 99%，产品纯度达 99.8% 以上。北京矿冶科技集团有限公司合成了一种新型镓、锗萃取剂 G3815，实现了分步萃取分离酸性水溶液中的锗和镓。通过水相酸度调节，在高酸度下萃取锗，低酸度下萃取镓，镓、锗的萃取率分别可达 92% 和 98%，使镓、锗浸出-萃取实现闭路循环，降低了酸耗，减少了废水的排放。G3815 类萃取剂比现有 G315 类的萃取率更高。

综合以上几种提取方法，微生物浸出锗浸出率可达 85.33%，但还未产业化。湿法提取锗回收率高达 90%，但工业生产成本高，不宜产业化。我国处理含锗褐煤主要采用的是火法富集，常见工艺为用发电链条锅炉燃烧褐煤，从收集到的烟尘中提锗，产生的热量用于发电，锗的回收率为 60%。

(三)煤中镓的提取技术方法

目前，镓的提取原料主要包括炼铝副产物、炼锌副产物、粉煤灰、煤矸石等。随着我国准格尔、平朔等矿区大量煤中镓资源的发现，粉煤灰提取镓的工艺将越来越受重视。

从粉煤灰中回收镓的主要方法有沉淀法、萃取法、还原熔炼萃取法及碱熔化法、酸法提取法、树脂吸附法等。

1. 沉淀法

沉淀法主要有分步沉淀法和络合沉淀法，分布沉淀法的基本原理是基于溶液中 $NaAlO_2$ 与 $NaGaO_2$ 在碱性条件下，水解所需 pH 的不同，达到分离铝和镓的目的；络合沉淀法的原理是利用镓离子能够与单宁反应生成稳定的络合物，实现镓的分离。将粉煤灰与三氯化铝、氧化钙等溶剂混合，在高温下熔融，是氧化镓转化为水溶性的镓酸盐，用碳酸钠浸出镓，再经三次碳酸化得到富镓沉淀，该沉淀用碱溶解后除杂处理，电解该溶液即得到金属镓。

2. 萃取法

萃取法是一种非常的有效分离镓的方法，根据萃取剂的不同，可分为中性萃取、酸性萃取、螯合萃取和胺类萃取等。目前，酸性萃取和螯合萃取体系在镓提取研究方面较为活跃。

刘建等(2000)研究了以磷酸三丁酯为萃取剂，在 6mol/L 盐酸的水相和体积分数为 30%磷酸三丁酯(TBP)的有机相条件下，实现了镓的萃取分离，且以 1mol/L NaCl 水溶液反萃取，效果较好。萃取法容易造成萃取剂的流失，且会污染提取液，对溶液的循环利用不利，限制了其实际应用。该法在检测粉煤灰中镓含量的应用较多。

3. 还原熔炼萃取法及碱熔化法

该工艺是指首先对粉煤灰粗筛选后进行焚烧，酸浸过滤后得到含镓滤液，然后用吸附塔吸附该滤液，用碱性络合淋洗剂淋洗后电解即可得镓金属。据报道英国某公司已经采取此法成功地从粉煤灰中提取了金属镓。

4. 酸法提取法

2013 年 3 月，我国神华准能集团有限责任公司氧化铝中试厂利用"粉煤灰酸法提镓工艺"成功生产出金属镓，标志着镓的提取工艺取得重大进展。

5. 树脂吸附法

芦小飞等(2008)对树脂法回收粉煤灰中的镓进行了研究，主要包括粉煤灰焚烧、酸浸、吸附、淋洗、电解等工序。镓在粉煤灰中的存在形式有两种，一部分存在于非晶质中，一部分存在于 Al—Si 玻璃体中。存在于 Al—Si 玻璃体中镓难以提取，导致镓的浸出率偏低，因此增加了焚烧工序，严格控制焚烧温度和时间，尽可能地将禁锢在 Al—Si 玻璃体中镓的解禁出来，以利于后续酸浸出时镓浸出率的提高；同时还进行了添加 HF 提高镓浸出率的研究，该方法可使镓的浸出率达到 85% 以上，但由于环保原因，该方案也不能采用。酸浸出时需控制酸的浓度、温度和酸浸时间。酸浸液进入树脂塔按照下进上出方式，底部树脂吸附饱和后，进入淋洗塔，树脂先用稀碱溶液洗涤，再用特制的碱液淋洗解析，淋洗后的贫树脂转型再生后进入吸附工序，解析液除杂后电解得到金属镓。由于酸浸液镓浓度较低，后续电解比较困难。

目前，以上粉煤灰提取镓的方法仅处于实验研究阶段，但还未投入工业化应用，镓生产企业仍然主要以铝土矿及炼铝副产物、炼锌副产物为镓生产的主要原料。

(四)煤中锂的提取技术方法

目前，国外主要采用盐湖卤水提取工艺生产碳酸锂，我国则主要采用固体矿石提取工艺。虽然我国也在积极开采盐湖锂资源，但由于技术、资源等因素的限制，开发速度相对缓慢。

而从煤中提取锂，目前研究较少，且均停留在实验室阶段。

(1)杨晶晶(2013)以平朔脱硅煤灰为原料，采用酸化烧培—酸浸—碳化—蒸发结晶—锂沉淀法和碱法烧结—碱浸—碳化—蒸发结晶—锂沉淀法对煤灰中铝和锂的综合提取工艺进行研究。利用单因素和正交实验优化工艺方案，最终酸法提取中，锂的浸取率为95.69%，回收率为60%；碱法提取中，锂的浸取率为85.30%，回收率为55%。

(2)张健雅(2013)以电厂取样粉煤灰为原料，利用正交实验及单因素实验，在研究酸法烧结和碱法烧结工艺基础上，通过改进与变通，以高提取率、低成本与无污染为原则，提出提取金属锂和铝的最优方案，最终锂的提取率可高达80.74%。

(3)秦身钧等(2015)的研究团队开发了两条从煤灰中提取锂的实验工艺：酸法溶出率95.6%，锂回收率 60%；碱法溶出率 85.3%，回收率 55%。

(4)顾大钊等(2013)的发明专利"从粉煤灰中制取碳酸锂的方法"中提出了一种有效提取粉煤灰中锂的方法，步骤包括：制备母液、净化母液、铁的氧化、铁的沉淀、铝锂共沉淀、煅烧、浸出或碳酸化沉淀。

(5)孙玉壮等(2012)的发明专利"一种从粉煤灰中综合提取铝和锂的方法"提出了一系列顺序进行的工艺步骤：①脱硅、磁选；②热处理；③酸化焙烧；④浸出；⑤除杂；⑥碳化沉铝；⑦净化锂母液；⑧蒸发浓缩沉锂。该发明的优点为该工艺方法充分利用了工业废料粉煤灰依次提取硅—铁—铝—锂，变废为宝。

(6)李少鹏等(2016)的发明专利"一种从粉煤灰中提锂的方法"提出了流程为一步碱熔、过滤和洗涤、吸附、解吸、浓缩和碳酸化沉淀的工艺，其主要过程如下：粉煤灰与碱液混合后进行碱熔反应，反应结束后进行固液分离并洗涤，得到的滤液和洗液进行锂离子吸附剂的吸附，然后进行锂离子解吸，浓缩，对浓缩液加入沉淀剂进行沉锂操作，过滤洗涤干燥，得到固体即为碳酸锂产品。该发明反应条件温和、不影响滤液和滤渣的后续处理，可有效控制杂质，提取率大于60%。

(7)刘建恩(2015)的发明专利"一种从粉煤灰中提取碳酸锂的方法"中提出，提取工艺步骤为：将粉煤灰滤饼进行粉碎和研磨得到粉煤灰粉末，并放入反应釜，与水混合均匀，制成粉煤灰浆。将反应釜密闭，通入二氧化碳气体，得到碳酸氢锂混合液，进行第一次过滤得到第一次滤渣和碳酸氢锂溶液。将第一次滤渣放入热水中进行热融，得到碳酸锂混合热溶液，过滤得到碳酸锂热溶液和第二次滤渣。将碳酸氢锂和碳酸锂溶液混合后结晶处理，得到碳酸锂晶体和碳酸锂溶液。向碳酸锂溶液中加入碱金属碳酸盐或稀盐酸溶液，过滤得到过滤物。最后将过滤物和碳酸锂晶体进行煅烧，得到碳酸锂。

(五)煤中稀土元素的提取技术方法

国内外不少学者对煤中的 REE 进行了研究，逐级化学提取是研究煤中伴生元素赋存状态的一种有效化学方法。由于逐级提取的样品粒度为 0.10~0.29mm，用三氯甲烷比重液 (1.47g/cm^3)可将有机质浮选出来，黏土矿物的密度一般为 2.4~2.6g/cm^3，黄铁矿的密度为 4.9~5.2g/cm^3，因此用三溴甲烷(密度为 2.89g/cm^3)可将黏土矿物和黄铁矿分开。提取液均过 0.45μm 滤膜，以防止其在提取过程中造成 REE 各形态间的再分配。由于逐级化学提取后分析样品为溶液，所以采用了高分辨率电感耦合等粒子体质谱(HR-ICP-MS)测试方法。

煤矸石中离子型 REE 相对富集，在前期提取氧化铝工作中，REE 与铝、铁一起被盐酸浸取，在氢氧化钠分离提纯氧化铝的过程中，REE 与 Fe^{3+}、Ti^{4+}共沉淀得到富集，再利用有效的分离提纯方法得到高纯稀土。稀土的分离提纯有溶剂萃取法、沉淀分离法等。草酸盐沉淀法是有效的分离，稀土离子与草酸盐形成溶解度很小的晶型草酸盐沉淀 RE$_2$(C$_2$O$_4$)$_3$，易于过滤和洗涤，灼烧后即得稀土氧化物，一般可有效地分离除钍和碱土金属以外与稀土共存的所有元素。用草酸作沉淀剂，二次沉淀法分离提取稀土产品的纯度能够得到满意的结果。

陈博等(2009)用盐酸浸取煤矸石粉末样品，选择性溶解其中 REE、Fe、Al 和 Ti 等元素；用氢氧化铁共沉淀法有效地分离富集 REE，继而用草酸盐沉淀将 REE 与 Fe 定量分离。实验表明，REE 的提取率为 88.25%~92.86%，REO 纯度达到 99.00%。该方法具有操作简单、富集效率较高等特点。

目前，我国在煤中金属元素提取技术上还有很多问题需要解决。超细粉碎及精细分级技术方面，我国目前处于引进消化吸收再创新阶段。矿物改性技术方面，一是活化剂的攻关和开发是瓶颈；二是设备配套跟不上、工艺不够先进。精细提纯技术方面，我国与发达国家在该技术领域还有很大的差距。煅烧工艺和设备方面，我国(共)伴生矿产资源开发利用存在技术瓶颈(孙富民等，2016)。

第二节　煤中金属元素矿产资源前景

煤田地质勘查工作是随着国民经济发展需要而不断发展的，由最初煤炭资源的概念扩大到煤系矿产资源。当前，对煤中铝、锗、镓、锂和稀土元素矿产资源开发正逐渐引起关注。在煤炭开发的同时注重煤中金属元素矿产的勘探开发利用，可以增加煤炭企业的经济效益。

一、煤中铝开发利用前景

1. 消费现状

铝及其合金铝板具有优良的可加工性能，可以通过锻、铸、轧、冲、压等方法生产板、带、箔、管、线等型材。中国铝材产量近几年不断增加，2016 年产量为 5796 万 t，2008～2016 年平均年增长率达 18.6%，大于电解铝产量的平均年增速 11.6%。其中山东和河南的铝材产量增量最大。铝材产地主要靠近电解铝产地或下游市场，如山东、河南、广东、江苏等省份。

中国是铝土矿进口大国，2014 年中国氧化铝产量占全球氧化铝产量的 45.6%，2014 年以前铝土矿海运贸易主要集中在印度尼西亚和澳大利亚，禁令后格局发生了很大变化，渠道多元。2012 年我国铝土矿主要来源于印度尼西亚、澳大利亚和印度，其余的来源于斐济、巴西、马来西亚、圭亚那、几内亚、牙买加。与 2012 年相比，我国从澳大利亚和印度尼西亚进口铝土矿的量均在下降，从印度进口的量增加了一半以上，从其他国家进口的量也增加了一半。与此同时，我国加大了从几内亚的进口量，并且新增了加纳和多米尼加，从马来西亚和斐济的进口量减少较多，未从牙买加进口，格局已开始有所调整。

2. 发展趋势

1) 铝土行业发展趋势

中国是铝土矿进口大国，国内对铝土矿的需求量很大，生产量满足不了国内的需求，自 2007 年以来，铝土矿的对外依赖始终居高不下。近年来国内铝土矿产能过剩，国际铝价不断下跌，铝土矿生产量减少。预计"十三五"期间，我国电解铝行业产能过剩将有所好转，铝价也将有所回升。

2) 国内与煤(共)伴生铝土资源开发发展趋势

由于我国与煤(共)伴生铝土资源较为丰富，近年来，与煤(共)伴生铝土资源开发利用得到煤炭生产企业的青睐。河南、山西、内蒙古、宁夏等省区均有与煤(共)伴生铝土资源的开采，但是由于利用技术发展相对缓慢，与煤(共)伴生铝土资源的开发尚未获得良好的效益。"十三五"期间，伴随着煤炭资源直接提取铝和粉煤灰提取铝技术研究将进一步深入，国内很可能迎来与煤(共)伴生铝土资源开发利用的一波新浪潮。

二、煤中锗开发利用前景

1. 消费现状

1) 锗行业消费现状

2014 年，中国仍是全球较大的锗消费商和生产商之一，几家较大的中国生产商的产量占了全球产量的大头。2014 年，中国国家物质储备局统计我国消费了 30t 锗库存(2013

年收储量为 20t)。消费呈逐年递增态势。中国是全球最大的锗生产国和出口国。金融危机以来,随着全球锗消费需求回暖,中国锗产量及锗出口价格持续回升。2010 年中国锗产量连续第三年超过 100t,占到全球锗产量的 70% 以上。

目前,中国锗行业的生产仍主要集中在二氧化锗、区熔锗锭等锗初级产品领域,但包括云南临沧鑫圆锗业股份有限公司、云南驰宏锌锗股份有限公司、南京中锗科技股份有限公司等国内锗行业内龙头企业在红外光学、太阳能电池用锗单晶片等锗深加工产品的投资正保持快速增长的态势。云南临沧鑫圆锗业股份有限公司是中国锗资源储量、初级锗产品产能规模最大的生产企业,也是国内唯一一家以锗产品为主业的上市企业。同时也是目前国内锗产业链最为完整、锗金属保有储量最大、锗产品产销量最大的锗生产商,主营业务为一体化的锗矿开采、火法富集、湿法提纯、区熔精炼、精深加工及研究开发,该企业锗产品的生产和销售均居国内第一位。

2)国内与煤(共)伴生锗资源消费现状

锡林郭勒盟乌兰图嘎煤炭有限责任公司生产的二氧化锗主要用于制造锗锭和高纯氧化锗,产品主要为下游太阳能电池用锗单晶片厂商提供原材料,2015 年其生产产品完成了全年销售计划的 105%。

临翔区博尚镇勐托文强煤矿和临沧韭菜坝煤业有限责任公司韭菜坝煤矿生产的锗矿石之间销售给锗加工厂,进行精加工。

2. 发展趋势

1)锗行业发展趋势

锗作为稀散金属,属于国家重要的战略资源,全球市场对锗的需求量大增,其年度消费量也成为衡量一个国家科技水平的重要标准。近年来,政府加强了资源整合力度,严格控制锗的产量和出口,提升全球锗价。"金属锗比稀土还要珍贵",同为新材料家族的一员,锗和稀土都有工业"黄金"的美誉。作为重要的稀有资源,世界锗的资源比较贫乏,全世界已探明的锗保有储量约为 8600t(金属量),我国保有储量约 3500t(金属量)。全国已探明锗矿产地约 35 处,远景储量约 9600t(金属量),在世界上占有明显优势,居世界第二位。据了解,我国目前已探明储量主要分布在 12 个地区,其中广东、云南、内蒙古、吉林、山西、广西、贵州等省区储量较多,约占全国锗总储量的 96%。但生产主要集中在云南临沧鑫圆锗业股份有限公司、云南驰宏锌锗股份有限公司、南京中锗科技股份有限公司、内蒙古通力煤炭运销有限责任公司等几家企业中。

虽然我国为全球第二大锗资源国,保有储量占全世界的 40% 左右,但在产量上,中国却向世界供应 70% 的量。据中国稀土学会学术部介绍,如果按现有生产速度开采,以及目前全世界 8600t(金属量)的保有储量来计算,也只够用 40 年。

值得一提的是,作为已经探明的锗储量约占世界总储量 45% 的美国,却在 1984 年就将锗列为国防储备资源进行战略保护,其锗产品生产企业的原料主要依赖进口,这也是锗价上涨的原因之一。

锗价持续走高，2010 年大部分时间，锗的价格都徘徊在每千克 6000 多元，不过随着海外经济复苏拉动对锗的需求，加上加拿大锗矿供给相对紧缺，锗价在 2009 年 11 月初后进入快速上升时期，氧化锗价格涨幅已超过 1.2 倍，金属锗价格涨幅则超过八成。受供需面改善影响，锗价目前水平能得到支撑。

据了解，2006～2008 年由于锗产量增长缓慢及需求增长较快，全球锗供应继续保持紧张态势，这也导致锗产品价格近年来持续走高，价格一度摸高 12400 元/kg，但金融危机爆发后，价格逐步回落。

2010 年，国家工业和信息化部、国土资源部及地方政府相继出台了多项鼓励资源整合、产能集中的措施，其中也涉及锗这个金属品种，在此之后，锗产品的价格逐步走高。而在相关部门正在开展对包括稀土和锗在内的十种稀有金属进行战略收储的研究工作消息的传出以来，锗产品的价格开始出现快速上涨的态势。

亚洲金属网锗业研究员诸葛毅表示，受国家将对十种稀有金属进行战略收储的影响，一些厂家和贸易商开始调高了他们的预期，开始囤货，捂着不卖，等着涨价，这也是 2011 年以来锗价大涨的原因之一。

2) 国内与煤(共)伴生锗资源开发发展趋势

由于(共)伴生锗资源能达到工业品位的煤矿稀少，"十三五"期间，与煤(共)伴生锗资源开发主要仍集中于临沧和乌兰图嘎两个地区。与煤(共)伴生锗资源的开发利用仍将担当国内锗矿开发的补充部分，作为资源节约与综合利用，具有巨大意义。

此外，随着煤炭资源勘查工作的推进，"十三五"期间有可能会发现新的富锗的煤田。

三、煤中镓开发利用前景

1. 消费现状

虽然全球镓的需求量自 2005 年以来只增加了 26.68%，但镓的消费领域却发生了很大的变化。半导体行业对镓的需求将会稳步增长。

2014 年，镓产品的价格出现了下滑，全球镓产品价格下滑态势已超过两年。与此相对应的是，中国工业镓(镓纯度 99.99%)生产持续增加，产量已超过全世界的消费量。中国低级镓产品的生产能力已经达到世界低级镓生产能力的 80% 以上。

由于目前与煤(共)伴生镓资源利用技术尚未成熟，国内与煤(共)伴生镓资源消费尚未形成。

2. 发展趋势

1) 镓行业发展趋势

从市场需求来看，在智能手机和 LED 的生产中，当前有机化合物制造的液态水晶逐渐替代 GaAs，同时 GaAs 在半导体中异质结激光器中的使用也在被硅-锗等挑战。在"十三五"期间，国内对镓的需求将继续下降，镓行业的发展重点是进一步提高生产技术水平, 尤其是提高精镓生产工艺水平, 进一步提升镓的自给能力, 降低对国外产品的依赖。

2) 国内与煤(共)伴生镓资源开发发展趋势

由于镓作为一种稀散金属, 自然界中几乎不存在单一的、具有工业开采价值的镓矿床, 只能从冶炼其他金属如 Al、Zn 过程的副产物中加以回收, 主要是从拜尔炼铝循环液、炼锌废渣、煤灰、黄磷电炉烟尘中提取镓。由于镓在其他金属矿床中的含量也极低, 经过一定富集后也只能达到每吨几百克, 因而镓的提取非常困难。近年来, 金属镓在移动通信、个人电脑、汽车等行业的应用以年平均 13.6% 的速度递增。到 2020 年, 全世界镓的需求量将增至 310t 左右, 而目前国内镓的年产量却不超过 15t, 远远不能满足国内市场的需求, 因此, 煤及其燃烧产物中镓的研究非常重要。

近年来, 国内煤炭企业邀请科研院校, 对粉煤灰中的氧化铝和镓资源的开发利用技术开展攻关, 并取得了一定的突破。"十三五"期间, 随着技术不断发展, 针对准格尔煤田的高铝富镓的煤炭资源的综合利用很有可能将会实现。

四、煤中锂开发利用前景

1. 消费现状

1) 锂行业消费现状

目前中国已经成为名副其实的锂消费大国, 根据中国有色金属工业锂业分会统计, 2014 年中国消费总量达到 6.58 万 t, 全球锂消费量为 16.2 万 t, 约占世界消费总量的 40%; 2015 年, 中国锂消费量为 7.87 万 t, 同比增长 20%。

2) 国内与煤(共)伴生锂资源消费现状

由于目前与煤(共)伴生锂资源利用技术尚未成熟, 国内与煤(共)伴生镓资源消费尚未形成。

2. 发展趋势

1) 锂行业发展趋势

随着创新技术的发展和对环境问题、全球气候变化问题的关注, 锂电池将会有更广的应用领域, 特别是充电锂电池在电动汽车和混合动力汽车领域的应用, 世界主要的汽车制造公司都正在大力研发电动汽车和混合动力汽车, 这将持续拉动锂的消费。此外, 非充电型锂电池在计算机、摄像机、电脑、手表等领域的进一步利用, 也将带动锂的利用和消费。随着锂行业在"十三五"期间的快速发展, 届时高端锂产品供给将出现缺口, 需要锂生产企业不断实现技术创新, 提高产品附加值。

2) 国内与煤(共)伴生锂资源开发发展趋势

由于储能技术的不断发展, 带动锂的利用和消费, "十三五"期间煤炭资源直接提取锂和粉煤灰提取锂技术研究将进一步深入, 但是由于当前与煤(共)伴生锂资源开发利用研究处于初期阶段, "十三五"期间, 可能很难实现工业化。

五、煤中稀土元素开发利用前景

1. 稀土生产、消费情况

中国在 2013～2014 年的年平均稀土氧化物产量为 95000t，相对于 2009 年的年产量 120000t 下降约 20%。出于对国内稀土矿的保护和减轻稀土矿开采所造成的环境负担，自 2010 年我国开始实施稀土出口配额，限制稀土的出口。这也导致了从 2010 年和 2011 年全球范围内的稀土价格迅速增加。在高昂价格的驱使下，美国钼业公司(Moly)于 2004 年获准重新启动对芒廷帕斯矿(Mountain Pass)稀土矿的开采，澳大利亚莱纳斯公司 (Lynas Corporation)于 2011 年对维尔德山(Mountain Weld)稀土矿进行开采。这些因素导致了我国稀土产量占世界稀土总产量的份额由 2009 年的 97.0%下降到 2014 年的 86.0%。表 7-5 为 2013 年和 2014 年世界稀土生产现状。尽管稀土市场波动较大，中国的稀土生产一直在全世界范围内占绝对优势。

值得注意的是，世界离子型稀土矿产量从 2000 年的 19500t 增长到 2007 年的 45000t，体现了市场对重稀土元素的强烈需求，这使储量较少的离子型稀土矿的生产压力加大，甚至导致非法采集现象的出现。目前，世界上主要离子型稀土矿分布在我国南方省份。鉴于此，2010 年 5 月，国家工业和信息化部发布了关于稀土产业准入条例的咨询意见稿，目的在于改善现有稀土企业生存环境，降低稀土生产对环境的污染，提高生产效率和优化管理。由表 7-5 可知，仅有少量的稀土是由其他国家生产的，主要包括美国、印度、俄罗斯和澳大利亚。由于国际市场对稀土需求的提高和我国逐渐收紧的稀土开采产业政策，其他国家也加强了对稀土矿的探测开采活动。最受瞩目的项目为美国钼业公司重新对位于加利福尼亚的 Mountain Pass 矿的开采和澳大利亚莱纳斯公司对 Mountain Weld 稀土矿的开采，这两个项目分别于 2012 年和 2011 年投产。届时两家公司每年将各自向市场提供 20000t 轻稀土氧化物。

表 7-5　2013～2014 年世界稀土生产现状

国家	2013～2014 平均年产量/t	所占比例/%
中国	95000	86.0
美国	6250	5.7
印度	2950	2.7
俄罗斯	2500	2.3
澳大利亚	2250	2.0
其他国家	1515	1.4
全球总产量	110465	100

注：其他国家主要包括巴西、马来西亚和越南。

2. 煤中稀土开发前景

我国的稀土主要应用前景体现在以下几方面：①在冶金工业中的应用。在钢铁冶炼中加入稀土可以净化钢液，减少有害杂质，改善钢的性能。在有色金属中加入稀土元素，可以改善合金的物理性能和机械性能。②在石油化学工业中的应用。稀土元素及其化合物对某些特定化学反应有良好的催化性能，在石油化工生产中常用稀土化合物作催化剂。③在轻工、纺织及建材工业中的应用。稀土在轻纺工业中主要用于皮革蹂制、皮毛染色、棉纺、毛纺和合成纤维的印染等。④在玻璃、陶瓷工艺中的应用。稀土还可用于制造特种光学玻璃、人造宝石、特种陶瓷、耐火材料等。⑤在激光及发光材料方面的应用。稀土具有优良的光学性能，可以作为激光、荧光和电光源材料。⑥在医疗方面的应用。在医学领域，稀土主要用于仪器设备元器件的制造和治疗特种疾病药物的生产。⑦在农业上的应用。稀土在农业上主要作为微量元素肥料。⑧用于稀土储氢材料、氢动力发电机汽车储氢瓶的制造等，彰显其应用前景非常广泛，资源需求量大。

由于近几十年粗放式开发，一些大宗矿产资源矿山资源危机严重，翟裕生等(2004)指出：现有产出 25 种主要金属、415 的座大中型矿山中有 46.2%的面临闭坑。一些矿产，特别是战略性矿产严重短缺。煤与其他的沉积矿产最大的区别在于其具有独特的还原障和吸附障性能，在特定的地质条件下煤中会富集有益的金属元素，其中一些元素的含量达到或超过独立或共(伴)生的边界品位。如 Seredin 等(2008)对俄罗斯远东地区和西伯利亚地区的煤中有工业价值的贵金属、稀有金属和稀土元素的地球化学特征进行了详细的研究，论述了煤中伴生稀有元素的综合利用价值和可能性。

代世峰等(2014)提出了煤型稀有金属矿床的概念："在特定地质作用下，含煤岩系中高度富集稀有金属，并适合在当前技术经济条件下可以开发利用的煤层、夹矸或煤层的围岩"，详尽论述了煤锗、煤铀、煤稀土、煤镓、煤铌等煤型稀有金属矿床的成因类型、赋存状态和利用评价方法，认为煤型稀有金属矿床金属矿产是一种新型稀有金属矿床，此类矿床资源量储量大(往往为大型或超大型矿床)，层位稳定、勘探难度和成本低，有良好的开发利用前景。

第三节　建　议

锗、镓、锂等稀有、稀散金属矿产是国防工业、尖端技术和高科技产业必不可少的基础材料和重要战略物资。这些稀有元素主要以伟晶岩、卤水、海水、温泉等矿床形式出现，作为与煤(共)伴生的金属资源并未得到足够的重视，随着煤中金属元素矿产资源的发现，煤地质学科将拓展新的专业方向。当前，对煤中金属矿产资源分布、赋存规律和富集机理研究及其综合开发利用技术研究均不成熟，直接影响我国煤中金属元素矿产资源研究工作的开展。煤中金属元素工业品位的评价标准，取决于开发提炼技术的发展及社会的需求。技术水平的提高和社会对元素利用价值认识的深化，必将使其品位阈值(边界品位)对含量的要求不断降低，即煤中有工业利用价值元素的种类将不断增多，作为矿产资源的潜力会不断增大。因此，煤中金属元素矿产成矿机理、提取工艺和综合勘探与综合开发利用的研究具有广泛前景，研究重点集中在以下八个方面。

1. 煤及煤中金属元素矿产资源成矿条件综合研究

目前，我国煤中金属资源发现矿床少，煤中金属元素矿产的研究只对个别矿床单独进行煤中金属元素矿产分布特征、赋存状态和富集机理的研究。对煤中金属元素的来源和富集机理的研究显得十分薄弱，特别是在有机质聚积、成岩、各种变质作用、热液作用过程中，煤中金属元素的富集机理及其地质背景探讨等方面显得尤为不足。一方面，由于以往煤炭资源勘查阶段对煤中金属元素采样部署不足以支持相关研究，我国煤炭资源在勘查阶段要求对煤中有益金属元素开展采样测试，勘查报告中提交钻孔煤层分层样中锗、镓和钒等采样测试结果，对煤中锂等其他金属元素没有要求进行相关测试。另一方面，煤中常量元素、稀有元素、稀少元素、稀土元素的评价依据煤灰成分化验测试结果，所以仅能对每种元素矿产资源开展概略性评价，对煤中金属元素矿产成矿规律、产出的准确层位注意不够，是其成果不能得到充分利用的根本原因。

因此建议开展煤和煤中金属矿产资源成矿地质条件综合研究，注意结合煤中金属元素时空分布规律，合理布置采样点及其测试稀散、稀有金属元素种类，以掌握其富集成矿规律，从含煤盆地(煤产地)所处的区域地质、地球化学背景和地质发展史等角度进行理论总结，归纳出煤中金属元素富集的成因类型或地质模式，有效预测煤中金属元素矿产量。

2. 煤中金属元素富集作用研究

煤中微量元素的富集取决于元素"源"的供给、元素运移特点和元素的富集的物化特性，是多种地质因素和元素本身物化性质共同作用的结果。从成煤母质的堆积开始，到煤的前身泥炭的形成，再由泥炭经成岩作用转化为褐煤，以及由低煤级褐煤演化到当前煤级的煤，直至煤层被抬升埋藏在现在的地质构造位置，煤层所经历的地质作用无不影响所含微量元素的迁移与聚集。

煤中微量元素的聚集决定于成煤原始物质的元素组成、煤的形成环境特征，以及成煤期和成煤期后所经历的各种物理化学作用及地球化学作用。成煤盆地经历的构造-热事件，对煤系有机质热演化和各类物质迁移聚散的影响较为复杂，煤的显微组成、显微煤岩类型、煤的宏观组成、煤的矿物质、煤的物理化学性质、煤的空间结构性质、煤的吸附性与渗透性都对元素的富集产生影响。运用煤地质学、煤地球化学和现代测试理论研究煤系经历的构造-热事件，探讨煤中金属元素与煤的物理/化学性质的关联性。

3. 煤中金属矿产资源成矿机制和成矿模式研究

煤和煤中金属元素矿产组成一个共生依存的整体,通过对煤物质基础、构造-热演化、煤层特征、沉积条件等方面的综合分析,拟从代表性钻孔岩心观察入手,采用高分辨层序地层学方法,结合煤岩、地化和岩矿分析方法,确定煤中金属矿产资源矿床的成矿环境、成矿的物理化学条件,包括 Eh、pH、生物、细菌、地下水、水动力条件。研究含煤盆地演化进程中煤中成矿元素物质迁移聚散、煤中金属元素富集在时空尺度的组合特征、煤中金属元素富集的分区性和定位性,建立煤中金属矿产资源成矿模式。

4. 开展煤中金属元素赋存状态研究,研发多种金属同时提取工艺

目前对煤中金属元素矿产赋存状态分析水平有限,只能大致判断煤中金属元素矿产赋存状态属于哪种类型,严重影响了煤中金属元素矿产提取方法的确定。

煤中金属元素矿产提取就是从煤或煤灰中提取某种金属元素的过程,就将该种元素从其他物质中分离出来的过程。现代选矿技术主要利用矿物的磁性、密度、电磁性、可浮性等工艺性质的差异进行分选,差异越大,越易分选。矿石中不同矿物间以微细包裹体存在的现象明显,被包裹的矿物粒度多在几微米到十几微米,这种现象的存在是降低精矿中杂质含量的不利因素之一。不同矿物共生关系密切,难以实现矿物较完全的单体解离,因此要研究如何巧妙地选择、利用被分离物的某种性质差异,通过施加能量(变化条件)扩大这种差异,使它们得以分离,即确定最佳的实验分离方法。目前尽管在煤(煤灰、煤矸石)中元素提取取得一定的成果,但是都有成本较高或操作的流程较复杂的问题,而且仅针对某一种元素的提取,对煤中多种元素提取则效率较低。因此有必要寻求最佳的提取工艺和流程,降低成本,建立从煤(煤灰、煤矸石)中同时提取多种元素的技术流程和实验方法,最大程度增加煤(煤灰、煤矸石)附加值。

因此必须立足资源实际,进一步解放思想,充分依靠科研单位和企业的合作,加强自主创新,加强煤系矿产资源综合开发利用的研究工作,包括可选性实验、实验室流程实验、实验室扩大连续实验、半工业实验、工业实验与综合利用示范,促进其工业化进程;建立煤系矿产资源综合开发与利用体系,才能促进矿产综合利用水平登上一个新的台阶,拓展煤炭地质工作领域,提高自主创新能力,实现经济的可持续发展。

5. 煤样品中金属元素含量化验检测技术的研发

大量资料显示,煤中金属元素含量在煤层剖面上和平面上具有不均一性。为此需要开展测试技术的选择与研究,优选最佳的有益元素测试方法,以确保测试成果的可靠性,确定所测试煤中金属元素是否富集。由于煤中金属元素矿产资源在不同地区、不同成煤时代赋存状态各异,对煤层中金属元素矿产进行综合开发利用首先要明确煤中金属元素赋存状态,根据其赋存状态制订合理的提取方法和工艺,才能高效地提取出金属元素矿产。同时煤中微量元素成因的多样性导致其赋存状态的复杂性,对煤中有害元素的赋存

状态研究难度大，主要是因为测试手段还不够先进。

以煤中金属锗元素含量为例，锗在煤层内的分布很不稳定。不仅锗含量在平面上的变化大，即使在一个矿区的不同煤层之间，在一个煤层的不同分层之间，在煤层内不同煤岩类型之间，锗含量的差异可达几十或几百倍。一般认为，煤系地层底部的煤层往往富锗，薄煤层含锗量常多于厚煤层，在煤层内的顶部(有时还有底部)分层含锗量较大，镜煤和光亮煤含锗量多于其他煤岩类型。因此研究煤中锗要特别注意样品的代表性，勘探富锗煤时要加大勘探网密度和取样点密度，切不可凭少数样品的分析数据作出判断。

开展煤中金属含量的测试方法，用现代仪器分析与测试技术，减少了实验流程和引入误差的实验环节，测试效率较高。测试检出限可达 ng/g 级别，精密度较高，样品绝对误差较小，满足了煤中金属素含量低样品测试的难题，应用于煤炭检测行业是现代科技仪器发展的必然趋势。

6. 煤中金属元素矿产资源综合勘查评价规范制定研究

煤是一种具有还原障和吸附性能的有机岩和矿产，在特定地质条件下，可以富集锂、锗和镓有益元素，它们主要以有机质或以无机矿物相结合的形式存于煤中，并达到可利用的程度和规模。尽管现行标准主要有《矿产资源综合勘查评价规范》(GB/T 25283—2010)《煤、泥炭地质勘查规范》(DZ/T 0215—2002)提到了要综合勘探(共)伴生矿产，但是对于煤中锂、锗、镓等(共)伴生矿产，由于缺乏对其开采利用的技术经济可行性研究，工业指标和评价指标尚未确定，评价工作处于研究阶段。

当前，随着国内工业化进程的发展和社会需求的变化，煤系(共)伴生矿产综合利用稀散金属矿产(锂、锗和镓)是国民经济、人民生活及国防工业、尖端技术和高科技产业必不缺少的基础材料和重要战略物资。煤中锂、锗、镓开发利用提升到一个新的高度，不能再单纯地以主、副矿的形式对待，其价值甚至大大超过了煤炭资源本身，甚至形成了新矿种(如乌兰图嘎煤锗矿床)，如何确定煤中锂、锗、镓等矿产资源评价指标没有现成的规范可参照执行。通过调研煤炭勘查工作中对锂、锗、镓的评价程度，尤其是典型煤矿山(如乌兰图嘎煤锗矿床，云南临沧煤中锗矿床和准格尔黑岱沟煤中镓矿床等)的详查、勘探报告实例研究，结合现场采集的样品实验室测试分析数据，开展煤中锂、锗、镓综合利用的技术经济可行性研究，建立评价煤中锂、锗、镓的工业指标和评价指标，研究开采技术条件指标和分级分类标准，建立开采技术条件指标体系，制定煤中锂、锗、镓等矿产资源评价方法。

7. 开展煤及煤中金属元素矿产综合勘查工作

为了合理有效地利用和保护矿产资源，在煤炭地质勘查中必须切实贯彻"以煤为主，综合勘查综合评价"的工作原则。在煤炭地质勘查中，首先要加强含煤盆地基底含煤性研究，为勘查与含煤岩系(共)伴生矿产提供基础资料。先期施工基准孔，基准孔所揭露的地层(包括含煤岩系和非含煤岩系)必须采集光谱定量分析样品，以发现是否有(共)伴生成矿元素异常，为进一步开展(共)伴生矿产提供依据。总之，加强含煤岩系中(共)伴生矿产资源的勘查，可为国民经济建设提供更多的矿产资源，具有重要现实意义和经济价值。

针对煤中富含金属元素成矿远景区、煤矿区，一是要明确开发和利用的空间布局和时序，明确勘查、保护和储备的范围；二是要依规划科学调控开采总量和矿业权投放总量；三是在资源管理和开发程序上，对高有益元素煤实行保护性开采，要求矿权所有人充分考虑高有益元素富集成矿的事实，在煤炭使用消耗时，能够实现共同开发煤及煤中有益元素的综合利用，制订符合保护性开发要求的针对性措施，需要提供有益元素提取回收的配套设备及开展有益元素(诸如锗、镓等金属矿产)提取回收，方可进行煤炭开采。

8. 煤中金属元素矿产资源开发利用研究

我国煤炭资源总量丰富，多数煤系地层还(共)伴生有丰富金属元素，有资源潜力大，具有可开采价值高。传统以煤炭为主体的勘查方式造成对煤系(共)伴生矿产资源赋存状况不清，使得金属元素矿产资源大量浪费。当前，虽然建立了一些从煤中提取锗、镓、稀土元素等的工厂，发明了一些专利，甚至建立了一些中试车间，但与工业化生产还有距离，需要进一步加强相关研究。

国家提倡建设节约型社会和发展循环经济，并对综合开发利用煤系(共)伴生矿产资源予以了极大的重视。为充分发挥煤中金属元素矿产资源优势，加大加快(共)伴生矿物的开采、加工、利用和科研的投入，结合矿区资源特点，研发不同特色的产品，提高其深加工技术水平，大幅度提升煤系矿产的综合利用水平。

需要加强煤系(共)伴生矿物资源的综合开发利用研究，充分发挥我国煤系(共)伴生矿资源优势，同时引进外资，增强合作，在工作过程中引进先进的生产技术，结合国内煤中(共)伴生矿产的结构特点，有针对性地研发新技术、新工艺、新设备，发展深加工，开发新产品，扩大生产领域，实现从资源优势向经济优势的转化，不仅可以充分利用和有效保护矿产资源，实现矿业经济的可持续发展，同时也有利于保护环境，维护生态平衡，对促进我国经济增长由粗放型向集约型转变，实现资源优化配置和可持续发展都具有重要意义。

白光辉, 王香港, 郭继萍, 等. 2008. 粉煤灰硫酸法提铝的新工艺参数研究[J]. 煤炭科学技术, (9): 106-109.

白向飞. 2003. 中国煤中微量元素分布赋存特征及其迁移规律实验研究[D]. 北京: 煤炭科学研究总院.

白向飞, 王越. 2013. 平朔矿区煤中矿物分布及赋存特征研究[J]. 煤炭科学技术, 41(7): 118-122.

白云生. 1983. 某新第三系盆地含铀的锗矿床的成矿特征及其成因探讨[J]. 矿床地质, 2(1): 60-67.

曹代勇, 张守仁, 穆宣社, 等. 1999. 中国含煤岩系构造变形控制因素探讨[J]. 中国矿业大学学报, 28(1): 25-28.

曹代勇, 谭节庆, 陈利敏, 等. 2013. 我国煤炭资源潜力评价与赋煤构造特征[J]. 煤炭科学技术, 41(7): 5-9.

曹代勇, 刘亢, 刘金城, 等. 2016. 鄂尔多斯盆地西缘煤系非常规气共生组合特征[J]. 煤炭学报, 41(2): 277-285.

陈博, 来雅文, 肖国石, 等. 2009. 煤矸石中稀土元素的提取富集工艺[J]. 世界地质, 28(2): 257-260.

陈娟娟. 2010. 提取准格尔煤田粉煤灰中氧化铝实验过程中助溶剂的选择研究[D]. 呼和浩特: 内蒙古工业大学.

陈均亮, 吴河勇, 朱德丰, 等. 2007. 海拉尔盆地构造演化及油气勘探前景[J]. 地质科学, 42(1): 147-159.

陈柯婷. 2017. 西南地区煤中稀土元素的地球化学对比研究[D]. 淮南: 安徽理工大学.

陈鹏. 2002. 粉煤灰的利用[J]. 辽宁工程技术大学学报, (4): 517-519.

陈毓川. 1999. 中国主要成矿区带矿产资源远景评价[M]. 北京: 地质出版社.

陈毓川. 2008. 中国天山矿产及成矿体系[M]. 北京: 地质出版社.

陈毓川, 朱裕生, 肖克炎, 等. 2006. 中国成矿区(带)的划分[J]. 矿床地质, (S1): 1-6.

陈毓川, 王登红, 朱裕生, 等. 2007. 中国成矿体系与区域成矿评价[M]. 北京: 地质出版社.

程国石, 林大扬, 2001. 中国聚煤作用系统分析[M]. 徐州: 中国矿业大学出版社.

程爱国, 曹代勇, 袁同兴, 等. 2010. 煤炭资源潜力评价技术要求[M]. 北京: 地质出版社.

程爱国, 曹代勇, 袁同兴, 等. 2016. 中国煤炭资源赋存规律与资源评价[M]. 北京: 科学出版社.

崔晓南, 黄文辉, 敖卫华, 等. 2016. 渭北煤田下峪口矿二叠纪煤中稀土元素地球化学研究[J]. 地学前缘, 23(3): 90-96.

代世峰. 2002. 煤中伴生元素的地质地球化学习性与富集模式[D]. 北京: 中国矿业大学(北京).

代世峰, 任德贻, 李生盛. 2003. 华北若干晚古生代煤中稀土元素的赋存特征[J]. 地球学报, (3): 273-278.

代世峰, 任德贻, 李生盛. 2006a. 内蒙古准格尔超大型镓矿床的发现[J]. 科学通报, (2): 177-185.

代世峰, 任德贻, 李生盛. 2006b. 鄂尔多斯盆地东北缘准格尔煤田煤中超常富集勃姆石的发现[J]. 地质学报, 80(2): 294-300.

285

代世峰, 周义平, 任德贻, 等. 2007. 重庆松藻矿区晚二叠世煤的地球化学和矿物学特征及其成因[J]. 中国科学(D辑: 地球科学), 37(3): 353-362.

代世峰, 任德贻, 周义平, 等. 2014. 煤型稀有金属矿床: 成因类型、赋存状态和利用评价[J]. 煤炭学报, (8): 1707-1715.

邓明国, 秦德先, 雷振, 等. 2003. 滇西褐煤中锗富集规律及远景评价[J]. 昆明理工大学学报, 28(1): 1-3.

丁国瑜. 1991. 中国岩石圈动力学概论: 《中国岩石圈动力学地图集》说明书[M]. 北京: 地震出版社.

丁睿. 2009. 丁集矿煤中伴生元素分布及其环境意义[D]. 合肥: 中国科学技术大学.

窦廷焕, 肖达先, 董雅琴, 等. 1998. 神府东胜矿区煤中微量元素初步研究[J]. 煤田地质与勘探, (3): 12-16.

杜刚, 汤达祯, 武文, 等. 2003. 内蒙古胜利煤田共生锗矿的成因地球化学初探[J]. 现代地质, 17(4): 453-458.

杜刚, 汤达祯, 武文, 等. 2004. 内蒙古胜利煤田共生锗矿品位纵向变化规律研究[J]. 煤田地质与勘探, 32(1): 1-4.

杜刚, 夏斌, 秦胜利, 等. 2008. 内蒙古胜利煤田共生锗矿与成煤沼泽微环境的成因关系[J]. 煤炭学报, (4): 405-409.

杜金虎. 2003. 二连盆地岩性油藏勘探[M]. 北京: 石油工业出版社.

杜美霞, 庄新国. 2006. 华南地区晚二叠世煤的稀土元素特征[J]. 地质科技情报, (2): 52-56.

冯林永, 雷霆, 张家敏, 等. 2008. 含锗褐煤综合利用新工艺研究[J]. 有色金属(冶炼部分), (5): 35-37.

高颖, 郭英海. 2012. 河东煤田北部煤中镓的分布特征及赋存机理分析[J]. 能源技术与管理, (1): 111-113.

葛银堂. 1996. 山西煤矸石中的微量元素及其对环境的影响[J]. 中国煤田地质, (4): 58-62.

顾大钊, 郭昭华, 董斌琦, 等. 2013. 从粉煤灰制取碳酸锂的方法: 103101935A[P]. 2013-05-15.

郭小红, 杨权成, 单晓云, 等. 2015. 高铝粉煤灰中铝元素赋存规律研究[J]. 选煤技术, (3): 4-7.

国务院新闻办公室. 2012. 中国稀土状况与政策[R]. 北京.

韩德馨, 杨起. 1980. 中国煤田地质学(下册)[M]. 北京: 煤炭工业出版社.

韩光, 孙大中, 金文山, 等. 1988. 内蒙古阴山太古宙高级区变质岩系的地球化学特征[C]//中国地质科学院天津地质矿产研究所文集. 北京: 地质出版社.

侯莹玲, 何斌, 钟玉婷. 2014. 桂西二叠系喀斯特型铝土矿成矿物质来源的新认识: 来自合山组碎屑岩地球化学证据[J]. 大地构造与成矿学, 38(1): 181-196.

胡瑞忠, 毕献武, 叶造军, 等. 1996. 临沧锗矿床成因初探[J]. 矿物学报, 16(2): 97-102.

胡瑞忠, 毕献武, 苏文超, 等. 1997. 对煤中锗矿化若干问题的思考[J]. 矿物学报, 17(4): 364-368.

胡瑞忠, 苏文超, 戚华文, 等. 2000. 锗的地球化学、赋存状态和成矿作用[J]. 矿物岩石地球化学通报, 19(4): 215-217.

黄婷, 张庆辉, 曲晓荣. 2013. 保德杨家湾勘查区煤中镓的赋存及富集成因[J]. 中国煤炭, 39(11): 61-66.

黄文辉, 赵继尧. 2002. 中国煤中的锗和镓[J]. 中国煤田地质, 14(S1): 64-69.

黄文辉, 杨起, 汤达祯, 等. 1999. 华北晚古生代煤的稀土元素地球化学特征[J]. 地质学报, (4): 360-369.

黄文辉, 孙磊, 马延英, 等. 2007. 内蒙古自治区胜利煤田锗矿地质及分布规律[J]. 煤炭学报, 32(11): 1147-1151.

姬磊喆. 2013. 太行山山前断裂带电性结构分析及构造特征研究[D]. 北京: 中国地质大学(北京).

蒋家超, 赵由才. 2008. 粉煤灰提铝技术的研究现状[J]. 有色冶金设计与研究, 29(2): 40-43.

蒋训雄, 蒋开喜, 范艳青, 等. 2017. 硫酸固相转化法从粉煤灰中提取氧化铝[J]. 有色金属工程, 7(3): 30-35.

焦贵浩. 2003. 二连裂谷构造演化与油气[M]. 北京: 石油工业出版社.

康健. 2015. 乌海石炭二叠纪煤中元素的分布规律和矿物质富集机理[D]. 北京: 中国矿业大学(北京).

《矿产资源工业要求手册》编委会. 2014. 矿产资源工业要求手册(2014 年修订本)[M]. 北京: 地质出版社.

郎吉清. 2010. 粉煤灰提取氧化铝的研究进展[J]. 辽宁化工, 39(5): 509-510.

雷霆, 张玉林, 张家敏, 等. 2006. 从褐煤干馏提取含锗物质并制半焦的方法: 1814701A [P]. 2006-08-09.

黎彤. 1992. 地壳元素丰度的若干统计特征[J]. 地质与勘探, 28(10): 1-7.

李春阳. 1991. 滕县煤田石炭二叠纪煤系锗镓分布特征[J]. 中国煤炭地质, 31(1): 30-36.

李河名. 1993. 鄂尔多斯盆地中侏罗世含煤岩系煤的无机地球化学研究[M]. 北京: 地质出版社.

李华, 许霞, 杨凯. 2014. 山西平朔矿区 4 号煤中锂、镓资源成矿地质特征研究[J]. 中国煤炭地质, 26(12): 17-19.

李少鹏, 孙振华, 李会泉, 等. 2016. 一种从粉煤灰中提锂的方法: 105692659A[P]. 2016-06-22.

李世峰, 刑洪烈, 栗也贤, 等. 1986. 伊敏盆地五牧场区煤变质类型探讨[J]. 煤田地质与勘探, (1): 24-29.

李廷栋. 2006. 中国岩石圈构造单元[J]. 中国地质, 33(4): 700-710.

李卫旭. 2017. 内蒙古伊敏煤田五牧场区 12～#煤的地球化学特征[D]. 邯郸: 河北工程大学.

李文华, 翟炯. 1992. 中国煤中灰分的分布[J]. 煤炭加工与综合利用, (4): 7-10.

李霄, 赵利信, 王瑞雪, 等. 2014. 浅谈煤中元素的研究方向及意义[J]. 科技与企业, (10): 329-330.

李样生, 刘蓓, 李璠, 等. 2000. 二酰异羟肟酸萃取法从粉煤灰中提取锗[J]. 现代化工, 20(8): 34-36, 39.

林杰, 刘瑞斌, 陈登福. 2004. 粉煤灰提取氧化铝的技术进展[J]. 中国稀土学报, 4(Z1): 546-549.

林堃琦, 黄文辉, 汪远征, 等. 2016. 伊敏煤田五牧场区富锗煤分布规律及成矿机理分析[J]. 中国煤炭地质, 28(2): 1-6.

刘帮军, 林明月. 2014. 宁武煤田平朔矿区 9 号煤中锂的富集机理[J]. 地质与勘探, (6): 1070-1075.

刘帮军, 林明月. 2015. 山西平朔矿区 9～#煤中锂的富集机理及物源研究[J]. 煤炭技术, (8): 115-117.

刘帮军, 林明月, 褚光琛. 2014. 山西平朔矿区 4#煤中镓的分布规律与富集机理[J]. 中国煤炭, 11(40): 26-29.

刘贝, 黄文辉, 敖卫华, 等. 2015. 沁水盆地晚古生代煤中稀土元素地球化学特征[J]. 煤炭学报, 40(12): 2916-2926.

刘桂建, 杨萍月. 1999. 济宁煤田煤中微量元素的地球化学研究[J]. 地质地球化学, (4): 77-82.

刘桂建, 杨萍玥, 彭子成, 等. 2003. 兖州矿区山西组 3 煤层中微量元素的特征分析[J]. 地球化学, 32(3): 56-63.

刘建, 闫英桃, 胡小玲. 2000. CL-TBP 萃淋树脂吸附镓的性能及应用研究[J]. 稀有金属, 24(2): 157-160.

刘建恩. 2015. 一种从粉煤灰中提取碳酸锂的方法: 104477948A[P]. 2015-04-01.

刘文中, 肖建辉, 陈萍. 2007. 煤中稀土元素地球化学的研究进展[J]. 煤炭科学技术, (11): 106-108.

刘新花, 秦勇, 王文峰, 等. 2009. 古交邢家社勘探区煤中镓的分布及其地质影响因素[J]. 煤田地质与勘探, 41(2): 18-21.

卢家烂, 庄汉平, 傅家谟, 等. 2000. 临沧超大型锗矿床的沉积环境、成岩过程和热液作用与锗的富集[J]. 地球化学, 29(1): 36-42.

芦小飞, 王磊, 王新德, 等. 2008. 金属镓提取技术进展[J]. 有色金属工程, 60(4): 105-108.

鹿方. 2008. 高铝粉煤灰提取氧化铝的研究现状[J]. 有色矿冶, 24(5): 25-27.

雒洋冰. 2014. 川东川南晚二叠世煤及凝灰岩中微量元素地球化学研究[D]. 北京: 中国矿业大学(北京).

吕俊娥, 赵元媛. 2015. 黄陇侏罗纪煤田煤中元素特征分析[J]. 中国煤炭地质, 27(7): 15-18.

吕子剑. 2010. 粉煤灰提取氧化铝研究进展[J]. 轻金属, (7): 12-14.

麻涛, 张建强, 张亮. 2015. 海拉尔盆地煤中镓、锗元素分布特征研究[J]. 中国煤炭地质, 27(7): 26-28.

倪建宇, 冯新斌, 洪业汤. 1998. 贵州省原煤中微量元素的组成特征[J]. 环境化学, (4): 339-344.

裴新意, 赵鹏, 王尉和, 等. 2009. 粉煤灰低温蒸压煅烧提取氧化铝的实验研究[J]. 粉煤灰综合利用, (1): 3-5.

普世坤, 兰尧中, 靳林, 等. 2012. 提高含锗煤烟尘氯化蒸馏回收率的工艺研究[J]. 稀有金属, 36(5): 817-821.

戚华文, 胡瑞忠, 苏文超, 等. 2002. 临沧锗矿褐煤的稀土元素地球化学[J]. 地球化学, 31(3): 300-308.

钱觉时, 吴传明, 王智. 2001. 粉煤灰的矿物组成(上)[J]. 粉煤灰综合利用, (1): 37-41.

乔秀夫, 张安棣. 2002. 华北块体、胶辽朝块体与郯庐断裂[J]. 中国地质, (4): 337-345.

秦国红. 2016. 鄂尔多斯盆地东北部煤中微量元素分布赋存及成因机制研究[D]. 北京: 中国矿业大学(北京).

秦国红, 刘亢, 徐浩, 等. 2015. 鄂尔多斯盆地西缘煤中微量元素共生组合特征[J]. 中国煤炭地质, 27(7): 1-6.

秦国红, 邓丽君, 刘亢, 等. 2016. 鄂尔多斯盆地西缘煤中稀土元素特征[J]. 煤田地质与勘探, 44(6): 8-14.

秦身钧, 高康, 陆青锋, 等. 2015. 煤中锂的研究进展[J]. 吉林大学学报(地球科学版), 45: 1-2.

秦胜利. 2001. 内蒙古胜利煤田锗矿床赋存规律及找矿方向[J]. 中国煤田地质, 13(3): 18-19.

秦勇, 王文峰, 程爱国, 等. 2008. 首批煤炭国家规划矿区煤中镓的成矿前景[J]. 中国煤炭地质, 21(1): 17-26.

全国矿产储量委员会办公室. 1987. 矿产工业要求参考手册[M]. 北京: 地质出版社.

任德贻, 许德伟, 张军营, 等. 1999a. 沈北煤田煤中伴生元素分布特征[J]. 中国矿业大学学报, (1): 12-15.

任德贻, 赵峰华, 张军营, 等. 1999b. 煤中有害微量元素富集的成因类型初探[J]. 地学前缘, (S1): 17-22.

任德贻, 赵峰华, 代世峰, 等. 2006. 煤的微量元素地球化学[M]. 北京: 科学出版社.

任纪舜. 1990. 中国东部及邻区大陆岩石圈的构造演化与成矿[M]. 北京: 科学出版社.

尚冠雄. 1997. 华北地台晚古生代煤地质学研究[M]. 太原: 山西科学技术出版社.

邵靖邦, 王宇林. 1997. 平庄煤田煤田稀土元素地球化学特征[J]. 煤田地质与勘探, (4): 13-15.

沈明联, 杨瑞东. 2016. 煤中稀土元素研究综述[J]. 中国煤炭地质, 28(9): 18-20.

石松林. 2014. 内蒙古准格尔煤田晚古生代煤系富铝矿物特征及成因[D]. 北京: 中国矿业大学(北京).

孙富民, 张绍韡, 王进纲. 2016. 山西省煤炭中共伴生矿产资源开发利用研究[J]. 煤炭经济研究, 36(11): 22-25.

孙小攀, 徐学义, 陈隽璐, 等. 2013. 西秦岭江里沟花岗岩体地球化学特征、年代学及地质意义[J]. 地质学报, 87(3): 330-342.

孙玉壮, 李彦恒, 杨晶晶, 等. 2013. 一种从粉煤灰中综合提取铝和锂的方法: 102923742A [P]. 2013-02-13.

孙玉壮, 赵存良, 李彦恒, 等. 2014. 煤中某些伴生金属元素的综合利用指标探讨[J]. 煤炭学报, 39(4):

744-748.

汤明章, 刘香玲. 1996. 山西宁武铝土矿地质特征及沉积环境分析[J]. 华北地质矿产杂志, 11(4): 590-585.

唐修义. 2004. 中国煤中微量元素[M]. 北京: 商务印书馆.

唐修义, 黄文辉. 2002. 煤中微量元素及其研究意义[J]. 中国煤炭地质, (S1): 2-5.

唐云, 陈福林, 刘安荣. 2009. 燃煤电厂粉煤灰提取氧化铝研究[J]. 煤炭学报, (1): 105-110.

涂光炽, 高振敏, 胡瑞忠, 等. 2004. 分散元素地球化学及成矿机制[M]. 北京: 地质出版社.

汪本善. 1963. 我国某些煤中锗的成矿条件[J]. 地质科学, (4): 198-207.

王桂梁, 琚宜文, 郑孟林, 等. 2007. 中国北部能源盆地构造[M]. 徐州: 中国矿业大学出版社.

王国茹, 陈洪德, 朱志军, 等. 2010. 川东南-湘西地区志留系小河坝组砂岩稀土元素特征及其地质意义[J]. 石油实验地质, 32(5): 487-495.

王宏伟, 刘焕杰. 1989. 内蒙准格尔煤田太原组地层中火山事件沉积研究[J]. 中国矿业大学学报, 18: 53-61.

王钧漪, 王文峰, 李健, 等. 2010. 元素锗镓铀在大同煤田北部煤中的赋存特征[J]. 煤炭科学技术, (2): 85, 117-121.

王兰明. 1999. 内蒙古锡林郭勒盟乌兰图嘎锗矿地质特征及勘查工作简介[J]. 内蒙古地质, 92(3): 16-20.

王随中, 党宽太. 2004. 北祁连托莱山地区二过陇金矿地质地球化学特征及找矿标志[J]. 甘肃冶金, (2): 62-64.

王婷灏, 黄文辉, 闫德宇. 2016. 中国大型煤-锗矿床成矿模式研究进展: 以云南临沧和内蒙古乌兰图嘎煤-锗矿床为例[J]. 地学前缘, 23(3): 113-123.

王文峰, 秦勇, 刘新花, 等. 2011. 内蒙古准格尔煤田煤中镓的分布赋存与富集成因[J]. 中国科学: 地球科学, 41(2): 181-196.

王文静, 韩作振, 程建光, 等. 2003. 酸法提取粉煤灰中氧化铝的条件选择[J]. 能源环境保护, 17(4): 17-19.

王中刚. 1989. 稀土元素地球化学[M]. 北京: 科学出版社.

吴盾, 孙若愚, 刘桂建. 2013. 淮南朱集井田二叠纪煤中稀土元素地球化学特征及其地质解释[J]. 地质学报, (8): 1158-1166.

吴国代, 王文峰, 秦勇, 等. 2009. 准格尔煤中镓的分布特征和富集机理分析[J]. 煤炭科学技术, 37(4): 117-120.

吴艳艳, 秦勇, 易同生. 2010. 贵州凯里梁山组高硫煤中稀土元素的富集及其地质成因[J]. 地质学报, 84(2), 280-285.

吴燕. 2008. 盐酸表阿霉素长循环热敏脂质体与复方脂质体的研究[D]. 北京: 中国人民解放军军事医学科学院.

武文, 莫若平, 王志民. 2002. 伊敏煤田锗资源赋存特征及地质工作建议[J]. 内蒙古地质, (1): 27-30.

徐志刚, 陈毓川, 王登红, 等. 2008. 中国成矿区带划分方案[M]. 北京: 地质出版社.

言圣, 牛丽, 蒋忠环. 2012. 煤变质成因初探——以伊敏煤田五牧场区为例[J]. 科技创业月刊, (5): 174, 175.

《岩石矿物分析》编委会. 2011. 岩石矿物分析 [M]. 北京: 地质出版社.

阎国翰, 谭林坤, 许保良, 等. 2001. 阴山地区印支期碱性侵入岩岩石地球化学特征[J]. 岩石矿物学杂志, 20(3): 281-292.

杨高学, 李永军, 吴宏恩, 等. 2010. 东准噶尔卡拉麦里黄羊山花岗岩岩石成因探讨[J]. 地球学报, 31(2): 170-182.

杨建业. 1999. 吐哈与准噶尔盆地侏罗系煤系有机相及其气聚集带关系[D]. 徐州: 中国矿业大学.

杨晶晶. 2013. 平朔煤灰中铝和锂综合提取工艺研究[D]. 邯郸: 河北工程大学.

杨伟林, 朱绍军. 1993. 登封煤田主要煤层中镓的赋存规律及综合利用[J]. 中国煤炭地质, 5(1): 34-36.

衣姝, 王金喜. 2014. 安家岭矿 9 号煤中锂的赋存状态和富集因素分析[J]. 煤炭与化工, (9): 7-10.

曾荣树, 庄新国. 2000. 鲁西含煤区中部煤的煤质特征[J]. 中国煤炭地质, 12(2): 10-15.

曾荣树, 赵杰辉, 庄新国. 1998. 贵州六盘水地区水城矿区晚二叠世煤的煤质特征及其控制因素[J]. 岩石学报, 14(4): 549-558.

翟润田. 1963. 锗在煤中分布的某些规律和聚集途径[J]. 贵州工学院学报, (00): 51-62.

翟裕生, 邓军, 王建平, 等. 2004. 深部找矿研究问题[J]. 矿床地质, (02): 142-149.

张佰永, 周凤禄. 2007. 粉煤灰石灰石烧结法生产氧化铝的机理探讨[J]. 轻金属, (6): 17, 18.

张复新, 王立社. 2009. 内蒙古准格尔黑岱沟超大型煤型镓矿床的形成与物质来源[J]. 中国地质, 36(2): 417-423.

张家敏, 雷霆, 张玉林, 等. 2007. 从含锗褐煤中干馏提锗和制取焦炭的实验研究[J]. 稀有金属, 31(3): 371-376.

张健雅. 2013. 官板乌素矿煤中锂铝赋存状态及提取工艺研究[D]. 邯郸: 河北工程大学.

张金青, 宋焕霞. 1997. 鄂尔多斯盆地延安组煤中锗、镓的赋存特征[J]. 中国地质科学院 562 综合大队集刊, 13: 70-74.

张军营, 任德贻, 许德伟, 等. 1999. 黔西南煤层主要伴生矿物中汞的分布特征[J]. 地质论评, (5): 539-542.

张磊. 2009. 粉煤灰资源特性与制备 Si-Al-O-C-N 系材料的研究[D]. 郑州: 郑州大学.

张明燕, 徐胜平. 2012. 煤系中锗元素的分布及利用规划[J]. 中国矿业, 21(9): 54-56.

张琦, 戚华文, 胡瑞忠, 等. 2008. 乌兰图嘎超大型锗矿床含锗煤的矿物学[J]. 矿物学报, 28(4): 426-438.

张淑苓, 陈功, 唐玉衡. 1984. 我国含铀煤矿床的某些地球化学特征[J]. 沉积学报, 2(4): 77-87.

张小东, 赵飞燕, 郭昭华, 等. 2018. 高纯铝的精炼工艺研究及生产现状[J]. 无机盐工业, 50(4): 11-14.

张贻侠, 孙运生, 张兴洲, 等. 1998. 中国满洲里-绥芬河地学断面[M]. 北京: 地质出版社.

张勇, 秦身均, 杨晶晶, 等. 2014. 煤中镓的地球化学研究进展[J]. 地质科技情报, (5): 166-169.

张云湘, 洛耀南, 杨崇喜. 1988. 攀西裂谷[M]. 北京: 地质出版社.

赵存良. 2015. 鄂尔多斯盆地与煤伴生多金属元素的分布规律和富集机理[D]. 北京: 中国矿业大学(北京).

赵利信. 2016. 滇东北晚二叠世煤型铌矿床的元素富集成矿机理[D]. 北京: 中国矿业大学(北京).

赵同阳, 徐仕琪, 朱志新, 等. 2014. 新疆博格达-哈尔里克山地区石炭纪火山岩地质地球化学特征及其构造意义[J]. 地质评论, 60(1): 115-124.

赵志根. 2002. 含煤岩系稀土元素地球化学研究[M]. 北京: 煤炭工业出版社.

郑刘根, 刘桂建, 张浩原, 等. 2006. 淮北煤田二叠纪煤中稀土元素地球化学研究[J]. 高校地质学报, (1): 41-52.

中国煤炭地质总局. 2013. 全国煤炭资源潜力评价[R], 北京.

中国煤炭地质总局. 2016. 中国煤炭资源赋存规律与资源评价[M]. 北京: 科学出版社.

周建飞, 王金喜, 白观累, 等. 2014. 山西平朔矿区 11#煤中镓的分布特征及富集因素[J]. 煤炭技术, 33(11): 82-84.

周义平, 任友谅. 1982. 西南晚二叠世煤田煤中镓的分布和煤层氧化带内镓的地球化学特征[J]. 地质论评, (1): 47-59.

朱华雄. 2012. 中国煤系矿产资源评价[R]. 杭州: 浙江煤炭地质局.

朱雪莉. 2009. 煤中锗的成矿地质条件及分布规律[J]. 图书情报导刊, 19(32): 153, 154.

庄汉平, 刘金钟, 傅家谟. 1997. 临沧超大型锗矿床有机质和矿化的地球化学特征[J]. 地球化学, 26(4): 44-52.

庄汉平, 刘金钟, 傅家谟, 等. 1998a. 临沧超大型锗矿床锗赋存状态研究[J]. 中国科学, 28(增刊): 37-42.

庄汉平, 卢家烂, 傅家谟, 等. 1998b. 临沧超大型锗矿床元素地球化学及金属元素有机/无机结合状态[J]. 自然科学进展, 8(3): 319-325.

庄新国, 龚家强, 曾荣树, 等. 2001. 赣东北晚二叠和晚三叠煤的微量元素对比研究[J]. 中国煤炭地质, 13(3): 15-17.

庄新国, 杨生科, 曾荣树, 等. 1999. 中国几个主要煤产地煤中微量元素特征[J]. 地质科技情报, (3): 63-66.

Ahmed T, McKinney P D. 2005. Unconventional Gas Reservoirs[J]. Advanced Reservoir Engineering: 187-290.

Becker M D, Zhang M, Luis F, et al. 2016. On the pressure-saturation path in infinite-acting unconventional liquid-rich gas reservoirs[J]. Journal of Natural Gas Science and Engineering, 35(A): 97-113.

Bettinelli M, Baroni U. 1995. ICP-MS multielement characterization of coal fly-ash[J]. Fuel and Energy, 16: 203-210.

Betz M R, Partridge M D, Farren M, et al. 2015. Coal mining, economic development, and the natural resources curse[J]. Energy Economics, 50: 105-116.

Birk D, White J C. 1991. Rare earth elements in bituminous coals and underclays of the Sydney Basin, Nova Scotia: Element sites, distribution, mineralogy[J]. International Journal of Coal Geology, 19: 219-251.

Bouška V, Pešek J. 1999. Quality parameters of lignite of the North Bohemian Basin in the Czech Republic in comparison with the world average lignite[J]. International Journal of Coal Geology, 40(2-3): 211-235.

Boynton R M. 1984. Temporal characteristics of the chromatic channels of human vision (A)[J]. Journal of the Optical Society of America A, 1.

Brike D, White J C. 1991. Rare earth elements in bituminous coals and underclays of the Sydney Basin, Nova Scotia: Element sites, distribution, mineralogy[J]. International Journal of Coal Geology, 19(1-4): 219-251.

Camargo T R M D, Merschmann P R D C, Arroyo E V, et al. 2014. Major challenges for developing unconventional gas in Brazil-Will water resources impede the development of the country's industry[J]. Resources Policy, 41: 60-71.

Carter R L, Roe F J C. 1975. Chemical Carcinogens in Industry[J]. Journal of Occupational and Environment Medicine, 25(3): 86-94.

Carter D R, Hayes W C. 1978. The compressive behavior of trabecular bone[J]. Journal of Biomechanics, 11(4): 209-209.

Chen J, Xu W, Xie H, et al. 2010. Accumulation rule of a coal seam in Muli coalfield[J]. Qinghai University (Nature Science), 28(5): 42-48.

Dai S F, Ren D, Hou X, et al. 2003. Geochemical and mineralogical anomalies of the late Permian coal in the Zhijin coalfield of southwest China and their volcanic origin[J]. International Journal of Coal Geology, 55: 117-138.

Dai S F, Li D, Chou C L, et al. 2008. Mineralogy and geochemistry of boehmite-rich coals: New insights from the Haerwusu Surface Mine, Jungar Coalfield, Inner Mongolia, China[J]. International Journal of Coal Geology, 74: 185-202.

Dai S F, Wang X, Zhou Y, et al. 2011. Chemical and mineralogical compositions of silicic, mafic, and alkali tonsteins in the late Permian coals from the Songzao Coalfield, Chongqing[J]. Southwest China Chemical Geology, 282 : 29-44.

Dai S F, Ren D, Chou C L, et al. 2012a. Geochemistry of trace elements in Chinese coals: A review of abundances, genetic types, impacts on human health, and industrial utilization[J]. International Journal of Coal Geology, 94(1): 3-21.

Dai S F, Wang X B, Serdin V V, et al. 2012b. Petrology, mineralogy, and geochemistry of the Ge-rich coal from the Wulantuga Ge ore deposit, Inner Mongolia, China: New data and genetic implications[J]. International Journal of Coal Geology, 90-91: 72-99.

Dai S F, Jiang Y F, Ward C R, et al. 2012c. Mineralogical and geochemical compositions of the coal in the Guanbanwusu Mine, Inner Mongolia, China: Further evidence for the existence of an Al (Ga and REE) ore deposit in the Jungar Coalfield[J]. International Journal of Coal Geology, 98: 10-40.

Dai S F, Zhang W G, Colin R, et al. 2012d. Mineralogical and geochemical anomalies of late Permian coals from the Fusui Coalfield, Guangxi Province, southern China: Influences of terrigenous materials and hydrothermal fluids[J]. International Journal of Coal Geology, 105: 60-83.

Dai S F, Zhang W G, Ward C R, et al. 2013. Mineralogical and geochemical anomalies of late Permian coals from the Fusui Coalfield, Guangxi Province, Southern China: Influence of ter-rigenous materials and hydrothermal fluids[J]. International Journal of Coal Geology, 105: 60-84.

Dai S F, Hower J C, Ward C R, et al. 2015. Elements and phosphorus minerals in the middle Jurassic inertinite-rich coals of the Muli Coalfield on the Tibetan Plateau[J]. International Journal of Coal Geology, 144-145: 23-47.

Eskenazy G M. 1987. Rare earth elements in a sampled coal from the Pirin deposit, Bulgaria[J]. International Journal of Coal Geology, 7(3): 301-314.

Evans J R, Sellers G A, Johnson R G, et al. 1990. Analysis of eight Argonne Premium coal samples by X-ray fluorescence spectrometry[J]. Energy & Fuels, 4(5): 440-442.

Fadda E, Berenguer M, Clarisse C. 1995. Characterization of latent image by surface energy determined by contact angle measurements[J]. Journal of Vacuum Science & Technology B Microelectronics & Nanometer Structures, 13(3): 1055-1057.

Feng Z Z, Jin Z K, Yang Y Q, et al. 1994. Litho facies Paleogeography of Permian of Yunnan-Guizhou-Guangxi Region[M]. Beijing: Geological Publishing House.

Finkelman R B. 1981. Modes of occurrence of trace elements in Coal[R]. US Geological Survey Open-file Report, 81-99.

Finkelman R B. 1993. Trace and minor elements in coal[C]//Engel M H, Macko S A. Organic Geochemistry. New York: Plenum Press.

Gallegos T J, Campbell K M, Zielinski R A, et al. 2015. Persistent U(IV) and U(VI) following in-situ recovery (ISR) mining of a sandstone uranium deposit, Wyoming, USA[J]. Applied Geochemistry, 63: 222-234.

Gluskoter H J. 1977. Trace elements in coal: Occurrence and distribution[J]. Illinois State Geological Survey Circular: 499.

Goldschmidt V M, Peters C. 1933. Zur geochemie des germaniums[J]. Geochimica Et Cosmochimica Acta, 27(8): 861-876.

Goldschmidt V M. 1954. Geochemistry[M]. Oxford: Clarendon.

Höll A, Bornath T h, Cao L, et al. 2007. Thomson scattering from near-solid density plasmas using soft X-ray free electron lasers[J]. High Energy Density Physics, 3(1): 120-130.

Johnson R G, Fleming S L. 2010. Energy-dispersive X-ray fluorescence analysis of massive sulfides using fundamental influence coefficients[J]. X-Ray Spectrometry, 16(4): 167-170.

Karayigit A I, Bulut Y, Karayigit G, et al. 2006. Mass balance of major and trace elements in a coal- fired power plant[J]. Energy Source Part A , 28(1): 311 -132.

Ketris M P, Yudorich Ya E. 2009. Estimations of Clarkes for Carboriaceous biolithes: World average for trcae elements contents in black shales and coals[J]. International Journal of Coal Geology, 78(2): 16-26.

Klus J, Mikysek P, Prochazka D, et al. 2016. Multivariate approach to the chemical mapping of uranium in sandstone-hosted uranium ores analyzed using double pulse Laser-Induced Breakdown Spectroscopy[J]. Spectrochimica Acta Part B Atomic Spectroscopy, 123: 143-149.

Kuhn J K, Harfst W F, Shimp N F. 1975. X-Ray Fluorescence Analysis of Whole Coal//Babs S P. Trace Elements in Fuel[M]. Advances in Chemical Series, Washington, American Chemical Society, 141(6): 66-73.

Kumar D. 2016. Chapter 3-evaluation of coking coal resources and reserves[J]. Management of Coking Coal Resources, 61-112.

Lichte F E, Skogerboe R K. 1973. Analysis of solution samples by microwave-induced plasma excitation[J]. Analytical Chemistry, 45(2): 399-401.

Lin M Y, Tian L. 2011. Petrographic characteristics and depositional environment of the No. 9 Coal (Pennsylvanian) from the Anjialing Mine, Ningwu Coalfield, China[J]. Energy Exploration and Exploitation, 29(2) : 197-204.

Luo F C H, Huneke J C. 1992. Glow discharge mass spectrometry (GDMS): Elemental analysis of coal fly ash[C]. Elemental Analysis of Coal and Its By Products. Singapore: World Scientific Press.

Lyons P C, Hercules D M, Morelli J J, et al. 1987. Application of laser microprobe (LAMMA 1000) to "fingerprinting" of coal constituents in bituminous coal[J]. International Journal of Coal Geology, 7(2): 185-194.

Merian E, Anke M, Ihnat M, et al. 2004. Elements and their compounds in the environment: Occurrence, analysis and biological relevance, three-volume set, 2nd, completely revised and enlarged edition[J]. Applied Organometallic Chemistry, 19(3): 406-408.

PECH. 1980. Trace-element geochemistry of coal resource development related to environmental quality and health[M]. Washington: National Academy Press.

Prather J W, Tarrer A R, Guin J A. 1977. X-ray fluorescence analysis of trace metals in solvent refined coal[J]. American Chemical Society, Division of Petroleum Chemistry, 22: 5.

Qi H W, Hu R Z, Zhang Q. 2007. Concentration and distribution of trace elements in lignite from the Shengli Coalfield, Inner Mongolia, China: Implications on origin of the associated Wulantuga Germanium Deposit[J]. International Journal of Coal Geology, 71: 129-152.

Rajabzadeh M A, Ghorbani Z, Keshavarzi B. 2016. Chemistry, mineralogy and distribution of selected trace-elements in the Parvadeh coals, Tabas, Iran[J]. Fuel, 174: 216-224.

Rodushkin I, Axelsson M D, Burman E. 2000. Multielement analysis of coal by ICP techniques using solution nebulization and laser ablation[J]. Talanta, 51(4): 743-759.

Seredin V V, Finkelman R B. 2008. Metalliferous coals: A review of the main genetic and geochemical types[J]. International Journal of Coal Geology, 76(4): 253-289.

Seredin V V. 2012. From coal science to metal production and environmental protection: A new story of success[J]. International Journal of Coal Geology, 90-91: 1-3.

Sharkey A G Jr, Kessler T, Friedel R A et al. 1975. Trace elements in coal dust by spark-source mass spectrometry//Babu S P. Trace Elements in Fuel[J]. Washington: American Chemical Society, 141(4): 48-56.

Shen Y L, Guo Y H, Li Z F, et al. 2017. Distribution of radioactive elements (U, Th) in the upper Paleozoic coal-bearing strata of the eastern Ordos basin[J]. Journal of Petroleum Science and Engineering, 157: 1130-1142.

Sun Y Z, Li Y H, Zhao C L. 2010. Concentrations of lithium in Chinese coals[J]. Energy Exploration & Exploitation, 28: 97-104.

Sun Y Z, Yang J J, Zhao C L. 2012a. Minimum mining grade of associated Li deposits in coal seams[J]. Energy Exploration & Exploitation, 30: 167-170.

Sun Y Z, Zhao C L, Li Y H, et al. 2012b. Li distribution and mode of occurrences in Li-bearing coal seam #6 from the Guanbanwusu Mine, Inner Mongolia, northern China[J]. Energy Exploration & Exploitation, 30: 109-130.

Sun Y Z, Zhao C L, Li Y H, et al. 2013. Further information of the associated Li deposits in the no. 6 coal seam at Jungar Coalfield, Inner Mongolia, northern China[J]. Acta Geologica Sinica: English Edition, 87: 801-812.

Sun Y Z, Zhao C L, Qiu S J, et al. 2016. Occurrence of some valuable elements in the unique 'high-aluminium coals' from the Jungar coalfield, China[J]. Ore Geology Reviews, 72: 659-668.

Swaine D. 1990. Trace elements in coal[J]. Trace Elements in Coal, 1990: 27-49.

Tang Q, Liu G J, Zhou C C, et al. 2013. Distribution of trace elements in feed coal and combustion residuesfrom two coal-fired power plants at Huainan, Anhui, China[J]. Fuel, 107: 315-322.

Tatsuo K. 1998. Relationships between inorganic elements and minerals in coals from the Ashibestsu district[J]. International Journal of Coal Geology, 33: 19-42.

USGS. 2012. Geological survey energy and minerals science strategy-public review release[R]. US Department of the Interior.

Valkovic. 1983. Trace Elements in Coal(Volume 2)[M]. Boca Raton: CRC Press.

Vedachalam N, Srinivasalu S, Rajendran G, et al. 2015. Review of unconventional hydrocarbon resources in major energy consuming countries and efforts in realizing natural gas hydrates as a future source of energy[J]. Journal of Natural Gas Science and Engineering, 26: 163-175.

Wang H, Mo X. 1995. An outline of tectonic evolution of China[J]. Episodes, 18(1&2): 6-16.

Wang S M, Zheng J. 1997. Depositional characteristics and sequence stratigraphic significance of Late Paleozoic coal-bearing strata in Datong, Shanxi[J]. Geological Review, 43: 85-90.

Wang X B, Dai S F, Ren D Y, et al. 2011. Mineralogy and geochemistry of Al-hydroxide/oxyhydroxide mineral-bearingcoals of Late Paleozoic age from the Weibei coalfield, southeastern Ordos Basin, North China[J]. Applied Geochemistry, 26: 1086-1096.

Wang X, Qing C, Zhang Q, et al. 2014. Facile synthesis and enhanced electrochemical performance of Li_2FeSiO_4/C/reduced graphene oxide nanocomposites[J]. Electrochimica Acta, 134(21): 371-376.

Ward C R. 2002. Analysis and significance of mineral matter in coal seams[J]. International Journal of Coal Geology, 50(1): 135-168.

Wen H, Lu J, Shang L, et al. 2006. A Sequence stratigraphic discussion of the Jurassic coal measures in the Juhugeng coalmine area in Qinghai Province[J]. Coal Geology of China, 18(5): 19-21.

Wiesejr R G, Muir I J, Fyfe W S. 1990. Trace element siting in iron sulfides from coal determined by secondary ion mass spectrometry[J]. International Journal of Coal Geology, 12(3): 251-264.

Willis J P. 1988. XRFS and PIXE: Are they complementary or competitive techniques: A critical comparison[J]. Nuclear Inst & Methods in Physics Research B, 35(3): 378-387.

Zhang Y C. 1993. The Sedimentary Environment and Coal Accumulation of the Late Permian Coals in Southern Sichuan, China[M]. Guiyang: Guizhou Science and Technology Press.

Zheng Y F, Xiao W J, Zhao G C. 2013. Introduction to tectonics of China[J]. Gondwana Research, 23(4): 1189-1206.

Zhou Y, Bohor B F, Ren Y. 2000. Trace element geochemistry of altered volcanic ash layers (tonsteins) in Late Permian coal-bearing formations of eastern Yunnan and western Guizhou Province[J]. China International Journal of Coal Geology, 44: 305-324.

Zhuang X G, Querol X, Alastuey A, et al. 2006. Geochemistry and mineralogy of the Cretaceous Wulantuga high-germanium coal deposit in Shengli Coal Field, Inner Mongolia, northeastern China[J]. International Journal of Coal Geology, 66: 119-136.